Special Thanks to

세상이 아무리 바쁘게 돌아가더라도
책까지 아무렇게나 빨리 만들 수는 없습니다.

길벗은 독자 여러분이
가장 쉽게, 가장 빨리 배울 수 있는 책을
한 권 한 권 정성을 다해 만들겠습니다.

독자의 1초를 아껴주는 정성을
만나보세요.

사용 버전
이 책은 '일러스트레이터 CC 2022 영문 버전'을 기준으로 만들었습니다.
컴퓨터에 설치된 일러스트레이터 버전이 CC 2022가 아니더라도 학습할 수 있도록 프로그램 버전 차이를 팁으로 설명하였습니다.

운영 체제
컴퓨터 운영체제는 윈도우를 기준으로 서술하였습니다.
맥 사용자는 윈도우의 Ctrl을 맥의 command로, Alt를 option으로 사용하시기 바랍니다.

예제 및 완성 파일 다운로드

이 책에 사용된 예제 파일과 완성 파일은 길벗출판사 홈페이지(www.gilbut.co.kr)에서 다운로드할 수 있습니다.

1단계 일러스트레이터 CC 무작정 따라하기 | 검색 | 에 찾고자 하는 책 이름을 입력하세요.

2단계 검색한 도서로 이동한 다음 [자료실] 탭을 선택하세요.

3단계 예제 및 완성 파일 등 다양한 실습 자료를 다운로드하세요.

● **예제 및 완성 파일(하위 버전)** : 예제를 따라하면서 꼭 필요한 예제 파일과 완성 파일을 파트별로 담았습니다. 작업한 내용을 저장하려면 실습하기 전에 반드시 하드디스크에 폴더째 복사해 두고 사용하는 것이 좋습니다. 일러스트레이터 CC 2022에서 만든 파일을 하위 버전에서 실행하면 도구나 색상 지정, 기능 이용 등에 제한이 있으므로 일러스트레이터 CC 버전으로 저장한 '(하위버전)'이 붙은 예제 파일을 이용하세요.

● **동영상 파일** : 각 파트의 마지막 부분에 나오는 '혼자 해 보기'의 해설 동영상을 제공합니다.

ILLUSTRATOR CC SHORTCUTS

일러스트레이터 CC 단축키

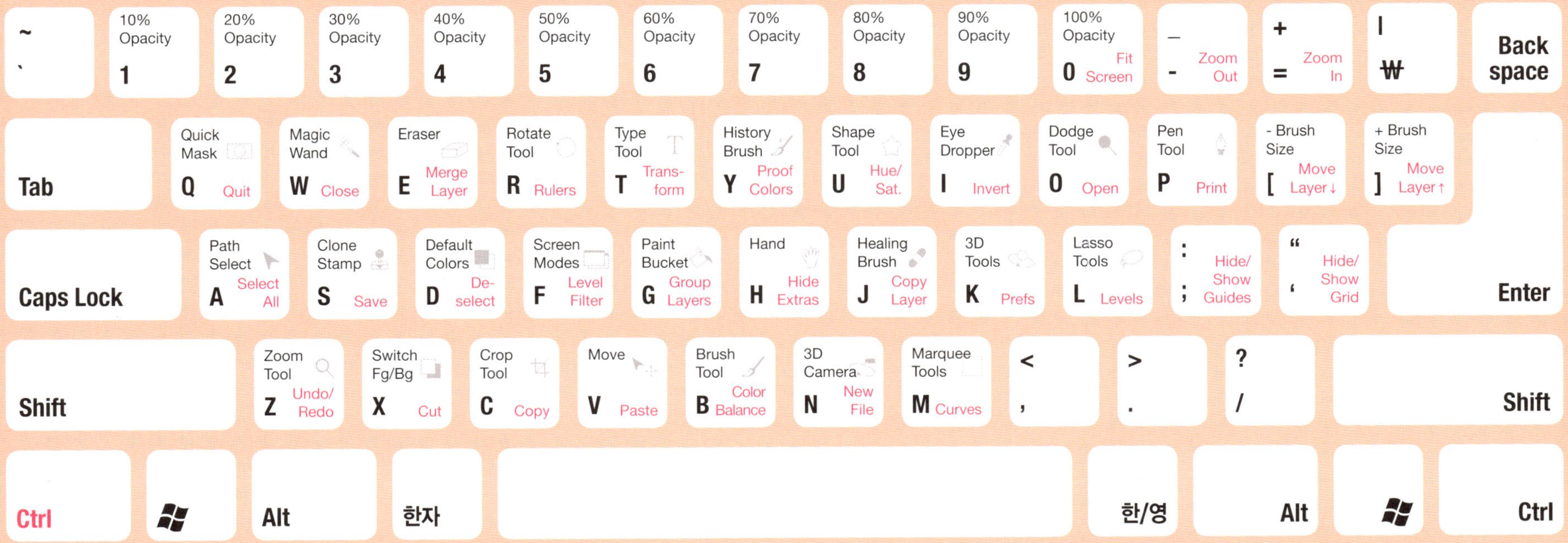

일러스트레이터
CC 무작정 따라하기

민지영 · 이혜준 · 앤미디어 지음

일러스트레이터 CC 무작정 따라하기
The Cakewalk Series - Illustrator CC

초판 발행 · 2022년 2월 18일
초판 2쇄 발행 · 2024년 2월 28일

지은이 · 민지영, 이혜준, 앤미디어
발행인 · 이종원
발행처 · (주)도서출판 길벗
출판사 등록일 · 1990년 12월 24일
주소 · 서울시 마포구 월드컵로 10길 56(서교동)
대표전화 · 02)332-0931 | **팩스** · 02)323-0586
홈페이지 · www.gilbut.co.kr | **이메일** · gilbut@gilbut.co.kr

기획 및 책임 편집 · 정미정(jmj@gilbut.co.kr)
표지 및 본문 디자인 · 장기춘 | **제작** · 이준호, 손일순, 이진혁
영업 마케팅 · 전선하, 차명환, 박민영 | **영업관리** · 김명자 | **독자지원** · 윤정아

편집 진행 · 앤미디어 | **전산 편집** · 앤미디어
CTP 출력 및 인쇄 · 교보피앤비 | **제본** · 경문제책

- 잘못된 책은 구입한 서점에서 바꿔 드립니다.
- 이 책은 저작권법에 따라 보호받는 저작물이므로 무단전재와 무단복제를 금합니다.
  이 책 내용의 전부 또는 일부를 이용하려면 반드시 저작권자와 (주)도서출판 길벗의 서면 동의를 받아야 합니다.

ⓒ 민지영, 이혜준, 앤미디어, 2022

- 이책은 일러스트레이터 CC 2022 영문 버전을 기준으로 만들었습니다.

ISBN 979-11-6521-852-2 03000
(길벗 도서번호 007131)

정가 24,000원

독자의 1초까지 아껴주는 정성 길벗출판사

길벗 IT교육서, IT단행본, 경제경영서, 어학&실용서, 인문교양서, 자녀교육서 ▶ www.gilbut.co.kr
길벗스쿨 국어학습, 수학학습, 어린이교양, 주니어 어학학습, 학습단행본 ▶ www.gilbutschool.co.kr

페이스북 www.facebook.com/gilbutzigy
네이버 포스트 post.naver.com/gilbutzigy

창의적 드로잉의 실현,
일러스트레이터 CC로 시작하세요!

매력적인 일러스트를 위한 CC 신기능

새롭게 선보이는 일러스트레이터 CC는 어도비 센세이 AI 기능으로, 빠르고 정확하게 한 번에 색상 변경이 가능하고, 자동화 글꼴을 찾아 주기도 하며, 멋진 3D 효과를 적용할 수 있습니다. 또한, 장소에 상관없이 PC와 아이패드를 이용하여 웹 및 모바일 그래픽부터 로고, 서적 삽화, 제품 패키지, 옥외 광고판에 이르기까지 다양한 콘텐츠를 제작할 수 있습니다.

이러한 작업들은 강력해진 클라우드 기능을 이용하여 온라인뿐만 아니라 오프라인 상태에서도 작업물에 접근할 수 있습니다. 이제, 아이패드 일러스트레이터 앱을 이용하여 창작을 위한 디자인을 어디에서나 작업해 보세요.

일러스트레이터는 사용자의 편의를 위해 새롭게 진화하고 있습니다. 사용자의 일러스트레이터 사용 패턴을 이해하고, 사용자 경험 향상을 위해 더욱 빠른 방법으로 작업이 가능하도록 업그레이드되고 있습니다. 단순한 모양 및 색상을 세련된 로고, 아이콘 및 그래픽으로 탈바꿈하는 데 필요한 모든 드로잉 도구를 이용할 수 있습니다.

시간을 들여 반복해서 작업하거나 불필요한 노력을 들이지 않아도 간편하게 작업할 수 있도록 스마트하게 발전되고 있습니다. 사용자의 다양한 요구에 맞게 일러스트레이터 진화 속도도 빨라지고 있으며, 사용자는 클릭 한 번에 일러스트레이터를 업그레이드하여 일러스트레이터 실력을 향상시켜 경쟁력을 가질 수 있습니다.

가장 쉽게 일러스트레이터를 학습하는 방법, 일러스트레이터 무작정 따라하기

『일러스트레이터 CC 무작정 따라하기』는 독자의 눈높이에 맞게 원고 단계부터 제작되었으며, 단순하게 일러스트레이터를 따라 하며 익히는 책과는 다르게 '왜 이럴 때 이 명령을 사용하고, 옵션을 이렇게 설정했을까?'를 해결할 수 있도록 구성되어 있습니다.

일러스트레이터 기초를 이론과 기능 설명을 통해 배운 다음 따라 하는 과정을 빠짐없이 소개하고 과정상 궁금한 점을 해결할 수 있도록 다양한 코너를 제공합니다. 이제 『일러스트레이터 CC 무작정 따라하기』로 자신만의 일러스트레이션 스킬을 업그레이드하세요.

이 책을 위해 도움을 주신 많은 분들에게 감사합니다. 책이 기획되고 나오기까지 신경 써 주신 길벗출판사 담당자분들과 기획, 편집을 담당한 앤미디어 박기은 님, 이송이 님, 유선호 님에게 진심으로 고마움을 전합니다.

체계적인 구성을 따라 쉽고 빠르게 공부하세요!

필수기능 & 실습예제

일러스트레이터 기능을 쉽게 배울 수 있도록 필수 기능과 실습 예제를 담았습니다. 직접 따라하면서 일러스트레이터를 익히세요.

❶ **필수 기능** : 일러스트레이터를 다루기 위해 꼭 알아야 할 필수 기능을 다양한 예시와 함께 설명합니다.

❷ **중요도 / 신기능 표시** : 중요 표시와 신기능 표시를 통해 중요도와 일러스트레이터 CC 버전의 새로운 기능을 확인할 수 있습니다.

❸ **탭** : 기능별 탭을 이용하여 원하는 기능을 빠르게 찾을 수 있습니다.

❹ **실습 예제** : 학습 내용을 직접 따라할 수 있도록 감각적인 실습 예제로 구성했습니다. 눈으로만 읽지 말고 꼭 직접 따라해 보세요.

작업 디자인 미리보기

일러스트레이터를 활용하여 작업한 디자인을 미리 확인해 보세요.

P.92 오브젝트 선택과 이동하기

P.100 오브젝트 복제하기기

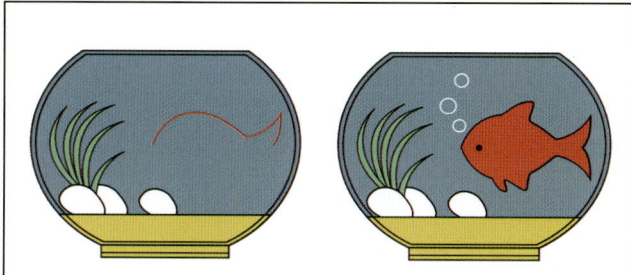
P.126 열린 패스를 닫힌 패스로 만들기

P.132 Stroke 패널을 이용해 표지판 만들기

P.138 호 도구로 캐릭터 완성하기

P.141 나선 도구를 이용해 아기 돼지 만들기

P.150 원 그리드 도구로 레몬 그리기

P.154 사각형, 원, 다각형 도구로 집 그리기

P.159 별 도구를 이용해 밤하늘 꾸미기

길벗출판사 홈페이지를 적극 활용하세요!

길벗출판사에서 운영하는 홈페이지(www.gilbut.co.kr)에서는 출간한 도서에 대한 정보뿐 아니라 예제 파일 및 완성 파일, 최신 기능 업로드 등 학습에 필요한 자료를 제공합니다. 또한 책을 읽다 모르는 내용이 있다면 언제든지 홈페이지의 도서 게시판에 문의해 주세요. 저자와 길벗 독자지원센터에서 신속하고 친절하게 답해 드립니다.

활용 01 무엇이든 물어보세요!

길벗출판사 홈페이지에 접속한 후 ❶ 검색(🔍) 창에 『일러스트레이터 CC 무작정 따라하기』를 입력해 해당 도서 페이지로 이동하세요. 홈페이지 화면의 오른쪽에 보이는 퀵 메뉴를 이용하면 ❷ 도서 문의를 빠르게 할 수 있습니다.

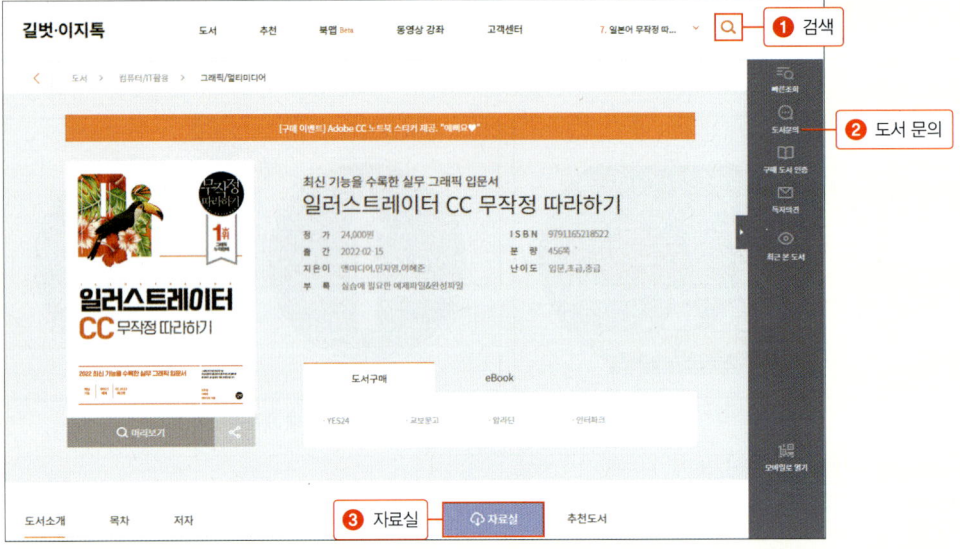

활용 02 실습 자료 다운로드

이 책에 사용된 모든 예제 파일 및 완성 파일은 자료실에서 다운로드할 수 있습니다. 해당 도서 페이지 아래쪽 ❸ [자료실]을 클릭해 실습 파일을 다운로드하세요. 홈페이지 회원으로 가입하지 않아도 누구나 자료를 다운로드할 수 있습니다.

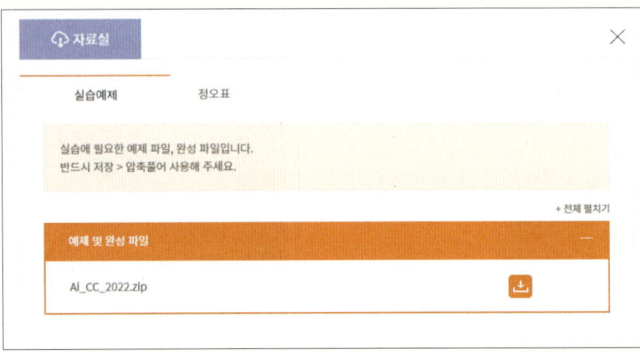

ILLUSTRATOR

독자들이 원하는 책을 만들기 위해 먼저 따라 해 봤습니다!

책을 출간하기 전에 부족한 점이 없는지 베타테스터가 꼼꼼하게 확인해 보았습니다. 베타테스터가 따라 하면서 어려웠던 부분과 따라 해도 안되는 부분을 모두 수정하고 보완했기 때문에 독자 여러분은 이 책을 '무작정 따라하기'만 하면 됩니다.

손 그림도 이젠 자신 있어요.

자세하고 보기 쉬운 설명으로 일러스트레이터의 신기능부터 핵심 기능까지 차근차근 학습할 수 있었습니다. 예제를 따라 하면서 자연스럽게 드로잉과 친해져 이제 손 그림에 대한 자신감을 키울 수 있었습니다.

주부 최현주

다양한 드로잉 작업이 가능해요.

일러스트레이터가 새로운 버전으로 업그레이드된 만큼 새롭고 다양한 예제들로 학습할 수 있어서 좋았어요. 로고나 아이콘, 웹 그래픽에 사용되는 일러스트 예제로 기능을 배우면서 즐겁게 공부할 수 있었습니다.

디자이너 이미정

스마트하니까 빠르게 작업해요.

어도비 센세이 AI 기반으로 신속하고 작업할 수 있는 기능들이 추가되어 빠르게 그래픽 작업이 가능해졌어요. 하나씩 일일이 작업하던 컬러 작업을 한 번의 클릭으로 변경이 가능한 기능으로 훨씬 편해졌어요.

학생 최수연

학습 플랜과 중요 키워드로 배워요.

일러스트레이터를 가장 효과적으로 배울 수 있도록 작업 플랜을 제시하고 있어서 바쁜 시간에 빠르게 일러스트레이터를 배울 수 있었어요. 중요한 부분은 동영상으로 체크하여 막연한 기능 적용을 체계적으로 학습할 수 있었어요.

직장인 이지현

❺ **Before / After** : 원본 이미지와 결과물을 미리 볼 수 있습니다.

❻ **왜** : 일러스트레이터의 활용 폭을 넓히기 위해 예제에서 사용한 기능을 '왜?' 사용했는지를 친절하게 설명합니다.

❼ **TIP** : 예제에 관한 기본 팁을 제공합니다. 개념에 대한 부연 설명, 관련 정보, 주의할 점은 무엇인지 등을 설명해 놓았습니다.

혼자 해 보기

파트가 끝날 때마다 실력을 체크해 보는 예제를 제공합니다. 힌트를 보고 혼자 해 보고, 해설 동영상을 QR 코드로 확인하세요.

혼자 해 보기 : 학습을 마무리할 때마다 혼자 해 보는 코너를 통해 자신의 일러스트레이터 실력을 체크해 보세요.

QR 코드 : 스마트폰으로 QR 코드를 촬영하여 예제 제작 과정을 동영상으로 확인할 수 있습니다.

힌트 : 혼자 해 보기의 과정을 간략하게 소개합니다.

05

P.163 연필 도구로 라인 일러스트 그리기

P.169 패스 지우개 도구로 패스 지우기

P.173 폭 도구로 테두리 조절하기

P.178 브러시 도구로 일러스트 그리기

P.182 분산 브러시로 하트 그리기

P.186 나만의 패턴 브러시 만들기

P.191 아트 브러시 만들고 장식하기

P.200 색상 모드 조절하기

P.203 색과 패턴 지정하기

P.206 라이브 페인트 통 도구로 채색하기

P.210 패턴 편집하기

P.225 점과 선으로 자유롭게 그러데이션 적용하기

09

P.244 레이어 관리하기

P.249 정렬하기

P.252 회전, 복제, 이동 기능으로 캐릭터 만들기

P.254 반전 도구를 이용해 꽃 만들기

P.261 자유 변형 도구로 자유롭게 변형하기

P.273 문자 입력하기

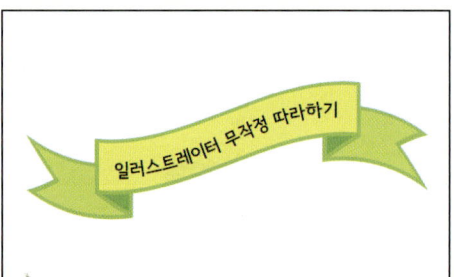
P.275 패스를 따라 흐르는 문자 입력하기

P.278 터치 문자 도구로 글자 편집하기

P.292 가변 글꼴을 이용해 아이콘 만들기

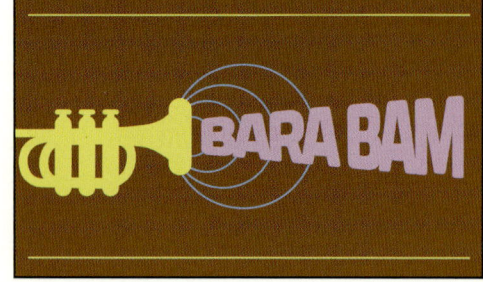
P.299 문자 왜곡하기

P.311 도형 구성 도구로 오브젝트 합치기

P.317 오브젝트를 잘라 소잉 일러스트 만들기

P.321 블렌드로 캐릭터 명암 만들기

P.325 감각적인 배경 디자인하기

P.332 블렌딩 모드를 이용해 오브젝트 합성하기

P.338 불투명 마스크로 비치는 글씨 만들기

P.342 카드 뉴스 광고 만들기

P.352 심볼 등록하고 편집하기

P.358 자유롭게 오브젝트 왜곡하기

P.385 입체 건물 만들기

P.402 재질 있는 입체 글씨 만들기

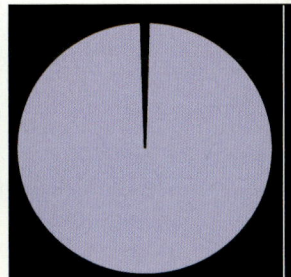
P.407 다양한 형태 만들기

P.409 Twist 명령으로 비틀어 회전하는 오브젝트 만들기

P.411 Zig Zag 명령으로 용암 만들기

P.416 Feather 명령으로 캐릭터 이미지 표현하기

P.418 네온 사인 만들기

일러스트레이터 학습 계획을 세워 보세요!

본격적으로 공부를 시작하기 전에 **자신에게 맞는 학습 계획**을 세워 보세요. 의지가 부족해 매번 중간에 포기했다면 여기서 안내하는 계획표 대로 따라해 보세요. 한두 달 안에 일러스트레이터를 마스터할 수 있습니다.

학 습 계 획 A 일러스트레이터를 사용한 적이 있으신가요?

중급 과정 학습 플랜 | 기본 기능을 어느 정도 알고 있다면 각 파트의 '실습 예제'를 중심으로 여러 가지 기능들을 학습해 보세요. 예제를 따라 하다가 막히는 경우에는 '필수 기능'을 찾아서 확인합니다.

일	학습 날짜	파트	챕터	쪽수	학습 목표
1일 차	월 일	Part 1	1-4	44-89	작업 환경 설정, 템플릿 이용, Asset Export 기능, 파일 패키징
2일 차	월 일		5-6	90-116	오브젝트 선택 및 변형, 동일 속성 오브젝트 모두 선택, 작업 단축키
3일 차	월 일	Part 2	1	120-133	펜 도구로 패스 제작, 패스 편집, 선 두께 및 모양 조절
4일 차	월 일		2-3	134-161	선 도구로 다양한 선 그리기, 그리드 도구, 기본 도형 응용
5일 차	월 일		4-5	162-192	브러시 도구로 손그림 스타일 그림 그리기, 패턴 브러시, 캘리그래피
6일 차	월 일	Part 3	1-3	196-230	색상 추출 및 변경, 패턴 만들기, 색상 테마 변경, 그러데이션 적용
7일 차	월 일		4-5	231-250	눈금자 및 안내선, 레이어 관리, 오브젝트 정렬 및 배열
8일 차	월 일		6	251-264	오브젝트 회전, 대칭, 기울이기, 자유 변형 도구, Propertise 패널
9일 차	월 일	Part 4	1	268-281	타이포그래피 및 캘리그래피, 문자 입력 및 기능, 패스 문자
10일 차	월 일		2-3	282-300	문자 스타일, 문장 정렬, 문자 변형 및 왜곡
11일 차	월 일	Part 5	1-2	304-329	오브젝트 재구성, 도형 구성 도구, 블렌드 적용
12일 차	월 일		3-4	330-345	블렌딩 모드로 색상 혼합, 클리핑 및 불투명 마스크, 비트맵 이미지 변환
13일 차	월 일		5-6	346-363	심볼 등록 및 편집, 오브젝트 왜곡, 퍼펫 뒤틀기 도구
14일 차	월 일		7-9	364-388	그래프 제작 및 디자인, 그래픽 스타일, 입체적인 오브젝트 제작
15일 차	월 일	Part 6	1	392-403	3D 적용하기, 3D and Materials, 3D 오브젝트 매핑
16일 차	월 일		2-4	404-421	오브젝트 변형, 오브젝트 스타일 적용, 액션 기능으로 반복 작업 실행

학습계획 B 일러스트레이터를 처음 시작하시나요?

초급 과정 학습 플랜 | 책을 차례대로 따라 해 보세요. 앞부분을 참고하여 프로그램을 설치하고 '필수 기능'과 '실습 예제'를 차근 차근 따라 하면서 일러스트레이터 기본기를 단단히 다질 수 있습니다.

일	학습 날짜		파트	챕터	쪽수	학습 목표
1일 차	월	일	Part 0	1-2	26-41	일러스트레이터 설치, 미리 알아두기
2일 차	월	일		1-2	44-66	일러스트레이터 인터페이스, 기본 도구 사용, 기본 패널 기능
3일 차	월	일		3	67-77	새 문서 만들기, 여러 개의 아트보드 지정, 템플릿 사용
4일 차	월	일	Part 1	4	78-89	파일 및 이미지 불러오기, 파일 저장, 파일 내보내기 및 패키징
5일 차	월	일		5	90-109	오브젝트 선택 및 복제, 동일 속성 오브젝트 모두 선택
6일 차	월	일		6	110-116	작업 화면 확대 및 축소, 기본 편집 기능, 단축키
7일 차	월	일		1	120-133	펜 도구로 오브젝트 그리기, 패스 편집, 선 두께 및 모양 조절
8일 차	월	일		2	134-151	선 도구로 선 그리기, 사각 및 원 그리드 도구
9일 차	월	일	Part 2	3	152-161	기본 도형 그리기, 기본 도형 응용, 별 도구
10일 차	월	일		4	162-174	연필 도구로 라인 일러스트 그리기, 패스 수정, 테두리 조절
11일 차	월	일		5	175-192	브러시 도구, Brushes 패널, 패턴 브러시 및 아트 브러시
12일 차	월	일		1	196-208	색상 모드, Color Picker 대화상자, 색상 지정, Swatches 패널
13일 차	월	일		1-2	209-218	패턴 적용 및 편집, 색상 테마 적용, Recolor Artwork
14일 차	월	일		3	219-230	그러데이션 적용, Freeform Gradient, 메시 도구
15일 차	월	일	Part 3	4	231-240	눈금자 및 안내선, 그룹 지정, 오브젝트 잠금 및 숨기기
16일 차	월	일		5	241-250	레이어 관리 및 설정, 오브젝트 배열 및 정렬
17일 차	월	일		6	251-264	Transform, 오브젝트 회전, 복제, 대칭, 크기 조절, Propertise 패널
18일 차	월	일	Part 4	1	268-281	문자 입력 및 기능, 패스 문자, 터치 문자 도구, 문자 오브젝트로 변환
19일 차	월	일		2-3	282-300	문자 스타일, 가변 글꼴 이용, 맞춤법 검사, 문자 변형 및 왜곡
20일 차	월	일		1	304-318	오브젝트 재구성, Pathfinder 패널, 도형 구성 도구, 패스 지우고 자르기
21일 차	월	일		2	319-329	블렌드 적용, Smooth Color 블렌드, Specified Steps 블렌드
22일 차	월	일		3-4	330-345	블렌딩 모드로 색상 혼합, 클리핑 및 불투명 마스크, 비트맵 이미지 변환
23일 차	월	일	Part 5	5	346-354	심볼 등록 및 편집, Symbols 패널, Symbol Libraries Menu
24일 차	월	일		6	355-363	오브젝트 팽창, 구김, 왜곡, 비틀기, 퍼펫 뒤틀기 도구
25일 차	월	일		7	364-375	인포그래픽, 그래프 제작 및 편집, 그래프 디자인 적용
26일 차	월	일		8	376-379	그래픽 스타일, 효과 적용, Graphic Styles 패널, Appearance 패널
27일 차	월	일		9	380-388	3차원 공간 및 입체적인 오브젝트 제작, 원근 격자 도구
28일 차	월	일		1	392-403	3D 변환 및 질감, 조명 적용, 3D and Materials, 3D 오브젝트 매핑
29일 차	월	일	Part 6	2	404-412	기본 도형으로 변형, 오브젝트 변형, Distort & Transform
30일 차	월	일		3-4	413-421	오브젝트 스타일 적용, Stylize, 액션 기능으로 반복 작업 실행

일러스트레이터 『우선순위 TOP 20』을 통해 핵심 기능을 익히세요!

일러스트레이터 사용자들이 네이버 지식iN, 실무 카페 및 블로그, 웹 문서 등에서 **가장 많이 검색하고 찾아본 키워드를 토대로 우선순위 TOP 20**을 선정했습니다. 우선순위 TOP 20을 통해 핵심 기능을 확인할 수 있습니다.

순위	키워드	간단하게 살펴보기	빠른 쪽 찾기
1 ▲	패스	펜 관련 도구를 이용한 다양한 형태의 패스 그리기(디지털 일러스트레이션)	120
2 ▲	라인 일러스트	손맛이 살아 있는 라인 일러스트 그리기	162
3 ▲	패턴	Swatches 패널에서 색 선택 및 패턴 등록과 적용하기	202
4 ▲	그러데이션	Gradient 패널 또는 메시 도구로 자연스러운 그러데이션 적용하기	219
5 ▲	오브젝트 배열	Arrange 명령으로 레이어를 사용하지 않은 채 오브젝트 배열하기	246
6 ▲	정렬	Align 패널을 이용하여 오브젝트 가로/세로 정렬하기	248
7 ▲	마스크	클리핑/불투명 마스크 기능으로 불필요한 부분 감추기	334
8 ▲	벡터 이미지 변환	Image Trace 명령으로 사진을 일러스트로 만들기	340
9 ▲	오브젝트 재구성	Pathfinder 패널을 이용하여 오브젝트 더하고 나누기	304
10 ▲	문자 패스화	Create Outlines 명령으로 문자를 오브젝트로 변환하기	280
11 ▲	선 스타일	Stroke 패널에서 선 두께, 모양 조절하기	130
12 ▲	오브젝트 관리	편리한 작업을 위해 Guide/Lock/Hide 명령으로 오브젝트 관리하기	231
13 ▲	그룹 설정/편집 모드	Object/Group 명령으로 오브젝트 관리하기	236
14 ▲	회전/복제/이동	자유자재로 오브젝트 다루기	251
15 ▲	동일 텍스트 선택	동일한 속성의 텍스트 한 번에 선택하고 수정하기	108
16 ▲	타이포그래피	문자 입력 도구 알아보기	271
17 ▲	입체적으로 표현하기	3D and Materials 명령으로 3D 오브젝트 만들기	392
18 ▲	심볼	Symbols 패널에서 심볼 도구로 심볼 작성하고 편집하기	346
19 ▲	스타일 적용	Stylize 명령으로 오브젝트에 스타일 적용하기	413
20 ▲	레이어	Layers 패널에서 오브젝트 관리하기	241

『신기능 표시』와 『중요 표시』를 활용해 효율적으로 공부하세요!

신기능 표시를 통해 일러스트레이터에 새롭게 추가된 기능을 확인할 수 있고, 중요 표시를 통해 중요도를 살펴볼 수 있습니다. 언제, 어디서나 원하는 기능을 쉽게 찾아 바로 적용해 보세요!

키워드	신기능 살펴보기	빠른 쪽 찾기
텍스트 수정	동일한 속성의 텍스트를 검색하여 한 번에 선택하기	108
3D 기능	3D and Materials 패널에서 입체 오브젝트로 변경 및 질감, 조명 적용하기	392, 402

중요도	키워드	중요 기능 살펴보기	빠른 쪽 찾기
★★	작업 화면	일러스트레이터 작업 화면 살펴보기	48
★★★	Tools 패널 도구	Tools 패널 도구 살펴보기	49
★★★	주요 패널	일러스트레이터의 주요 패널과 기능 알아보기	56
★★	새 문서 작성	New 명령으로 새 문서 만들기	68
★★★	파일 열기	Open/Place 명령으로 파일 불러오기	78
★	이미지 열기	파일 열고 이미지 불러오기	80
★★	저장하기	Save 명령으로 파일 저장하기	82
★	선택, 이동, 변형	선택 도구로 오브젝트를 선택해 이동 및 변형하기	90
★★★	세밀한 선택과 수정	직접 선택 도구로 세밀하게 선택하고 수정하기	102
★★★	확대/축소, 이동	화면 크기 확대/축소와 이동하기	111
★★★	패스 구조	패스 구조 이해하기	120
★	브러시 도구	브러시 도구로 일러스트 그리기	178
★★	색상 도구와 패널	색상 도구와 패널 살펴보기	197
★★	색과 패턴	Swatches 패널에서 색과 패턴 지정하기	203
★★★	오브젝트 배열	Arrange 명령으로 오브젝트 배열 바꾸기	246
★★★	오브젝트 정렬	Align 패널을 이용해 오브젝트 정렬하기	249
★★★	오브젝트 변형	Transform 명령을 이용해 오브젝트 변형하기	251
★★	문자 입력	문자 도구로 문자 입력하기	273
★	문자 스타일 설정	문자 스타일을 설정하는 Character 패널 알아보기	282
★★	오브젝트 재구성	Pathfinder 패널을 이용해 오브젝트 더하고 나누기	304
★★★	심볼	Symbols 패널 살펴보기	346
★★	오브젝트 왜곡	Distort & Transform 명령으로 다양하게 왜곡하기	405
★	오브젝트 스타일	스타일 변경하기	413

목차

머리말	003
이 책의 구성	004
베타테스터의 말	006
길벗출판사 홈페이지 소개	007
작업 디자인 미리보기	008
학습 계획	012
우선순위 TOP 20	014
신기능 표시와 중요 표시	015

PART 00 준비하기

01 일러스트레이터 설치하기 — 026
1. 일러스트레이터 최신 버전(CC) 설치하기 `중요` — 026
2. 이전 버전에서 일러스트레이터 최신 버전으로 업데이트하기 — 030
3. 일러스트레이터 이전 버전(CC) 설치하기 — 031
4. 무료 체험판 설치 후 자동 카드 결제 취소하기 — 032

02 일러스트레이터 설치 Q&A — 034
1. 일러스트레이터 버전 문제 — 034
2. 일러스트레이터 설치 전 문제 — 034
3. 일러스트레이터 설치 중 문제 — 035
4. 일러스트레이터 설치 후 실행 문제 — 035

03 일러스트레이터를 학습하기 전에 미리 알아두기 — 036
1. 손그림과 정형적인 디지털 일러스트 그리기 — 036
2. 벡터 드로잉의 기본, 베지어 곡선으로 그리기 — 037
3. 손그림을 일러스트로 변환하여 일러스트 만들기 — 037
4. 포토샵과 일러스트레이터, 연동 및 호환하여 사용하기 — 038
5. 일러스트레이터로 이미지 불러오기, Embed와 Link의 차이점 — 039
6. 인쇄용 일러스트 작업은 해상도 주의하기 — 040
7. 문자를 패스화하여 글꼴 변환하기 — 040
8. 이미지 파일 형식 알아보기, 비트맵과 벡터 — 041

PART 01 일러스트레이터 CC 시작하기

01 일러스트레이터는 어떻게 생겼을까? → 작업 화면 — 044
- `기능` 1 일러스트레이터 시작 화면 살펴보기 `중요` — 044
- `기능` 2 아이패드와 데스크톱에서 일러스트레이터 사용하기 — 046
- 3 작업 화면 밝기 조정하기 — 047
- `기능` 4 일러스트레이터 작업 화면 살펴보기 `중요` — 048

02 도구와 패널 알아보기 → 도구 · Tools 패널 · 주요 패널 · 작업 환경 — 049
- `기능` 1 Tools 패널 도구 살펴보기 `중요` — 049
- `기능` 2 일러스트레이터의 주요 패널과 기능 알아보기 `중요` — 056

            3 사용자 정의 패널 구성하기 중요   062
            4 내게 딱 맞는 작업 환경 만들기   065

03 | 새 문서와 아트보드 만들기 → New · 아트보드   067
    기능 1 시작 화면에서 새 문서 만들기   067
    기능 2 New 명령으로 새 문서 만들기 중요   068
    기능 3 아트보드 살펴보기   070
            4 새 문서 만들기 중요   071
            5 문서 크기 직접 설정하기   072
            6 여러 개의 아트보드 지정하기   073
    기능 7 템플릿 문서 이용하기   075
            8 템플릿을 이용하여 디자인하기   076

04 | 파일 관리 기본기 익히기 → Open · Save · Export · Exit   078
    기능 1 Open/Place 명령으로 파일 불러오기 중요   078
    기능 2 브리지에서 불러오기   079
            3 파일 열고 이미지 불러오기 중요   080
    기능 4 Save 명령으로 파일 저장하기 중요   082
            5 다양한 방법으로 파일 저장하기   083
    기능 6 Export 명령으로 파일 내보내기 중요   085
            7 웹 또는 모바일에서 볼 수 있도록 파일 내보내기   086
            8 Asset Export 패널에서 내보내기   087
            9 체계적인 파일 관리를 위한 패키징하기   088
    기능 10 Exit 명령으로 작업 종료하기   089

05 | 원하는 대로 오브젝트 선택하기 → 선택 도구 · Select 메뉴   090
    기능 1 선택 도구로 오브젝트를 선택해 이동 및 변형하기 중요   090
            2 오브젝트 선택과 이동하기   092
            3 여러 개의 오브젝트 다루기   093
            4 오브젝트 회전하기 중요   095
            5 오브젝트 확대/축소하기 중요   096
            6 일괄 선택 및 편집하기   098
            7 오브젝트 복제하기   100
    기능 8 직접 선택 도구로 세밀하게 선택하고 수정하기 중요   102
    기능 9 자유롭게 오브젝트 선택하기   103
            10 클릭 한 번에 같은 속성 오브젝트 선택하기   106
            11 동일한 속성의 텍스트 한 번에 선택하기 우선순위 TOP 15   108

06 | 본격적인 작업을 위한 준비 운동하기   110
    기능 1 작업 화면 확대/축소하기   110
            2 화면 크기 확대/축소와 이동하기 중요   111
    기능 3 기본 편집 기능 알아보기   113
            4 효율적인 작업을 위한 단축키 만들기   114
            5 프레젠테이션과 재단 보기   115

        혼자 해 보기 아트보드 만들고 오브젝트 선택과 이동하기   117

PART 02 드로잉의 기본, 그리기 도구 익히기

01 펜 도구와 패스 기능 익히기 `우선순위 TOP 01`
→ 펜 도구・기준점 추가, 삭제, 변환 도구・곡률 도구・Stroke 패널 … 120

- 기능 1 패스 구조 이해하기 `중요` … 120
- 기능 2 패스를 만드는 펜 도구와 Control 패널 알아보기 … 121
- 기능 3 펜 도구를 이용해 다양한 형태의 패스 그리기 … 122
- 4 펜 도구로 자유롭게 그리기 … 124
- 5 패스 편집 기능을 이용해 열린 패스를 닫힌 패스로 만들기 … 126
- 6 복잡한 일러스트의 패스 줄이기 … 128
- 기능 7 Stroke 패널에서 선 두께, 모양 조절하기 `우선순위 TOP 11` `중요` … 130
- 8 Stroke 패널을 이용해 표지판 만들기 … 132

02 선 도구로 다양한 선 그리기
→ 선, 호, 나선, 사각 그리드, 원 그리드 도구 … 134

- 기능 1 수직선, 수평선, 대각선을 그리는 선 도구 살펴보기 … 134
- 2 선 도구를 이용해 노트 만들기 … 135
- 기능 3 곡선을 그리는 호 도구 알아보기 … 137
- 4 호 도구를 이용해 캐릭터 완성하기 … 138
- 기능 5 빙글빙글 돌아가는 나선 도구 알아보기 … 141
- 6 나선 도구를 이용해 아기 돼지 만들기 … 141
- 기능 7 표 형태를 그리는 사각 그리드 도구 알아보기 … 144
- 8 사각 그리드 도구로 표를 응용해 픽셀아트 만들기 … 145
- 기능 9 과녁 형태를 그리는 원 그리드 도구 알아보기 … 149
- 10 원 그리드 도구로 레몬 그리기 … 150

03 쉽고 빠르게 여러 가지 도형 그리기
→ 사각형, 둥근 사각형, 원, 다각형, 별 도구 … 152

- 기능 1 사각형 도구 알아보기 `중요` … 152
- 기능 2 둥근 사각형 도구 알아보기 … 152
- 기능 3 원 도구 알아보기 `중요` … 153
- 기능 4 다각형 도구 알아보기 … 153
- 5 사각형, 원, 다각형 도구로 집 그리기 … 154
- 6 둥근 사각형 도구를 이용해 일러스트 완성하기 … 157
- 기능 7 별 도구 알아보기 … 159
- 8 별 도구를 이용해 밤하늘 꾸미기 … 159

04 손으로 그린 듯한 일러스트 그리기
→ 연필, 모양, 스무드, 패스 지우개, 조인 도구・폭 도구 … 162

- 기능 1 일러스트 그리기 도구 알아보기 `우선순위 TOP 02` … 162
- 2 연필 도구로 손그림 느낌의 라인 일러스트 그리기 `중요` … 163
- 3 모양 도구로 기본 아이콘 만들기 … 165
- 4 스무드 도구로 부드럽게 패스 수정하기 … 168
- 5 패스 지우개 도구로 패스 지우기 … 169
- 6 조인 도구를 이용해 열린 패스를 닫힌 패스로 바꾸기 … 171
- 기능 7 선의 폭과 기준점 변경하기 … 173
- 8 폭 도구로 오브젝트를 변형해 테두리 조절하기 … 173

05 다양한 느낌의 브러시 익히기

→ 브러시 도구 · 물방울 브러시 도구 · Brushes 패널　　175

기능	1	브러시 설정을 위한 Brushes 패널 알아보기	175
기능	2	캘리그래피 브러시 옵션 알아보기	177
	3	브러시 도구로 일러스트 그리기 중요	178
기능	4	물방울 브러시 도구로 자유롭게 선이 아닌 면 그리기	180
	5	물방울 브러시로 배경 일러스트 그리기	181
기능	6	Scatter Brush Options 대화상자에서 분산 브러시 설정하기	182
	7	분산 브러시로 하트 그리기	182
기능	8	Pattern Brush Options 대화상자에서 패턴 브러시 설정하기	184
	9	패턴 브러시로 라벨 디자인하기	184
	10	나만의 패턴 브러시 만들기	186
기능	11	Art Brush Options 대화상자에서 아트 브러시 설정하기	189
	12	아트 브러시를 패스 선에 적용하기	190
	13	나만의 아트 브러시 만들고 등록해서 장식하기	191

▶ 혼자 해 보기　정해진 형태의 도형과 자유로운 형태의 손그림 그리기　　193

PART 03
다양한 방법으로 채색하고 편집하기

01 다양한 방법으로 색상 적용하기

→ 색상 모드 · Color, Swatches, Pattern Options 패널　　196

기능	1	웹과 인쇄용 색상 모드 알아보기	196
기능	2	색상 도구와 패널 살펴보기 중요	197
	3	Color Picker 대화상자에서 색 지정하기	199
	4	Color 패널에서 색상 모드 조절하기 중요	200
기능	5	색상 선택과 추출, 적용을 위한 도구 살펴보기 우선순위 TOP 03 중요	202
	6	Swatches 패널에서 색과 패턴 지정하기 중요	203
	7	라이브 페인트 통 도구로 쉽고 빠르게 채색하기	206
기능	8	Pattern Options 패널에서 패턴 편집하기 중요	209
	9	복잡한 패턴도 쉽게 편집하기	210

02 세련된 배색과 색상 테마 만들기

→ Color Guide 패널 · Recolor Artwork　　212

기능	1	색상 테마 만들기	212
	2	Color Guide 패널을 이용해 배색하기	213
기능	3	Recolor Artwork 대화상자에서 색상 테마 만들기	215
	4	Recolor Artwork 기능으로 원하는 색상 테마를 손쉽게 적용하기 중요	217

03 자연스러운 그러데이션 설정하기

→ 그레이디언트 도구 · Gradient 패널 · 메시 도구　　219

기능	1	입체적인 색, 그러데이션 적용하기 우선순위 TOP 04	219
	2	선형 그러데이션으로 아보카도에 입체감 만들기 중요	220
	3	원형 그러데이션으로 아보카도 씨에 입체감 만들기 중요	223
	4	점과 선으로 자유롭게 그러데이션 적용하기 중요	225

| 기능 | 5 메시 도구로 사실적인 그러데이션 표현하기 | 227 |
| | 6 메시 도구로 자연스러운 그러데이션 적용하기 | 228 |

04 | 편리한 작업을 위해 오브젝트 관리하기 우선순위 TOP 12
→ Ruler · Guide · Grid · Group · Lock · Hide · Expand 231

기능	1 작업 화면 설정 기능 알아보기 중요	231
	2 눈금자와 안내선을 이용해 정확하게 작업하기 중요	233
기능	3 Object 명령으로 오브젝트 관리하기 우선순위 TOP 13 중요	236
	4 그룹 설정하고 편집 모드에서 수정하기	237
	5 Lock/Hide 명령으로 오브젝트 잠그고 숨기기 중요	239
	6 Expand 기능으로 선을 면으로 바꾸기 중요	240

05 | 쉽고 빠르게 정렬과 배열하기 → Layers 패널 · Arrange · Align 패널 241

기능	1 오브젝트 관리를 위한 레이어 알아보기 우선순위 TOP 20 중요	241
	2 Layers 패널을 이용해 레이어 관리하기	244
기능	3 오브젝트 배열을 위한 Arrange 기능 알아보기 우선순위 TOP 05	246
	4 Arrange 명령으로 오브젝트 배열 바꾸기 중요	246
기능	5 오브젝트 정렬을 위한 Align 패널 알아보기 우선순위 TOP 06	248
	6 Align 패널을 이용해 오브젝트 정렬하기 중요	249

06 | 자유자재로 오브젝트 다루기 우선순위 TOP 14
→ 회전, 복제, 반전, 크기 조절, 기울이기 · Transform 패널 251

기능	1 Transform 명령을 이용해 오브젝트 변형하기 중요	251
	2 회전, 복제, 이동 기능으로 캐릭터 만들기	252
기능	3 Reflect 기능으로 대칭 오브젝트 만들기 중요	254
	4 반전 도구를 이용해 꽃 만들기	254
기능	5 Transform 패널과 Scale 대화상자 알아보기	257
	6 수치대로 크기 조절하기 중요	258
기능	7 오브젝트를 기울이는 Shear 명령 알아보기	259
	8 기울이기 도구로 오브젝트 기울이기	259
	9 자유 변형 도구로 자유롭게 변형하기	261
	10 Properties 패널을 이용해 오브젝트 편집하기	263

▶ 혼자 해 보기 감각적인 배색과 자유자재로 오브젝트 다루기 265

PART 04
효율적으로
문자 디자인하기

01 | 문자 디자인하기 → 문자 도구 268

기능	1 타이포그래피와 캘리그래피 이해하기	268
기능	2 문자 입력 도구와 편집 기능 알아보기 우선순위 TOP 16 중요	271
	3 문자 도구로 문자 입력하기 중요	273
	4 오브젝트 형태대로 문자 입력하기	274
	5 패스를 따라 흐르는 문자 입력하기	275
	6 세로 문자 도구로 포스터 문구 입력하기	276
	7 세로 영역 문자 도구로 세로 단어 쓰기	277
	8 터치 문자 도구를 이용해 글자 편집하기	278
	9 문자를 오브젝트로 변환해 편집하기 우선순위 TOP 10 중요	280

02 문서 편집하기 → Character 패널 · Paragraph 패널 · Styles 282
- 기능 1 문자 스타일을 설정하는 Character 패널 알아보기 중요 282
- 2 문자 스타일을 설정해 메뉴판 만들기 283
- 기능 3 문장을 정렬하는 Paragraph 패널 알아보기 중요 285
- 4 긴 문장을 조절해 편집하기 286
- 기능 5 문장에 스타일 적용하기 289
- 6 향상된 문자 기능 사용하기 290
- 7 가변 글꼴을 이용해 아이콘 만들기 292
- 8 맞춤법 검사하기 293
- 9 OpenType SVG 딩벳 글꼴로 티켓 만들기 294

03 문자 변형하기 → Envelope · Warp Options 296
- 기능 1 문자나 오브젝트 변형하기 296
- 2 Make with Warp 기능으로 문자 왜곡하기 298
- 3 Make with Mesh 기능으로 문자 왜곡하기 299

혼자 해 보기 문자 스타일 편집하고 문자 형태 변환하기 301

PART 05
그래픽 스타일 디자인하기

01 오브젝트 재구성하기 우선순위 TOP 09
→ Pathfinder 패널 · 도형 구성 도구 · 지우개, 가위, 나이프 도구 304
- 기능 1 Pathfinder 패널을 이용해 오브젝트 더하고 나누기 중요 304
- 2 Pathfinder 패널을 이용해 일러스트 재구성하기 306
- 기능 3 오브젝트를 편집하는 도형 구성 도구 알아보기 310
- 4 도형 구성 도구로 드래그해 오브젝트 합치기 311
- 5 도형 구성 도구를 이용해 오브젝트 재구성하기 312
- 기능 6 패스를 지우거나 자르기 316
- 7 오브젝트를 잘라 소잉 일러스트 만들기 317

02 블렌딩 기능으로 중간 단계 만들기
→ 블렌드 도구 · Blend Options 대화상자 319
- 기능 1 Blend 기능으로 오브젝트 중간 단계 만들기 중요 319
- 2 Smooth Color 블렌드로 캐릭터 명암 만들기 321
- 3 Specified Steps 블렌드로 패스를 따라 오브젝트 연결하기 323
- 4 블렌드 기능으로 감각적인 배경 디자인하기 325

03 색을 혼합하거나 일부분만 나타내기
→ Transparency 패널 · 블렌딩 모드 · 마스크 330
- 기능 1 Transparency 패널 살펴보기 중요 330
- 2 블렌딩 모드를 이용해 오브젝트 합성하기 중요 332
- 기능 3 마스크 기능으로 불필요한 부분 감추기 우선순위 TOP 07 334
- 4 클리핑 마스크를 이용해 CI 디자인하기 중요 335
- 5 불투명 마스크로 비치는 글씨 만들기 338

04 | 사진을 일러스트로 만들기 → Image Trace 우선순위 TOP 08 340
- 기능 1 Image Trace 명령으로 사진을 일러스트로 바꾸기 중요 340
- 기능 2 Image Trace 패널에서 세부적으로 이미지 바꾸기 341
- 3 이미지를 일러스트로 바꿔 카드 뉴스 광고 만들기 342
- 4 비트맵 이미지를 변환해 팝아트 만들기 344

05 | 심볼 등록과 편집하기 → Symbols 패널·심볼 도구 우선순위 TOP 18 346
- 기능 1 Symbols 패널 살펴보기 중요 346
- 기능 2 심볼 도구 알아보기 347
- 기능 3 Symbolism Tools Options 대화상자에서 심볼 설정하기 349
- 4 심볼을 이용하여 빈티지 포스터 디자인하기 349
- 5 심볼 등록하고 편집하기 중요 352

06 | 오브젝트 왜곡하기 → 왜곡 도구·퍼펫 뒤틀기 도구 355
- 기능 1 오브젝트를 왜곡하는 왜곡 도구 알아보기 355
- 기능 2 Wrinkle Tool Options 대화상자에서 세밀하게 왜곡 설정하기 357
- 3 왜곡 도구로 다양하게 오브젝트 왜곡하기 358
- 4 퍼펫 뒤틀기 도구를 이용해 캐릭터 움직이기 362

07 | 정보의 시각화, 인포그래픽 만들기 → 그래프 도구 364
- 기능 1 인포그래픽을 위한 그래프 도구 알아보기 중요 364
- 2 인포그래픽을 위한 그래프 디자인하기 367
- 기능 3 그래프에 디자인 적용하기 371
- 4 그래프 요소 수정하여 디자인하기 372

08 | 그래픽 스타일과 속성 설정하기
→ 그래픽 스타일·Graphic Styles 패널·Appearance 패널 376
- 기능 1 Graphic Styles 패널과 Appearance 패널 살펴보기 376
- 2 오브젝트에 그래픽 스타일과 질감 적용하기 중요 378

09 | 3차원 공간에서 작업하기 → 원근 격자 도구·원근 선택 도구 380
- 기능 1 원근 격자를 이용해 3차원 공간 만들기 380
- 기능 2 원근 격자 메뉴에서 원근 격자 설정하기 381
- 기능 3 원근 격자 도구로 원근감 지정하기 381
- 기능 4 Define Perspective Grid 대화상자에서 원근 격자 설정하기 382
- 5 원근 격자 도구를 이용해 3차원 공간 만들기 383
- 6 원근 격자에 맞춰 입체 건물 만들기 385

혼자 해 보기 오브젝트 분리하고 왜곡하기 389

PART 06 완성도를 높이는 고급 효과 알아보기

01 오브젝트를 입체적으로 표현하기 [우선순위 TOP 17]
→ 3D and Materials · 3D Extrude & Bevel · 3D Revolve · Map Art 392

- 기능 1 입체 오브젝트 만들고 질감과 조명 적용하기 392
- 기능 2 일반 오브젝트를 입체로 만들기 [중요] 393
- 3 문자에 3D 기능을 적용하고 수정하기 395
- 기능 4 3D Revolve (Classic) 기능으로 입체 기둥 표현하기 [중요] 397
- 5 360° 회전해서 입체 오브젝트 만들기 398
- 기능 6 Map Art 대화상자를 이용해 3D 오브젝트에 매핑하기 399
- 7 3D 회전과 매핑으로 입체적인 글씨 만들기 [중요] 399
- 8 Materials와 Lighting 기능으로 재질 있는 입체 글씨 만들기 402

02 오브젝트를 독특하게 변형하기 → Convert to Shape · Distort & Transform 404

- 기능 1 Convert to Shape 명령을 이용해 기본 도형으로 바꾸기 404
- 기능 2 Distort & Transform 명령으로 다양하게 왜곡하기 405
- 3 Pucker & Bloat 명령으로 기본 도형을 변형해 다양한 형태 만들기 407
- 4 Twist 명령으로 비틀어 회전하는 오브젝트 만들기 409
- 5 Zig Zag 명령으로 용암 만들기 411

03 오브젝트에 스타일 적용하기 → Stylize [우선순위 TOP 19] 413

- 기능 1 스타일 변경하기 [중요] 413
- 2 Drop Shadow 명령으로 그림자 적용하기 415
- 3 Feather 명령으로 캐릭터 이미지 표현하기 416
- 4 Inner Glow 명령으로 체리 음영 만들기 417
- 5 Outer Glow 명령으로 네온사인 만들기 418

04 클릭 한 번에 반복 작업 실행하기 → Actions 패널 · New Action 대화상자 419

- 기능 1 액션을 이용해 반복 작업하기 [중요] 419
- 2 반복 작업 기록해 이용하기 420

▶ 혼자 해 보기 3D 입체 오브젝트 만들고 그림자 효과 적용하기 422

찾아보기 423

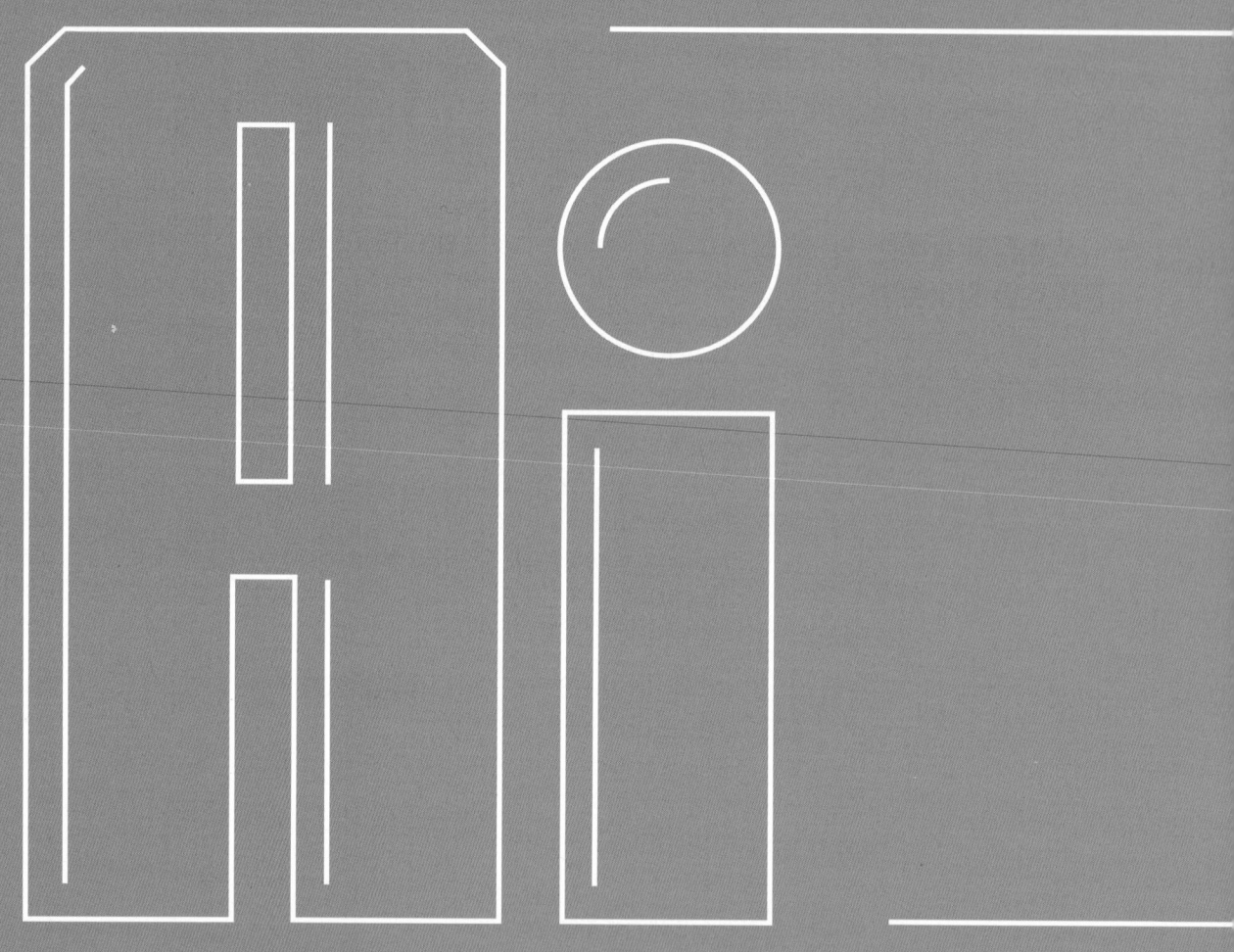

일러스트레이터 작업을 시작하기 전에 알아야 할 기본 이론에 대해서 살펴봅니다. 일러스트레이터 작업을 할 때 어떤 도구와 명령을 실행할지에 관한 기준을 세울 수 있습니다. 또한 버전에 따른 일러스트레이터 설치 방법과 설치할 때 생길 수 있는 궁금증을 해결해 봅니다.

PART 0.

준비하기

01 | 일러스트레이터 설치하기
02 | 일러스트레이터 설치 Q & A
03 | 일러스트레이터를 학습하기 전에 미리 알아두기

일러스트레이터 설치하기

어도비 일러스트레이터를 설치한 다음 인증하는 방법을 알아보겠습니다. 어도비 홈페이지에서 일러스트레이터 무료 체험판을 다운로드하여 7일 동안 무료로 사용할 수 있습니다.

※ 일러스트레이터 CC를 설치하기 위해서는 아래의 최소 사양을 만족해야 합니다.

윈도우	맥
멀티코어 Intel 프로세서(64비트 지원, SSE 4.2 이상) 또는 AMD Athlon 64 프로세서(SSE 4.2 이상)	멀티코어 Intel 프로세서 (64비트 지원, SSE 4.2 이상) 또는 ARM 기반 Apple Silicon 프로세서
• Windows 10(64비트) 버전은 V21H1, V20H2, V1909 및 V2004입니다. • Windows Server 버전은 V1607(2017) 및 V1809(2019)입니다. • Windows 10 버전 1507, 1511, 1607, 1703, 1709, 1803, 1809 및 1903에서는 지원되지 않습니다.	• macOS 버전 12.0(Monterey) • macOS 버전 11(Big Sur) • macOS 버전 10.15(Catalina)
• 8GB RAM(16GB 권장) • 설치를 위한 2GB의 하드 디스크 여유 공간, 설치 시 추가 여유 공간 필요, SSD 권장	• 8GB RAM(16GB 권장) • 설치를 위한 3GB의 하드 디스크 여유 공간, 설치 시 추가 여유 공간 필요, SSD 권장
• 1024×768 디스플레이(1920×1080 권장) • GPU 성능을 사용하려는 경우 Windows에 최소 1GB VRAM(4GB 권장)이 있어야 하고 컴퓨터에서 OpenGL 버전 4.0 이상을 지원해야 합니다.	• 1024×768 디스플레이(1920×1080 권장) • GPU 성능을 사용하려는 경우 Mac에 최소 1024MB VRAM(2GB 권장)이 있어야 하고 컴퓨터는 Meta를 지원해야 합니다.

설치하기 01 | 일러스트레이터 최신 버전(CC) 설치하기

01 ❶ 어도비 홈페이지(http://adobe.com/kr)에 접속합니다. 메뉴에서 ❷ '도움말 및 지원'을 클릭하고 ❸ 〈다운로드 및 설치〉 버튼을 클릭한 다음 ❹ 〈무료 체험판〉 버튼을 클릭합니다.

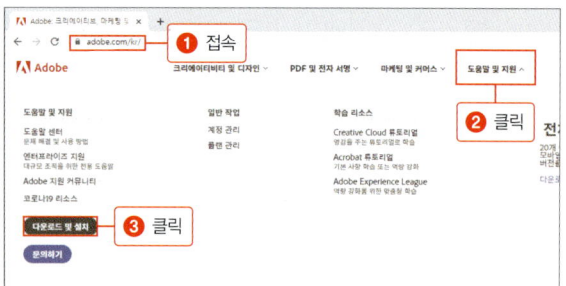 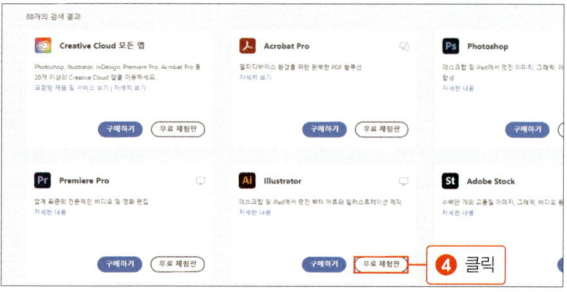

> **TIP**
> ❶ 유료 구매의 경우 Adobe ID를 입력한 다음(Adobe ID가 없는 경우 새로 만들어야 합니다).
> ❷ 플랜을 확인합니다(학생일 경우 재학 중인 학교명, 전공 등을 입력합니다).
> ❸ Visa, Master Card 등 해외 카드 브랜드는 물론 국내 결제 전용 카드로도 구매가 가능합니다.

02 7일간 무료로 체험하기 위해 〈무료로 체험하기〉 버튼을 클릭합니다.

> **TIP**
> 학생과 교사의 경우 유료 구매 시 할인을 적용받아 어도비 크리에이티브 클라우드에서 제공하는 모든 프로그램을 월 23,100원에 사용이 가능하며, 일러스트레이터만 사용할 경우 월 24,000원에 구입할 수 있습니다.

> **TIP**
> 로그인을 하지 않고 체험판 설치 과정을 진행할 경우 로그인 창이 표시될 수 있습니다. Adobe 로그인을 한 다음 설치 과정을 진행합니다. 만약 Adobe 회원가입이 되어 있지 않다면 회원가입을 진행합니다.

03 결제 방법을 추가하기 위해 ❶ 본인의 신용카드 번호와 이름, 국가, 회사명을 입력하고 ❷ 〈무료 체험기간 시작〉 버튼을 클릭합니다.

> **TIP**
> 7일 무료 체험 기간에는 무료이며, 7일 이후에는 일러스트레이터의 경우 자동으로 매월 24,000원씩 결제됩니다. 결제가 되지 않게 하기 위해서는 32쪽을 참고하세요.

04 시험 버전을 시작하기 위해 〈시작하기〉 버튼을 클릭합니다.

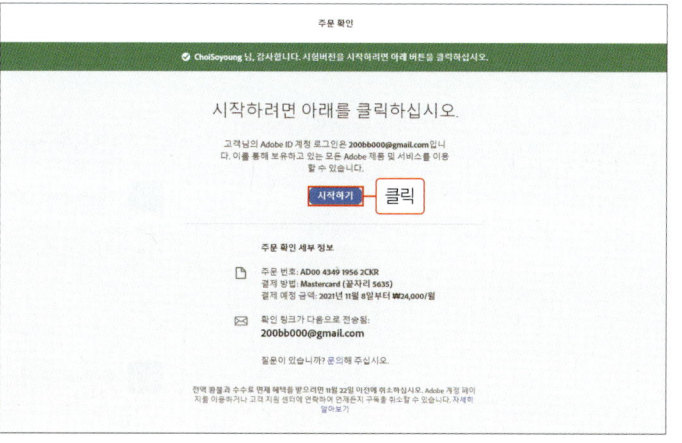

Chapter 01 • 일러스트레이터 설치하기 27

05 Creative Cloud 앱을 열기 위해 〈Creative Cloud Desktop App 열기〉 버튼을 클릭합니다.

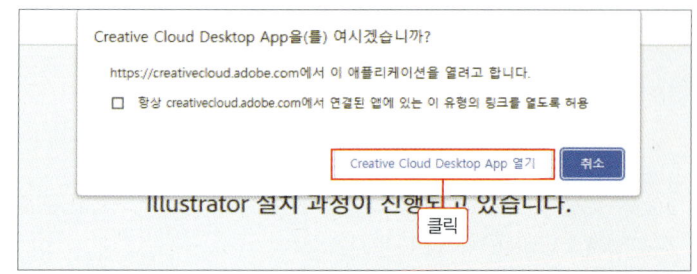

06 영문 버전 일러스트레이터를 설치하기 위해 Creative Cloud Desktop 앱 화면이 표시되면 ❶ '계정'을 클릭한 다음 ❷ '환경 설정'을 실행합니다.

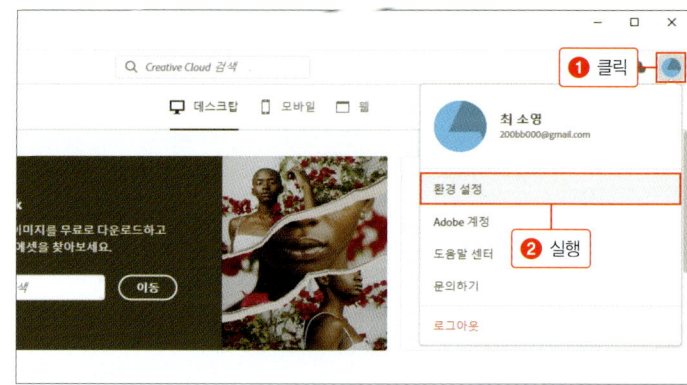

07 ❶ '앱'을 선택하고 ❷ 기본 설치 언어를 'English(International)'로 지정한 다음 ❸ 〈완료〉 버튼을 클릭합니다.

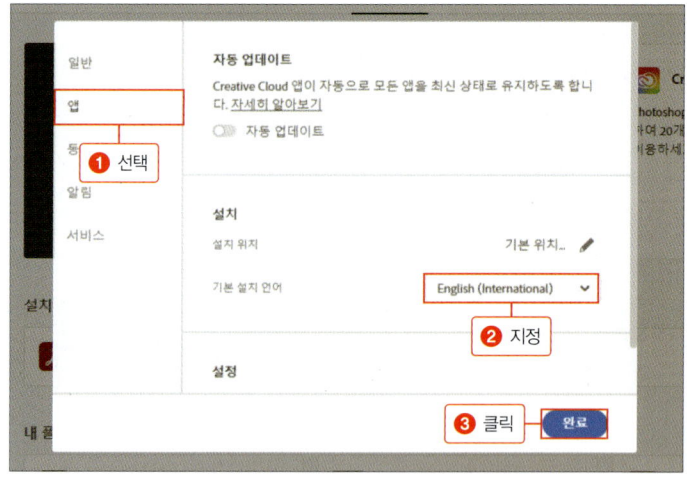

> **TIP**
> 기본 설치 언어를 선택하지 않으면 자동으로 한글 일러스트레이터가 설치됩니다. 초등학생 이상이라면 영문 버전 사용을 권장합니다.

08 Illustrator의 〈설치〉 버튼을 클릭합니다.

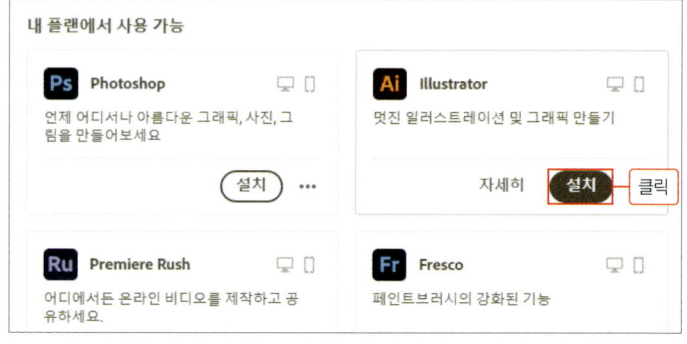

09 일러스트레이터 설치 과정이 진행됩니다.

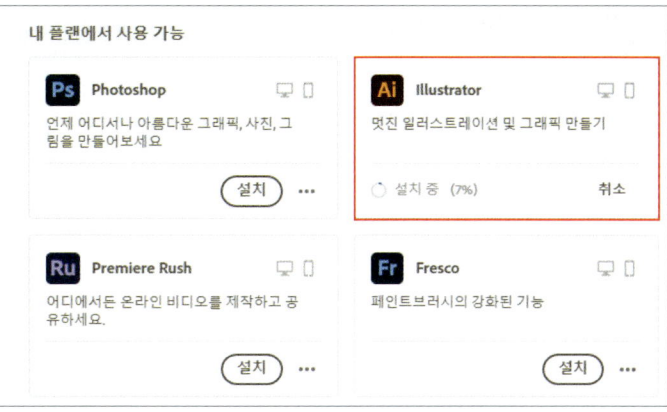

> **TIP**
> 일러스트레이터 앱 구입 시 연간 플랜 매월 지불은 월 24,000원, 연간 플랜 선지불은 277,200원, 월별 플랜은 월 37,000원입니다.

10 설치가 완료되면 〈열기〉 버튼을 클릭합니다.

11 로딩 화면이 표시된 다음에 일러스트레이터가 실행됩니다.

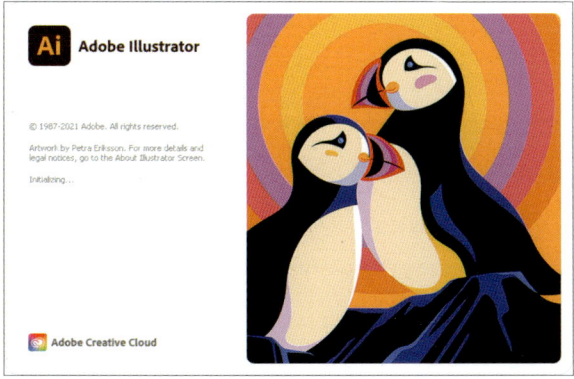
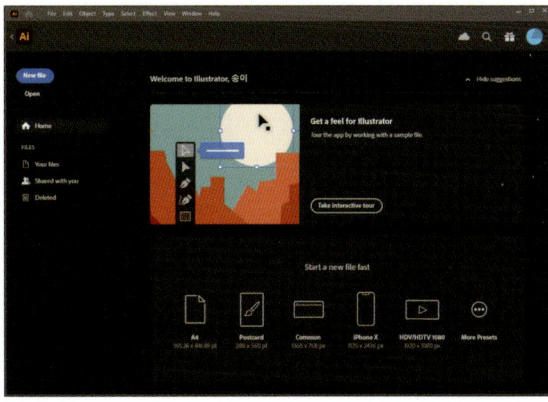

설치하기 02 | 이전 버전에서 일러스트레이터 최신 버전으로 업데이트하기

01 이전 버전 사용자가 일러스트레이터 최신 버전으로 업그레이드 하기 위해서는 먼저 Adobe Creative Cloud 앱을 실행합니다.

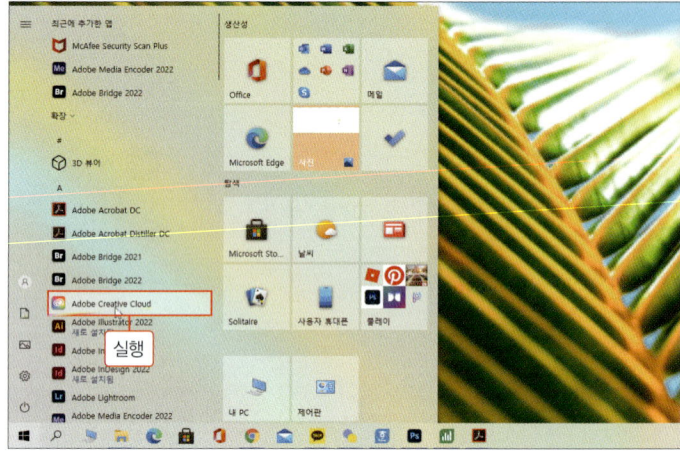

02 Creative Cloud Desktop 앱 화면이 표시되면 ❶ Illustrator의 '업데이트 사용 가능'을 클릭합니다. 신규 업데이트에서 Illustrator의 ❷ 〈업데이트〉 버튼을 클릭합니다.

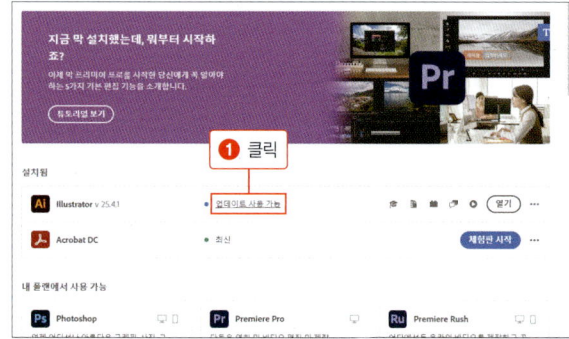 

03 기본 옵션에 대한 선택 사항이 표시되면 ❶ '이전 버전 제거'를 체크 표시한 다음 ❷ 〈계속〉 버튼을 클릭합니다.

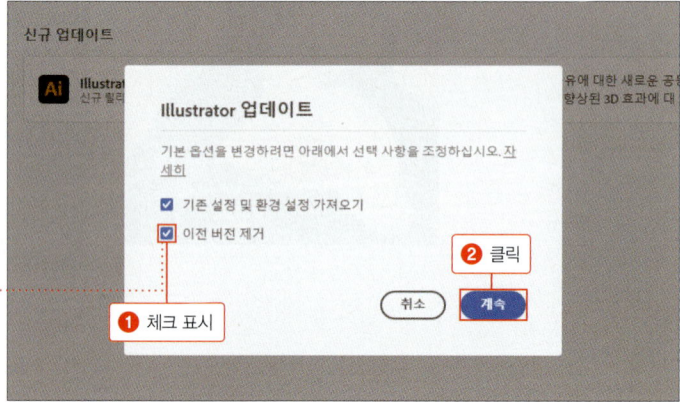

> **왜 그럴까?** '이전 버전 제거'를 체크 표시하면 이전 버전은 삭제되면서 일러스트레이터 CC가 설치됩니다. 만약 PC에서 이전 버전과 최신 버전을 같이 사용하려면 '이전 버전 제거' 체크 표시를 해제합니다.

04 이전 버전 일러스트레이터가 최신 버전으로 업데이트됩니다.

설치하기 03 일러스트레이터 이전 버전(CC) 설치하기

01 Creative Cloud 앱의 Illustrator에서 ❶ '목록' 아이콘(⋯)을 클릭한 다음 ❷ '기타 버전'을 실행합니다.

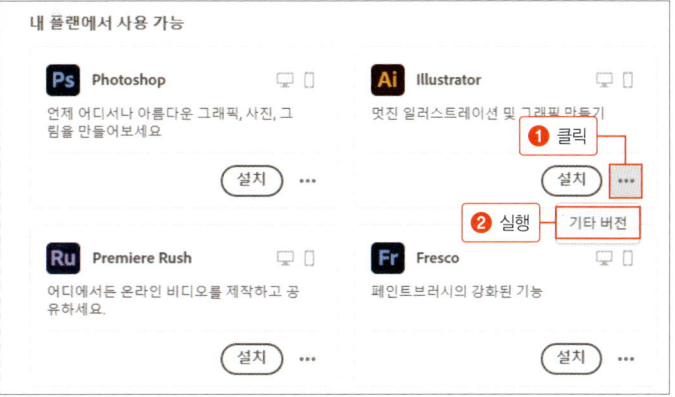

02 이전 버전 Illustrator의 〈설치〉 버튼을 클릭하여 이전 버전 일러스트레이터를 설치합니다.

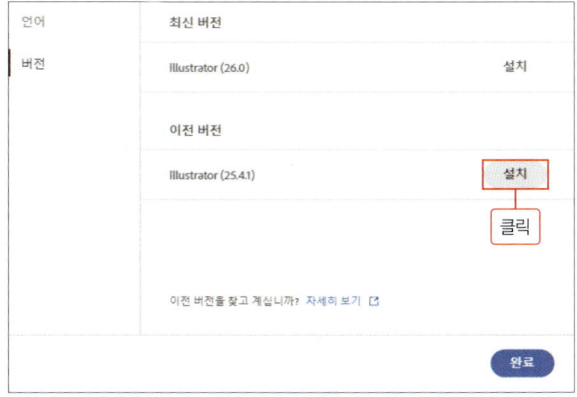
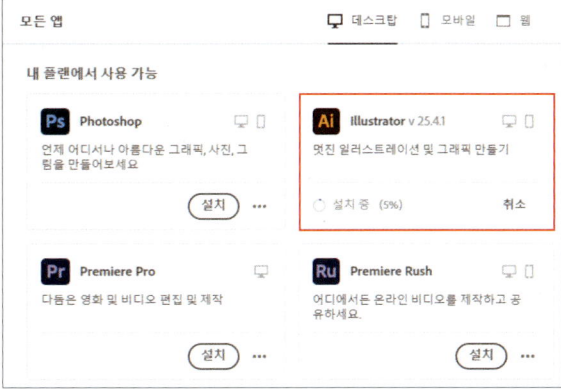

설치하기 04 무료 체험판 설치 후 자동 카드 결제 취소하기

01 무료 체험판 설치 후 자동 결제를 방지하기 위해 ❶ 어도비 홈페이지(http://adobe.com/kr)에 접속합니다. ❷ '계정'을 클릭한 다음 ❸ '계정 보기'를 클릭합니다.

02 내 플랜에서 무료 체험판 이후 결제 플랜을 관리하기 위해 〈플랜 관리〉 버튼을 클릭합니다.

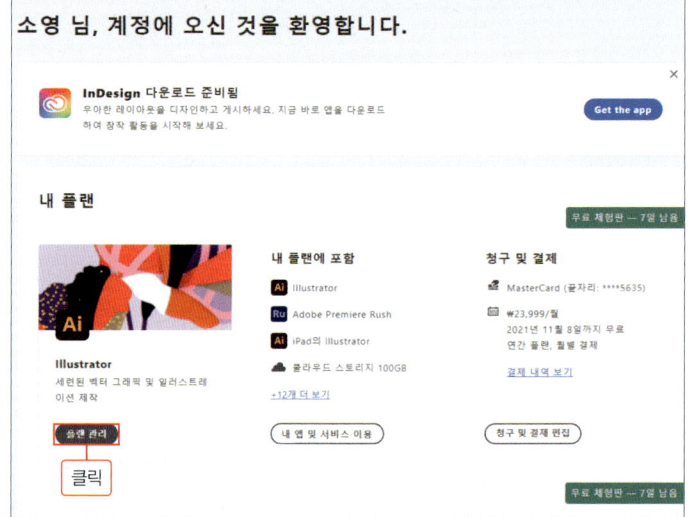

03 플랜 관리 팝업 창이 표시되면 〈플랜 취소〉 버튼을 클릭합니다.

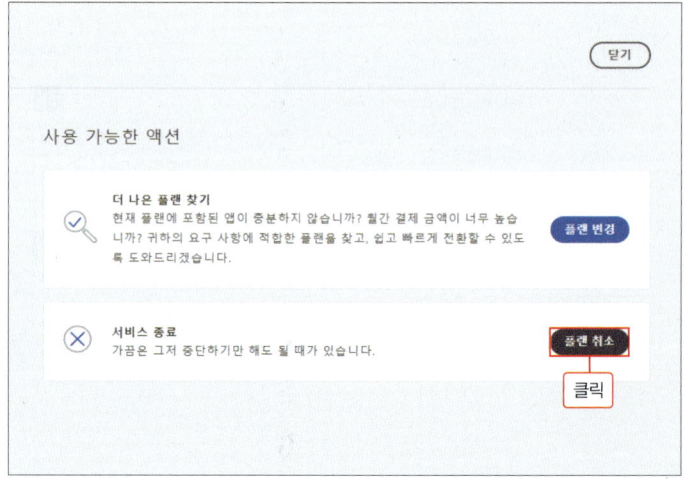

04 취소하려는 이유 항목이 표시되면 ❶ 해당 항목을 체크 표시하고 ❷ 〈계속〉 버튼을 클릭합니다.

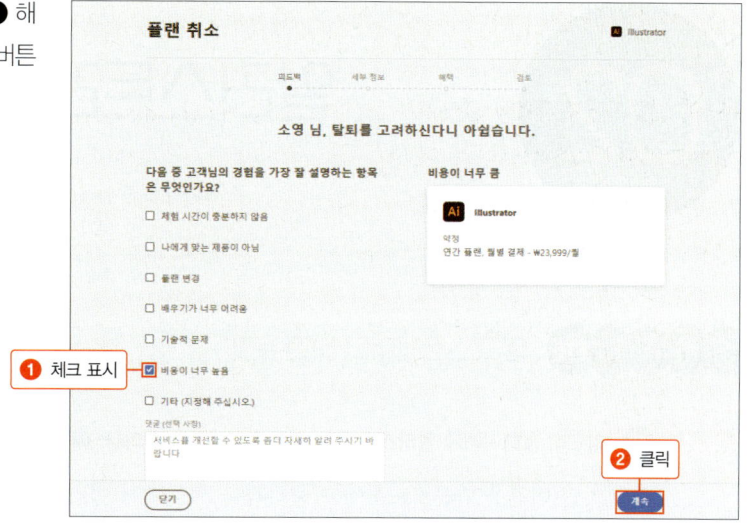

05 플랜 취소 세부 정보가 표시되면 ❶ 〈계속〉 버튼을 클릭합니다. 혜택 관련 항목을 확인한 다음 ❷ 〈아니요〉 버튼을 클릭합니다.

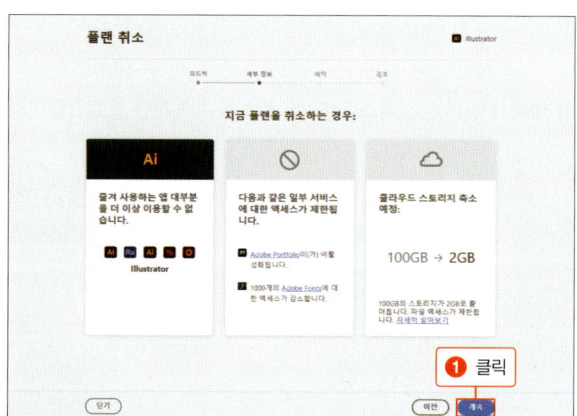 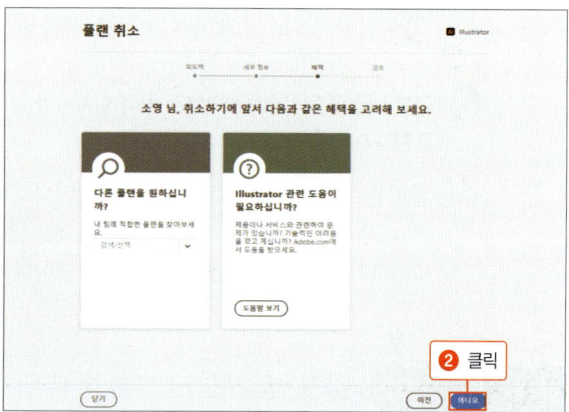

06 최종 플랜 취소 세부 정보를 확인한 다음 ❶ 〈확인〉 버튼을 클릭합니다. 플랜이 취소되면 ❷ 〈완료〉 버튼을 클릭합니다.

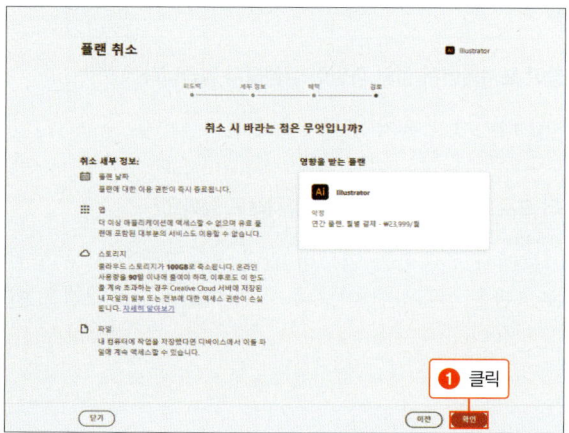 

일러스트레이터 설치 Q & A

독자 문의 중 일러스트레이터 설치에 관한 부분은 굉장히 많은 비율을 차지합니다.
여기서는 설치 과정에서 가장 궁금한 사항들을 모아 알아보겠습니다.

설치에러 01 일러스트레이터 버전 문제

Q 어도비 홈페이지에 일러스트레이터 최신 버전만 있습니다. 이전 버전의 일러스트레이터를 다운로드하고 싶어요.

A 최신 버전을 다운로드하여 이용하거나 31쪽에서 이전 버전 설치 방법을 참고하여 설치하세요.

Q 이 책에서 이용한 버전이 아닌 일러스트레이터가 이미 컴퓨터에 설치되어 있습니다. 책 내용대로 보고 배우려면 책과 같은 버전을 설치해야 하나요?

A 책과 같은 버전이 아니라도 일부 기능을 제외하면 충분히 책 내용을 실습할 수 있습니다. 가능하면 책에 실린 일러스트레이터와 같은 버전을 이용하는 경우 더욱 효과적인 학습이 될 것입니다.

Q 다른 버전의 일러스트레이터가 이미 설치되어 있는데 책에서 다루는 일러스트레이터 버전을 설치하면 프로그램끼리 충돌하지 않을까요?

A 일러스트레이터는 서로 다른 버전을 하나의 컴퓨터에 설치하여 이용해도 문제없습니다. 그러나 중복 실행은 충돌을 일으킬 수 있으므로 다른 버전을 실행하려면 이용 중인 일러스트레이터를 종료한 다음 다른 버전을 실행하는 것이 좋습니다.

설치에러 02 일러스트레이터 설치 전 문제

Q 정식 프로그램을 이용하지 않는 것은 불법인데, 어도비에서 제공하는 일러스트레이터 체험판을 설치해도 되나요?

A 체험판은 무료로 배포되는 것으로 이용해도 불법이 아니지만, 불법 프로그램을 이용해 인증 번호를 만들어 이용하는 것은 불법입니다.

Q 'Dependencies'가 만족스럽지 않다는 오류 메시지 창이 표시되면서 설치 파일이 실행되지 않습니다.

A 제어판에서 방화벽을 해제하고 설치 폴더를 로컬 디스크로 옮겨 재설치합니다.

Q 온라인에서 저렴한 가격으로 판매되는 일러스트레이터 프로그램을 다운로드하여 설치해도 될까요?

A 어도비 사이트(www.adobe.com) 이외의 사이트에서 판매하는 어도비 관련 프로그램은 모두 불법이므로, 설치해서는 안 됩니다. 해당 불법 프로그램을 설치하면 어도비 사에서 불법 프로그램을 인식하여 경고 메시지 창을 표시합니다.

설치에러 03 일러스트레이터 설치 중 문제

Q 설치 중간에 설치되지 않습니다. 이유가 무엇인가요?

A 일러스트레이터가 설치되지 않는 이유는 주로 다음과 같은 네 가지 이유로 구분할 수 있습니다.
- ❶ 윈도우 운영체제가 프로그램과 맞지 않는 경우 → 설치하는 일러스트레이터에 맞는 운영체제를 이용하거나 운영체제에 맞는 버전의 일러스트레이터를 설치합니다.
- ❷ 이전에 일러스트레이터를 설치한 적이 있는 경우 → 체험판은 체험 기간 동안 이용할 수 있으며 이후에는 일러스트레이터를 삭제하고 다시 설치해도 이용할 수 없습니다. 계속 일러스트레이터를 이용하려면 Adobe Creative Cloud를 구독하세요.
- ❸ 메모리나 시스템 사양이 낮은 경우 → 시스템 사양을 일러스트레이터 설치 사양에 맞춰 업그레이드합니다.
- ❹ 설치 프로그램 이외의 응용 프로그램이 실행 중인 경우 → 일러스트레이터 설치 프로그램 이외에 응용 프로그램과 인터넷은 종료해 주세요.

Q 이전 설치를 마치고 다시 설치하라고 합니다.

A 일러스트레이터 외에 다른 프로그램을 설치하고 있을 때 표시되는 내용입니다. 여러 개의 프로그램을 동시에 설치하면 레지스트리가 충돌할 수 있으므로 프로그램을 설치할 때는 하나의 프로그램 설치를 마치고 다른 프로그램의 설치를 시작하는 것이 좋습니다.

Q 'Installation cannot continue until the following applications are closed ~'라는 메시지가 표시되며 설치되지 않습니다.

A 프로그램을 설치할 때는 다른 프로그램은 모두 종료한 다음 설치합니다. 만약 〈Ignore〉 버튼이 표시되면 클릭합니다. 그래도 설치되지 않으면 열려 있는 응용 프로그램을 모두 닫고 설치를 시도하세요. 다시 설치할 때 같은 메시지가 표시되면 컴퓨터를 재부팅한 다음 설치하시기 바랍니다.

Q 설치 중 오류가 발생해서 종료한 이후로 다시 설치할 수 없습니다.

A '프로그램 추가 제거'에 어도비 일러스트레이터가 설치되어 있다면 제거합니다. 이후에도 설치할 수 없으면 레지스트리까지 말끔하게 정리합니다.

설치에러 04 일러스트레이터 설치 후 실행 문제

Q 체험판을 설치했는데 만기가 지난건지 인증 번호를 입력하라는 경고 메시지 창이 표시됩니다.

A 이전에 일러스트레이터를 설치하고 지운 적 있나요? 정품 일러스트레이터를 이용하려면 인증 번호가 필요하지만 체험판은 인증 번호 없이 설치할 수 있습니다. 사용자 정보를 입력하는 창에서 '이 제품을 체험판으로 설치합니다.'를 선택하고 다음 단계를 진행하세요. 한 번 설치하고 체험 기간이 지나면, 일러스트레이터를 지우고 새로 설치한다고 해도 이용이 제한됩니다.

일러스트레이터를 학습하기 전에 미리 알아두기

일러스트레이터를 배우기 전에 꼭 알아 두어야 할 부분을 정리했습니다. 일러스트레이터의 작업 방식부터 베지어 곡선, 포토샵과의 연동, 이미지 사용 방식, 드로잉 트레이닝, 인쇄할 때 주의할 점, 문자 패스화 등 일러스트레이터 작업에서 부딪히는 문제들을 미리 알아봅니다.

알아두기 01 · 손그림과 정형적인 디지털 일러스트 그리기

일러스트레이터에서는 클릭 또는 드래그하여 자동으로 사각형, 원형, 다각형 등 정해진 형태의 일러스트를 만들 수 있고, 태블릿 펜이나 마우스로 드래그해서 손그림 형태의 자유로운 일러스트도 완성할 수 있습니다. 예를 들어, 별 도구로 드래그해서 별을 그리거나 연필, 브러시 도구 등을 이용하여 삐뚤빼뚤하지만 개성 있는 손그림을 그릴 수 있습니다. 작업 스타일에 따라 정교한 아트웍을 만들기 위해서는 어떤 방법으로 그리는 것이 어울리는지 선택해야 합니다.

작업 시간에서도 방식에 따라 차이가 생깁니다. 정해진 형태의 이미지를 빠른 시간 안에 깔끔하게 표현하기 위해서 펜 또는 모양 도구 등을 이용하여 패스를 그리거나, 자유로운 손그림 느낌을 위해 패스를 한 땀 한 땀 드로잉할 수도 있습니다.

아날로그 감성이 느껴지는 손맛을 살리거나 디지털 드로잉의 한계를 극복하여 그래픽 표현도 가능합니다. 독특하고 개성 있는 아트웍을 완성하기 위해 손그림 또는 디지털 일러스트에 이미지를 결합해서 새로운 영역으로 확장하면 발전 가능성은 무궁무진합니다.

▲ 연필 도구를 이용하여 만든 손그림 일러스트 ▶ 163쪽 참고

▲ 별 도구로 만든 일러스트 ▶ 159쪽 참고

알아두기 02 벡터 드로잉의 기본, 베지어 곡선으로 그리기

베지어 곡선은 두 개 이상의 점과 그 점 사이를 수학적으로 연결하는 곡선으로 이루어져 있습니다. 여기서 말하는 점을 이 책에서는 기준점(Anchor Point)이라고 설명합니다. 각각의 기준점을 연결하는 선을 세그먼트(Segment)라 하며, 세그먼트가 모여 패스(Path)를 만들고, 이 패스들이 형태(오브젝트)를 구성합니다.

일러스트레이터에서 기본으로 제공하는 사각형 도구( ), 원 도구( ) 등과 같은 도구는 정해진 형태를 만들 수 있으며, 펜 도구( )는 원하는 대로 자유로운 형태를 만들 수 있고 직선뿐만 아니라 곡선도 그릴 수 있습니다.

▶ 120쪽 참고

▲ 닫힌 패스　　　　　　　　　　▲ 열린 패스

알아두기 03 손그림을 일러스트로 변환하여 일러스트 만들기

이미지 트레이스(Image Trace)는 이미지를 고화질 벡터로 변환해 주는 기능으로, 특정 이미지를 가공하여 사용이 가능합니다. 벡터 이미지는 해상도 설정이 필요 없어서 확대 또는 축소해도 깨끗이 출력되어 인쇄용으로도 많이 이용합니다. 비트맵 이미지인 사진을 벡터 일러스트로 변환해서 자유로운 편집도 가능합니다. ▶ 340쪽 참고

▲ 손그림　　　　　　　　　　▲ 벡터 일러스트

알아두기 04 포토샵과 일러스트레이터, 연동 및 호환하여 사용하기

그래픽 프로그램들은 파일을 열거나 저장 또는 내보낼 수 있는 파일 형식이 각각 다릅니다. 해당 프로그램에서만 열 수 있는 파일이 있고, 일러스트레이터나 포토샵 등에서 사용할 수 있는 파일도 있습니다. 일러스트레이터의 Save As, Place, Export for Screens 대화상자에서 파일 형식 목록을 열거나 저장할 수 있는 포맷을 살펴보고 알맞게 저장합니다.

일러스트레이터에서 포토샵(PSD) 파일 열기

메뉴에서 [File] → Open을 실행하여 PSD 파일을 불러오면 Photoshop Import Options 대화상자가 표시되어 PSD 파일에서 가져올 구성 요소를 선택할 수 있습니다. 이때 탐색기에서 PSD 파일을 일러스트레이터로 드래그하면 해당 대화상자가 표시되지 않습니다.

> ❶ Convert Layers to Objects : 포토샵 레이어를 각각의 오브젝트로 불러옵니다.
> ❷ Flatten Layers to a Single Image : 포토샵 레이어를 하나로 합쳐서 불러옵니다.
> ❸ Import Hidden Layers : 숨겨진 레이어를 불러옵니다.

일러스트레이터에서 이미지(JPG) 파일 저장하기

메뉴에서 [File] → Export → Export for Screens를 실행하여 Export for Screens 대화상자가 표시되면 Format을 지정하여 저장 옵션을 설정할 수 있습니다.

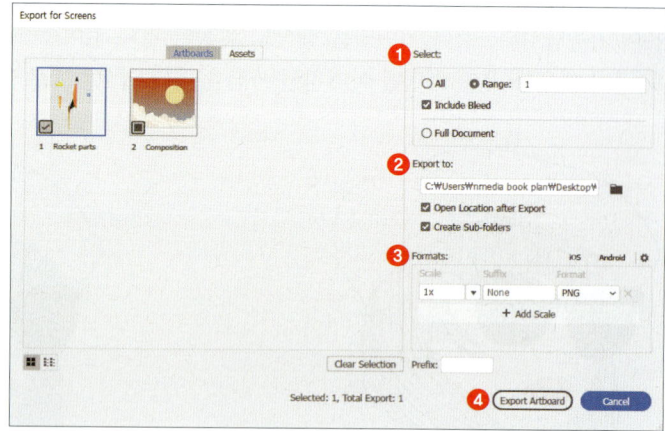

❶ Select : 아트보드 전체, 아트보드 번호, 문서 전체 중에서 내보내려는 아트웍을 선택할 수 있습니다.
❷ Export to : 이미지 파일을 내보내려는 위치를 지정합니다.
❸ Formats : 내보내려는 이미지 크기, 포맷 등을 지정합니다.
❹ Export Artboard : 버튼을 클릭하여 아트보드를 내보낼 수 있습니다.

알아두기 05 일러스트레이터로 이미지 불러오기, Embed와 Link의 차이점

이미지를 Link로 가져오면 작업 파일 크기가 작아지는 장점이 있어 프로그램 사용에 대한 부담이 적습니다. Link로 가져온 이미지는 선택했을 때 × 표시가 나타나 포함한 이미지와 구분할 수 있습니다.

▲ Link된 이미지

▲ Embed로 불러온 이미지

포토샵(PSD) 이미지를 링크할 때 Alt 를 누른 상태에서 더블클릭하면 자동으로 포토샵이 실행되어 실시간으로 작업할 수 있습니다. 링크된 파일을 수정할 때 일러스트레이터로 돌아오면 자동으로 이미지가 수정되므로 유용합니다. 하지만 링크된 이미지가 삭제되거나 원본 폴더에서 이동하면 일러스트레이터는 유실 이미지로 여겨 유실된 부분은 편집 및 출력할 수 없습니다. 이미지 유실 경고 메시지가 표시되면 〈Replace〉 버튼을 클릭하고 이동한 이미지를 찾아 다시 링크를 연결해야 합니다.

Embed된 이미지는 Link된 이미지보다 파일 용량이 더 크고, 실시간으로 수정해도 반영되지 않아 불편하지만 삽입한 파일은 유실되지 않고 아트보드에 포함됩니다.

Embed를 적용하는 방법은 세 가지가 있습니다. 첫 번째는 Place 대화상자에서 'Link'를 체크 표시하지 않고 이미지를 가져오는 것이며, 두 번째는 탐색기에서 일러스트레이터로 직접 파일을 가져와 Link로 불러온 이미지를 선택하고 Links 패널 오른쪽 상단에 '패널 메뉴' 아이콘(≡)을 클릭한 다음 Embed Image(s)를 실행하는 것입니다. 세 번째는 Link된 이미지를 선택하고 Properties 패널에서 〈Embed〉 버튼을 클릭하는 것입니다.

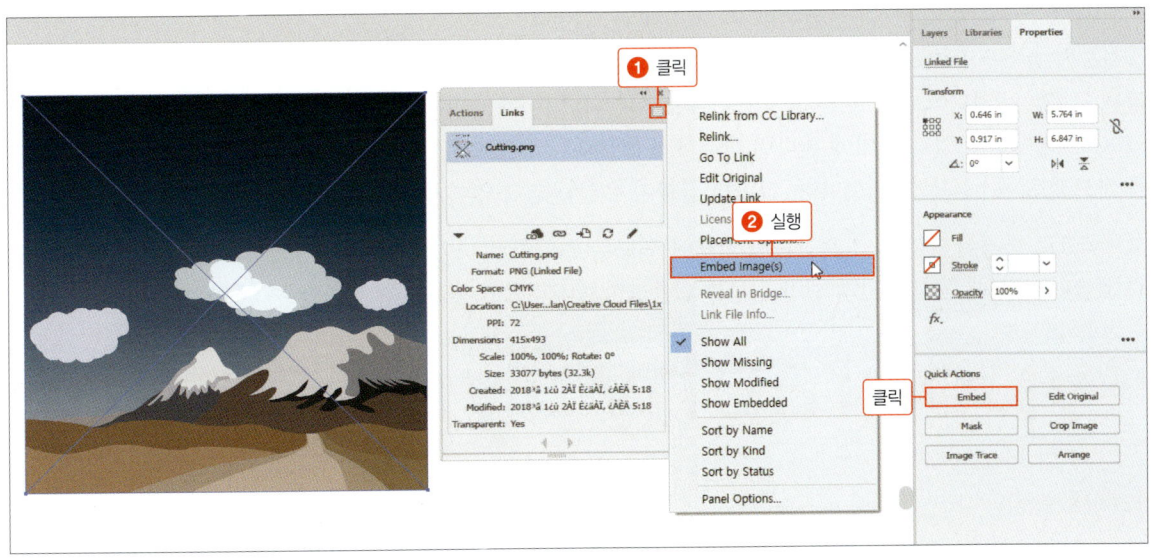
▲ Embed를 적용하는 방법 ▶ 80쪽 참고

알아두기 06 인쇄용 일러스트 작업은 해상도 주의하기

인쇄용 일러스트를 작업할 때는 해상도에 주의해야 합니다. 일러스트레이터에서 만든 벡터 이미지만으로는 해상도에 문제가 없지만, 이미지나 디자인 소스 파일이 비트맵 이미지라면 신경 써서 작업해야 합니다. 일반 화면 해상도는 72, 96dpi 정도지만, 출력하면 화면 그대로 보이지 않습니다. 인쇄용 일러스트레이션은 대부분 고품질이므로 300~600dpi 정도의 고해상도로 지정하는 것이 좋지만, 고해상도 작업이 어렵다면 150~200dpi 정도로 작업할 수 있습니다.

잡지 표지, 포스터, 브로슈어, 북 디자인 등은 고품질 해상도를 요구하므로 300dpi 이상의 해상도로 지정하는 것이 좋고, 명함 등은 중간 품질의 해상도로도 작업이 가능합니다. 고해상도일수록 파일 용량이 커지므로 편집 작업에 어려움을 겪을 수 있습니다.

작업 중 고해상도 일러스트레이션을 중간 정도 해상도로 낮추는 것은 문제되지 않지만, 중간 해상도 일러스트레이션을 고해상도로 올리는 것은 이미지 품질이 손상되어 출력에 문제가 생기므로 작업을 시작할 때 해상도를 신중하게 지정하고 유지하는 것이 좋습니다.

인쇄물은 화면 해상도보다 높은 해상도로 작업하기 때문에 화면에서 한눈에 전체 이미지를 작업하는 데 어려움이 있습니다. 그러므로 작업 과정에서 확대와 축소 기능을 이용해 화면을 조절하면서 작업해야 출력할 때의 오차를 줄일 수 있습니다.

> **TIP**
> **해상도 단위 'DPI'와 'PPI'의 차이점**
> DPI(Dot Per Inch)는 인쇄를 목적으로 한 해상도의 단위를 말하며 곧 프린터 해상도입니다. PPI(Pixel Per Inch)는 모니터에서 보이는 해상도의 단위입니다. 두 가지 단위 모두 큰 차이가 없으므로 같은 개념으로 봐도 상관없으며 일러스트레이터에서는 주로 DPI가 사용됩니다.

알아두기 07 문자를 패스화하여 글꼴 변환하기

출력소에 출력을 의뢰하거나 다른 작업자와 작업물을 공유할 때 사용한 글꼴이 해당 컴퓨터에 없으면 원하지 않는 글꼴로 변경되어 출력 오류가 발생할 수도 있습니다. 이때 PDF 형태로도 출력을 넘길 수 있지만, 반드시 일러스트레이터 파일로 넘겨야 한다면 메뉴에서 (Type) → Create Outlines(Shift+Ctrl+O)를 실행해 글꼴을 오브젝트(패스화)로 변환합니다. 그러면 글꼴이 유실될 염려 없이 출력 또는 공동 작업이 가능합니다.

오브젝트로 변환된 문자는 기준점을 조절하여 원하는 스타일로 타입 구조를 변경해서 디자인 완성도를 높일 수 있습니다. 이때 목적에 맞게 시각 정보를 단순화하고 그리드를 적용하여 표현할 수 있습니다. ▶ 272쪽 참고

알아두기 08 · 이미지 파일 형식 알아보기, 비트맵과 벡터

그래픽 이미지는 크게 비트맵 이미지와 벡터 이미지로 나뉩니다. 이 두 가지 포맷은 서로 다른 특징과 각각의 장단점을 가지므로 함께 살펴보겠습니다.

일반 비트맵 이미지(JPG, GIF)를 최대 크기로 확대하면 수많은 정사각형들로 구성된 것을 볼 수 있습니다. 그 기본을 이루는 정사각형들을 픽셀이라 하는데, 각 픽셀은 하나의 색을 갖고 수많은 픽셀이 모여 하나의 이미지를 이룹니다. 픽셀 수가 많을수록 이미지는 섬세하게 표현되며 픽셀 수가 적을수록 이미지 품질은 떨어집니다. 흔히 보는 사진, 회화와 같은 이미지들이 비트맵 이미지이며 자연스러운 느낌을 표현하는 데 적합한 표현 방식입니다. 비트맵 이미지는 변형하면 픽셀의 변형을 가져와 이미지의 품질 저하가 생길 수 있습니다.

▲ 비트맵 이미지

▲ 비트맵 이미지를 확대한 모습

벡터 이미지는 베지어 곡선으로 이미지를 구성하며 일러스트레이터가 이 방식에 해당됩니다. 비트맵 이미지처럼 픽셀로 이루어진 것이 아니라 점과 점을 연결하는 수학적인 곡선에 의해 이루어지며, 이로 인해 비트맵 이미지와 다르게 아무리 확대해도 이미지가 깨지지 않습니다.

▲ 벡터 이미지

▲ 벡터 이미지를 확대한 모습

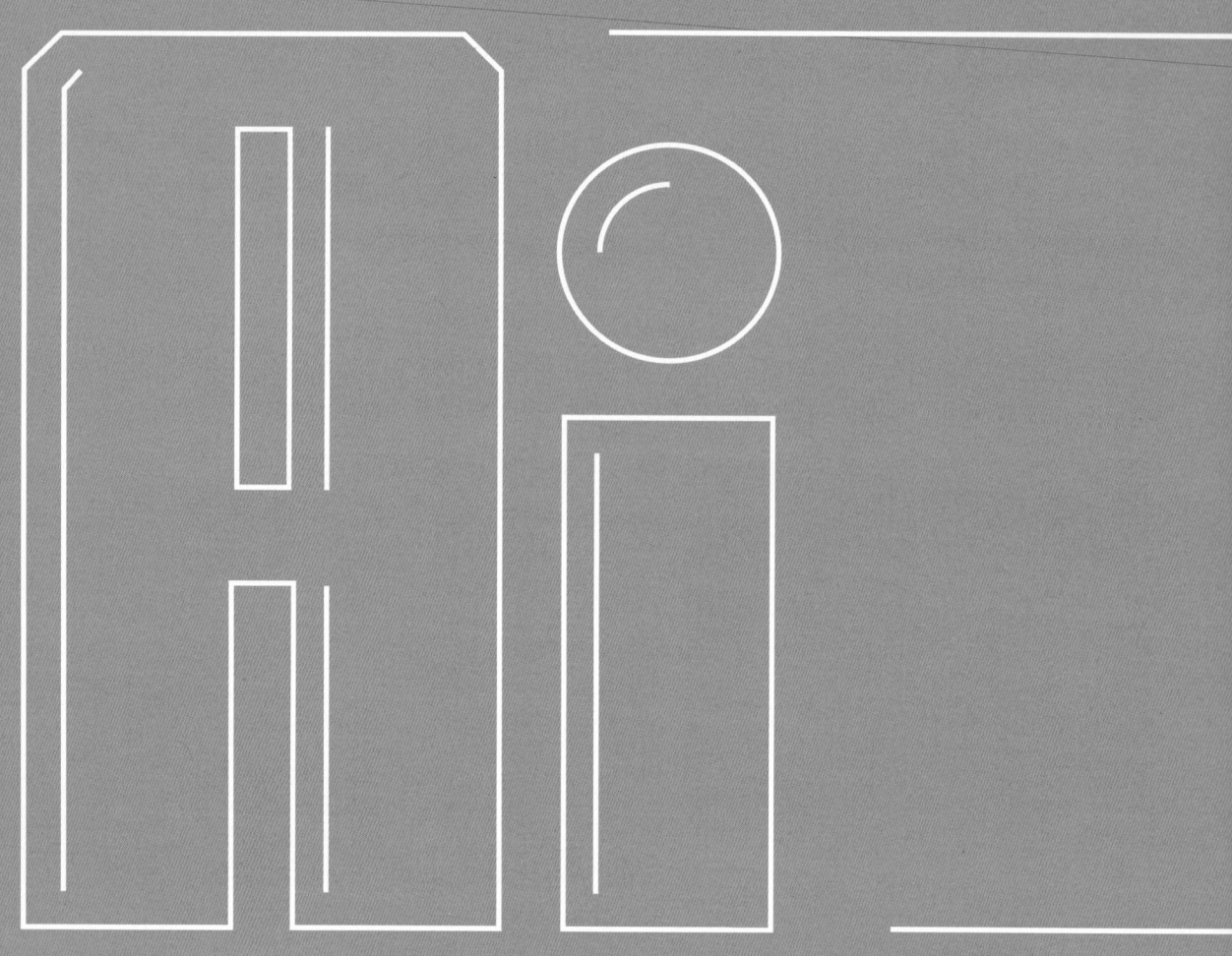

일러스트레이터 CC는 머릿속 아이디어를 자유롭게 표현할 수 있는 최적의 드로잉 프로그램입니다. 일러스트레이터의 생김새를 살펴보고 필수로 알아야 할 파일 관리 방법과 기본 작업을 위한 기능을 살펴봅니다.

PART 1.

일러스트레이터 CC 시작하기

01 | 일러스트레이터는 어떻게 생겼을까?
02 | 도구와 패널 알아보기
03 | 새 문서와 아트보드 만들기
04 | 파일 관리 기본기 익히기
05 | 원하는 대로 오브젝트 선택하기
06 | 본격적인 작업을 위한 준비 운동하기

• 작업 화면

일러스트레이터는 어떻게 생겼을까?

일러스트레이터 CC를 실행하면 디자인 작업을 도와 주는 각종 도구와 패널, 메뉴 등이 나타납니다. 디지털 일러스트 작업을 위해 작업 화면의 구성 요소 및 기능에 대해 알아보겠습니다.

필수기능 01 일러스트레이터 시작 화면 살펴보기

❶ **일러스트레이터 홈 화면** : 일러스트레이터를 실행하면 표시되는 화면으로, 새 문서를 만들거나 파일을 열고, 작업 영역으로 이동하는 등 일러스트레이터의 기본 화면입니다. 화면 왼쪽 상단 Ai 아이콘을 클릭하면 일러스트레이터 작업 화면으로 이동합니다.

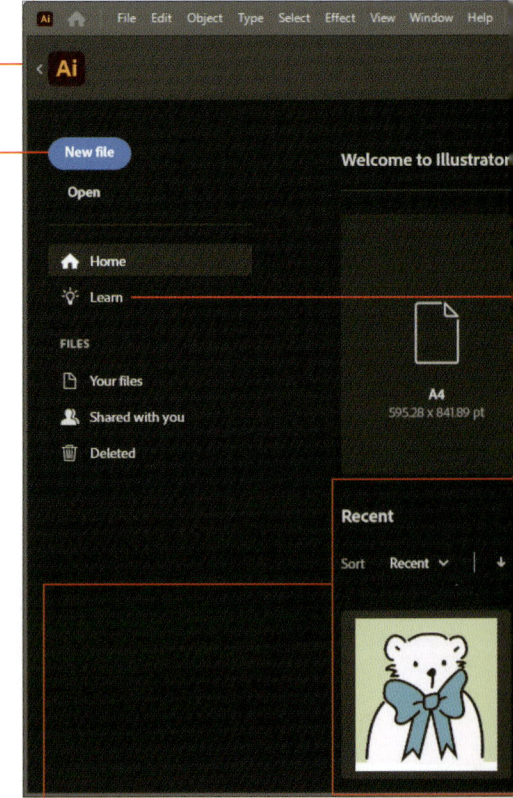

❷ **일러스트레이터 작업 화면** : 다양한 도구와 명령을 이용해 실제 일러스트 작업을 하는 화면입니다. 화면 왼쪽 상단에 홈 아이콘을 클릭하여 일러스트레이터 홈 화면으로 바로 이동할 수 있습니다.

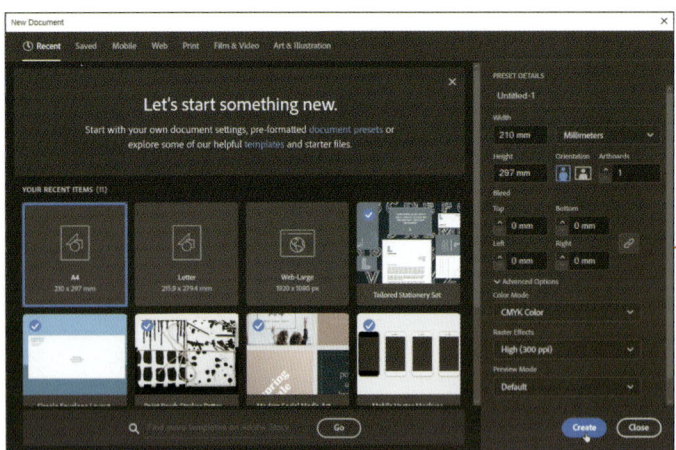

❸ **새 도큐먼트 설정 화면** : 새로운 문서를 만들기 위해 모바일, 웹, 인쇄, 필름&비디오, 아트&일러스트레이션 형식에 맞게 다양한 프리셋을 지원하며, 무료 디자인 프리셋도 제공합니다. 따라서 사용자가 손쉽게 원하는 형태의 문서를 선택하는 방식으로 만들 수 있습니다.

• 가장 최근에 연 파일을 선택하여 일러스트레이터 작업 화면으로 불러올 수 있습니다.

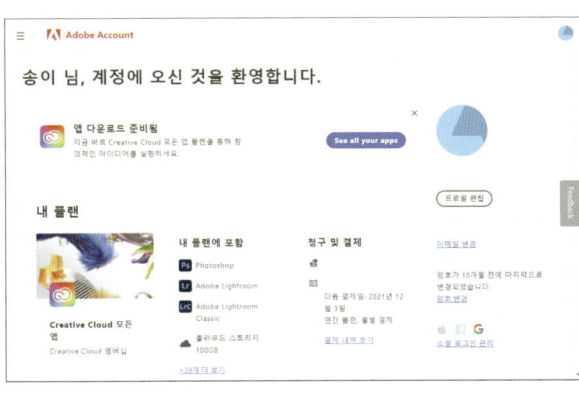

❹ **새로운 기능** : 최신 일러스트레이터의 새로운 기능에 대해 웹 또는 앱으로 소개합니다.

❺ **클라우드** : 클라우드 스토리지 및 파일 동기화 상태가 표시됩니다.

❻ **계정 화면** : 계정 아이콘을 클릭하면 사용자 프로필부터 암호 변경, 연간 플랜과 월별 결제 및 관리, 문제 해결 방법 및 상담원을 통한 문의 등이 가능합니다.

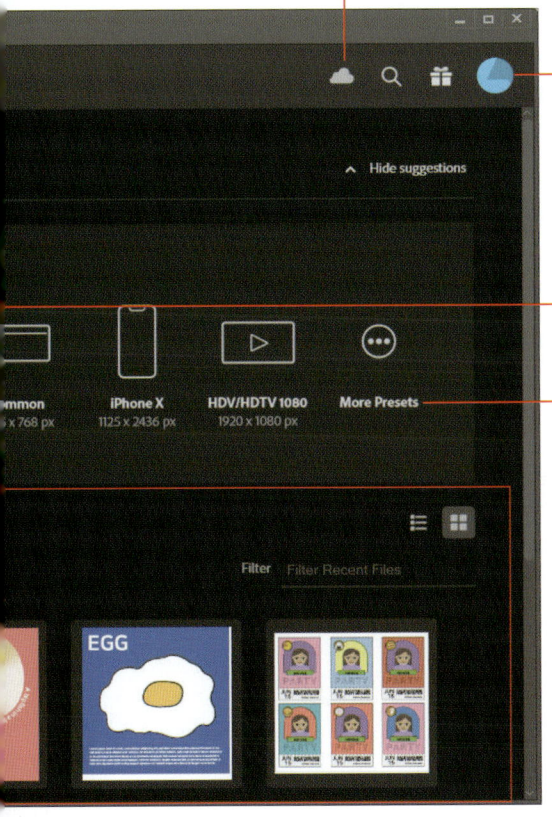
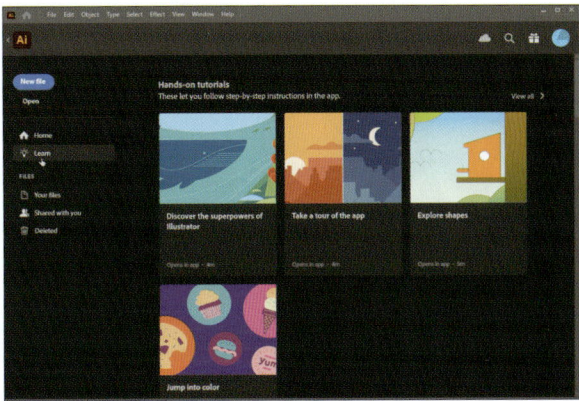

❼ **학습 화면** : 어도비에서 제공하는 일러스트레이터 기능을 동영상으로 배울 수 있습니다.

❽ **새 문서 화면** : 제공하는 편집, 웹, 모바일, 영상 디자인에 최적화된 아트보드를 선택하면 바로 해당 문서에서 작업할 수 있습니다.

필수기능 02 아이패드와 데스크톱에서 일러스트레이터 사용하기

일러스트레이터는 데스크톱뿐만 아니라 아이패드에서도 원활한 작업이 가능합니다. 아이패드에서 애플 펜슬을 활용하면 드로잉할 때 굉장히 편리하다는 장점이 있습니다. 또한 데스크톱의 작업물을 클라우드에 저장한 후 외부에서 아이패드를 이용하여 이어서 작업할 수 있으며 그 반대의 경우도 가능합니다.

◀ 아이패드용 일러스트레이터

❶ 탐색 막대 : 실행 취소, 다시 실행, 내보내기 등을 실행할 수 있습니다.
❷ 도구 모음 : 선택 도구, 펜 도구, 지우개 도구 등 도구를 선택하거나 색상을 지정할 수 있습니다.
❸ 작업 표시줄 : 레이어, 모양 편집, 패스, 문자 등 작업에 필요한 기능을 선택할 수 있습니다.

TIP
아이패드용 일러스트레이터는 아이패드의 'App Store' 앱에서 다운로드할 수 있습니다.

◀ 데스크톱용 일러스트레이터

실습예제 03 작업 화면 밝기 조정하기

일러스트레이터를 처음 실행하면 어두운 화면이 기본으로 나타납니다. 일러스트레이터에서 작업 화면의 밝기는 취향에 따라 조정할 수 있습니다. 여기서는 밝게 조정해 봅니다.

01 일러스트레이터를 실행한 다음 메뉴에서 (Edit) → Preferences → User Interface를 실행합니다.

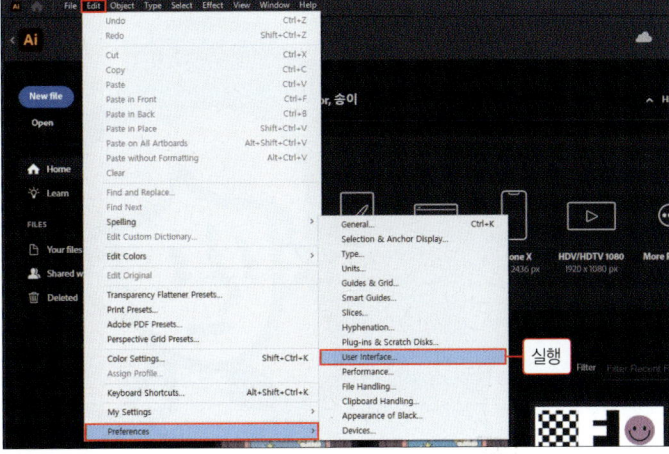

02 Preferences 대화상자가 표시되면 ❶ Brightness에서 '가장 밝은 회색'을 선택하고 ❷ 〈OK〉 버튼을 클릭합니다.

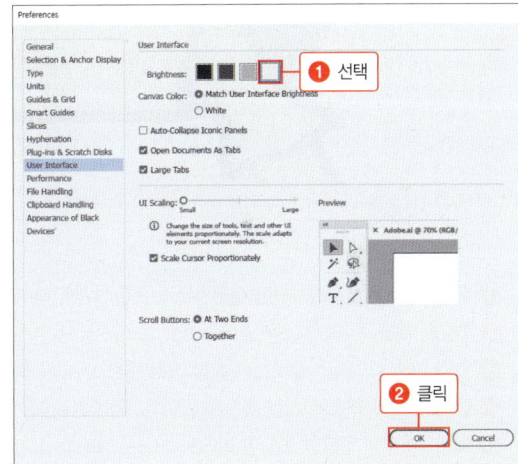

> **TIP**
> 맥은 (Edit) 메뉴 대신 (Illustrator) → Preferences → User Interface를 실행합니다.

03 일러스트레이터 인터페이스 색이 밝게 변경되었습니다.

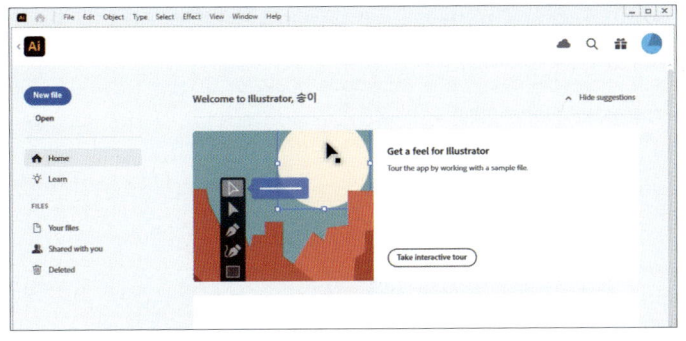

Chapter 01 • 일러스트레이터는 어떻게 생겼을까? 47

필수기능 04 일러스트레이터 작업 화면 살펴보기 중요

일러스트레이터에서 새 문서를 열거나 일러스트를 불러오면 작업할 수 있는 Tools 패널과 메뉴, 패널, 작업 영역을 볼 수 있습니다. 효율적인 그래픽 작업을 위해 기본 구성과 기능에 대해 살펴보겠습니다.

❶ **메뉴** : 일러스트레이터에서 이용하는 기능들이 탭으로 묶여 있습니다.
❷ **Tools 패널** : 주요 기능을 모아 아이콘 형식으로 만든 도구 모음입니다.
❸ **파일 이름 탭** : 작업 일러스트 이름과 화면 확대 비율, 색상 모드가 표시되며 다른 일러스트로 전환하기 편리합니다.
❹ **아트보드** : 일러스트 작업 공간을 말하며, 작업 창 전체가 아트보드입니다.
❺ **패널** : 작업에 필요한 옵션이 팔레트 형태로 표시됩니다. (Window) 메뉴에서 패널 이름을 선택하여 표시할 수 있습니다.
❻ **상태 표시줄** : 작업 중인 문서의 파일 크기, 확대 비율 또는 선택한 도구에 대한 간단한 정보를 표시합니다.

> **TIP**
> 일러스트레이터가 설치되면 다음의 두 가지 방법을 이용하여 실행할 수 있습니다. 기본으로 일러스트레이터를 실행하기 위해서는 윈도우 시작 아이콘을 클릭한 다음 메뉴에서 **Adobe Illustrator CC**를 실행합니다. 또 다른 방법으로는 윈도우 시작 아이콘을 클릭한 다음 **Adobe Creative Cloud**를 실행합니다. Adobe Creative Cloud 앱이 실행되면 Illustrator의 〈열기〉 버튼을 클릭해 일러스트레이터를 실행합니다.

도구 • Tools 패널 • 주요 패널 • 작업 환경

도구와 패널 알아보기

일러스트레이터에서 자주 이용하는 기능을 도구 형태로 만들었습니다. 도구를 선택하여 바로 일러스트레이터 기능을 실행할 수 있으며, 도구의 자세한 설정은 해당 도구 Control 패널 또는 관련 패널에서 지정합니다.

필수기능 01 Tools 패널 도구 살펴보기

Tools 패널은 일러스트레이터 기능을 아이콘 형태로 모은 패널입니다. 각 도구를 선택하면 Control 패널에서 세부 옵션을 설정할 수 있습니다. Tools 패널 오른쪽 하단의 작은 삼각형이 있는 도구를 잠시 클릭하면 숨은 도구 모음이 표시되며 원하는 도구를 선택할 수 있습니다.

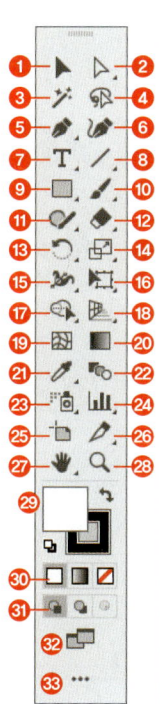

❶ 선택 도구() : 오브젝트를 선택하거나 드래그하여 이동합니다.

❷ 직접 선택 도구( ) : 오브젝트를 부분적으로 선택하거나 기준점을 선택하여 세밀하게 수정합니다.

그룹 선택 도구( ) : 오브젝트를 그룹별로 선택하여 세밀하게 수정합니다.

❸ 마술봉 도구( ) : 클릭하는 부분과 비슷한 속성의 오브젝트를 선택합니다.

❹ **올가미 도구(**　**)** : 드래그한 영역 안의 오브젝트를 모두 선택합니다.

❺ **펜 도구(**　**)** : 기준점을 클릭하고 방향선을 조절하여 패스를 만듭니다.
기준점 추가 도구(　**)** : 패스에 기준점을 추가합니다.
기준점 삭제 도구(　**)** : 패스를 이루는 기준점을 삭제합니다.
기준점 변환 도구(　**)** : 새로운 방향선을 만들거나 직선을 곡선으로, 곡선을 직선으로 바꿉니다.

❻ **곡률 도구(**　**)** : 기준점을 추가하면서 이전 기준점의 방향선과 연결해 자동으로 곡선으로 된 방향선을 추가할 수 있습니다.

❼ **문자 도구(**　**)** : 일반 가로형 문자를 입력할 수 있습니다.
영역 문자 도구(　**)** : 영역 안에 문자를 입력할 수 있습니다.
패스 문자 도구(　**)** : 패스 형태대로 문자를 입력할 수 있습니다.
세로 문자 도구(　**)** : 세로 방향으로 문자를 입력할 수 있습니다.
세로 영역 문자 도구(　**)** : 영역 안에 세로 문자를 입력할 수 있습니다.
세로 패스 문자 도구(　**)** : 패스 형태대로 문자를 세로로 입력할 수 있습니다.
터치 문자 도구(　**)** : 글자 하나를 각각의 오브젝트로 만들어 개별적으로 수정할 수 있습니다.

> **TIP**
> Tools 패널에서 Alt 를 누른 상태로 도구를 선택하면 숨겨진 도구가 차례로 선택됩니다. 숨겨진 도구는 Tools 패널에서 분리하면 빠르게 선택할 수 있어 편리합니다. Tools 패널에서 도구를 선택하여 숨겨진 도구가 나타나면 오른쪽 끝에 있는 '▶'를 클릭하여 분리합니다. 분리된 도구를 되돌리기 위해서는 '닫기' 아이콘을 클릭합니다.

❽ **선 도구(　)** : 드래그하는 방향과 크기대로 직선을 그릴 수 있습니다.
호 도구(　) : 드래그하는 방향과 크기대로 호를 그릴 수 있습니다.
나선 도구(　) : 드래그하는 방향과 크기대로 나선을 그릴 수 있습니다.
사각 그리드 도구(　) : 직사각형이나 정사각형 그리드를 그릴 수 있습니다.
원 그리드 도구(　) : 원형 그리드를 그릴 수 있습니다.

❾ **사각형 도구(　)** : 직사각형이나 정사각형을 그릴 수 있습니다.
둥근 사각형 도구(　) : 모서리가 둥근 사각형을 만들 수 있습니다.
원 도구(　) : 타원 또는 정원을 만들 수 있습니다.
다각형 도구(　) : 각도와 면의 수에 따라 다각형을 만들 수 있습니다.
별 도구(　) : 각도와 각의 수에 따라 다양한 형태의 별을 만들 수 있습니다.
플레어 도구(　) : 빛의 중심과 끝점을 선택하여 광선 효과를 만들 수 있습니다.

❿ **브러시 도구(　)** : 브러시로 다양한 형태의 그림을 그리거나 표현합니다.
물방울 브러시 도구(　) : 자유롭게 드래그하여 면으로 인식하는 패스를 그립니다.

⓫ **모양 도구(　)** : 드래그하는 형태대로 직선, 곡선, 도형을 그려 편리하게 드로잉합니다.
연필 도구(　) : 자유로운 형태의 곡선 또는 손으로 그린 것 같은 자연스러운 선을 표현합니다.
스무드 도구(　) : 패스에 드래그하면 기준점 수를 줄여 거친 선을 부드럽게 만듭니다.
패스 지우개 도구(　) : 패스를 지웁니다.
조인 도구(　) : 떨어져 있는 기준점을 드래그하여 연결합니다.

⓬ **지우개 도구(　)** : 포토샵의 지우개 도구처럼 오브젝트를 지워 닫힌 패스로 재구성합니다.
가위 도구(　) : 가위로 자르듯 패스를 분리하며, 잘린 패스는 열린 패스로 재구성됩니다.
나이프 도구(　) : 드래그하는 대로 패스를 자르며, 잘린 오브젝트는 닫힌 패스로 재구성되어 각각의 오브젝트가 됩니다.

> **TIP**
> 열린 패스, 닫힌 패스에 대한 설명은 120쪽을 참고하세요.

⑬ **회전 도구(○)** : 오브젝트를 드래그하여 원하는 각도로 회전합니다.
반전 도구(▷│) : 선택한 오브젝트를 수직, 수평 또는 원하는 각도로 반전시킵니다.

⑭ **크기 조절 도구(🔲)** : 오브젝트 크기를 자유롭게 조절합니다.
기울이기 도구(🔲) : 오느젝트를 기울입니다.
변형 도구(🔲) : 오브젝트를 자유롭게 변형합니다.

⑮ **폭 도구(🔲)** : 선 폭을 조절하고 선 굵기 기준점을 이동, 복제, 삭제할 수 있습니다.
왜곡 도구(🔲) : 드래그한 방향에 따라 오브젝트가 왜곡됩니다.
비틀기 도구(🔲) : 드래그한 방향에 따라 둥글게 소용돌이 형태로 비틀어집니다.
구김 도구(🔲) : 드래그한 방향에 따라 오브젝트가 구겨진 형태로 축소 및 변형됩니다.
팽창 도구(🔲) : 드래그한 방향에 따라 오브젝트가 부풀어진 모양으로 팽창됩니다.
부채꼴 도구(🔲) : 드래그한 방향에 따라 부채꼴 모양의 주름이 만들어집니다.
크리스털 도구(🔲) : 드래그한 방향에 따라 바깥으로 퍼지는 주름이 만들어집니다.
주름 도구(🔲) : 드래그한 방향에 따라 수평 또는 수직의 주름이 만들어집니다.

⑯ **자유 변형 도구(🔲)** : 자유롭게 오브젝트 크기, 기울이기, 회전 등을 조절합니다.
퍼펫 뒤틀기 도구(🔲) : 기본 모양을 유지하면서 일러스트를 변형해 애니메이션을 만들 수 있습니다.

⑰ **도형 구성 도구(🔲)** : 간단한 오브젝트를 클릭 또는 드래그하여 형태를 재구성합니다.
라이브 페인트 통 도구(🔲) : 영역을 자동으로 감지하여 색을 적용합니다.
라이브 페인트 선택 도구(🔲) : 라이브 페인트 색을 적용한 부분을 선택합니다.

⑱ **원근 격자 도구( )** : 선택 면 위젯을 선택하여 관찰자 시점 오브젝트를 그리기 위한 격자 면을 선택할 수 있습니다.
원근 선택 도구( ) : 원근감 있는 오브젝트를 선택하거나 가져올 수 있으며, 원근 격자에서 오브젝트를 자유롭게 이동하거나 편집할 수 있습니다.

⑲ **메시 도구( )** : 메시 포인트를 배치하여 정교하게 부드러운 그러데이션을 만듭니다.

⑳ **그레이디언트 도구( )** : 오브젝트에 그러데이션을 적용하며, 그러데이션 방향과 거리를 조절할 수 있습니다.

㉑ **스포이트 도구( )** : 이미지에서 색을 추출합니다.
자 도구( ) : 드래그한 부분의 좌표와 길이를 확인합니다.

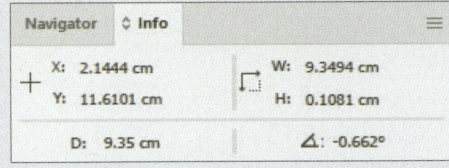

㉒ **블렌드 도구( )** : 오브젝트끼리 연결하여 자연스럽게 중간 단계의 변화를 나타냅니다.

Chapter 02 • 도구와 패널 알아보기

㉓ **심볼 스프레이어 도구**(): Symbols 패널의 심볼을 아트보드에 뿌립니다.
심볼 이동 도구() : 심볼을 드래그하여 이동합니다.
심볼 스크런처 도구() : 심볼을 드래그하여 안쪽으로 모읍니다. Alt를 누른 상태로 드래그하면 바깥으로 흩어집니다.
심볼 크기 조절 도구() : 심볼을 드래그하여 확대합니다. Alt를 누른 상태로 드래그하면 축소됩니다.
심볼 회전 도구() : 심볼을 드래그하여 회전합니다.
심볼 색조 도구() : 심볼을 드래그하여 색을 변경합니다.
심볼 불투명도 도구() : 심볼을 드래그하여 불투명도를 조절합니다.
심볼 스타일 도구() : 심볼을 드래그하여 Graphic Styles 패널에 등록된 그래픽 스타일로 적용합니다.

㉔ **세로 막대그래프 도구**() : 세로 형태의 막대그래프를 만들 수 있습니다.
분할 세로 막대그래프 도구() : 둘 이상의 정보가 하나의 세로 막대에 누적되어 표시되는 분할 세로 막대그래프를 만들 수 있습니다.
가로 막대그래프 도구() : 가로 막대로 구성되는 그래프를 만들 수 있습니다.
분할 가로 막대그래프 도구() : 둘 이상의 정보가 하나의 가로 막대에 누적되어 표시되는 분할 가로 막대그래프를 만들 수 있습니다.
선 그래프 도구() : 데이터가 점으로 표시되어 이어지는 선 그래프를 만들 수 있습니다.
영역 그래프 도구() : 서로 다른 정보의 종합과 변화를 쉽게 파악 가능한 영역 그래프를 만들 수 있습니다.
분산 그래프 도구() : 데이터를 X, Y 좌표 위에 점 위치로 나타내는 분산 그래프를 만들 수 있습니다.
파이 그래프 도구() : 전체 데이터에서 하나의 데이터가 차지하는 비율을 확인하는 파이 그래프를 만들 수 있습니다.
레이더 그래프 도구() : 방사형으로 분할되어 점 위치로 데이터 변화를 쉽게 확인하는 레이더 그래프를 만들 수 있습니다.

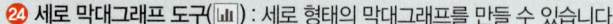

㉕ **아트보드 도구**() : 다양한 형태와 크기의 아트보드를 추가 및 삭제, 이동합니다.

㉖ **슬라이스 도구**() : 오브젝트를 부분적으로 나눌 수 있습니다.
슬라이스 선택 도구() : 분할된 이미지를 선택합니다.

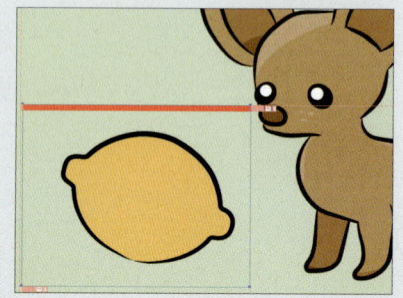

㉗ **손 도구()** : 작업 화면을 드래그하여 이동할 수 있습니다.
회전 보기 도구( ) : 아트보드를 회전하여 확인할 수 있습니다. Shift를 누른 상태에서 드래그하면 15°씩 회전이 가능합니다.
페이지 도구( ) : 인쇄 영역을 설정합니다.

> **TIP**
> 손 도구를 더블클릭하면 문서가 화면에 딱 맞게 배치되며, 다른 도구를 선택한 상태에서도 Spacebar를 눌러 손 도구의 기능을 이용할 수 있습니다.

㉘ **돋보기 도구( )** : 편리한 작업을 위해 아트보드를 확대 및 축소합니다.

> **TIP**
> ─를 누른 상태로 클릭하면 화면이 축소됩니다. 돋보기 도구를 더블클릭하면 100% 크기의 작업 화면을 확인할 수 있습니다.

㉙ **면/선 색** : 면 색과 선 색을 설정합니다. '기본 색' 아이콘( )을 클릭하여 면과 선 색을 각각 기본 색인 흰색과 검은색으로 바꿀 수 있습니다.

㉚ **색 속성** : 색 속성을 단일 색( ), 그레이디언트( ), 색상 없음( ) 중에서 선택합니다.

㉛ **그리기 모드( )** : 오브젝트 순서에 관계없이 원하는 레이어에 그리거나 지정한 부분에만 드로잉합니다.

㉜ **화면 모드( )** : 아트보드, 메뉴, 스크롤 표시 방법을 지정합니다.

Full Screen 모드는 주로 작업 중 제대로 작업이 되었는지 결과를 확인할 때 이용합니다.

▲ Full Screen Mobe with Menu Bar

㉝ **Edit Toolbar** : Tools 패널에 자주 사용하는 도구를 추가하거나 제거 및 그룹화하여 작업 스타일에 맞게 최적화할 수 있습니다.

필수기능 02 일러스트레이터의 주요 패널과 기능 알아보기 (중요 ★★★)

패널은 도구를 선택했을 때 해당 도구의 옵션을 팔레트 형태로 제공하고, 주로 세밀한 설정 값을 지정할 때 이용합니다. 패널 옵션이 나타나지 않으면 패널 오른쪽 상단에 '패널 메뉴' 아이콘(≡)을 클릭한 다음 Show Options를 실행합니다.

일러스트레이터의 패널 살펴보기

일러스트레이터의 패널은 크게 작업 영역 오른쪽에 위치한 패널과 세로로 길게 위치한 사이드 패널로 구성되어 있습니다. 패널은 드래그하여 이동할 수 있으며, 추가로 화면에 패널을 표시하기 위해서는 (Window) 메뉴에서 표시하려는 패널 명령을 실행합니다.

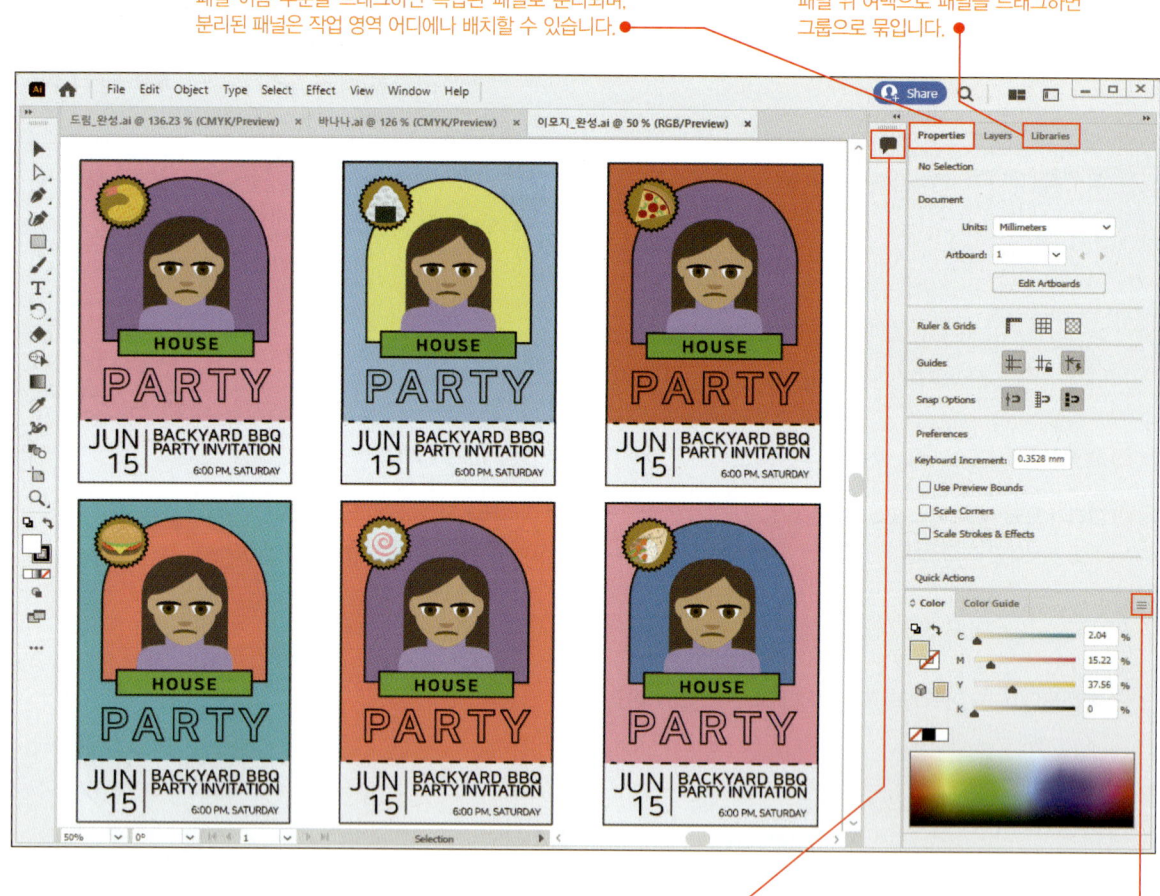

패널 이름 부분을 드래그하면 독립된 패널로 분리되며, 분리된 패널은 작업 영역 어디에나 배치할 수 있습니다.

패널 위 여백으로 패널을 드래그하면 그룹으로 묶입니다.

사이드 패널에서 패널 아이콘을 클릭하면 패널이 옆으로 펼쳐지면서 표시됩니다.

패널의 '패널 메뉴' 아이콘을 클릭하면 패널 옵션을 제어하거나 패널 크기를 조절할 수 있는 메뉴가 표시됩니다.

일러스트레이터의 패널 기능 살펴보기

패널 그룹에서 이용하려는 패널을 찾을 수 없으면 해당 패널의 단축키를 누르거나 [Window] 메뉴에서 해당 명령을 실행하여 표시할 수 있습니다. 패널을 드래그하면 묶거나 정렬할 수 있습니다.

아이콘화되어 있는 패널은 클릭하면 확장되고, 위쪽 'Expand Panels' 아이콘(◄◄)을 클릭하여 확장해서 이용할 수 있으며, 자주 이용하는 패널은 단축키를 눌러 불러올 수 있습니다.

❶ Color 패널(, F6)
색을 조절하여 오브젝트의 면과 선 색을 지정합니다. 문서의 색상 모드를 변경할 수도 있습니다.

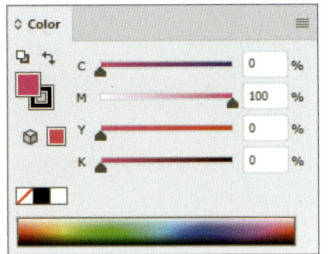

❷ Color Guide 패널(, Shift + F3)
오브젝트에 적용된 면과 선 색을 기준으로 여러 가지 배색을 적용하거나 저장합니다.

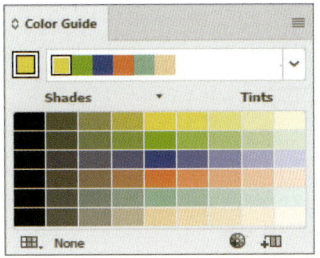

❸ Swatches 패널( )
색상, 패턴, 그러데이션 등을 적용합니다.

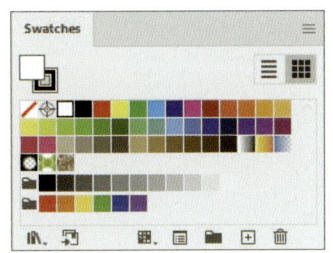

❹ Brushes 패널(, F5)
브러시를 만들거나 저장합니다. 캘리그래피, 분산, 아트, 패턴, 강모 브러시를 이용할 수 있으며 일러스트레이터에서 제공하는 다양한 브러시를 지정하여 이용할 수도 있습니다.

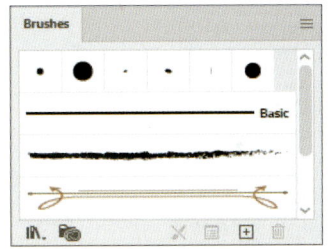

❺ Symbols 패널(, Shift + Ctrl + F11)
반복 요소를 파일 크기에 상관없이 쉽고 빠르게 심볼로 지정해 관리합니다. 심볼 라이브러리에서 다양한 심볼을 불러와 사용할 수도 있습니다.

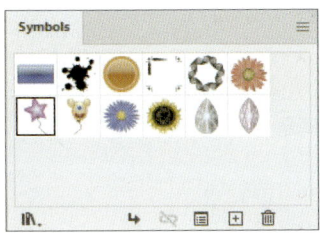

❻ 3D and Materials 패널( )
간단하게 오브젝트를 입체로 만들거나 다양한 질감과 조명을 쉽게 적용할 수 있습니다.

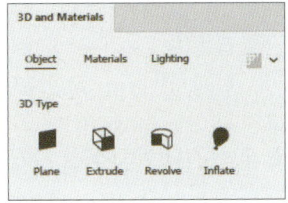

❼ **Stroke 패널**(, Ctrl + F10)
선 두께, 종류 등 선을 세부적으로 설정합니다. 패널 오른쪽 상단의 '패널 메뉴' 아이콘( )을 클릭하고 Show Options를 실행하여 나타난 세부 옵션에서는 점선이나 화살표를 만들 수 있습니다.

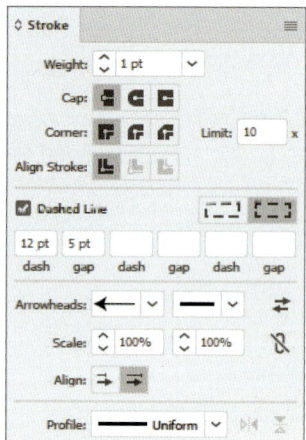

❾ **Layers 패널**(, F7)
문서에 있는 여러 개의 오브젝트를 그룹 또는 레이어로 편하게 관리합니다.

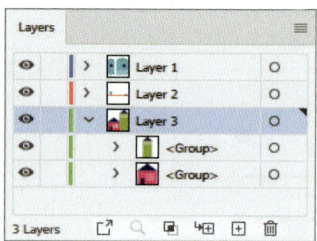

⓫ **Graphic Styles 패널**(, Shift + F5)
오브젝트에 쉽고 빠르게 다양한 그래픽 스타일을 적용합니다.

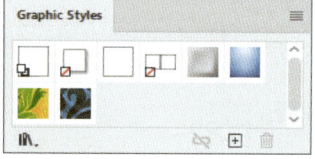

⓭ **Align 패널**(, Shift + F7)
선택한 오브젝트들을 특정 오브젝트나 아트보드를 기준으로 정렬하거나 배치합니다.

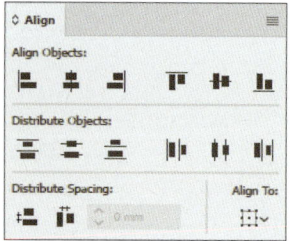

❽ **Gradient 패널**(, Ctrl + F9)
다양한 형태의 그러데이션을 적용하거나 수정합니다. 그레이디언트 조절점을 설정해 그러데이션 색을 지정하고 불투명도를 적용할 수 있어 좀 더 세밀하게 나타낼 수 있습니다.

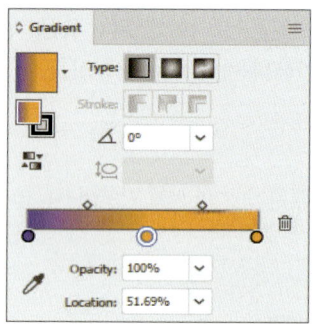

TIP
오브젝트의 면뿐만 아니라 선에도 그러데이션을 적용할 수 있습니다.

❿ **Appearance 패널**(, Shift + F6)
오브젝트, 그룹, 레이어에 적용된 면과 선 색, 불투명도, 효과 등의 속성을 설정합니다.

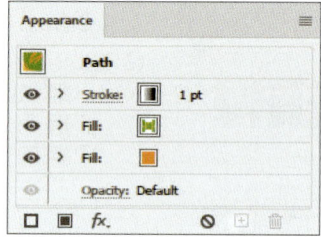

⓬ **Transparency 패널**(, Shift + Ctrl + F10)
오브젝트에 불투명도나 마스크, 블렌딩 모드를 적용합니다.

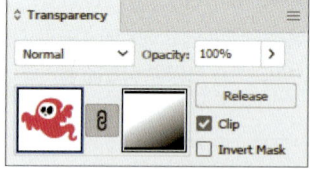

⓮ **Pathfinder 패널**(, Shift + Ctrl + F9)
두 개 이상의 오브젝트를 합치거나 빼서 새로운 형태를 만듭니다.

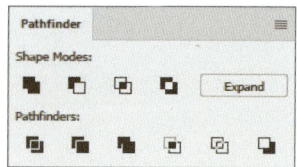

⑮ **Character 패널**(A, Ctrl+T)

문자에 관한 글꼴, 크기, 자간, 행간 등의 속성을 조절합니다. 대문자용 글리프, 위첨자 등을 이용할 수 있습니다.

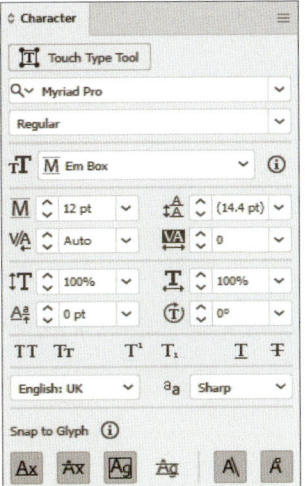

> **TIP**
> 〈Touch Type Tool〉 버튼을 클릭하거나 터치 문자 도구(🆃)를 선택해서 문자를 각각 선택하여 편집할 수 있습니다.

⑰ **Artboards 패널**(🗂)

아트보드를 추가하거나 삭제 및 정리하고 순서를 변경해 편리하게 작업합니다.

⑲ **Navigator 패널**(🧭)

빨간색 상자 형태의 미리 보기를 이용하여 작업 화면을 확대하거나 축소해서 부분별 오브젝트를 쉽게 확인합니다.

⑯ **Transform 패널**(▦, Shift+F8)

선택한 오브젝트의 위치나 크기, 각도, 기울기 등을 세밀하게 조절합니다.

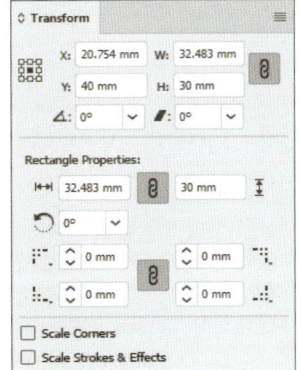

> **TIP**
> Rectangle Properties 항목을 이용하여 다양한 형태로 오브젝트를 변형할 수 있습니다.

⑱ **Info 패널**(ⓘ, Ctrl+F8)

선택한 오브젝트의 위치나 크기, 면과 선에 대한 정보를 표시합니다.

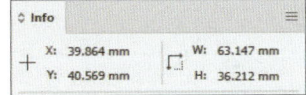

⑳ **Flattener Preview 패널**(▦)

아트보드, 오브젝트에 적용된 불투명도를 출력하거나 인쇄할 때 이용합니다.

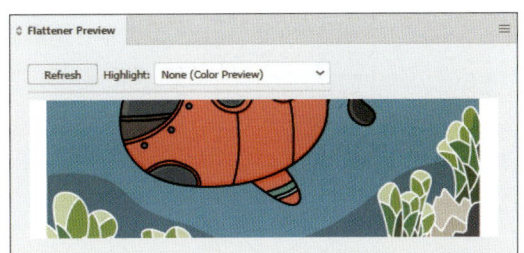

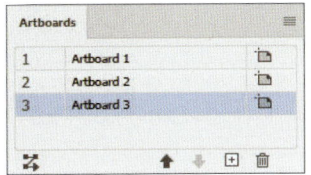

> **TIP**
> 패널 이름 부분을 더블클릭하면 확장된 패널은 축소되고, 축소된 패널은 확장됩니다. 패널 이름 위 여백 부분을 드래그하면 원하는 위치로 이동할 수 있습니다. Tools 패널 왼쪽 상단에 있는 'Collapse to Icons' 아이콘(◀◀)과 'Expand Panels' 아이콘(▶▶)을 클릭하여 Tools 패널을 한 줄 또는 두 줄로 정렬할 수 있고, 오른쪽 패널 그룹도 최소화 또는 최대화할 수 있습니다.

㉑ **Links 패널(⚭)**

링크 또는 삽입된 이미지, 아트웍 등을 확인하고 수정된 이미지를 갱신하거나 새로운 이미지로 대체시킬 수 있습니다.

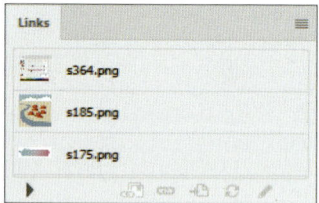

㉒ **Paragraph 패널(¶, Alt+Ctrl+T)**

문자, 문장의 단락 속성을 지정하고 정렬, 들여쓰기 등을 조절합니다.

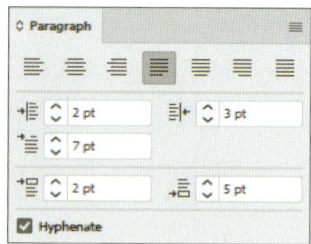

㉓ **Character Styles 패널( )**

문자 서식을 작성, 편집, 적용해 문자 스타일을 통일할 수 있습니다.

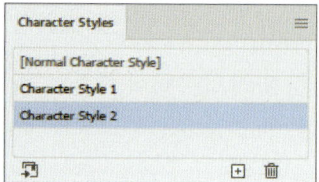

㉔ **Paragraph Styles 패널( )**

단락 서식을 작성, 편집, 적용해 원하는 단락 스타일을 문장에 쉽고 빠르게 적용합니다.

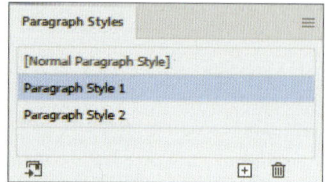

㉕ **Glyphs 패널( )**

특수 문자나 영문, 대체 문자를 입력할 수 있습니다.

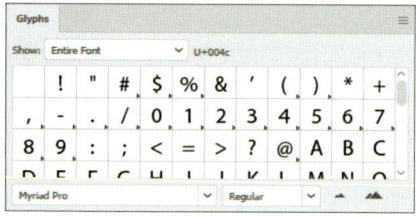

㉖ **Tabs 패널(, Shift+Ctrl+T)**

단락이나 문자의 탭 위치를 지정합니다.

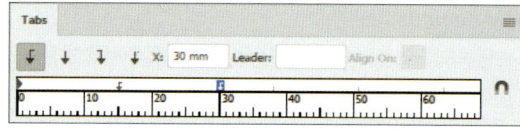

㉗ **Actions 패널(▶)**

작업 내역을 기록, 편집, 삭제하여 자주 실행하는 작업을 클릭 한 번에 간편하게 적용할 수 있습니다.

㉘ **Libraries 패널( )**

자주 이용하는 색이나 글꼴, 이미지를 등록할 수 있으며, 바로 선택하여 이용할 수 있습니다.

㉙ **Image Trace 패널(　)**

〈Trace〉 버튼을 클릭하면 비트맵 이미지를 벡터 이미지로 만들 수 있습니다. 사전 설정, 보기, 모드, 팔레트, 고대비, 패스, 모서리, 노이즈 등을 설정할 수도 있습니다.

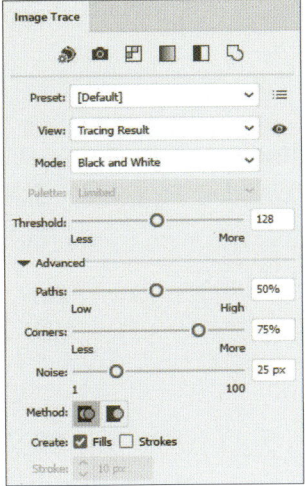

㉚ **Pattern Options 패널(　)**

패턴 이름이나 타일 설정, 패턴 너비와 높이 등을 세밀하게 지정하여 다양하게 적용할 수 있습니다. 패턴 배열 형태나 개수 등을 조절하여 개성 있게 표현합니다.

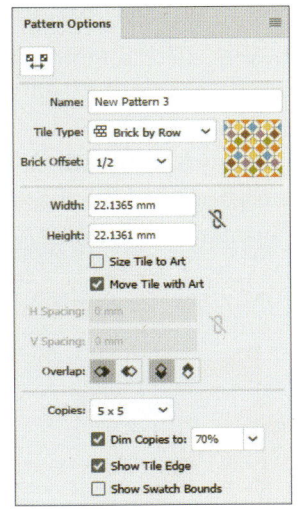

㉛ **Asset Export 패널(　)**

Asset Export 패널에 드래그하여 등록한 일러스트를 다양한 크기와 파일 형식으로 쉽고 빠르게 내보낼 수 있습니다.

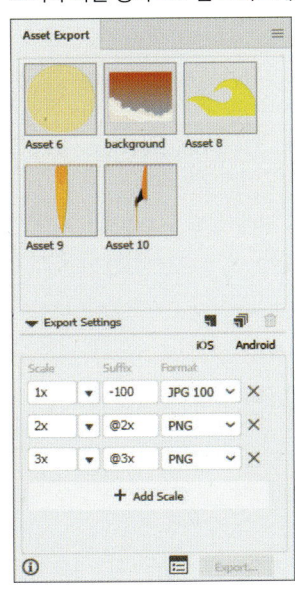

㉜ **Properties 패널(　)**

작업 과정을 빠르게 제어하고 편집할 수 있도록 도와줍니다. 오브젝트 속성에 따라 유용한 패널을 항목으로 표시합니다.

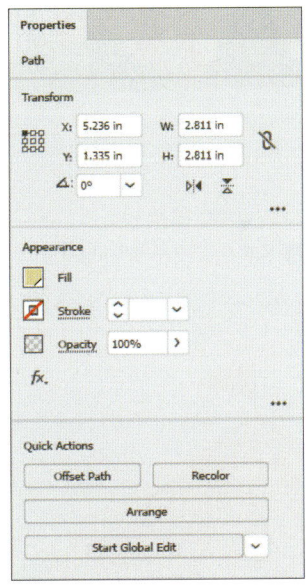

> **TIP**
> Tab을 누르면 Tools 패널과 패널 그룹을 숨길 수 있으며, 다시 Tab을 누르면 패널이 표시됩니다. Shift+Tab을 누르면 작업 화면에서 Tools 패널을 제외한 패널 그룹만 숨겨져 작업 화면을 좀 더 넓게 이용할 수 있습니다.

실습예제 03 사용자 정의 패널 구성하기 중요

작업 공간이 한정된 상태에서 공간 활용도를 높이기 위해 작업 목적이나 취향에 따라 패널을 묶거나 숨겨 효율적으로 작업 화면을 구성할 수 있습니다. 여기서는 Tools 패널 설정과 더불어 패널을 원하는 위치로 이동하거나 작업에 필요한 패널을 묶어 그룹으로 만들어 봅니다.

01 일러스트레이터를 실행하고 새 문서를 만들거나 일러스트 파일을 드래그하여 불러옵니다.
화면 왼쪽의 Tools 패널에서 위쪽의 'Collapse/Expand Panels' 아이콘(▸▸, ◂◂)을 클릭하면 Tools 패널이 1줄 또는 2줄로 바뀌어 작업 화면 크기에 따라 조절할 수 있습니다.

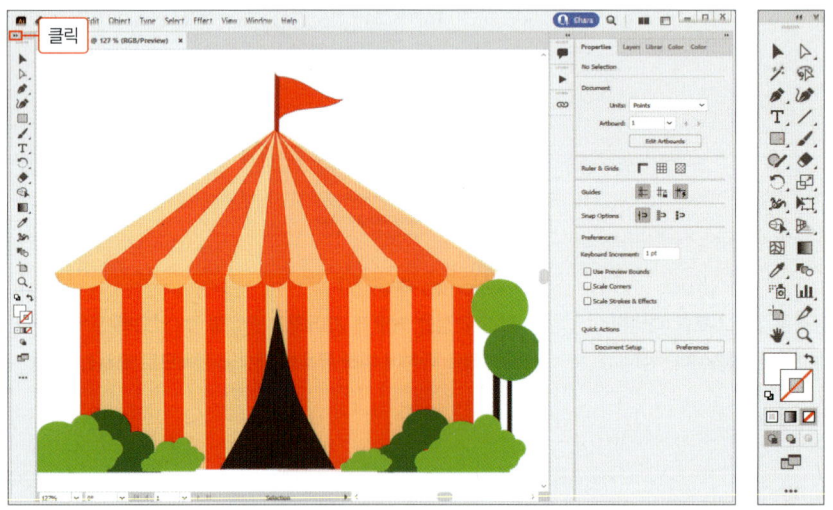

02 자주 사용하지 않는 도구를 숨겨 나만의 Tools 패널을 만들기 위해 ❶ Tools 패널 아래 'Edit Toolbar' 아이콘(⋯)을 클릭합니다. ❷ 왼쪽의 Tools 패널에서 자주 사용하지 않는 도구를 오른쪽 All Tools 항목으로 드래그합니다.

03 Tools 패널이 자주 사용하는 도구로 구성되면 ❶ All Tools 항목 오른쪽 상단에 '패널 메뉴' 아이콘(≣)을 클릭한 다음 ❷ New Toolbar를 실행합니다. New Toolbar 대화상자가 표시되면 ❸ Name에 '도구모음'을 입력한 다음 ❹ 〈OK〉 버튼을 클릭합니다.

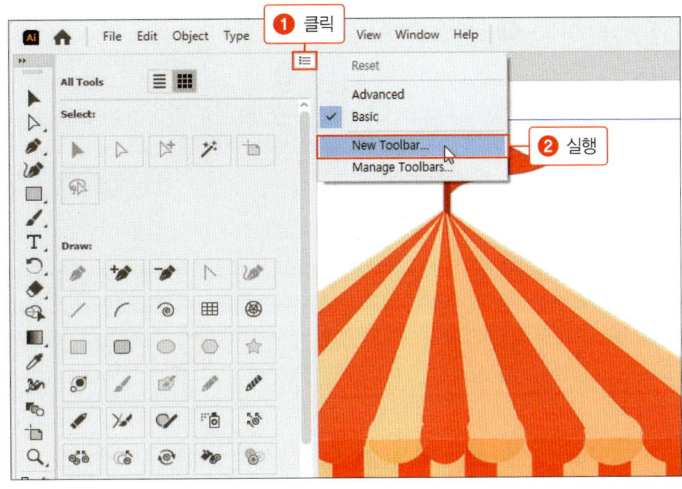

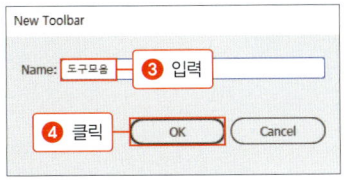

04 저장된 Tools 패널을 확인하려면 메뉴에서 (Window) → Toolbars → 도구모음을 실행합니다.

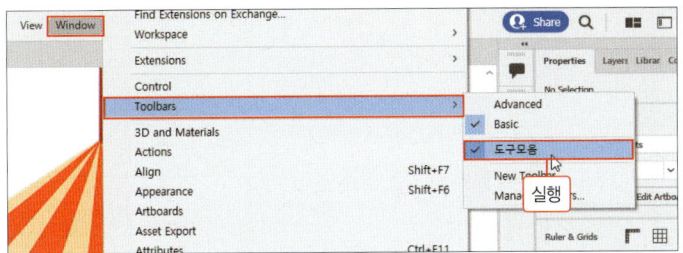

05 Tools 패널을 원래대로 되돌리려면 먼저 ❶ Tools 패널 아래의 'Edit Toolbar' 아이콘(⋯)을 클릭한 다음 ❷ All Tools 항목 오른쪽 상단에 '패널 메뉴' 아이콘(≣)을 클릭하고 ❸ Advanced를 실행합니다.

> **TIP**
> 메뉴에서 (Window) → Toolbars → Advanced를 실행해도 됩니다.

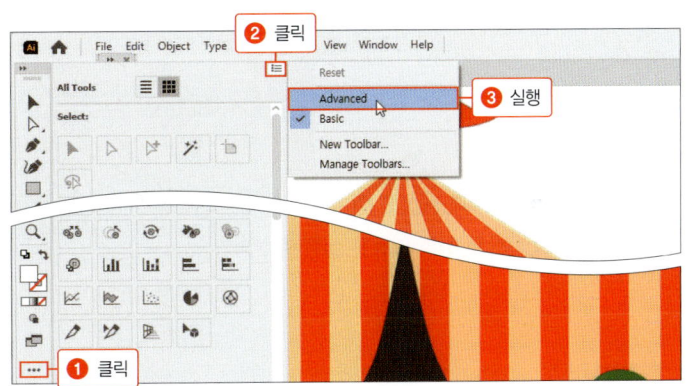

06 패널에서 패널 이름 왼쪽의 화살표 아이콘(◆)을 클릭하면 패널의 세부 옵션을 확장 또는 축소해 패널 높이를 조절할 수 있습니다.

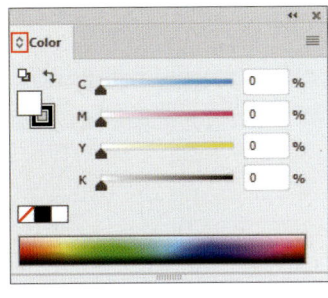
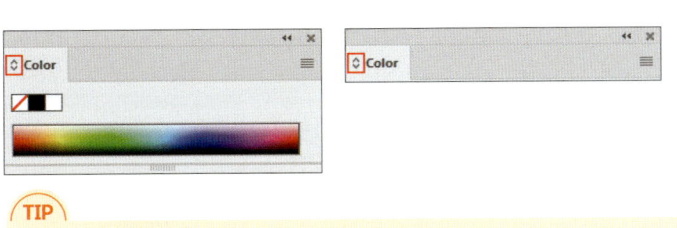

> **TIP**
> 패널 오른쪽 상단에 '패널 메뉴' 아이콘(≣)을 클릭한 다음 Show Options를 실행해도 해당 패널의 세부 옵션을 나타내어 확장할 수 있습니다.

07 이번에는 ❶ 불러온 패널을 패널 아이콘 그룹으로 드래그하여 결합합니다. ❷ 패널 축소 아이콘(▸▸)을 클릭하여 패널을 한 줄로 변경해서 아트보드를 넓게 사용할 수 있습니다.

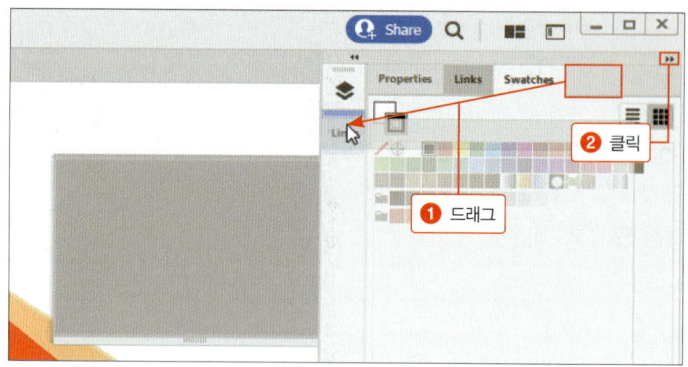

08 아이콘화된 그룹에서 작업에 필요한 패널 아이콘을 선택하면 해당 패널이 표시됩니다.

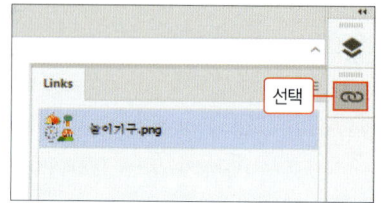

09 이번에는 편리한 작업을 위해 패널 그룹을 관리하겠습니다.

패널 이름 부분의 탭 또는 패널 아이콘을 클릭하고 드래그하면 분리됩니다. 반대로 분리된 패널을 다시 패널 영역 안으로 드래그하면 합칠 수 있습니다.

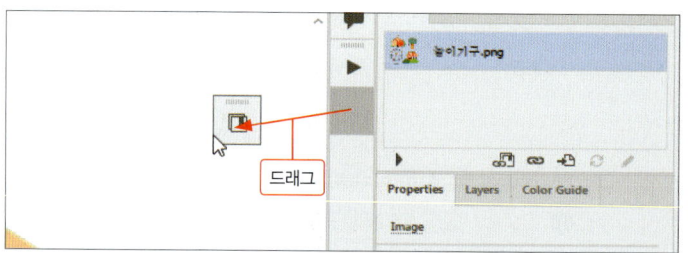

10 작업에 필요한 패널을 표시하기 위해서는 메뉴에서 (Window)의 하위 메뉴를 실행합니다.

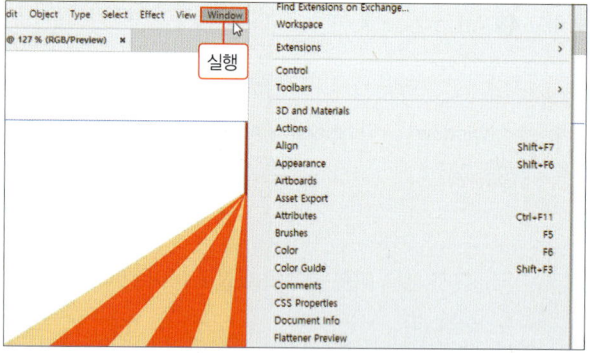

11 패널 위치를 원래대로 되돌리기 위해 ❶ 화면 오른쪽 상단에 'Switch Workspace' 아이콘(▣)을 클릭한 다음 ❷ Reset Essentials Classic을 실행합니다. 패널이 복원됩니다.

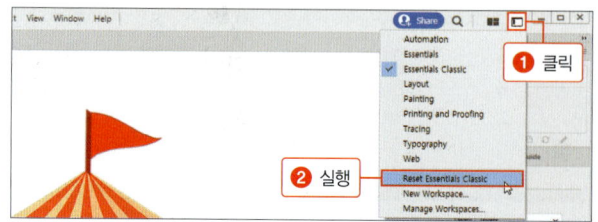

실습예제 04 · 내게 딱 맞는 작업 환경 만들기

필요한 작업 환경을 미리 저장해 두면 최적화된 작업 환경을 선택하여 바로 작업을 시작할 수 있어 시간을 절약할 수 있습니다. 이때 작업 중 언제든지 작업 분류에 맞게 변경할 수도 있습니다. 작업에 필요한 패널을 표시한 다음 작업 환경을 저장하고 표시하는 방법에 대해 알아봅니다.

01 일러스트레이터를 실행하고 새 문서를 만들거나 일러스트 파일을 드래그해 불러옵니다. 메뉴에서 (Window) → Workspace → Essentials를 실행합니다. 작업 공간이 기본 설정으로 변경됩니다.

> **왜 그럴까?** 패널 위치나 크기는 이전에 작업한 대로 표시되기 때문에 예제와 다를 수 있습니다. 수정하지 않은 기본 Essentials 작업 환경으로 변경하고 싶다면 메뉴에서 (Window) → Workspace → Reset Essentials를 실행합니다.

02 작업에 필요한 패널을 분리하거나 묶고, 숨기거나 표시해서 원하는 작업 환경을 만듭니다.

> **TIP**
> 개인 노트북이나 가정 또는 회사에서 PC를 이용하여 작업한다면 사용하려는 PC를 직접 관리할 수 있습니다. 일러스트레이터 프로그램이 2대 이외의 PC에서 로그인되면 로그아웃하려는 PC를 직접 선택할 수 있습니다. 로그아웃하려는 PC의 〈Sign out〉 버튼을 클릭합니다. 이때 접속이 해제된 PC에서는 일러스트레이터 작업이 중단되지 않습니다. 단, 해당 PC에서 일러스트레이터를 다시 실행할 때 다른 PC의 접속을 해제해야 합니다. 현재 PC인 'This device'가 체크 표시되고, 접속을 해제하려는 PC의 체크 표시가 해제됩니다. 〈Continue〉 버튼을 클릭하여 일러스트레이터를 실행할 수 있습니다.

03 구성한 작업 환경을 저장하기 위해 메뉴에서 (Window) → Workspace → New Workspace를 실행합니다.

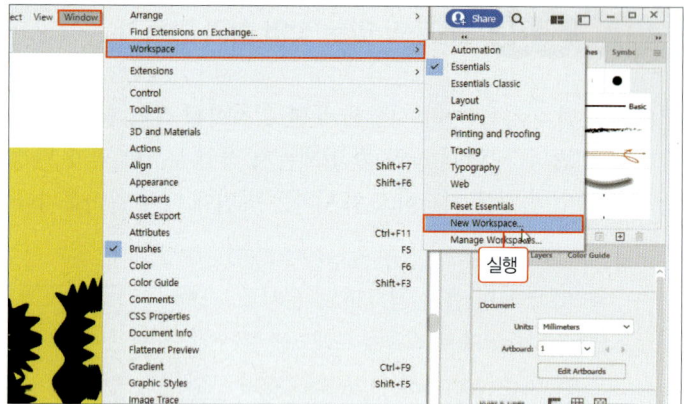

04 New Workspace 대화상자가 표시되면 ❶ Name에 작업 환경 이름을 입력한 다음 ❷ 〈OK〉 버튼을 클릭하여 저장합니다. 예제에서는 'my space'로 지정했습니다.

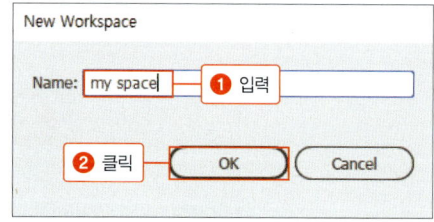

05 메뉴에서 (Window) → Workspace를 실행하면 저장한 작업 환경을 확인할 수 있습니다. 아트보드 오른쪽 상단에서도 현재 작업 환경을 확인할 수 있습니다.

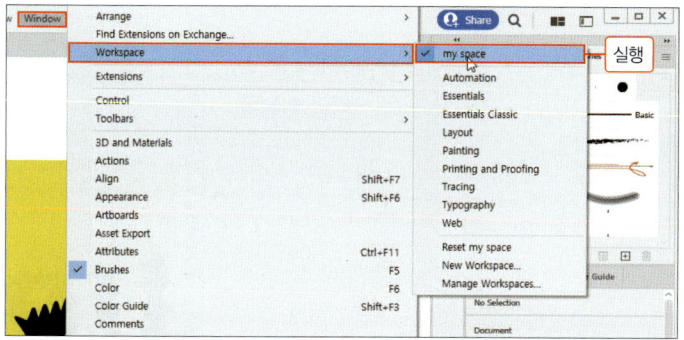

> **TIP**
> **작업 환경 메뉴 알아보기**
> ❶ Automation : 자동으로 반복 작업에 알맞은 화면으로 구성됩니다.
> ❷ Essentials : 기본적인 필수 기능 화면으로 구성됩니다.
> ❸ Essentials Classic : 기본 화면에 Control 패널이 추가로 구성됩니다.
> ❹ Layout : 편집 레이아웃을 디자인할 수 있는 화면으로 구성됩니다.
> ❺ Painting : 드로잉 작업을 위한 화면으로 구성됩니다.
> ❻ Printing and Proofing : 드로잉 및 편집 디자인을 위한 화면으로 구성됩니다.
> ❼ Tracing : 비트맵 이미지를 벡터 이미지로 변경하기 위한 화면으로 구성됩니다.
> ❽ Typography : 문자 디자인(타이포그래피)을 위한 화면으로 구성됩니다.
> ❾ Web : 웹 디자인을 위한 화면으로 구성됩니다.
> ❿ Reset Essentials : 선택된 작업 화면을 다시 정렬합니다.
> ⓫ New Workspace : 직접 구성한 화면으로 새로 등록할 수 있습니다.
> ⓬ Manage Workspaces : 직접 등록한 화면 구성을 수정할 수 있습니다.

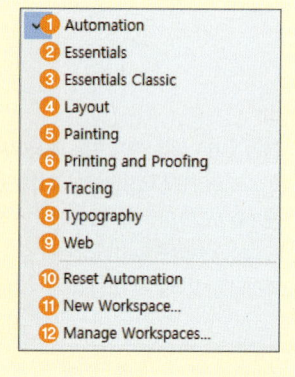

New • 아트보드

새 문서와 아트보드 만들기

일러스트레이터에서는 새 문서를 만들고, 아트보드를 조절하거나 템플릿을 불러와서 작업을 시작할 수 있습니다.
다양한 방법으로 새 문서를 만들고 아트보드를 설정하는 방법에 대해 알아보겠습니다.

필수기능 01 시작 화면에서 새 문서 만들기

시작 화면의 〈New file〉 또는 〈Open〉 버튼을 클릭하거나 기본 파일 항목을 선택하여 새 문서를 만들 수 있습니다.

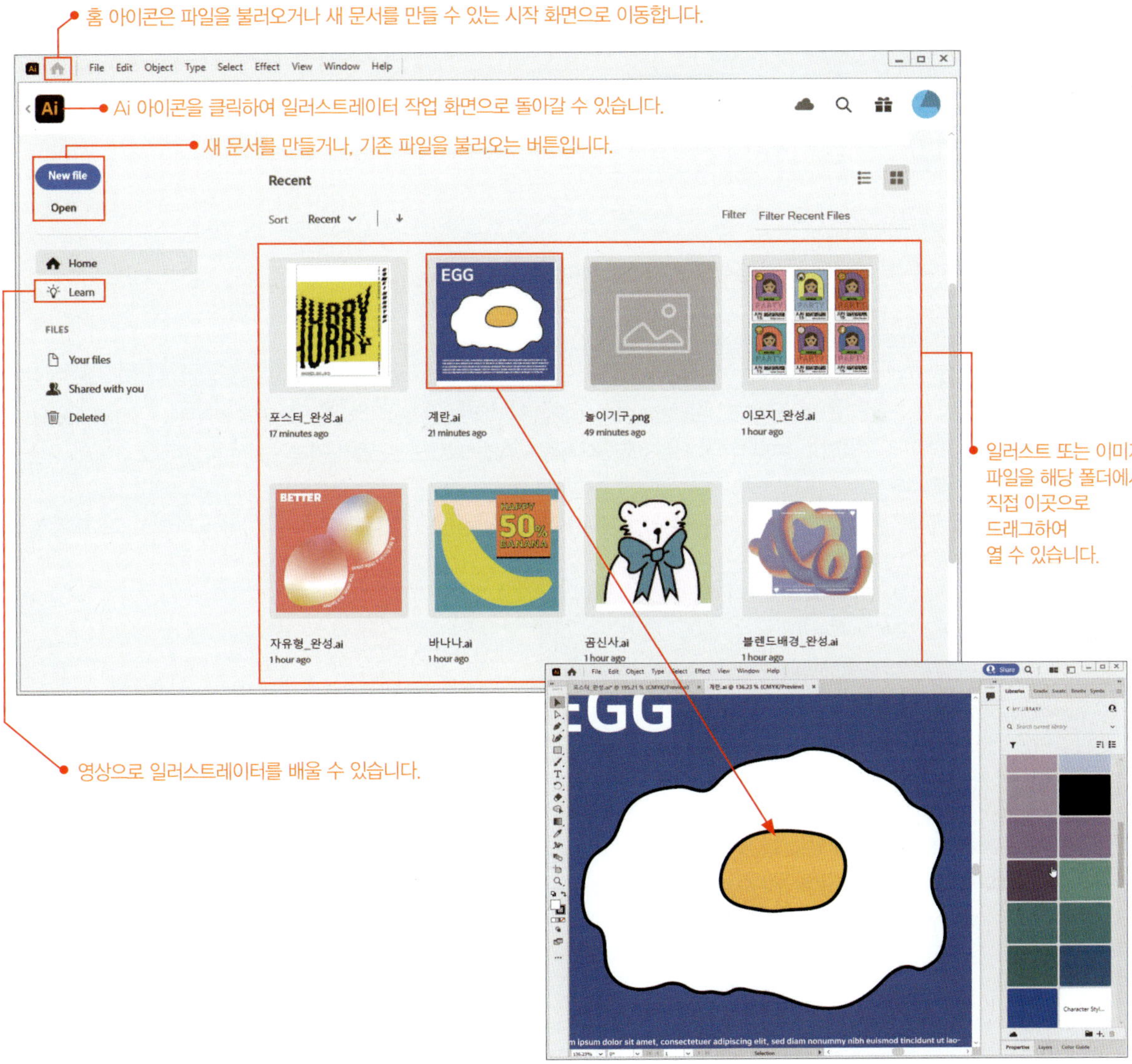

• 홈 아이콘은 파일을 불러오거나 새 문서를 만들 수 있는 시작 화면으로 이동합니다.

• Ai 아이콘을 클릭하여 일러스트레이터 작업 화면으로 돌아갈 수 있습니다.

• 새 문서를 만들거나, 기존 파일을 불러오는 버튼입니다.

• 일러스트 또는 이미지 파일을 해당 폴더에서 직접 이곳으로 드래그하여 열 수 있습니다.

• 영상으로 일러스트레이터를 배울 수 있습니다.

Chapter 03 • 새 문서와 아트보드 만들기

필수기능 02 New 명령으로 새 문서 만들기 중요

시작 화면의 〈New file〉 버튼을 클릭하거나 메뉴에서 [File] → New(Ctrl+N)를 실행해 표시되는 New Document 대화상자에서 파일 이름, 크기, 단위, 색상 모드 등을 설정하여 새로운 문서를 만들 수 있습니다.

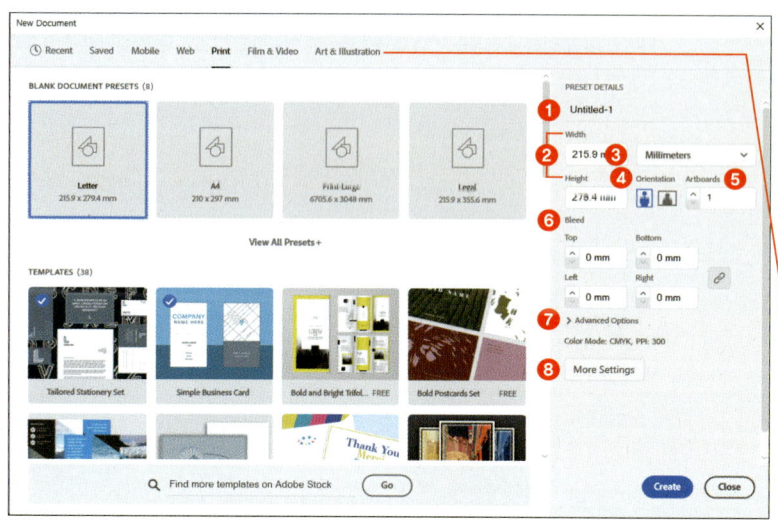

Recent는 최근에 설정한 파일들을 나타내며, Saved에는 직접 설정하여 저장한 파일 크기가 표시되고, Mobile/Web/Print/Film&Video/Art&Illustration에서는 다양한 그래픽 디자인의 문서 크기를 제공합니다.

❶ **Name** : 문서 이름을 입력합니다.
❷ **Width/Height** : 아트보드의 가로와 세로 크기를 직접 입력하여 설정합니다.
❸ **Units** : 크기 단위를 지정합니다.
❹ **Orientation** : 아트보드 방향을 지정합니다.
❺ **Artboards** : 아트보드 개수를 설정합니다.
❻ **Bleed** : 아트보드의 Top(위), Bottom(아래), Left(왼쪽), Right(오른쪽) 여백을 설정합니다. 오른쪽 '링크' 아이콘(🔗)을 클릭해 활성화하면 모든 여백이 같은 비율로 늘어납니다. 편집 디자인에서는 출력할 때 재단 부분을 생각하여 문서 바깥쪽으로 3~5mm 정도의 여백을 설정합니다.
❼ **Advanced Options** : 색상 모드는 주로 인쇄 출력용은 'CMYK', 화면 출력용은 'RGB'로 지정합니다. 해상도와 보기 모드도 지정할 수 있습니다.
❽ **More Settings** : 새 문서 크기를 자세하게 설정할 수 있는 More Settings 대화상자가 표시됩니다.
  ⓐ **Spacing** : 아트보드 간격을 설정합니다.
  ⓑ **Columns** : 아트보드 열 수를 설정합니다.
  ⓒ **Size** : 아트보드 크기를 설정합니다.
  ⓓ **Raster Effects** : 해상도를 지정합니다.
  ⓔ **Preview Mode** : 미리 보기 모드를 지정하며, 'Overprint'로 지정하면 화면에서 확인할 수 있고, 'Pixel'로 지정하면 벡터 형식의 이미지를 비트맵 형식으로 확인할 수 있습니다.
  ⓕ **Templates** : 일러스트레이터에서 제공하는 다양한 템플릿을 불러옵니다.

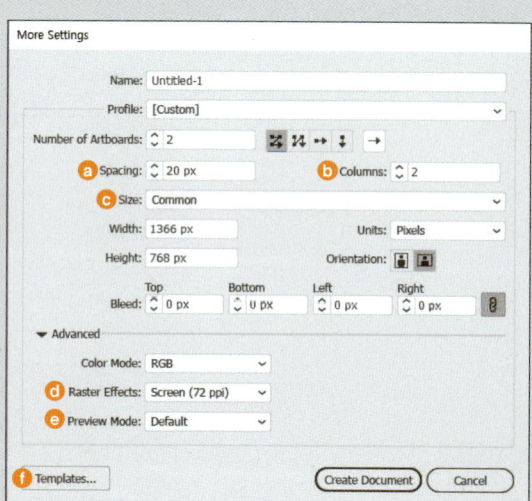

TIP

시작(홈) 화면 사용하지 않기

메뉴에서 (Edit) → Preferences → General(Ctrl+K)을 실행하여 표시되는 Preferences 대화상자에서 'Show The Home Screen When No Documents Are Open'의 체크 표시를 해제하고 〈OK〉 버튼을 클릭하면 일러스트레이터에서 모든 문서를 닫았을 때 시작(홈) 화면이 표시되지 않으며 다음과 같이 비어 있는 작업 화면이 표시됩니다.

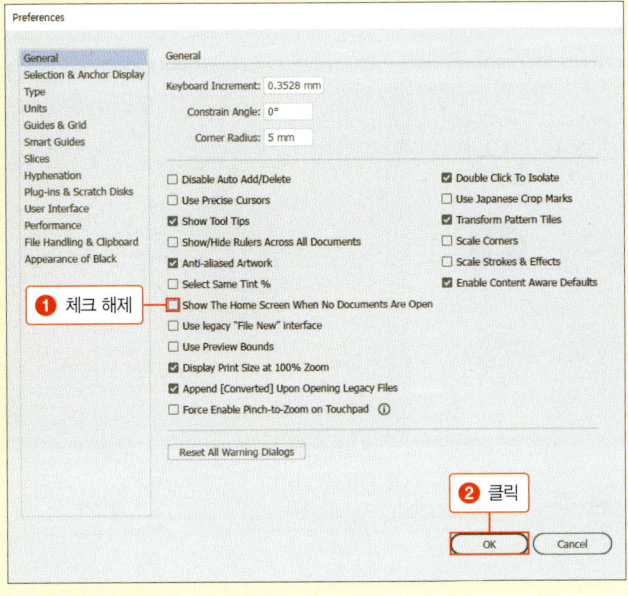

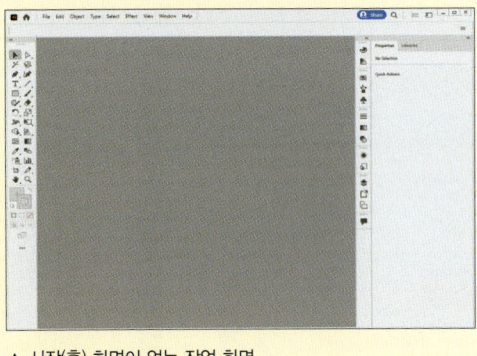

▲ 시작(홈) 화면이 없는 작업 화면

TIP

시작 화면 대신 New Document 대화상자에서 새 문서 만들기

메뉴에서 (Edit) → Preferences → General(Ctrl+K)을 실행하여 표시되는 Preferences 대화상자에서 'Use legacy "File New" interface'를 체크 표시하고 〈OK〉 버튼을 클릭하면 일러스트레이터에서 새 문서를 만들 때 CC 2017 이전처럼 New Document 대화상자가 표시됩니다.

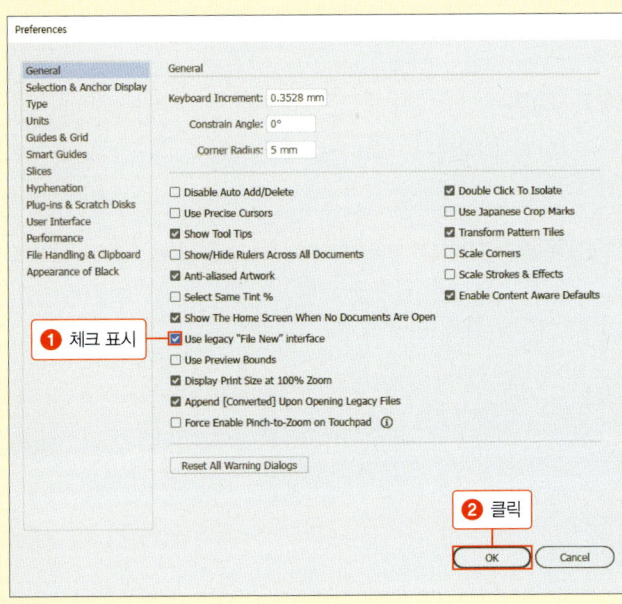

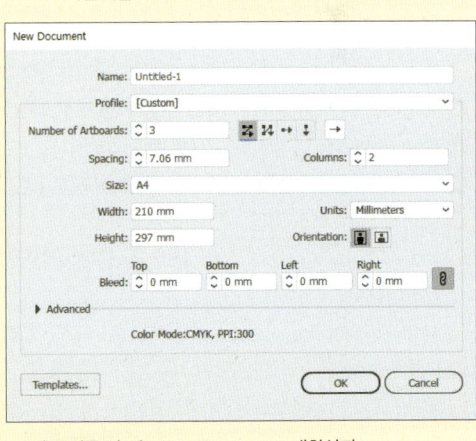

▲ 새 문서를 만드는 New Document 대화상자

필수기능 03 아트보드 살펴보기

아트보드는 문서에서 실제로 작업하는 흰색 영역을 말하며, 아트보드 도구( )를 선택하면 화면이 어두워지면서 아트보드별로 편집할 수 있습니다. 메뉴에서 (Window) → Artboards를 실행하면 Artboards 패널( )이 표시되어 아트보드의 추가, 삭제, 순서 변경 등을 작업할 수 있습니다.

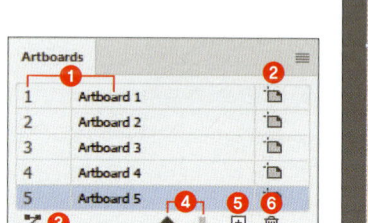

① 아트보드의 순서와 이름을 나타내며, 선택하면 해당 아트보드로 이동합니다.
② Artboard Options : 아트보드를 편집할 수 있는 Artboard Options 대화상자가 표시됩니다.
③ Rearrange All Artboards : 모든 아트보드를 재정렬합니다.
④ Move Up/Down : 아트보드 순서를 조절합니다.
⑤ New Artboard : 아트보드를 추가합니다.
⑥ Delete Artboard : 아트보드를 삭제합니다.
⑦ Select Preset : 아트보드를 지정된 크기로 설정합니다.
⑧ Portrait/Landscape : 아트보드를 가로 또는 세로 방향으로 지정합니다.
⑨ New Artboard : 새 아트보드를 만듭니다.
⑩ Delete Artboard : 선택한 아트보드를 삭제합니다.
⑪ Name : 아트보드 이름을 입력합니다.
⑫ Move/Copy Artwork with Artboard : 선택한 아트보드를 [Alt]를 누른 상태로 드래그하면 아트보드와 포함된 오브젝트들이 복제됩니다.
⑬ Artboard Options : Artboard Options 대화상자를 표시하여 아트보드를 자세하게 설정할 수 있습니다.
⑭ Reference Point : 아트보드 기준점을 지정합니다.
⑮ X/Y, W/H : 아트보드 위치 정보와 너비, 높이를 설정합니다.
⑯ Rearrange All : 모든 아트보드를 재정렬합니다.

실습 예제 04 새 문서 만들기 ★★중요

일러스트 작업을 시작하기 위해 시작 화면에서 〈New file〉 버튼을 클릭하거나 메뉴에서 (File) → New ((Ctrl) + (N))를 실행하여 표시되는 New Document 대화상자에서 문서 이름, 크기 등을 지정해 새 문서를 만듭니다.

01 새 문서를 만들기 위해 시작 화면에서 〈New file〉 버튼을 클릭합니다.

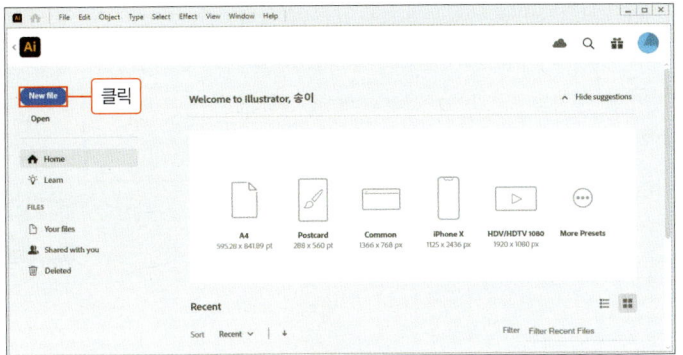

02 New Document 대화상자가 표시되면 인쇄용 문서를 만들기 위해 ❶ 탭에서 'Print'를 선택한 다음 ❷ 'A4'를 선택하고 ❸ 〈Create〉 버튼을 클릭합니다.

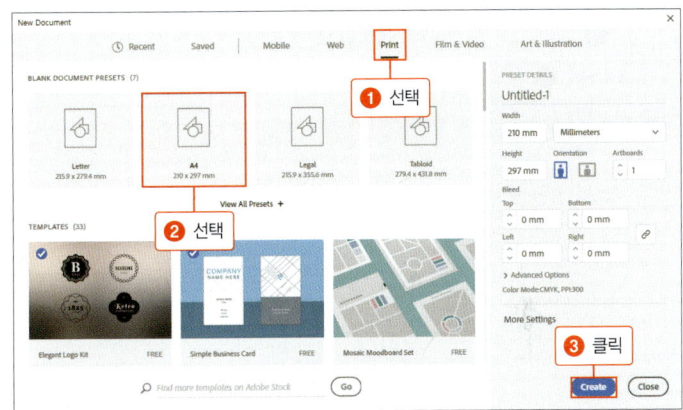

03 설정한 대로 새 문서가 만들어집니다.

> **TIP**
> 아트보드 외부 영역을 흰색으로 나타내려면 먼저 메뉴에서 (Edit) → Preferences → User Interface를 실행합니다. Preferences 대화상자가 표시되면 Canvas Color를 'White'로 선택한 다음 〈OK〉 버튼을 클릭합니다.

Chapter 03 • 새 문서와 아트보드 만들기

실습예제 05 문서 크기 직접 설정하기

직접 문서 크기와 해상도를 지정해 새 문서를 만들 수 있습니다. New 명령을 실행하여 새로운 문서를 만들고 저장해 보겠습니다.

01 시작 화면에서 〈New file〉 버튼을 클릭하거나 메뉴에서 (File) → New(Ctrl +N))를 실행합니다. New Document 대화상자가 표시되면 ❶ 파일 이름에 '카드'를 입력한 다음 ❷ 단위를 'Centimeters'로 지정합니다.

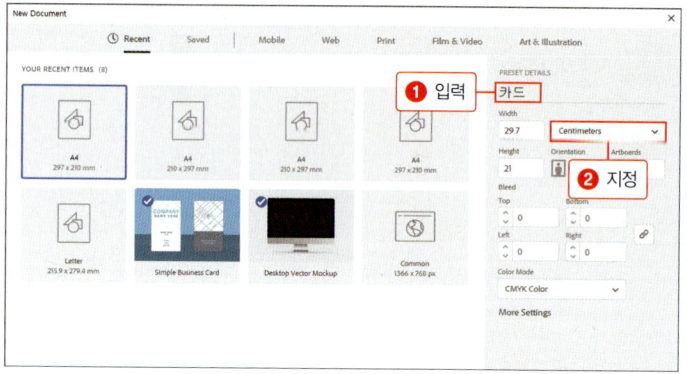

02 ❶ Width를 '14', Height를 '9'로 설정한 다음 ❷ 〈Create〉 버튼을 클릭하면 설정한 엽서 크기 문서가 만들어집니다.

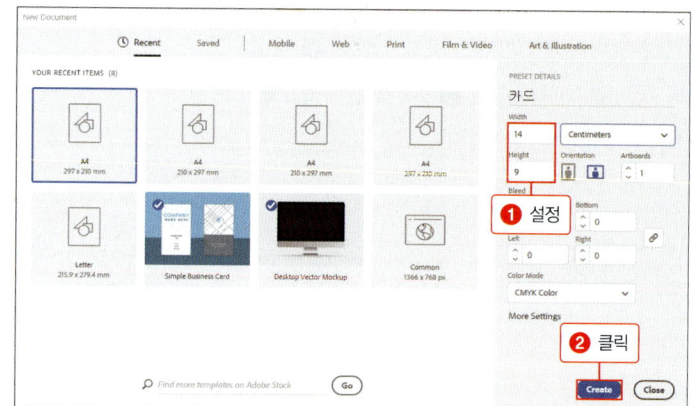

03 문서를 저장하기 위해 메뉴에서 (File) → Save As(Shift+Ctrl+S))를 실행합니다. Save As 대화상자가 표시되면 ❶ 파일 이름을 입력하고 ❷ 〈저장〉 버튼을 클릭합니다. Illustrator Options 대화상자가 표시되면 〈OK〉 버튼을 클릭하여 작업을 마칩니다.

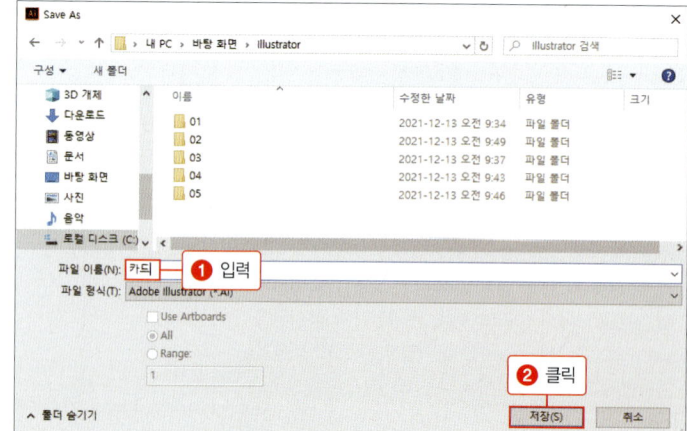

실습예제 06 여러 개의 아트보드 지정하기

문서에서 실제 작업 영역을 나타내는 아트보드 관리 방법에 대해 알아봅니다.

01 Ctrl+N을 눌러 New Document 대화상자를 표시합니다. ① 탭에서 'Print'를 선택한 다음 ② 'A4'를 선택하고 ③ 단위를 'Centimeters'로 지정합니다. ④ Artboards를 '4'로 설정하고 ⑤ 〈Create〉 버튼을 클릭합니다.

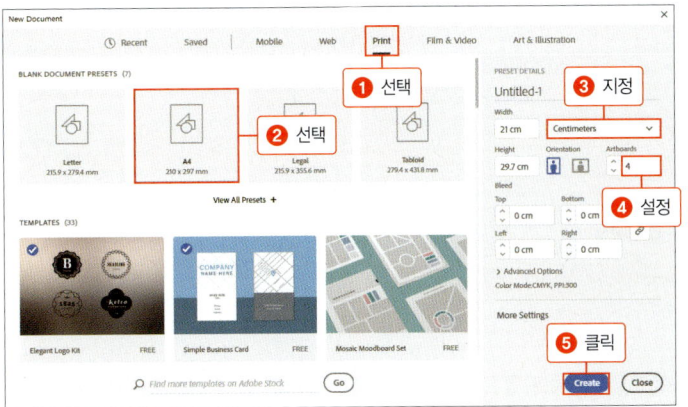

02 설정한 대로 네 개의 아트보드가 나타납니다.

> 편집 디자인 작업 중 하나의 문서에 여러 개의 아트보드나 마스터 페이지 및 페이지 번호 등을 적용하면 출력하거나 파일을 내보낼 때 편리합니다.

03 이번에는 아트보드 설정을 변경하겠습니다. ① Tools 패널에서 아트보드 도구(📋)를 선택한 다음 ② 'Artboard 4'를 클릭합니다.

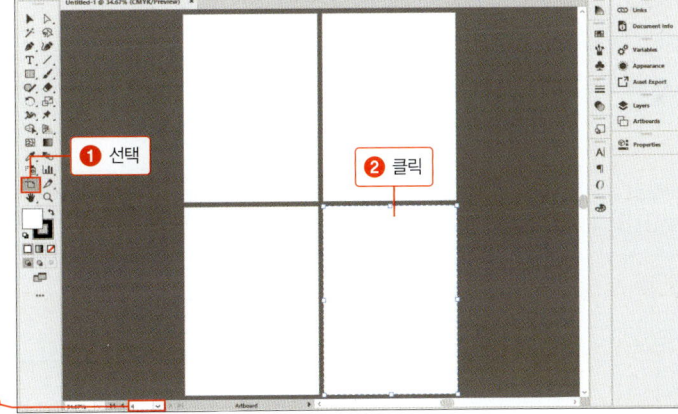

문서 아래 상태 표시줄에 아트보드 번호가 나타납니다.

04 Properties 패널에서 Artboards의 'Delete Artboard' 아이콘(🗑)을 클릭하거나 Delete를 눌러 아트보드를 삭제할 수 있습니다.

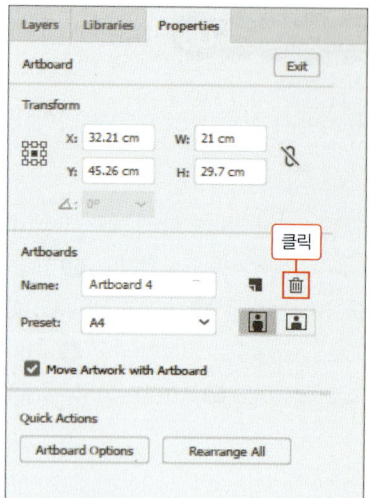

> **TIP**
> Control 패널의 'Delete Artboard' 아이콘(🗑)을 클릭해도 됩니다.

05 아트보드를 조절하기 위해 ❶ 'Artboard 3'을 클릭하고 ❷ Properties 패널에서 'Horizontal' 아이콘(▣)을 클릭해 문서 방향을 변경합니다.

> **왜 그럴까?**
> 작업 중에는 아트보드의 크기를 늘리거나 줄여야 할 때도 있습니다. 이때 새 문서를 만들기보다 아트보드를 재설정하면 편리합니다.

06 ❶ 'Artboard 3'을 위로 드래그해 이동한 다음 ❷ Shift를 누른 상태로 'Artboard 1'을 함께 클릭합니다. ❸ Properties 패널의 Align에서 'Horizontal Align Left' 아이콘(▣)을 클릭하여 왼쪽 정렬합니다.

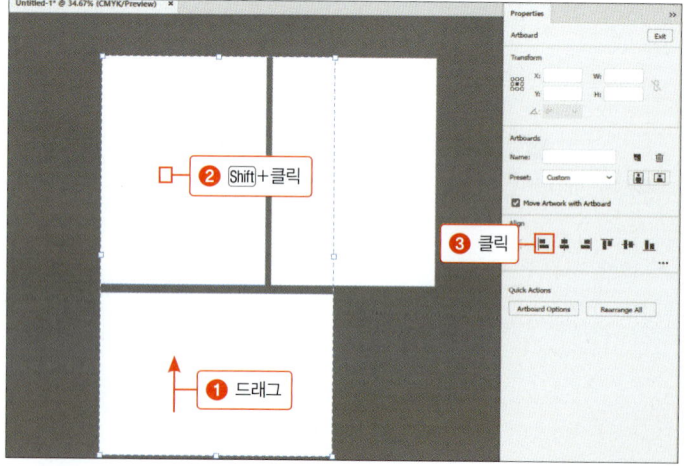

07 아트보드 설정을 마치고 Esc를 누르거나 Tools 패널의 다른 도구를 선택하면 아트보드 편집 모드가 해제됩니다.

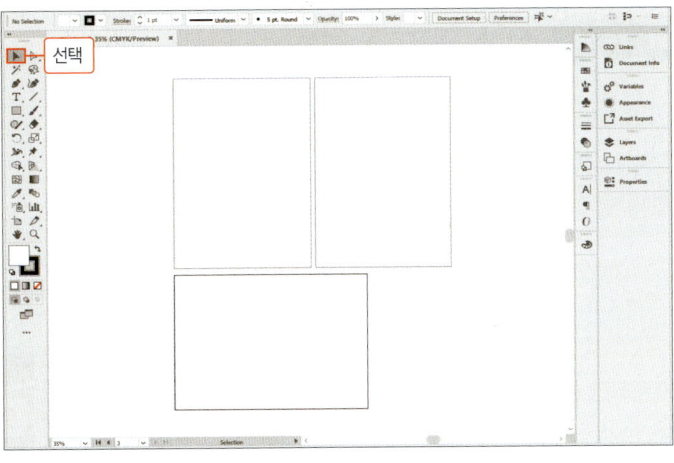

필수기능 07 템플릿 문서 이용하기

템플릿은 공동 작업 설정과 디자인 요소를 저장하기 위한 파일 형식입니다. 일러스트레이터는 편지지, 명함, 브로슈어, 웹 사이트 등 다양한 디자인을 제공합니다. 메뉴에서 (File) → New from Template(Shift+Ctrl+N)을 실행하면 Blank Templates 폴더에서 일러스트레이터의 기본 템플릿을 불러와 편집할 수 있습니다. 다양한 템플릿을 이용하여 문서를 만들 수도 있습니다.

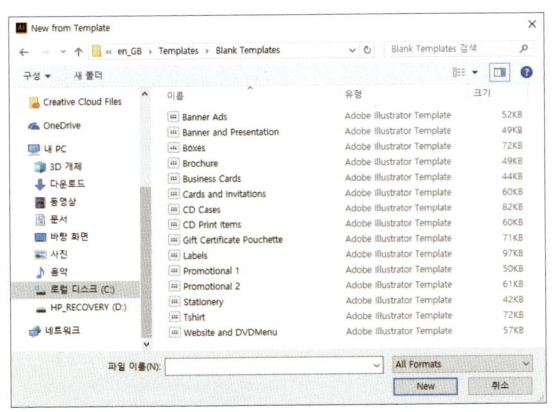
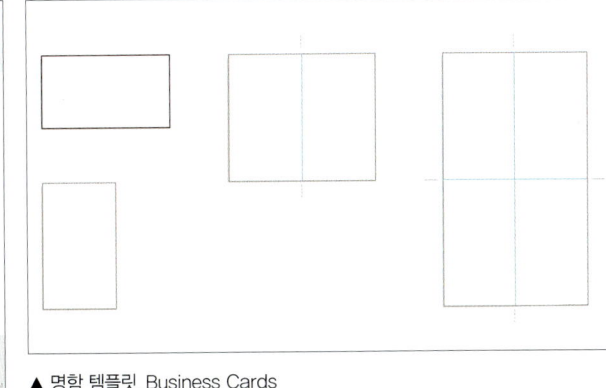

▲ 명함 템플릿_Business Cards

> **TIP**
> New Document 대화상자에서 문서 프리셋을 선택하면 아래쪽에 어도비 스톡에서 제공하는 무료 템플릿을 다운로드하여 이용할 수도 있습니다.

실습예제 08 템플릿을 이용하여 디자인하기

일러스트레이터에서 제공하는 고품질 템플릿을 이용하여 디자인 작업을 빠르게 진행할 수 있습니다. 또한 어도비 스톡에서 제공하는 수백 개의 템플릿 중 원하는 템플릿을 찾아 다운로드할 수 있으므로 자유롭게 이용해 봅니다.

01 메뉴에서 (File) → New(Ctrl+N)를 실행합니다. New Document 대화상자가 표시되면 ❶ Mobile, Web 또는 Print 탭 중에서 'Print'를 선택합니다. ❷ 원하는 템플릿을 선택하고 ❸ 〈Download〉 버튼을 클릭합니다.

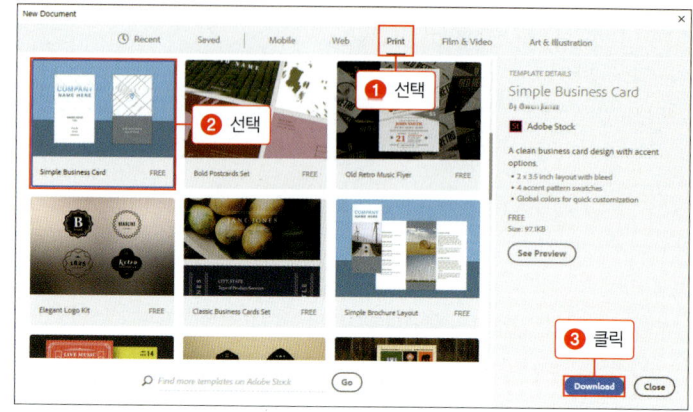

> **TIP**
> 템플릿을 선택하고 〈See Preview〉 버튼을 클릭하여 구성 요소, 파일 크기 및 기타 세부 정보를 확인할 수 있습니다. 이후 New Document 대화상자를 표시하면 Saved 탭에 다운로드한 템플릿이 표시됩니다.

02 다운로드가 완료되면 〈Open〉 버튼을 클릭하여 템플릿 파일을 엽니다.

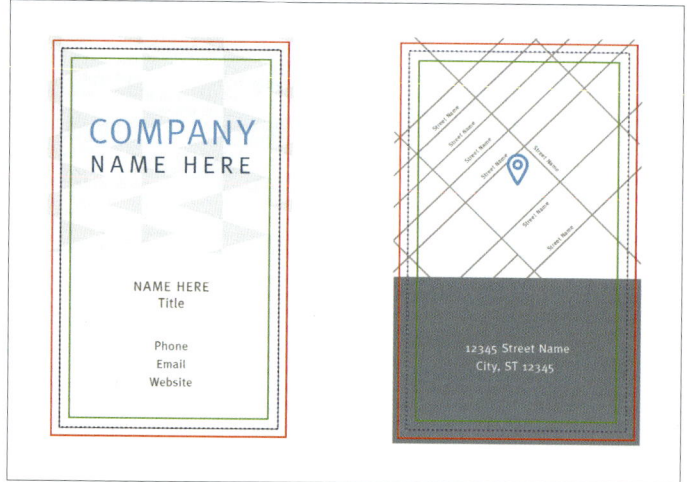

> **TIP**
> Missing Fonts 대화상자가 표시되면 〈Activate Fonts〉 버튼을 클릭하여 글꼴을 연결한 다음 〈Close〉 버튼을 클릭합니다. 선택한 디자인이 일러스트레이터에 불러들여집니다.

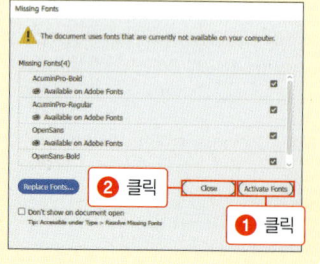

03 Layers 패널(   )에서 'INSTRUCTIONS' 레이어의 '눈' 아이콘(   )을 클릭해 비활성화하여 블리드 및 재단선, 안내선 등이 보이지 않도록 숨겨집니다.

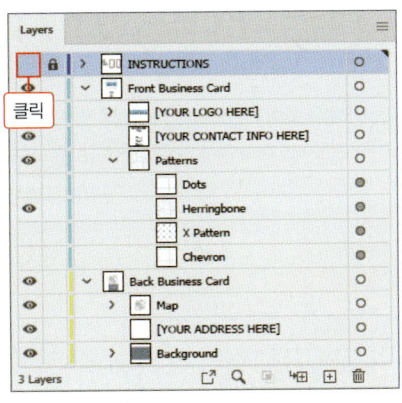
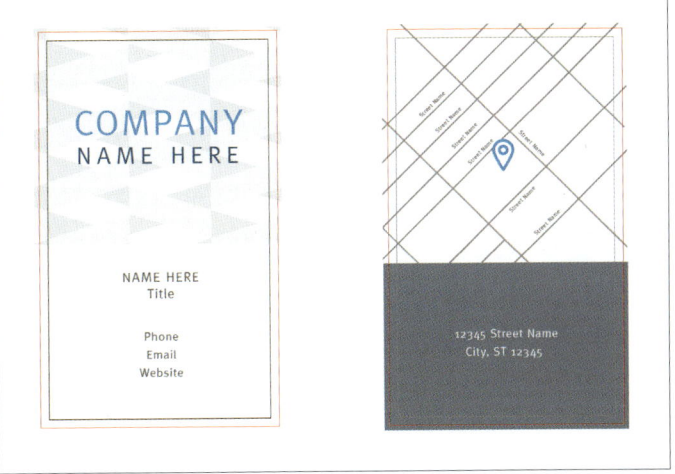

04 템플릿을 자유롭게 편집할 수 있습니다. 예제에서는 색을 수정하고 'Metaplus' 글꼴을 이용하여 편집해서 작업을 마무리했습니다.

> **TIP**
> **어도비 스톡에서 더 많은 템플릿 다운로드하기**
> 일러스트레이터에서는 다양한 템플릿을 제공합니다. 더 많은 템플릿, 모형, 아이콘 세트 및 시각 디자인은 어도비 스톡에서 검색할 수 있습니다. 어도비 스톡에서 모든 일러스트레이터 템플릿을 확인하거나 검색어를 입력하여 원하는 템플릿을 찾았다면 템플릿 라이선스를 부여받고 다운로드합니다.

Open • Save • Export • Exit

파일 관리 기본기 익히기

일러스트레이션 작업을 위해 기본으로 작업 파일을 열고, 닫고, 저장하는 여러 가지 방법에 대해 알아봅니다.

필수기능 01 Open/Place 명령으로 파일 불러오기

일러스트레이터에서는 AI뿐만 아니라 PDF, PSD, EPS, GIF, JPG, PNG, DWG와 DXF, DOC, TXT 파일 등을 불러올 수 있습니다. 불러들인 다양한 포맷의 파일을 일러스트레이터 파일과 합성할 수도 있어 창의적인 아트웍을 완성할 수 있습니다.

시작 화면에서 〈Open〉 버튼을 클릭하거나 메뉴에서 (File) → Open(Ctrl+O)을 실행하여 표시되는 Open 대화상자에서 찾는 위치와 파일을 선택하여 작업할 이미지 소스나 일러스트를 불러옵니다.

작업 중 메뉴에서 (File) → Place(Shift+Ctrl+P)를 실행하여 표시되는 Place 대화상자에서는 다른 형식의 파일을 가져와 이용할 수 있습니다.

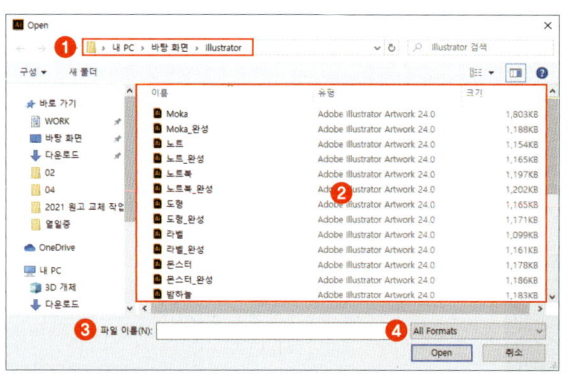 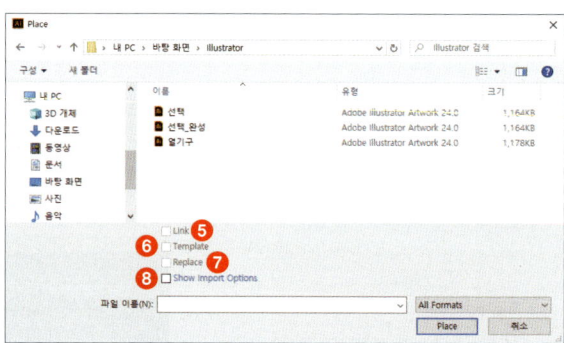

① **찾는 위치** : 불러올 파일이 있는 경로를 지정합니다.
② **파일 선택 창** : 불러올 파일을 선택합니다.
③ **파일 이름** : 불러올 파일 이름을 입력합니다.
④ **파일 형식** : 불러올 파일 형식을 지정합니다.
⑤ **Link** : 원본 이미지를 불러올 필요 없이 단순하게 링크하여 이미지를 불러들일 때 이용합니다.
⑥ **Template** : 이미지를 밑그림으로 불러들일 때 이용합니다.
⑦ **Replace** : 대체할 이미지를 지정합니다.
⑧ **Show Import Options** : 불러오려는 이미지의 옵션을 표시합니다.

필수기능 02 브리지에서 불러오기

메뉴에서 (File) → Browse in Bridge(Alt+Ctrl+O)를 실행하면 브리지가 표시됩니다. 브리지는 탐색기에서 미리 볼 수 없는 파일(AI, PSD 등)까지 확인할 수 있으므로 다양한 형식의 이미지 파일을 관리할 때 편리합니다.

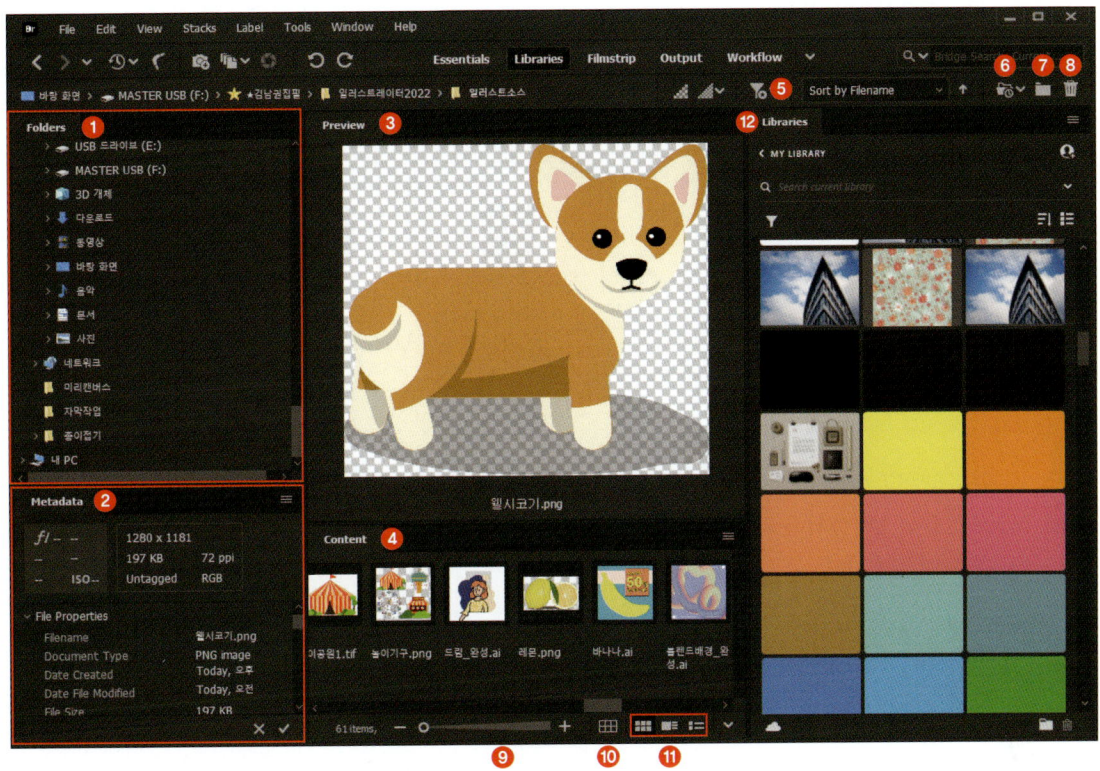

❶ **Folders** : 이미지가 저장되어 있는 위치를 선택할 수 있습니다.
❷ **Metadata** : 선택한 이미지의 메타데이터나 키워드 정보를 표시합니다.
❸ **Preview** : 선택한 이미지를 미리 봅니다.
❹ **Content** : 윈도우 탐색기와 같은 구조를 제공하며, 이미지 파일을 조각 이미지 형식으로 표시합니다.
❺ **Sort by Filename** : 파일 정렬 형식을 지정합니다.
❻ **최근 파일 열기** : 최근에 일러스트레이터에서 실행한 파일을 확인하고 불러옵니다.
❼ **새 폴더 만들기** : 새로운 폴더를 만듭니다.
❽ **삭제** : 선택한 이미지를 삭제합니다.
❾ **파일 표시 조절 슬라이더** : 파일을 표시하는 조각 이미지 크기를 조절합니다.
❿ **섬네일 그리드 아이콘** : Content 패널에 보이는 이미지 섬네일 사이에 그리드를 표시하거나 숨깁니다.
⓫ **파일 표시 형태 조절 아이콘** : 이미지 파일 표시 형태를 지정합니다.
⓬ **Libraries** : 자주 사용하는 색상이나 글꼴, 이미지를 등록할 수 있으며, 바로 선택하여 사용할 수 있습니다.

실습예제 03 파일 열고 이미지 불러오기 ★★★ 중요

문서에 이미지를 불러오려면 메뉴에서 (File) → Open 또는 Place를 실행하거나 브리지에서 이미지를 일러스트레이터로 드래그합니다. 링크된 이미지를 문서에 삽입하면 다른 컴퓨터에서 불러들여도 이미지 파일이 유실되지 않으며, 밑그림 이미지도 불러올 수 있습니다.

◎ 예제파일 : 01\file_open.ai, 그림-1.png

01 시작 화면에서 〈Open〉 버튼을 클릭하거나 메뉴에서 (File) → Open((Ctrl)+(O))을 실행합니다. Open 대화상자가 표시되면 ❶ 01 폴더에서 ❷ 'file_open.ai' 파일을 선택한 다음 ❸ 〈Open〉 버튼을 클릭합니다.

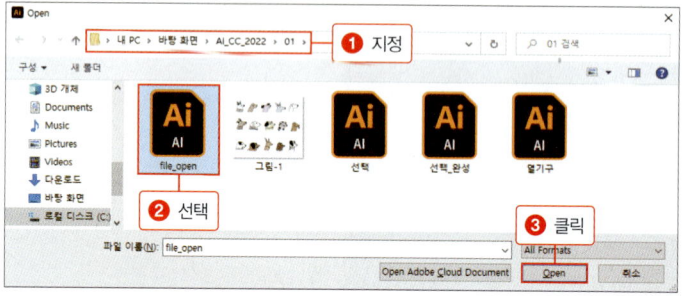

02 일러스트 배경 파일이 열리면 다른 이미지를 불러오기 위해 메뉴에서 (File) → Place((Shift)+(Ctrl)+(P))를 실행합니다.

시작 화면의 'Recent' 항목이나 메뉴에서 (File) → Open Recent Files 하위 메뉴를 실행하면 최근에 작업한 파일을 불러올 수 있습니다.

TIP

문서에 이미지를 추가할 때 **Open** 명령을 실행하면 새 문서에 불러들여집니다. **Place** 명령을 실행하면 작업 중인 문서에 파일을 가져올 수 있어 파일 이동이 필요 없으므로 매우 편리합니다.

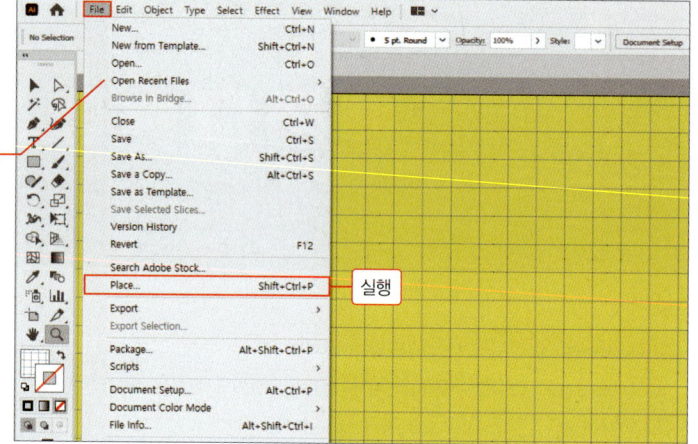

TIP

Link와 Embed 상태의 차이점
- **Link** : 외부 이미지 파일의 저장 위치를 기억해 미리 보기 데이터로 읽어 들인 상태입니다. 처음 Place 명령을 실행했을 때와 이미지 경로가 달라지면 경로를 수정하거나 새로 불러와야 하고, 파일을 다른 곳으로 보낼 때 링크된 외부 파일도 함께 보내지 않으면 파일을 열었을 때 그림이 유실된 상태로 보이지 않기 때문에 유의해야 합니다. 대신 외부 파일을 수정하고 그 결과를 Links 패널에서 곧바로 갱신할 수 있습니다.
- **Embed** : 링크가 해제되면서 파일에 이미지가 포함된 상태입니다. 외부 파일을 따로 챙길 필요가 없어 편리하지만 대신 파일 용량이 커집니다. 링크가 해제된 상태이므로 원본 파일에 수정이 있으면 반영되지 않습니다.

▲ Link된 이미지

▲ Embed된 이미지

03 Place 대화상자가 표시되면 01 폴더에서 ① '그림-1.png' 파일을 선택하고 ② 〈Place〉 버튼을 클릭합니다.

> **TIP**
> PNG 포맷은 GIF의 특수 효과를 그대로 이용하면서 JPG처럼 압축률을 높입니다. 투명도를 지원하여 이미지에 투명 영역이 포함되어도 해당 부분을 그대로 유지한 상태로 작업할 수 있어 편리합니다.

종이에 그린 스케치를 촬영하거나 스캔한 다음 일러스트레이터에서 Place 명령으로 불러옵니다.
'Template'을 체크 표시하면 수정할 수 없는 흐린 이미지로 불러들여져 스케치 형태대로 패스 작업을 할 수 있습니다.

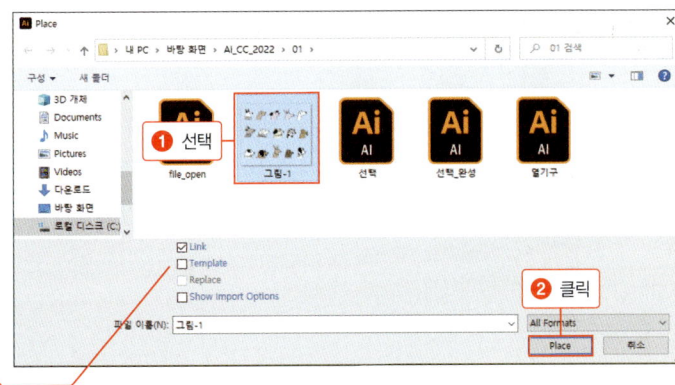

04 마우스 커서에 미리 보기 형태로 표시된 이미지를 확인한 다음 ① 문서에 클릭 또는 드래그합니다.
② Properties 패널에서 'Linked File'을 클릭하여 표시되는 ③ Links 패널에서 불러온 이미지를 확인할 수 있습니다.

> **TIP**
> 메뉴에서 (Window) → Links를 실행하여 표시된 Links 패널(🔗)에서도 이미지를 확인할 수 있습니다.

05 링크된 이미지를 편집할 수 있도록 문서에 삽입하기 위해 이미지가 선택된 상태에서 ① Properties 패널의 〈Embed〉 버튼을 클릭합니다. 링크 이미지가 삽입되고 ② Links 패널에 삽입 이미지 표시가 나타납니다.

> **TIP**
> Control 패널에서도 〈Embed〉 버튼을 클릭하는 등의 링크된 이미지를 편집할 수 있습니다.

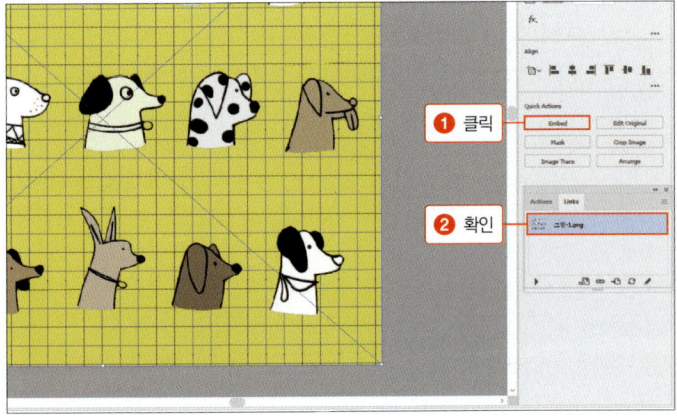

> **TIP**
> 제목 표시줄에서 불러들인 파일 이름과 화면 비율, 색상 모드를 확인할 수 있고, Links 패널에서 불러들인 이미지 파일 이름도 확인할 수 있습니다.
> `file_open.ai* @ 130% (CMYK/Preview) ×`

필수기능 04 Save 명령으로 파일 저장하기 [중요]

메뉴에서 (File) → Save(Ctrl+S)를 실행하면 AI 파일로 저장됩니다. 일러스트레이터에서 작업한 내용을 저장하는 방법에는 기본 저장 외에도 다른 파일 포맷으로 저장하거나 하위 버전으로 저장하는 등 여러 가지가 있습니다. (File) 메뉴의 저장 관련 메뉴를 실행하여 다양한 형식으로 저장합니다.

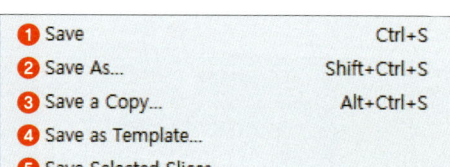

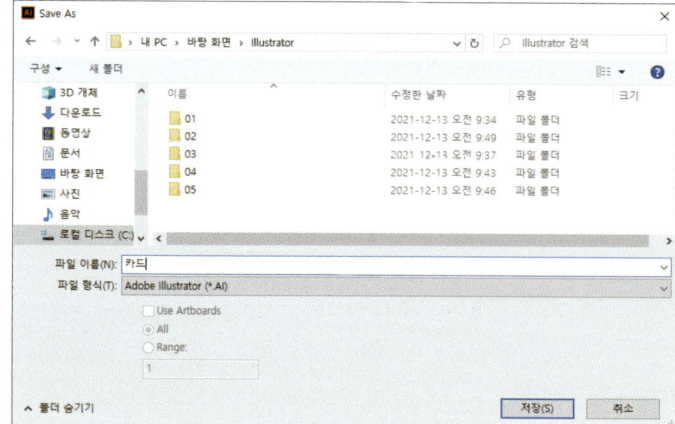

❶ **Save**(Ctrl+S) : 작업 중인 파일을 저장합니다.
❷ **Save As**(Shift+Ctrl+S) : 작업 중인 파일을 새로운 이름으로 저장합니다.
　ⓐ **Adobe Illustrator (*.AI)** : 일러스트레이터에서 작업한 모든 구성 요소를 기본으로 저장하는 벡터 형식의 파일입니다.
　ⓑ **Adobe PDF (*.PDF)** : 각각 다른 시스템에서도 같은 정보를 확인할 수 있습니다. 아이디어나 정보를 공유하기 편리하고 출판물, 전자책(e-Book)을 만들거나 인쇄할 때 이용할 수 있으며, 그대로 출력하므로 쉽게 교정할 수 있습니다.
　ⓒ **Illustrator EPS (*.EPS)** : 인쇄하기 가장 적합한 파일로 비트맵/벡터 형식 모두를 지원하며 CMYK를 지원해 분판 출력할 수 있습니다.
　ⓓ **Illustrator Template (*.AIT)** : 일러스트레이터에서 이용할 수 있는 템플릿 형식으로 저장합니다.
　ⓔ **SVG (*.SVG)** : 벡터 그래픽을 표현하기 위한 XML 기반의 파일 형식으로, 문서 편집기로도 편집할 수 있는 파일로 저장합니다.
　ⓕ **SVG Compressed (*.SVGZ)** : SVG 파일 형식을 압축하여 저장하는 방식입니다.

> **TIP**
> 일러스트레이터에서 하위 버전으로 저장하면 자주 오류가 발생하므로, 별도로 원본 AI 파일과 변환한 EPS 파일을 저장하는 것이 좋습니다. 화면과 다르게 인쇄할 때도 있으므로 오버 프린트, 이펙트, 불투명도 영역을 꼼꼼히 체크해야 합니다.

❸ **Save a Copy**(Alt+Ctrl+S) : 작업 중인 파일의 복사본을 저장합니다. 이름에 'copy'가 붙는 것 외에는 Save 명령과 같습니다.
❹ **Save as Template** : 작업 중인 파일을 템플릿으로 저장합니다.
❺ **Save Selected Slices** : 선택된 분할 이미지를 저장합니다.

> **TIP**
> 일러스트레이터 CC 2020부터는 백그라운드에 저장되고 내보내집니다. 저장하고 내보내기 위해 더 이상 기다릴 필요가 없으며 계속 작업을 진행할 수 있습니다. 이 과정을 마치면 일러스트레이터에서 알려 줍니다. 단, '*.ai', '*.png', '*.jpg' 파일만 배경 저장 및 내보내기를 지원합니다.

실습예제 05 다양한 방법으로 파일 저장하기

작업 중에는 수시로 메뉴에서 (File) → Save 또는 Save As를 실행하여 저장해서 파일이 유실되는 것을 막습니다. 일러스트레이터에서는 작업에 따라 하위 버전으로 저장할 수 있으며, 다른 이름으로 저장하여 용도에 알맞은 데이터 형식으로 만들 수도 있습니다.

01 일러스트레이터 작업을 마치면 메뉴에서 (File) → Save((Ctrl)+(S))를 실행합니다.
Save As 대화상자가 표시되면 ❶ 저장 위치를 지정하고 ❷ 파일 이름을 입력한 다음 ❸ 〈저장〉 버튼을 클릭합니다.

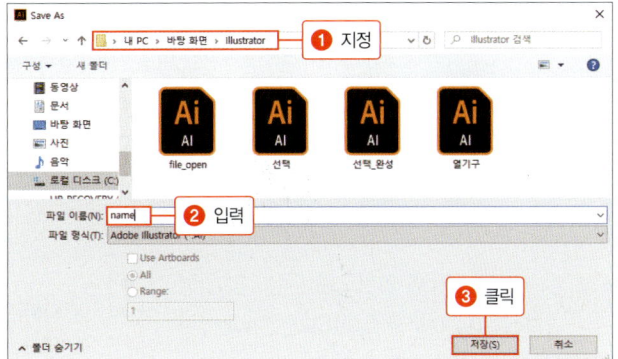

02 Illustrator Options 대화상자가 표시되면 저장 옵션을 지정한 다음 〈OK〉 버튼을 클릭하여 저장합니다.

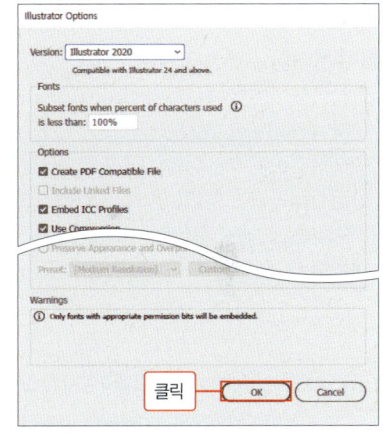

03 하위 버전으로 저장하기 위해 다시 한 번 메뉴에서 (File) → Save As((Shift)+(Ctrl)+(S))를 실행합니다. Save As 대화상자가 표시되면 ❶ 저장 위치를 지정한 다음 ❷ 파일 이름을 입력하고 ❸ 〈저장〉 버튼을 클릭합니다.

> **TIP**
> 파일을 하위 버전으로 저장할 때에도 일반적인 Save 명령을 실행합니다.

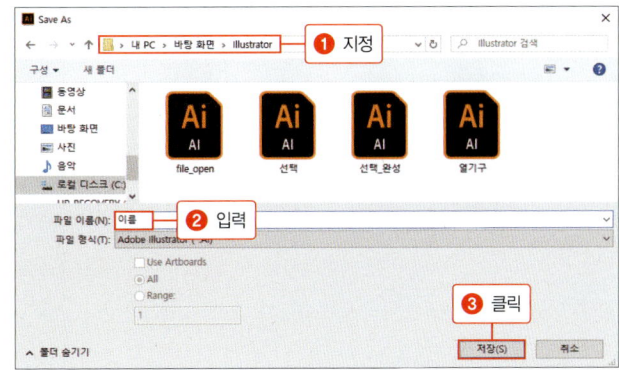

Chapter 04 • 파일 관리 기본기 익히기

04 Illustrator Options 대화상자가 표시되면 ❶ Version을 클릭하고 ❷ 하위 버전을 선택한 다음 ❸ 〈OK〉 버튼을 클릭하여 저장합니다.

공동 작업자가 이용하는 일러스트레이터 버전이 낮다면 하위 버전으로 저장해야 최대한 파일 손실을 막을 수 있습니다.

> **TIP**
> Illustrator Options 대화상자의 Version은 기본으로 'Illustrator 2020'으로 지정되어 있습니다. Version 목록에서 원하는 버전을 선택하여 저장할 수 있습니다. CC로 저장하는 경우 하위 버전이 설치된 컴퓨터에서 해당 파일을 열면 오류가 발생할 수 있으므로 알맞은 버전으로 지정합니다.

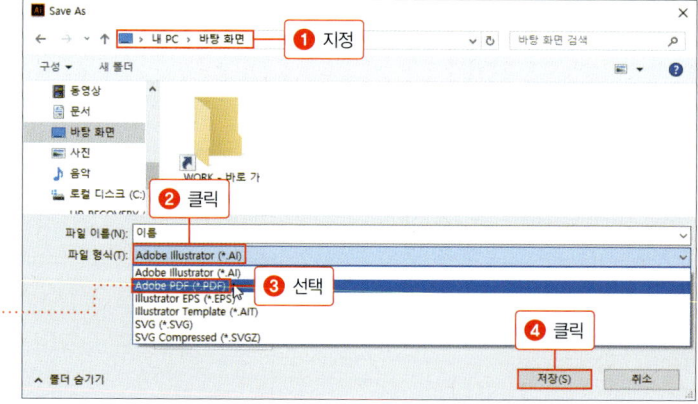

05 이번에는 PDF 형식으로 저장하기 위해 Shift+Ctrl+S를 누릅니다. Save As 대화상자가 표시되면 ❶ 저장 위치를 지정합니다. ❷ 파일 형식을 클릭하고 ❸ 'Adobe PDF (*.PDF)'를 선택한 다음 ❹ 〈저장〉 버튼을 클릭합니다.

PDF 파일은 모든 시스템에서 가장 안전하게 열리므로 시안 또는 공동 자료 등을 만들 때 이용합니다. EPS 파일은 인쇄를 위한 형식으로 실무에서 사용할 때는 공동 작업자의 버전에 맞춰 저장합니다.

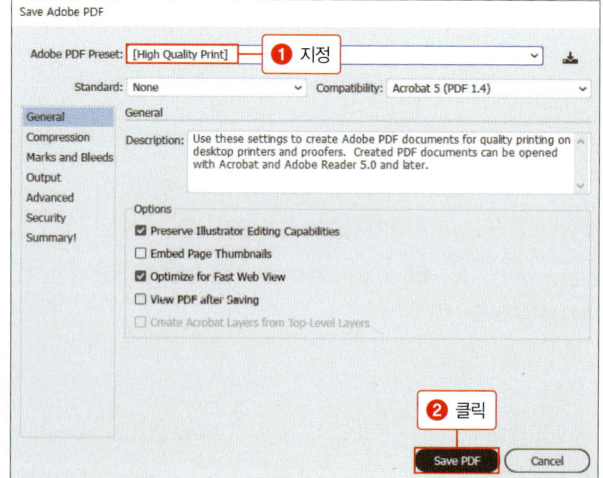

06 Save Adobe PDF 대화상자가 표시되면 ❶ Adobe PDF Preset을 '[High Quality Print]'로 지정하고 ❷ 〈Save PDF〉 버튼을 클릭하여 저장합니다.

필수기능 06 Export 명령으로 파일 내보내기 ★★중요

일러스트레이터에서 작업한 내용을 다른 프로그램에서 이용하기 위해 내보내려면 메뉴에서 (File) → Export를 실행합니다. Export 대화상자가 표시되면 이용 목적에 따라 다양한 종류의 그래픽 포맷으로 지정할 수 있고 포토샵, 캐드 프로그램 등과 호환되는 다양한 그래픽 파일을 만들 수도 있습니다.

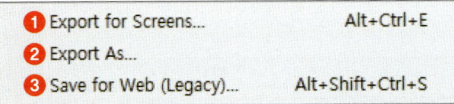

❶ **Export for Screens**(Alt+Ctrl+E) : 모바일에서 이용할 수 있도록 Export for Screens 대화상자를 이용하여 iOS 또는 Android 형식으로 아트보드 형태의 이미지 파일을 저장합니다.
❷ **Export As** : Export 대화상자에서 JPEG, PNG 등 다양한 파일 포맷으로 저장할 수 있습니다.
❸ **Save for Web (Legacy)** (Alt+Shift+Ctrl+S) : 작업 중인 파일을 웹용 이미지로 최적화하여 저장합니다.

ⓐ **손 도구**(Hand Tool) : 화면을 이동하여 안 보이는 이미지를 확인할 때 이용합니다.
ⓑ **분할 선택 도구**(Slice Select Tool) : 분할된 이미지를 선택할 때 이용합니다.
ⓒ **돋보기 도구**(Zoom Tool) : 이미지를 확대 또는 축소할 때 이용합니다.
ⓓ **스포이트 도구**(Eyedropper Tool) : 이미지 색을 추출할 때 이용합니다.
ⓔ **스포이트 색상**(Eyedropper Color) : 스포이트 도구로 선택한 색을 표시합니다.
ⓕ **분할 보기**(Toggle Slices Visibility) : 분할된 상태의 격자를 표시합니다.
ⓖ **Original** : 원본 오브젝트 그대로 비트맵 이미지를 표시합니다.
ⓗ **Optimized** : Preset에서 설정한 이미지를 표시합니다.
ⓘ **2-Up** : Original과 Optimized 상태를 함께 표시합니다.
ⓙ **Preset** : 이미지 저장 방식을 지정합니다.
ⓚ **Image Size** : 이미지 크기나 품질을 지정합니다.
ⓛ **Color Table** : GIF 파일과 같은 8Bit 미만의 색상 체계에서 색상 구성을 표시합니다.
ⓜ **색상표** : 일러스트를 여러 단계의 색으로 나타냅니다.
ⓝ **Preview** : 이미지를 웹 브라우저에서 표시합니다.

실습예제 07 웹 또는 모바일에서 볼 수 있도록 파일 내보내기

웹이나 모바일 및 다른 프로그램에서도 일러스트를 공유하기 위해 작업을 마치고 메뉴에서 (File) → Export 를 실행하여 JPEG, PSD, DWG, CSS, PCT 등 다양한 형식으로 파일을 내보냅니다.

◉ 예제파일 : 01\모바일뮤직.ai

01 시작 화면에서 〈Open〉 버튼을 클릭하거나 메뉴에서 (File) → Open((Ctrl)+(O))을 실행하고 01 폴더에서 '모바일뮤직.ai' 파일을 불러옵니다. 파일을 내보내기 위해 메뉴에서 (File) → Export → Export As를 실행합니다.

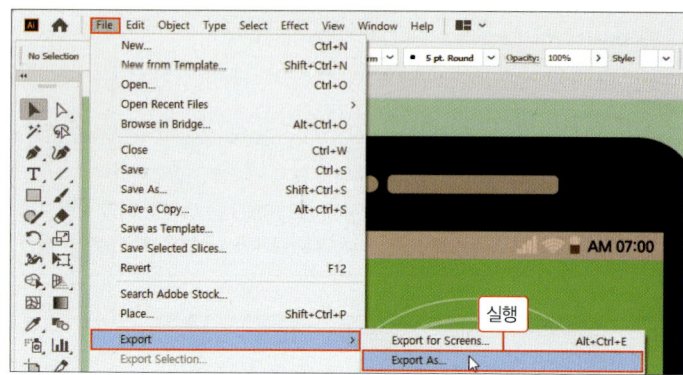

02 Export 대화상자가 표시되면 ❶ 저장 위치를 지정합니다. ❷ 파일 이름을 입력하고, 파일 형식을 'JPEG (*.JPG)'로 지정한 다음 ❸ 〈Export〉 버튼을 클릭하여 내보냅니다.

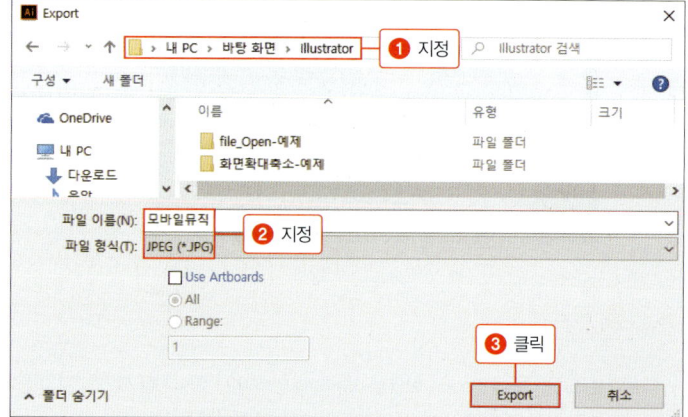

03 JPEG Options 대화상자가 표시되면 파일 형식을 지정하기 위해 ❶ Color Model(색상 모드), Compression Method(이미지 품질)를 지정하고 ❷ 〈OK〉 버튼을 클릭합니다.

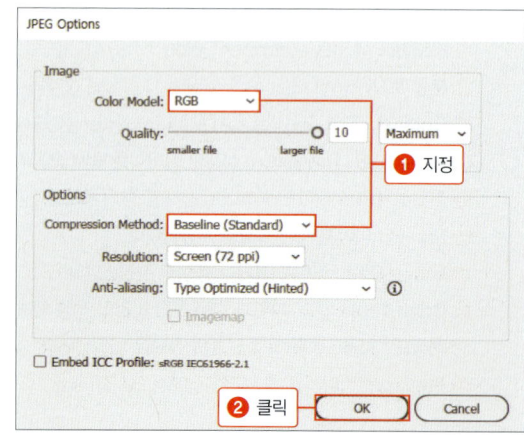

실습예제 08 Asset Export 패널에서 내보내기

일러스트레이터에서 일부 그래픽 또는 아이콘만 따로 내보내기 위해서는 각각의 문서를 만들거나, 별도의 소스 파일을 만들어 불편해도 일일이 저장해야 했습니다. 일러스트레이터 CC부터는 Asset Export 패널을 이용하여 아이콘 등의 디자인 소스를 다양한 크기와 포맷으로 손쉽게 내보낼 수 있어 편리합니다.

◉ 예제파일 : 01\아이콘.ai   ◉ 완성파일 : 01\아이콘 내보내기 폴더

01 메뉴에서 (File) → Open(Ctrl+O)을 실행합니다. Open 대화상자가 표시되면 01 폴더에서 '아이콘.ai' 파일을 선택한 다음 〈Open〉 버튼을 클릭하여 불러옵니다.

메뉴에서 (Window) → Asset Export를 실행하여 Asset Export 패널을 표시합니다. ❶ Ctrl+A를 눌러 아이콘을 전체 선택한 다음 ❷ Asset Export 패널로 드래그하여 등록합니다. ❸ '3x @3x PNG'의 'x' 아이콘을 클릭하여 삭제하고 ❹ 패널 아래쪽의 〈Export〉 버튼을 클릭합니다.

02 Pick Location 대화상자가 표시되면 ❶ 저장 위치를 지정한 다음 ❷ 〈폴더 선택〉 버튼을 클릭합니다.

> **TIP**
> 다양한 크기를 지정하고 동시에 내보내기를 진행할 수 있습니다. 또한 PNG, JPG, SVG, PDF 등 다양한 파일 포맷으로 저장하여 내보내기가 가능합니다.

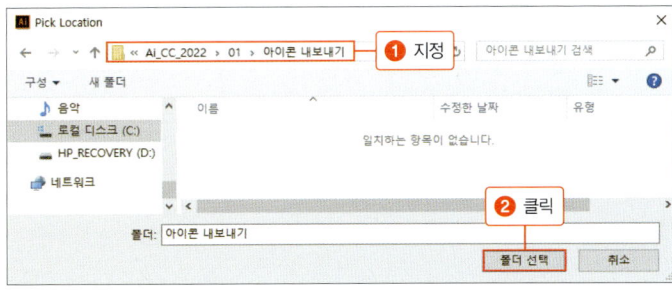

03 클릭 한 번에 지정된 폴더 안에 각각의 아이콘이 지정한 설정 값으로 동시에 저장됩니다.

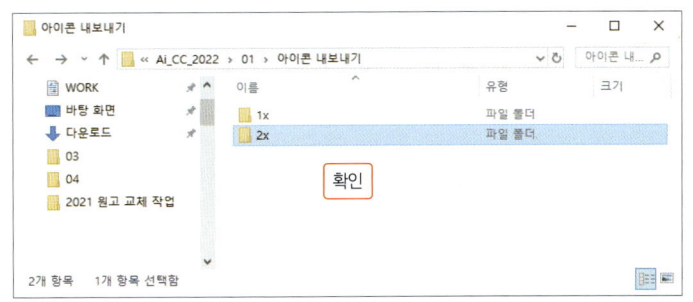

실습예제 09 | 체계적인 파일 관리를 위한 패키징하기

크리에이티브 클라우드를 연결하지 않은 상태에서 서로 다른 작업 환경의 디자이너가 협업할 때 파일에 포함된 글꼴, 누락된 글꼴, 불완전 요소, 링크 이미지, 색상, 불완전 오브젝트 등을 검색하여 보고서와 함께 패키지로 저장하면 편리하게 작업할 수 있습니다.

- 예제파일 : 01\패키지.ai
- 완성파일 : 01\패키지_Folder 폴더

01 메뉴에서 (File) → Open(Ctrl+O)을 실행하여 01 폴더에서 '패키지.ai' 파일을 불러옵니다.
불러온 파일을 패키지로 저장하기 위해 메뉴에서 (File) → Package(Alt+Shift+Ctrl+P)를 실행합니다.

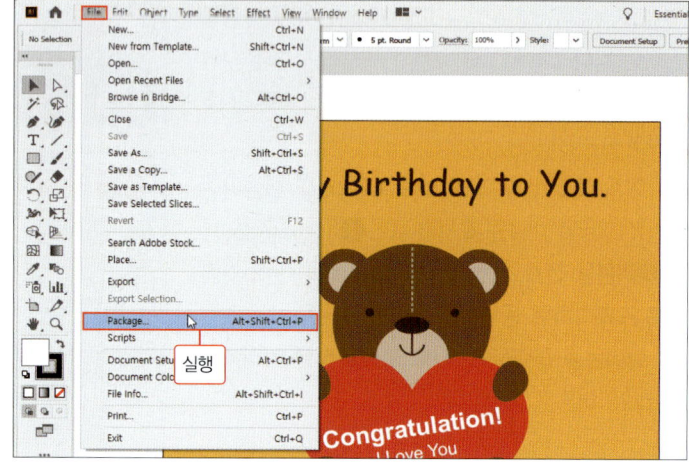

02 Package 대화상자가 표시되면 ❶ Location에서 'Choose Package Folder Location' 아이콘(📁)을 클릭하고 ❷ 저장 위치를 지정합니다. ❸ Folder name에 폴더 이름을 입력한 다음 ❹ 원하는 옵션을 체크 표시하고 ❺ 〈Package〉 버튼을 클릭합니다.

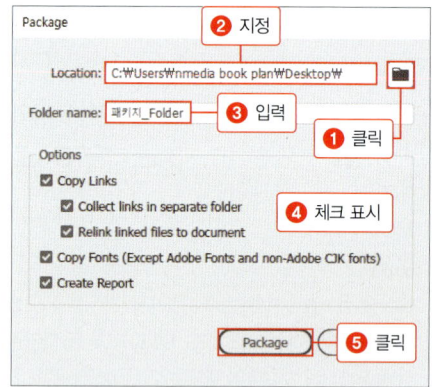

03 패키지 완료 메시지 대화상자가 표시되면 〈Show Package〉 버튼을 클릭합니다. 패키지 파일 저장 폴더에서 패키지 파일을 확인합니다. 일러스트 파일과 함께 사용한 글꼴, Report 파일이 포함되어 있습니다.

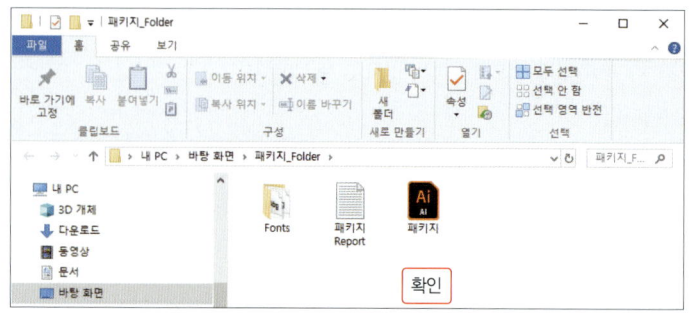

04 '패키지 Report.txt' 파일을 더블클릭하면 파일 정보와 글꼴 정보 등을 확인할 수 있어 작업 파트너와 파일을 공유할 때 매우 유용합니다.

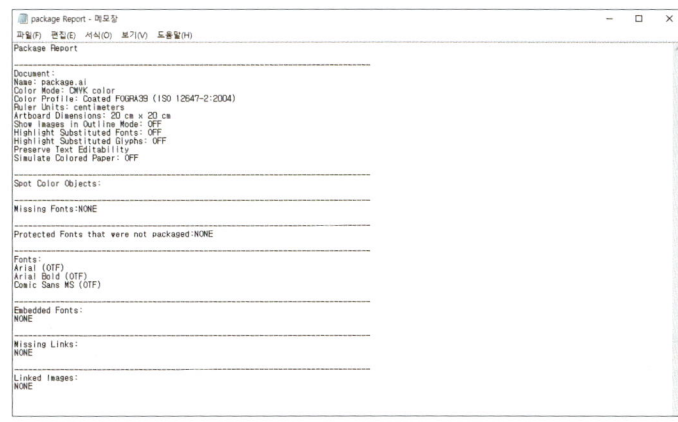

필수기능 10 Exit 명령으로 작업 종료하기

메뉴에서 (File) → Exit(Ctrl+Q)를 실행하여 작업 중인 파일을 종료할 수 있습니다. 작업 중에 한 번도 저장하지 않았다면 종료하기 전에 작업을 저장할지 묻는 대화상자가 표시되고 〈Yes〉 버튼을 클릭하면 Save As 대화상자가 표시되어 저장이 가능합니다.

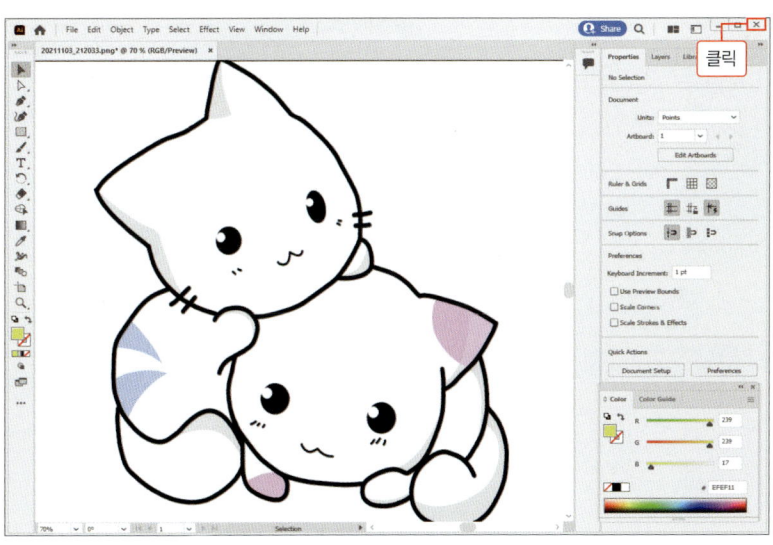

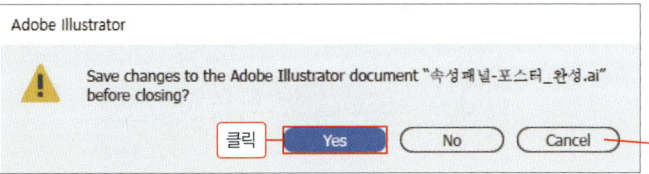

파일을 열고 내용을 수정해도 '닫기' 아이콘을 클릭할 때 변경한 내용을 저장할지 묻는 경고 메시지 대화상자가 표시됩니다. 〈Yes〉 버튼을 클릭하면 파일을 저장하고, 〈No〉 버튼을 클릭하면 저장하지 않으며, 〈Cancel〉 버튼을 클릭하면 닫기 명령이 취소됩니다.

선택 도구 • Select 메뉴

원하는 대로 오브젝트 선택하기

선택 도구는 Tools 패널에서 가장 많이 이용하는 도구이며 오브젝트를 선택해 이동하거나 변형하므로 작업에 따라 선택 관련 도구로 간편하게 오브젝트를 선택하고 변형하는 방법을 배웁니다. (Select) 메뉴에서는 오브젝트를 쉽고 빠르게 선택할 수 있는 여러 가지 명령을 제공합니다.

필수기능 01 선택 도구로 오브젝트를 선택해 이동 및 변형하기 ★★★중요

선택 도구()로 아트보드의 오브젝트를 선택하여 이동하거나 변형할 수 있습니다. 오브젝트를 선택했을 때 표시되는 사각형의 바운딩 박스 조절점을 드래그하여 크기를 조절하고 회전합니다.

① 오브젝트 선택하기
오브젝트를 한 번 클릭하면 선택됩니다. 아트보드의 여백을 클릭하면 선택이 해제됩니다.

② 여러 개의 오브젝트 선택하기
Shift를 누른 상태로 여러 개의 오브젝트를 클릭하거나 선택하고자 하는 오브젝트를 드래그하면 선택할 수 있습니다.

③ 오브젝트 이동하기
선택된 오브젝트를 드래그하면 이동할 수 있습니다.

④ 수직/수평 이동하기
Shift를 누른 상태로 오브젝트를 드래그하면 수직, 수평, 45° 각도로 이동할 수 있습니다.

⑤ 오브젝트 회전하기

바운딩 박스 조절점에 마우스 커서를 가까이 가져가면 곡선 형태의 회전 화살표(↻)가 표시됩니다. 이때 드래그하여 오브젝트를 회전할 수 있습니다. Shift를 누른 상태로 오브젝트를 회전하면 45° 각도로 회전할 수 있습니다.

⑥ 크기 조절하기

바운딩 박스 조절점에 마우스 커서를 가져가면 양방향 화살표(↕)가 나타납니다. 이때 드래그하여 오브젝트 크기를 조절할 수 있습니다. Shift를 누른 상태 오브젝트 크기를 조절하면 같은 비율로 확대 및 축소할 수 있습니다.

바운딩 박스는 오브젝트를 선택했을 때 기본으로 나타나는 사각형 형태의 조절점을 말합니다.

⑦ 오브젝트 복제하기

복제할 오브젝트를 선택한 다음 Alt를 누른 상태로 드래그하면 오브젝트를 복제할 수 있습니다. Alt + Shift를 누른 상태로 드래그하면 오브젝트를 수평, 수직, 45° 각도로 복제할 수 있습니다.

⑧ 다단 복제하기

다단 복제(Ctrl+D)는 이전에 작업한 복제나 이동 등의 간단한 작업을 반복하는 기능입니다. 적절히 이용하면 규칙적인 패턴이나 형태를 만들 수 있어 유용합니다.

> **TIP**
> 오브젝트를 선택했을 때 패스가 보이지 않으면 메뉴에서 (View) → Show Edges를 실행합니다. 바운딩 박스가 보이지 않으면 메뉴에서 (View) → Show Bounding Box를 실행합니다.

실습예제 02 오브젝트 선택과 이동하기

선택 도구를 이용하여 간단하게 오브젝트를 선택하고 이동하는 방법을 알아봅니다.

◉ 예제파일 : 01\선택.ai   ◉ 완성파일 : 01\선택_완성.ai

01 시작 화면에서 〈Open〉 버튼을 클릭하거나 메뉴에서 **(File) →
Open**(Ctrl+O)을 실행합니다. Open 대화상자가 표시되면 01 폴더에서 '선택.ai' 파일을 선택한 다음 〈Open〉 버튼을 클릭하여 불러옵니다.

02 오브젝트를 선택하기 위해 먼저 ❶ Tools 패널에서 선택 도구(▶)를 선택합니다. ❷ 왼쪽 노란색 아이스크림을 선택하면 파란색 사각형의 조절 상자인 바운딩 박스가 나타납니다.

> **TIP**
> Layers 패널에서 레이어 이름 오른쪽 여백을 더블클릭하여 표시되는 Layer Options 대화상자에서 Color를 지정해 바운딩 박스 색을 변경할 수도 있습니다.

03 왼쪽 아이스크림이 선택된 상태에서 ❶ 원하는 위치로 드래그하면 이동됩니다. ❷ 여백을 클릭하면 선택이 해제됩니다.

실습예제 03 여러 개의 오브젝트 다루기

여러 개의 오브젝트 선택과 전체 선택, 선택 해제 등을 예제를 따라 하며 배웁니다.

● 예제파일 : 01\포도.ai   ● 완성파일 : 01\포도_완성.ai

01 시작 화면에서 〈Open〉 버튼을 클릭하거나 메뉴에서 [File] → Open([Ctrl]+[O])을 실행합니다. Open 대화상자가 표시되면 01 폴더에서 '포도.ai' 파일을 선택한 다음 〈Open〉 버튼을 클릭하여 불러옵니다.

02 선택 도구(▶)를 선택하고 ❶ 왼쪽 포도알을 클릭합니다. ❷ [Shift]를 누른 상태로 가운데 포도알을 클릭하고 ❸ 오른쪽 포도알을 클릭하면 세 개의 포도알이 다중 선택됩니다.

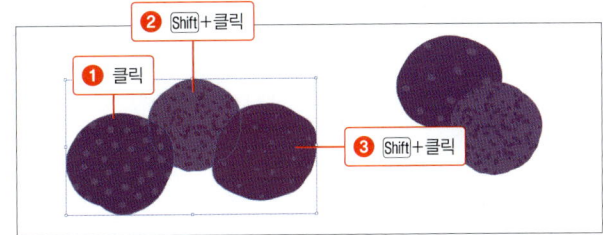

03 포도알들이 선택된 상태에서 원하는 위치로 드래그하면 모두 이동됩니다.

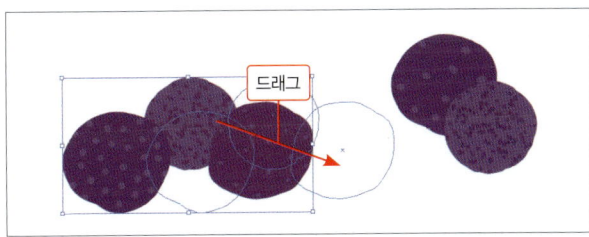

04 ❶ 여백을 클릭하여 선택을 해제합니다. ❷ 이번에는 나뭇잎과 포도알을 포함하도록 드래그하여 오브젝트를 다중 선택합니다.

05 여러 개의 오브젝트가 선택된 상태에서 Shift를 누른 상태로 나뭇잎 하나만 선택합니다. 다중 선택된 오브젝트 그룹에서 클릭한 나뭇잎만 선택이 해제됩니다.

06 오브젝트를 전체 선택하기 위해 먼저 ❶ 여백을 클릭해서 선택을 해제합니다. ❷ 메뉴에서 (Select) → All(Ctrl+A)을 실행하면 한 번에 전체 오브젝트가 선택됩니다.

 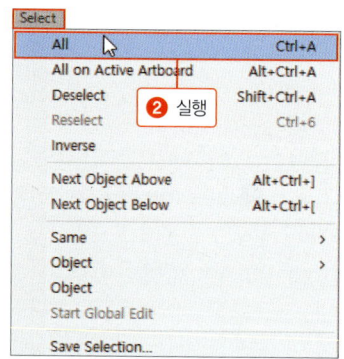

07 선택을 해제하기 위해 메뉴에서 (Select) → Deselect를 실행하거나 빈 화면을 클릭합니다. 오브젝트 선택이 모두 해제됩니다.

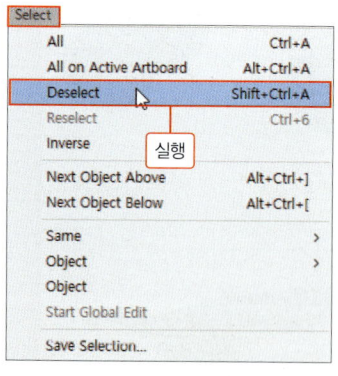 

TIP
Shift를 누른 상태에서 선택된 오브젝트를 다시 선택하거나 여백을 클릭해도 선택이 해제됩니다. Shift+Ctrl+A를 누르면 오브젝트 선택이 모두 해제됩니다.

실습예제 04 오브젝트 회전하기

오브젝트의 기본 편집 기능인 원하는 방향으로 회전하는 방법에 대해 알아보겠습니다.

◎ 예제파일 : 01\과일들.ai

01 시작 화면에서 〈Open〉 버튼을 클릭하거나 메뉴에서 (File) → Open(Ctrl+O)을 실행합니다. Open 대화상자가 표시되면 01 폴더에서 '과일들.ai' 파일을 선택한 다음 〈Open〉 버튼을 클릭하여 불러옵니다.

02 ❶ 선택 도구(▶)로 레몬을 선택합니다. ❷ 선택한 오브젝트 바운딩 박스 모서리에 마우스 커서를 가져가 마우스 커서 모양이 회전 형태로 바뀌면 Shift를 누른 상태로 드래그하여 회전합니다.
선택한 레몬 오브젝트가 회전되었습니다. 여백을 클릭하면 선택이 해제됩니다.

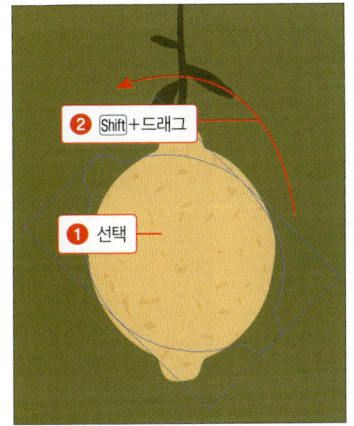 

> **TIP**
> 바운딩 박스 조절점에 마우스 커서를 가져가면 곡선 형태의 회전 화살표가 표시됩니다. 이때 드래그하여 회전할 수 있습니다. Shift를 누른 상태로 오브젝트를 회전하면 45° 각도로 회전할 수 있습니다.

03 이번에는 다른 방법으로 오브젝트를 회전하기 위해 ❶ 다시 한 번 레몬을 선택한 다음 ❷ Tools 패널에서 회전 도구(↻)를 더블클릭합니다. Rotate 대화상자가 표시되면 ❸ Angle을 '–45°'로 설정한 다음 ❹ 〈OK〉 버튼을 클릭합니다.
레몬이 회전하여 원래대로 돌아왔습니다.

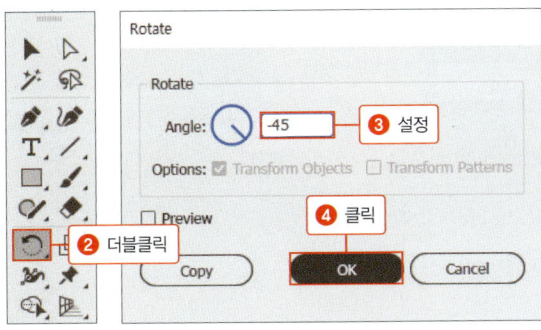 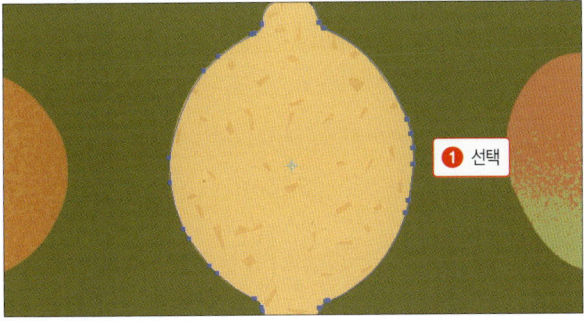

실습예제 05 오브젝트 확대/축소하기 중요 ★★

오브젝트를 원하는 크기로 확대하고 축소하는 방법에 대해 알아보겠습니다.

● 예제파일 : 01\과일들.ai   ● 완성파일 : 01\과일들_완성.ai

Before

After

01 시작 화면에서 〈Open〉 버튼을 클릭하거나 메뉴에서 [File] → Open(Ctrl +O)을 실행합니다. Open 대화상자가 표시되면 01 폴더에서 '과일들.ai' 파일을 선택한 다음 〈Open〉 버튼을 클릭하여 불러옵니다.

02 ❶ 선택 도구(▶)로 레몬을 선택합니다.
❷ 레몬의 크기를 변경하기 위해 레몬이 선택된 상태에서 바운딩 박스 오른쪽 조절점을 오른쪽으로 드래그합니다. 레몬이 가로로 늘어납니다.

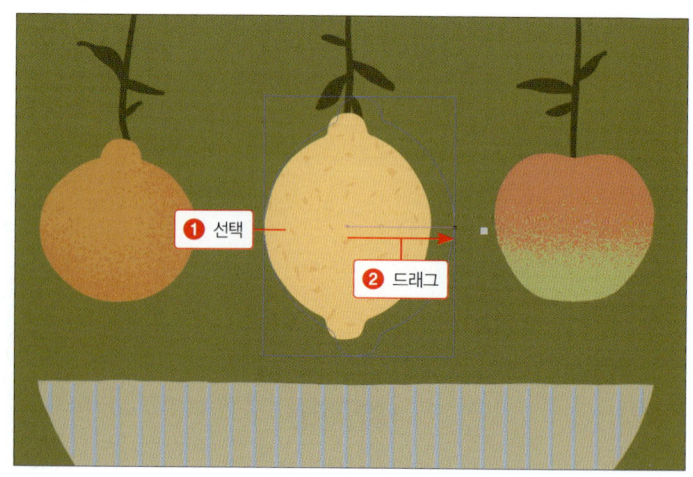

03 바운딩 박스 아래쪽 조절점을 아래로 드래그 합니다. 레몬의 가로, 세로 비율이 알맞게 늘어 납니다.

04 Shift 를 누른 상태에서 바운딩 박스의 오른쪽 하단 모서리를 안쪽으로 드래그하면 레몬이 정비례로 축소됩니다.

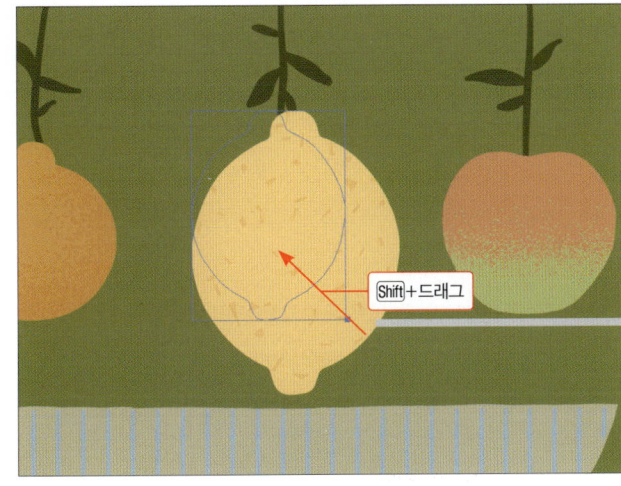

> **TIP**
> Shift 를 누른 상태에서 바깥쪽으로 드래그하면 오브젝트가 정비례로 확대됩니다.

05 ❶ Tools 패널에서 크기 조절 도구( )를 더블클릭합니다. Scale 대화상자가 표시되면 ❷ Uniform을 '70%'로 설정한 다음 ❸ 〈OK〉 버튼을 클릭합니다. 레몬 크기가 줄어들면 ❹ 줄기 끝에 알맞게 배치하여 작업을 마무리합니다.

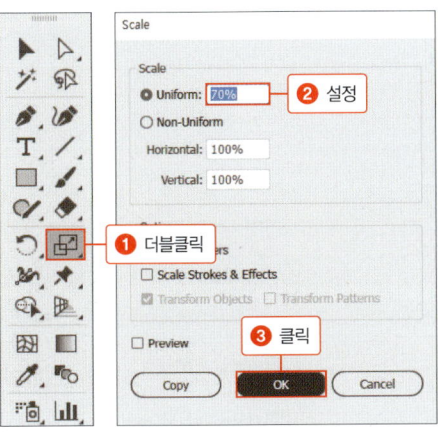

Chapter 05 • 원하는 대로 오브젝트 선택하기

실습예제 06 일괄 선택 및 편집하기

편집 또는 UI/UX 디자인을 하면서 여러 개의 아트보드에 비슷한 형태의 오브젝트가 반복해서 나오는 경우 한 번에 변경하여 작업 시간을 줄일 수 있습니다.

◉ 예제파일 : 01\일괄 편집.ai　　◉ 완성파일 : 01\일괄 편집_완성.ai

01 시작 화면에서 〈Open〉 버튼을 클릭하거나 메뉴에서 (File) → Open((Ctrl)+(O))을 실행합니다. Open 대화상자가 표시되면 01 폴더에서 '일괄 편집.ai' 파일을 선택한 다음 〈Open〉 버튼을 클릭하여 불러옵니다.
편지지와 봉투, 엽서로 구성된 CI 디자인이 나타납니다.

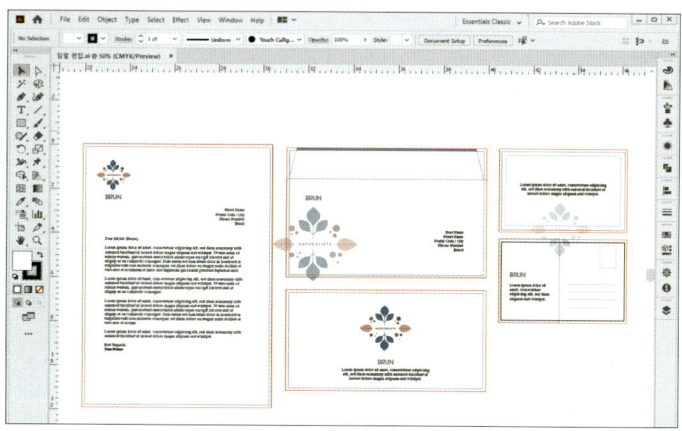

02 CI 디자인에 일괄 적용된 로고를 간단하게 수정하기 위해 ❶ 선택 도구(▶)로 로고를 선택한 다음 ❷ Properties 패널 아래쪽 〈Start Global Edit〉 버튼을 클릭합니다.

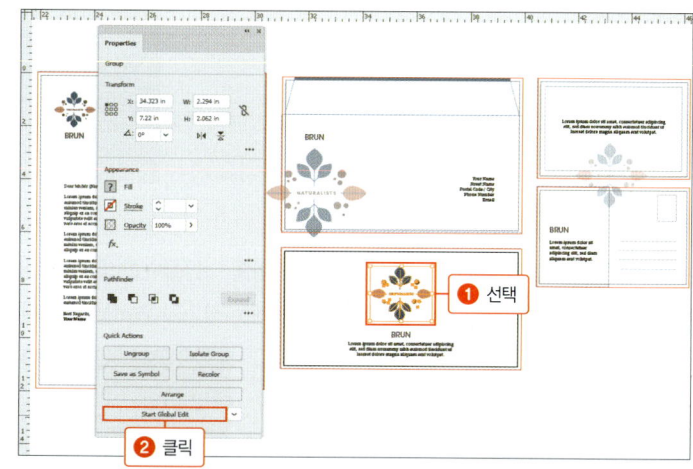

> **TIP**
> 메뉴에서 (Window) → Properties를 실행하면 Properties 패널을 표시할 수 있습니다.

> **TIP**
> Properties 패널에서 〈Stop Global Edit〉 버튼 오른쪽 팝업 아이콘(▽)을 클릭하면 표시되는 메뉴는 다음과 같습니다.
>
> ❶ **Appearance** : 체크 표시하면 같은 형태의 오브젝트를 선택합니다.
> ❷ **Size** : 체크 표시하면 같은 크기의 오브젝트를 선택합니다.
> ❸ **Select** : All, Portrait, Landscape, Square 아트보드 중에서 선택할 수 있습니다.
> ❹ **Range** : 선택 범위를 지정할 수 있습니다.
> ❺ **Include Objects on Canvas** : 체크 표시하면 캔버스의 오브젝트를 포함합니다.
>
>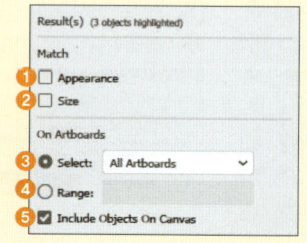

03 같은 형태의 오브젝트가 한 번에 선택됩니다. 선택한 오브젝트를 Shift를 누른 상태에서 드래그하여 45° 회전합니다.

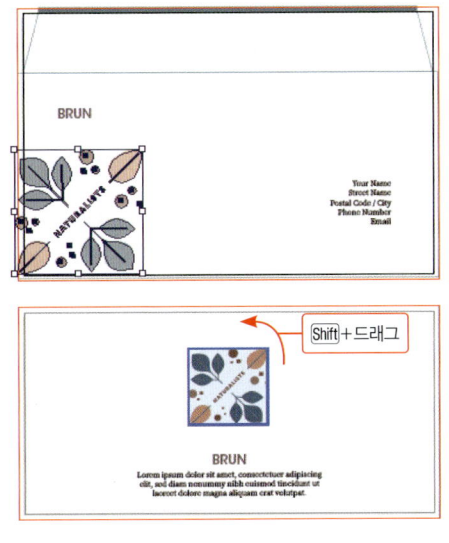
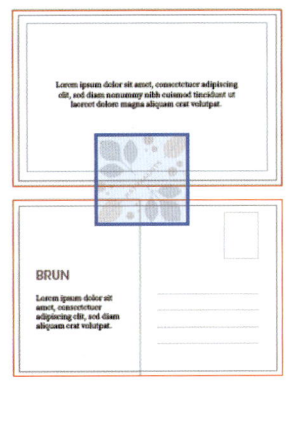

04 같은 형태의 오브젝트가 한 번에 변경되어 간편하게 로고 디자인 수정이 완료되었습니다.

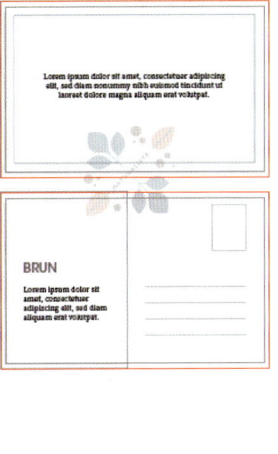

실습예제 07 오브젝트 복제하기

오브젝트를 필요한 만큼 복제하는 기능은 그래픽 작업에서 자주 사용하는 기능 중 하나입니다. 다양한 방법으로 오브젝트를 복제하는 방법에 대해 알아봅니다.

◎ **예제파일** : 01\복제.ai   ◎ **완성파일** : 01\복제_완성.ai

01 시작 화면에서 〈Open〉 버튼을 클릭하거나 메뉴에서 (File) → Open(Ctrl+O)을 실행합니다. Open 대화상자가 표시되면 01 폴더에서 '복제.ai' 파일을 선택한 다음 〈OK〉 버튼을 클릭하여 불러옵니다.

02 ❶ 선택 도구(▶)로 오른쪽 곰돌이를 선택합니다. ❷ Ctrl+C를 눌러 복사한 다음 ❸ Ctrl+V를 눌러 붙여 넣습니다.

03 곰돌이가 복제되면 가운데로 드래그하여 이동합니다.

04 ① 이번에는 아래쪽 구름을 선택하고 ② Ctrl+C를 눌러 복사한 다음 ③ Ctrl+F를 눌러 제자리 앞쪽에 붙여 넣습니다.

05 복제된 구름을 오른쪽으로 드래그하여 이동합니다.

06 ① bear 글자를 선택한 다음 ② Alt 를 누른 상태에서 오른쪽으로 드래그하여 복제합니다.

TIP
스마트 가이드를 이용하면 오브젝트를 이동하려는 지점을 기준으로 알맞게 배치할 수 있어 편리합니다.

07 이어서 Ctrl+D를 누르면 복제한 오브젝트와 같은 방향, 간격으로 복제됩니다. Ctrl+D를 한 번 눌러 bear 글자를 한 개 더 추가합니다.

필수기능 08 직접 선택 도구로 세밀하게 선택하고 수정하기

직접 선택 도구는 선택 도구보다 오브젝트를 세밀하게 선택하거나 수정할 수 있습니다. 선택 도구는 오브젝트 단위로 선택할 수 있지만, 직접 선택 도구는 오브젝트의 패스와 기준점까지 선택 및 이동할 수 있으며 그룹 오브젝트도 개별 선택할 수 있습니다.

직접 선택 도구로 기준점, 방향선 선택하기

직접 선택 도구(▷)는 오브젝트의 기준점 또는 방향선을 선택하여 수정하거나 변형하는 세밀한 작업에 이용합니다. 오브젝트의 면을 클릭하면 전체 선택되며, 기준점을 클릭하거나 선택하려는 부분을 드래그하여 부분적으로 선택할 수 있습니다.

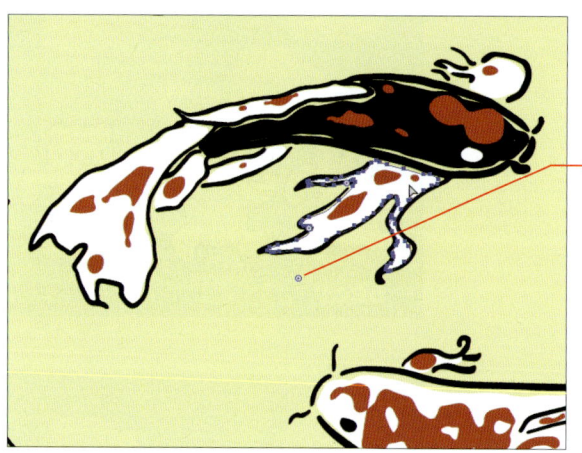

직접 선택 도구로 오브젝트를 선택하면 패스나 기준점이 나타나며 바운딩 박스는 나타나지 않습니다.

> **TIP**
> 라이브 코너를 이용하여 모서리 부분의 둥근 조절점을 드래그하면 직선이 곡선으로 변경됩니다. ◎ 조절점이 보이지 않으면 메뉴에서 (View) → Show Corner Widget을 실행합니다.

그룹 선택 도구로 그룹 선택하기

그룹 선택 도구(▷)는 오브젝트를 그룹별로 선택합니다. 오브젝트를 클릭하면 클릭한 부분만 선택되며 그룹으로 지정된 오브젝트를 더블클릭하면 그룹 오브젝트가 선택됩니다.

▲ 클릭하여 선택한 부분 오브젝트

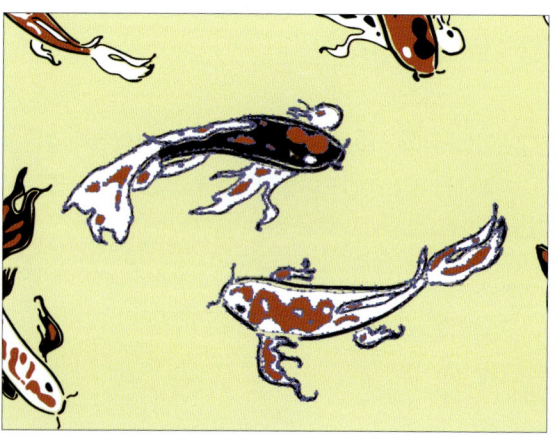

▲ 더블클릭하여 선택한 그룹 오브젝트

04 이번에는 같은 두께의 선을 선택하기 위해 먼저 ❶ 여백을 클릭하여 선택을 해제합니다.
❷ 선택하려는 속성의 선을 선택한 다음 ❸ 메뉴에서 (Select) → Same → Stroke Weight를 실행합니다.

TIP
색이나 선 외에도 모양, 블렌딩 모드, 그래픽 스타일, 심볼 등의 속성을 기준으로 오브젝트를 선택할 수 있습니다.

05 같은 두께의 선 오브젝트가 모두 선택됩니다.

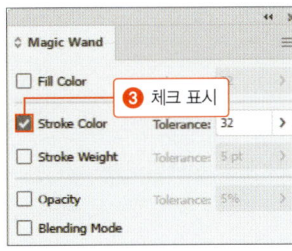

06 이번에는 ❶ Ctrl을 누른 상태에서 여백을 클릭하여 선택을 해제합니다. ❷ Tools 패널에서 마술봉 도구( )를 더블클릭하여 ❸ Magic Wand 패널에서 'Stroke Color'만 체크 표시합니다. ❹ 주황색 원형을 클릭해서 설정과 같은 속성의 오브젝트를 선택할 수 있습니다.

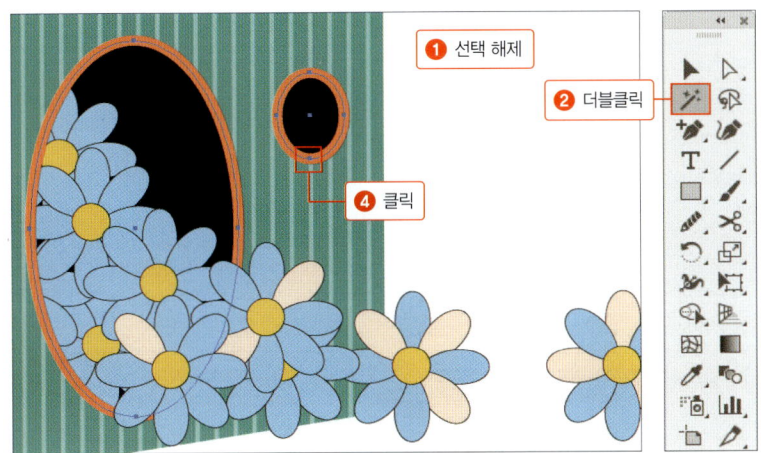

Chapter 05 • 원하는 대로 오브젝트 선택하기 107

실습예제 11 동일한 속성의 텍스트 한 번에 선택하기 우선순위 | TOP 15

일러스트레이터 CC에서는 선택된 문자의 특성에 따라 한 번에 검색하여 선택할 수 있도록 선택 기능이 향상되었습니다.

● 예제파일 : 01\text.ai   ● 완성파일 : 01\text_완성.ai

01 시작 화면에서 〈Open〉 버튼을 클릭하거나 메뉴에서 (File) → Open(Ctrl+O)을 실행합니다. Open 대화상자가 표시되면 01 폴더에서 'text.ai' 파일을 선택한 다음 〈Open〉 버튼을 클릭하여 불러옵니다.

02 ❶ '고양이계의 여왕, 장화 신은 고양이' 텍스트를 선택한 다음 ❷ 메뉴에서 (Select) → Same → Font Family & Style을 실행합니다.

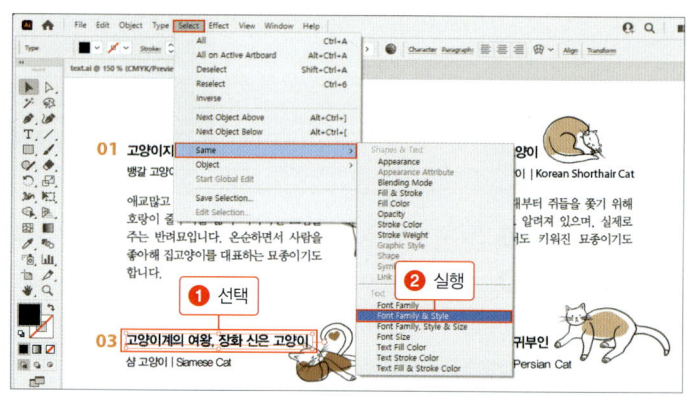

03 선택한 텍스트와 같은 속성을 가진 텍스트가 모두 선택된 것을 확인할 수 있습니다.

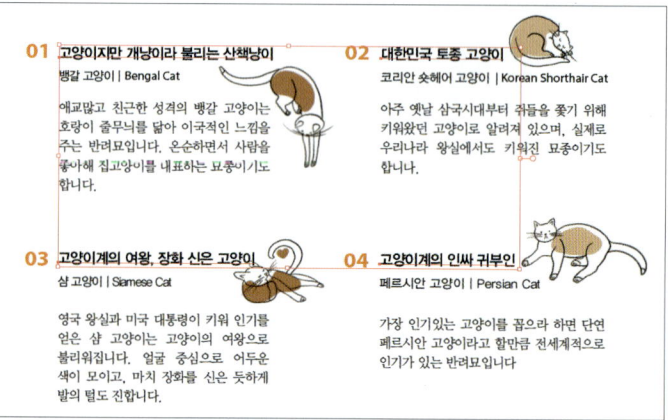

04 텍스트가 선택된 상태에서 Character 패널에서 글꼴을 '메이플스토리'로 지정합니다.

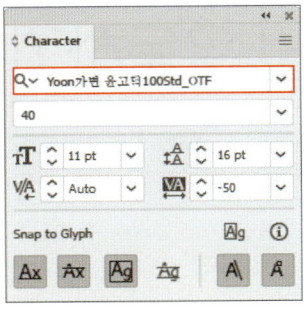
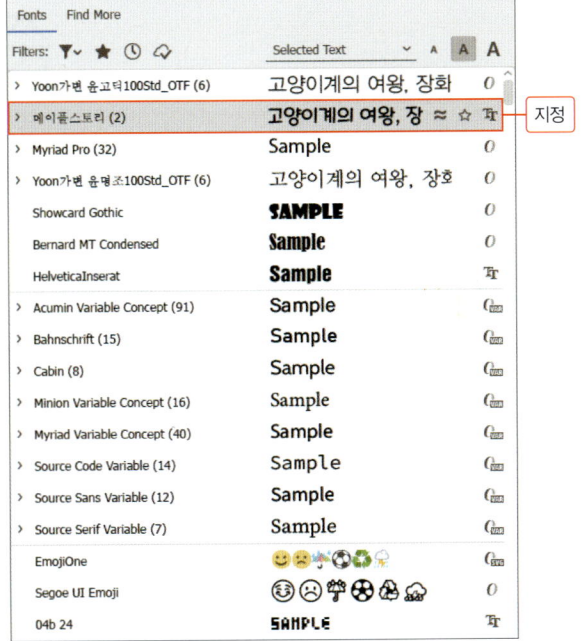

05 Color 패널에서 'C:38%, M:60%, Y:70%, K:0%'로 지정하여 색상을 변경합니다.

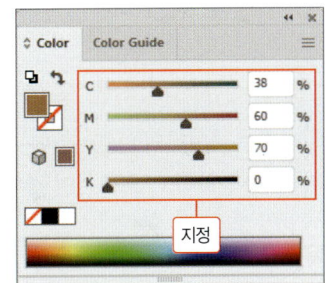

06 선택된 텍스트의 색상이 모두 변경되었습니다. 텍스트 스타일 선택 기능을 이용하면 간단한 방법으로 같은 속성의 많은 텍스트를 검색, 수정할 수 있습니다.

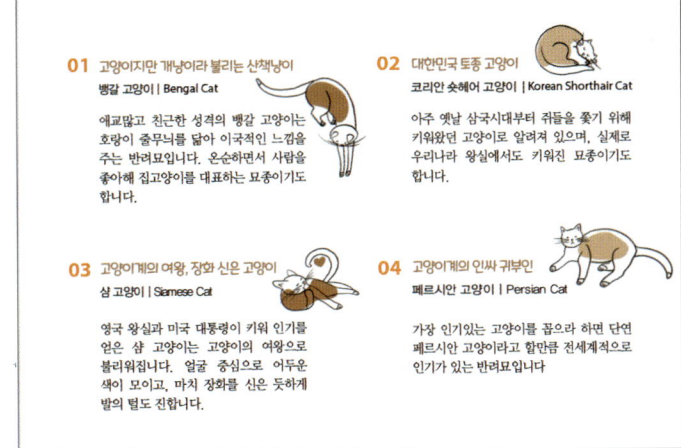

화면 확대, 축소 • View 메뉴 • Edit 메뉴 • 단축키 설정

본격적인 작업을 위한 준비 운동하기

일러스트레이터 작업 전 오브젝트를 선택하고 조절하는 방법을 배웠다면 작업 화면을 자유자재로 다루고 기본 편집 기능과 작업 시간을 단축하는 단축키 제작 방법에 대해 알아봅니다.

필수기능 01 작업 화면 확대/축소하기

Navigator 패널에서 작업 화면 크기 조절하기

일러스트레이터에서는 작업 중 돋보기 도구(🔍)와 손 도구(✋)를 활용하여 문서를 확대하거나 축소하고 자유롭게 이동하여 작업 환경을 원활하게 합니다.

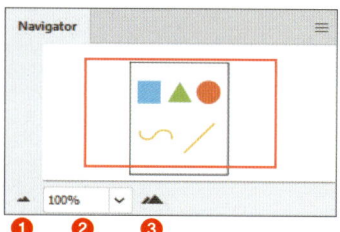

❶ Zoom Out : 작업 화면을 축소합니다.
❷ 화면 비율 : 작업 화면 비율을 설정합니다.
❸ Zoom In : 작업 화면을 확대합니다.

View 메뉴에서 화면 보기 형태 지정하기

일러스트레이터의 [View] 메뉴는 미리 보기 기능이나 눈금자, 안내선, 격자 등 작업을 도와주는 보조 기능을 가집니다. 정확하고 효율적인 작업을 위해 하위 명령을 실행하면 편리합니다.

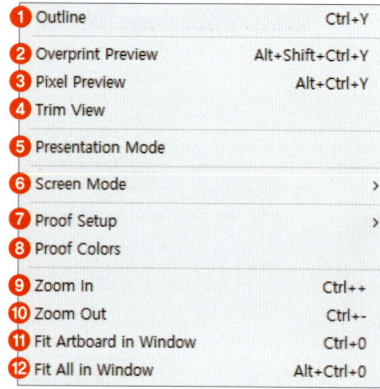

❶ Outline(Ctrl+Y) : 오브젝트의 패스 선만 나타냅니다.
❷ Overprint Preview(Alt+Shift+Ctrl+Y) : 중복 프린트를 적용한 경우 결과를 미리 확인할 수 있습니다.
❸ Pixel Preview(Alt+Ctrl+Y) : 벡터 오브젝트를 비트맵으로 전환하여 확인할 수 있습니다.
❹ Trim View : 아트보드 외곽의 오브젝트를 숨겨 트림 형태로 보여 줍니다.
❺ Presentation Mode : 프레젠테이션 모드로 보여 줍니다.
❻ Screen Mode : 아트보드, 메뉴, 스크롤 표시 방법을 지정합니다.
❼ Proof Setup : 모니터의 RGB 방식으로 설정하여 색을 보여 줍니다.
❽ Proof Colors : Proof Setup에서 설정한 색을 보여 줍니다.
❾ Zoom In(Ctrl++) : 작업 화면을 확대합니다.
❿ Zoom Out(Ctrl+-) : 작업 화면을 축소합니다.
⓫ Fit Artboard in Window(Ctrl+0) : 문서를 아트보드 크기에 맞춰 축소 또는 확대하여 보여 줍니다.
⓬ Fit All in Window(Alt+Ctrl+0) : 문서를 작업 화면 크기에 맞춰 보여 줍니다.

실습예제 02 화면 크기 확대/축소와 이동하기 〈중요〉

돋보기 도구로 아트보드를 클릭 또는 드래그하면 작업 화면이 확대되며, [Alt]를 누른 상태 클릭 또는 드래그하면 축소됩니다. 확대 또는 축소되어 보이지 않는 화면은 손 도구로 드래그하여 이동해서 볼 수 있습니다.

◉ 예제파일 : 01\스페이스.ai

01 시작 화면에서 〈Open〉 버튼을 클릭하거나 메뉴에서 [File] → Open([Ctrl]+[O])을 실행합니다. Open 대화상자가 표시되면 01 폴더에서 '스페이스.ai' 파일을 선택하고 〈Open〉 버튼을 클릭하여 불러옵니다.
작업 화면 위쪽의 제목 표시줄 또는 아래쪽의 상태 표시줄에서 화면 비율이 '100%'인 것을 확인합니다.

02 화면을 확대하기 위해 ❶ Tools 패널에서 돋보기 도구(🔍)를 선택하고 ❷ 아트보드에서 확대하려는 부분을 클릭합니다.

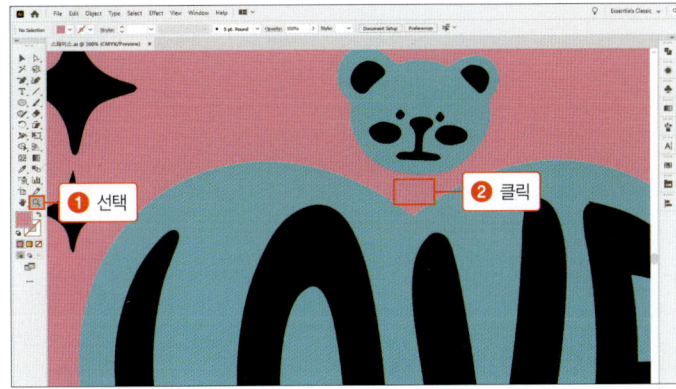

03 이번에는 화면을 축소하겠습니다. [Alt]를 누른 상태에서 아트보드를 클릭하면 마우스 커서의 돋보기 모양이 −로 바뀌면서 화면이 축소되는 것을 확인할 수 있습니다.
[Alt]를 누른 상태에서 아트보드를 계속 클릭하면 클릭한 만큼 작아집니다.

04
이번에는 아트보드 일부분을 확대하겠습니다. 돋보기 도구(🔍)가 선택된 상태에서 화면 왼쪽 상단에서 오른쪽 하단으로 드래그합니다. 드래그한 부분에 맞춰 화면이 확대됩니다.

TIP
반대로 왼쪽 상단으로 드래그하면 화면이 축소됩니다.

05
작업 화면 아래쪽 상태 표시줄에 화면 비율을 '150%'로 설정합니다.

TIP
원하는 비율을 입력한 다음 Enter 를 누르면 아트보드가 알맞게 조절됩니다.

06
❶ Tools 패널에서 손 도구(✋)를 선택하고 아트보드에 마우스 커서를 가져가면 손 모양으로 바뀝니다. ❷ 원하는 방향으로 드래그하면서 화면을 이동합니다.

TIP
화면 크기의 확대/축소, 이동은 자주 이용하는 기능이므로 단축키를 외워 두는 것이 좋습니다.
- 화면 확대하기 : Ctrl + ➕
- 화면 축소하기 : Ctrl + ➖
- 화면 이동하기 : Spacebar 를 눌러 손 도구가 선택되면 드래그하여 화면을 이동합니다.
- 창 크기에 맞게 아트보드 보기 : Ctrl + 0
- 실제 크기로 아트보드 보기 : Ctrl + 1

필수기능 03 기본 편집 기능 알아보기

편집은 일러스트레이션 작업에서 가장 기본 기능으로 작업을 쉽고 편리하게 도와 줍니다. 메뉴에서 [Edit] → Copy와 Paste 명령은 시스템의 기본 기능으로 모든 프로그램에서 이용합니다. 이외에도 다양한 기능을 살펴보고 단축키를 익혀 작업 시간을 단축합니다.

	Edit	
①	Undo Ungroup	Ctrl+Z
②	Redo	Shift+Ctrl+Z
③	Cut	Ctrl+X
④	Copy	Ctrl+C
⑤	Paste	Ctrl+V
⑥	Paste in Front	Ctrl+F
⑦	Paste in Back	Ctrl+B
⑧	Paste in Place	Shift+Ctrl+V
⑨	Paste on All Artboards	Alt+Shift+Ctrl+V
⑩	Clear	

① **Undo(Ctrl+Z)** : 취소 명령으로, 실행했던 작업을 취소합니다. 실수나 이전 작업 상태로 되돌릴 때 이용하며 여러 번의 취소 명령을 실행할 수 있습니다.
② **Redo(Shift+Ctrl+Z)** : 재실행 명령으로, Undo 명령으로 취소한 작업을 다시 실행합니다.
③ **Cut(Ctrl+X)** : 오려내기 명령으로, 선택한 오브젝트를 오려내어 클립보드에 저장합니다. Copy(복사) 명령과 기능이 같지만 선택한 오브젝트를 문서에서 삭제하는 점이 다릅니다.
④ **Copy(Ctrl+C)** : 복사 명령으로, 선택한 오브젝트를 복제해 클립보드에 저장합니다. 이때 클립보드에는 한 가지 복사 명령만 저장할 수 있습니다.
⑤ **Paste(Ctrl+V)** : 붙여 넣기 명령으로, Copy 또는 Cut 명령을 이용하여 클립보드에 저장한 데이터를 문서에 붙여 넣습니다. 이때 작업 화면 가운데에 오브젝트를 붙여 넣을 수 있습니다.
⑥ **Paste in Front(Ctrl+F)** : Paste 명령과 같은 붙여 넣기 역할을 하며, 문서의 모든 오브젝트보다 항상 앞쪽에 붙여 넣어집니다.
⑦ **Paste in Back(Ctrl+B)** : 문서의 모든 오브젝트 맨 뒤에 붙여 넣어집니다.
⑧ **Paste in Place(Shift+Ctrl+V)** : 특정 부분에 붙여 넣습니다.
⑨ **Paste on All Artboards(Alt+Shift+Ctrl+V)** : 전체 아트보드 앞에 붙여 넣습니다.
⑩ **Clear** : 지우기 명령으로, 선택한 오브젝트를 지우며 Delete를 누른 것과 같습니다.

> **TIP**
> 일러스트레이터는 기본적으로 오브젝트를 기준으로 한 레이어 기반의 그래픽 도구이기 [Edit] 메뉴의 Paste in Front, Paste in Back, Paste in Place 명령과 같은 기능들이 유용하게 사용됩니다.

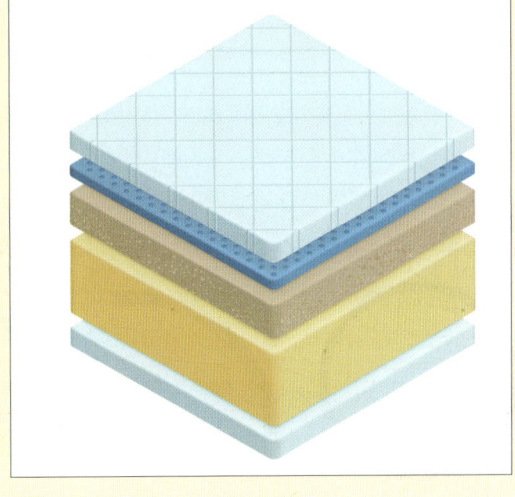

실습예제 04 효율적인 작업을 위한 단축키 만들기

작업 속도를 높이기 위해 자주 이용하는 기능을 단축키로 저장하면 메뉴를 일일이 실행하지 않아도 필요할 때마다 직접 만든 단축키를 눌러 편리하게 적용할 수 있습니다.

01 선을 면으로 바꾸는 기능을 단축키로 저장해 보겠습니다. 메뉴에서 (Edit) → Keyboard Shortcuts(Alt+Shift+Ctrl+K)를 실행합니다.
Keyboard Shortcuts 대화상자기 표시되면 ❶ 'Menu Commands'로 지정한 다음 ❷ 검색창에 'Outline'을 입력합니다. ❸ Object → Path → Outline Stroke에서 ❹ Shortcut를 클릭한 다음 ❺ F9를 누르고 ❻ 〈OK〉 버튼을 클릭합니다.

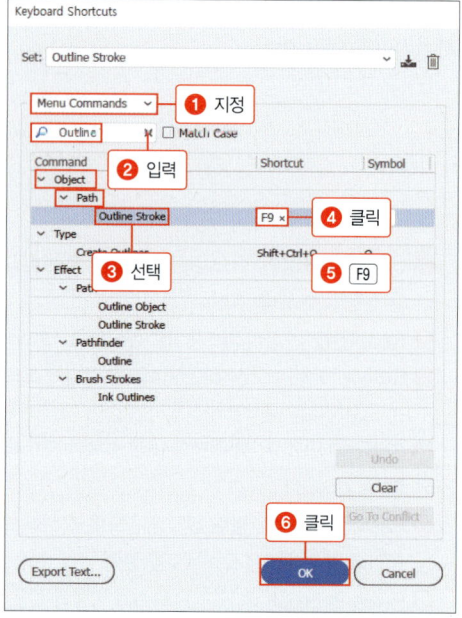

02 Save Keyset File 대화상자가 표시되면 ❶ Name에 단축키 이름을 입력한 다음 ❷ 〈OK〉 버튼을 클릭하여 저장합니다.

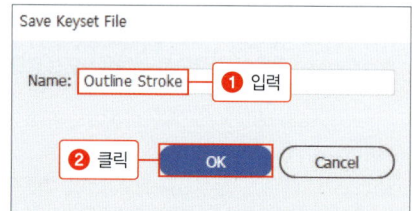

03 직접 만든 단축키를 적용하기 위해 먼저 메뉴에서 (File) → New를 실행하여 원하는 크기의 아트보드를 만듭니다. Tools 패널에서 면 색을 '노란색', 선 색을 '검은색'으로 지정한 다음 원 도구(◯)를 선택합니다. ❶ Shift를 누른 상태에서 드래그하여 원을 그립니다. 단축키가 제대로 지정되었는지 확인하기 위해 ❷ 선이 살아 있는 원 오브젝트를 선택한 다음 F9를 누릅니다. ❸ 선이 면으로 변경되는 것을 확인할 수 있습니다.

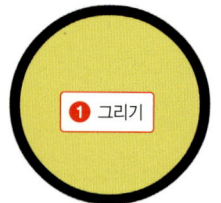 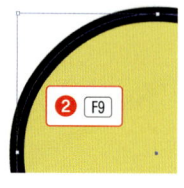 

실습예제 05 프레젠테이션과 재단 보기

각각의 아트보드는 프레젠테이션 모드에서 슬라이드로 표시되어 간편하게 레이아웃을 확인하거나 미리 볼 수 있습니다. 또한 아트보드를 벗어난 요소를 표시하지 않고도 디자인을 정확하게 확인할 수 있습니다.

◉ 예제파일 : 01\보기.ai

01 시작 화면에서 〈Open〉 버튼을 클릭하거나 메뉴에서 (File) → Open(Ctrl+O)을 실행합니다. Open 대화상자가 표시되면 01 폴더에서 '보기.ai' 파일을 선택한 다음 〈Open〉 버튼을 클릭하여 불러옵니다.
아트보드를 약간 벗어난 형태의 일러스트가 나타납니다.

02 아트보드를 벗어난 부분을 숨겨 일러스트를 확인하기 위해 메뉴에서 (View) → Trim View를 실행합니다.

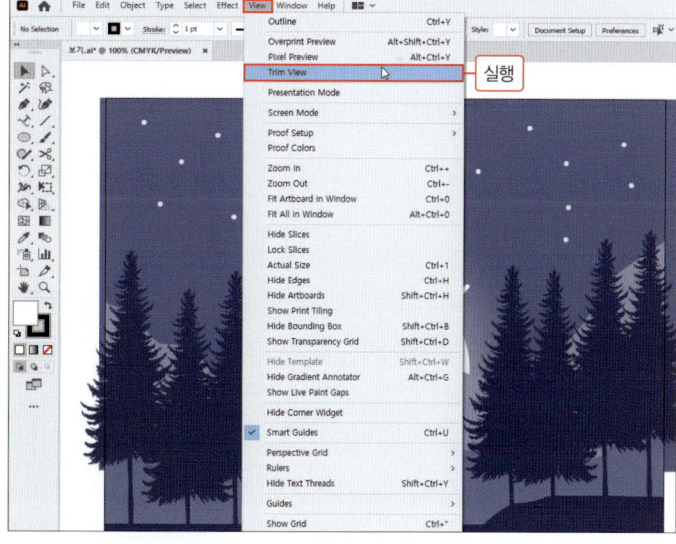

03 아트보드 외곽의 일러스트가 숨겨져 완성된 일러스트를 확인할 수 있습니다.

> **TIP**
> 원래대로 보기 형태를 전환하려면 다시 한번 메뉴에서 (View) → Trim View를 실행합니다.

04 이번에는 프레젠테이션 모드로 확인하기 위해 메뉴에서 (View) → Presen-tation Mode를 실행합니다.

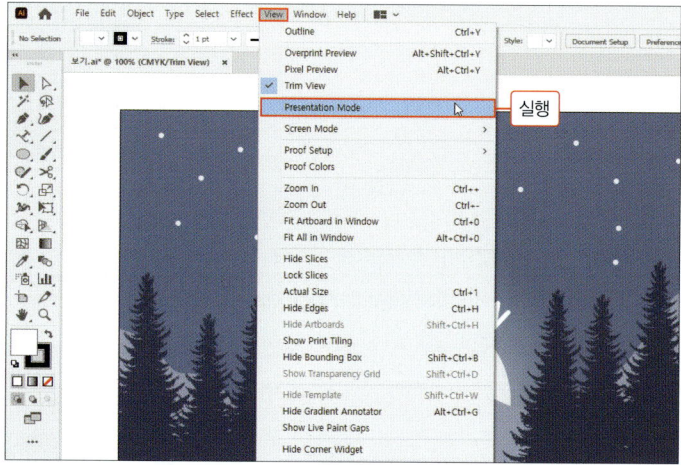

05 모니터 화면 전체에 프레젠테이션 형식으로 일러스트가 표시됩니다.

> **TIP**
> 여러 개의 아트보드가 있다면 방향키를 눌러 아트보드를 전환하며 확인할 수 있습니다.
> 프레젠테이션 모드를 해제하려면 (Esc)를 누릅니다.

아트보드 만들고 오브젝트 선택과 이동하기

1

71, 80쪽 참고

아트보드를 만들고 Place 명령을 실행하여 이미지 파일을 불러옵니다.

예제파일 01\skating.jpg 완성파일 01\아트보드.ai
해설 동영상 01\1-1.mp4

Hint ⟨New file⟩ 버튼을 클릭하여 아트보드 만들기 → Place 명령으로 이미지 불러오기
→ Control 패널에서 ⟨Embed⟩ 버튼 클릭하기

2

92, 96쪽 참고

선택 도구로 오브젝트를 선택하고 크기를 조절한 다음 이동해 보세요.

예제파일 01\christmas.ai 완성파일 01\christmas_완성.ai
해설 동영상 01\1-2.mp4

Hint 오브젝트 선택하기 → 크기 조절하기 → 오브젝트 이동하기

일러스트레이터에서는 다양한 방법과 도구를 이용해 드로잉을 할 수 있습니다. 펜 도구부터 기본 도형, 다양한 질감의 브러시를 이용하여 창의적인 디지털 일러스트를 그려 봅니다.

PART 2.

드로잉의 기본,
그리기 도구 익히기

01 | 펜 도구와 패스 기능 익히기
02 | 선 도구로 다양한 선 그리기
03 | 쉽고 빠르게 여러 가지 도형 그리기
04 | 손으로 그린 듯한 일러스트 그리기
05 | 다양한 느낌의 브러시 익히기

우선순위 | TOP 01   펜 도구 • 기준점 추가, 삭제, 변환 도구 • 곡률 도구 • Stroke 패널

펜 도구와 패스 기능 익히기

일러스트레이터의 기초이며 자주 이용하는 펜 도구와 패스의 개념을 이해하고 다양한 오브젝트를 그려 디지털 일러스트를 만들어 봅니다.

필수기능 01 패스 구조 이해하기 (중요) ★★★

펜 도구(✏️)를 이용해서 여러 개의 기준점을 클릭하고 서로 연결하여 다양한 형태의 패스를 그릴 수 있습니다. 패스는 기준점의 시작과 끝이 연결된 면 형태의 닫힌 패스와 연결되지 않은 선 형태의 열린 패스로 나뉘며, 펜 도구나 직접 선택 도구(▶) 등을 이용하여 수정할 수 있습니다.

일러스트레이터에서 제작할 수 있는 벡터 오브젝트는 여러 개의 직선 또는 곡선 패스로 이루어지므로 패스(베지어 곡선) 구조에 대해 살펴보겠습니다.

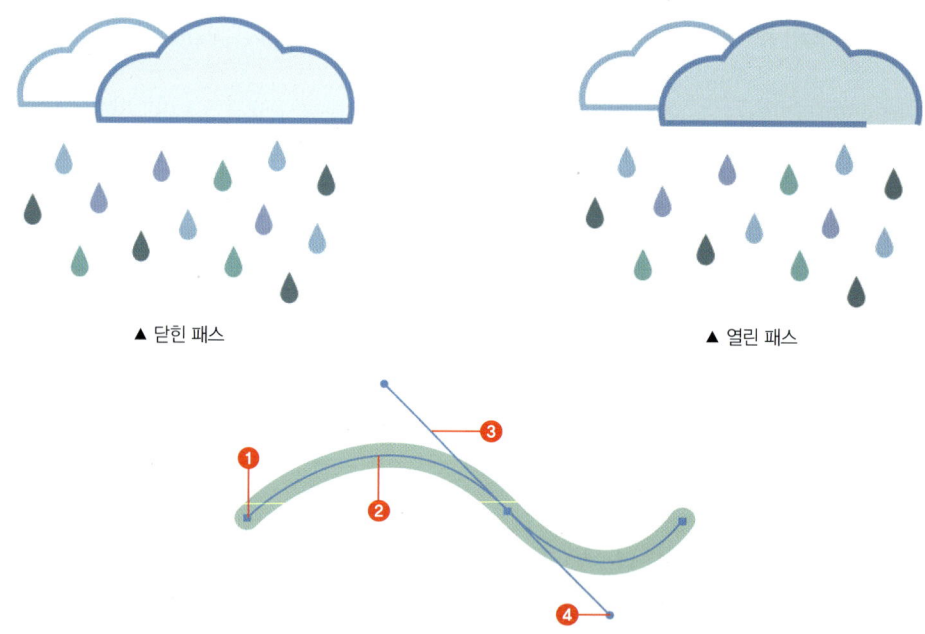

▲ 닫힌 패스   ▲ 열린 패스

❶ 기준점(Anchor Point) : 직선 또는 곡선을 만들 때 기준이 되는 점을 의미합니다.
❷ 세그먼트(Segment) : 하나의 점(Point)에서 또 다른 점 사이를 연결하는 곡선을 의미합니다.
❸ 방향선(Direction Line) : 곡선의 형태를 변경할 수 있는 조절 선을 의미합니다.
❹ 방향점(Direction Point) : 방향선의 끝점을 의미하며 방향선의 길이와 각도를 조절하여 세그먼트를 변형할 수 있습니다.

필수기능 02 패스를 만드는 펜 도구와 Control 패널 알아보기

패스 제작 도구 살펴보기

패스와 관련된 펜 도구들을 이용해 원하는 형태의 직선과 곡선 패스를 그려서 다양한 오브젝트를 만들 수 있습니다. Tools 패널의 패스와 관련된 도구로는 펜 도구, 기준점 추가 도구, 기준점 삭제 도구, 기준점 변환 도구, 곡률 도구로, 총 다섯 가지가 있습니다. 펜 도구를 이용해 다양한 패스를 그리며, 다른 도구들은 이미 그려진 패스에 기준점을 추가, 삭제하고 방향선과 방향점을 변형하는 보조 역할을 합니다.

① 펜 도구(Pen Tool, P) : 벡터 방식의 패스를 이용해 여러 가지 형태의 직선과 곡선을 기준으로 다양한 오브젝트를 그릴 수 있습니다.
② 기준점 추가 도구(Add Anchor Point Tool, +) : 패스에 기준점을 추가할 수 있습니다.
③ 기준점 삭제 도구(Delete Anchor Point Tool, -) : 패스에서 기준점을 삭제할 수 있습니다.
④ 기준점 변환 도구(Anchor Point Tool, Shift+C) : 기준점, 세그먼트, 방향선과 방향점을 조절해 직선을 곡선으로 바꾸거나 곡선의 형태를 바꿀 수 있고, 기준점을 클릭하여 곡선을 직선으로 바꿀 수도 있습니다.
⑤ 곡률 도구(Curvature Tool, Shift+~) : 기준점을 추가하면서 이전 기준점의 방향선과 연결하여 자동으로 곡선의 방향선을 추가할 수 있습니다.

> **TIP**
> 펜 도구( )를 선택한 상태에서 Alt 를 누르면 일시적으로 기준점 변환 도구( )로 바뀌고, Ctrl 을 누르면 일시적으로 직접 선택 도구( )로 바뀌어 패스를 세부적으로 수정할 수 있습니다.

패스 작업 중 펜 도구 살펴보기

다양한 펜 도구를 이용하여 패스를 그릴 때 작업에 따라 달라지는 마우스 커서를 보며 펜 도구 상태를 확인할 수 있습니다. 간단한 오브젝트 작업 과정을 통해 패스 작업 중 펜 도구의 마우스 커서를 살펴보겠습니다.

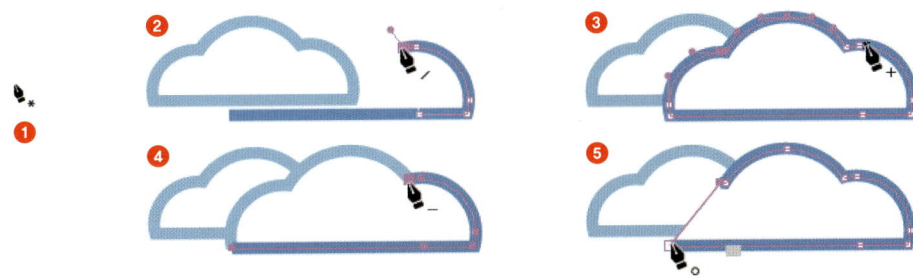

① 펜 도구 작업 시작 : 패스를 그리기 위한 시작 단계를 나타냅니다.
② 기준점 변환 : 패스 작업 과정에서 방향선을 만들어 다음 기준점을 추가할 때 곡선을 그리거나 곡선 방향선을 직선으로 만들 수 있습니다.
③ 기준점 추가 : 현재 패스에 기준점을 추가합니다.
④ 기준점 삭제 : 현재 기준점을 삭제합니다.
⑤ 닫힌 패스로 마무리 : 패스의 시작점과 끝점이 만날 때 나타나며 클릭하면 닫힌 패스를 만들 수 있습니다.

펜 도구 Control 패널 살펴보기

펜 도구 또는 패스 관련 도구를 이용하여 패스를 그릴 때 문서 위쪽의 펜 도구 Control 패널을 활용하면 더욱 세밀하게 패스를 조절할 수 있습니다.

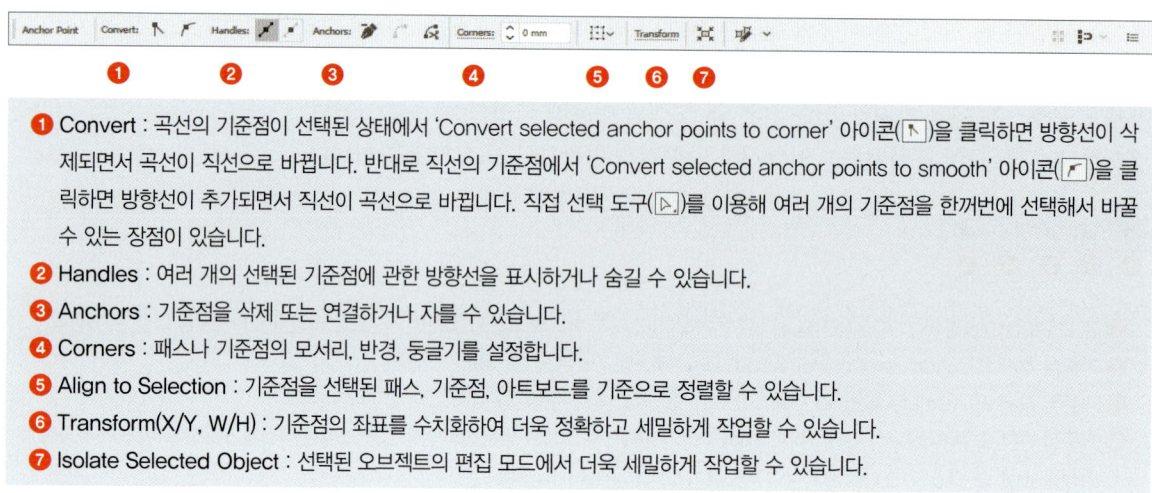

❶ **Convert** : 곡선의 기준점이 선택된 상태에서 'Convert selected anchor points to corner' 아이콘( )을 클릭하면 방향선이 삭제되면서 곡선이 직선으로 바뀝니다. 반대로 직선의 기준점에서 'Convert selected anchor points to smooth' 아이콘( )을 클릭하면 방향선이 추가되면서 직선이 곡선으로 바뀝니다. 직접 선택 도구( )를 이용해 여러 개의 기준점을 한꺼번에 선택해서 바꿀 수 있는 장점이 있습니다.
❷ **Handles** : 여러 개의 선택된 기준점에 관한 방향선을 표시하거나 숨길 수 있습니다.
❸ **Anchors** : 기준점을 삭제 또는 연결하거나 자를 수 있습니다.
❹ **Corners** : 패스나 기준점의 모서리, 반경, 둥글기를 설정합니다.
❺ **Align to Selection** : 기준점을 선택된 패스, 기준점, 아트보드를 기준으로 정렬할 수 있습니다.
❻ **Transform(X/Y, W/H)** : 기준점의 좌표를 수치화하여 더욱 정확하고 세밀하게 작업할 수 있습니다.
❼ **Isolate Selected Object** : 선택된 오브젝트의 편집 모드에서 더욱 세밀하게 작업할 수 있습니다.

필수기능 03 펜 도구를 이용해 다양한 형태의 패스 그리기

펜 도구를 이용하면 열린 패스인 선뿐만 아니라 닫힌 패스를 만들어 다양한 형태의 면을 그릴 수 있습니다. 펜 도구를 제대로 활용하기 위해서는 직선, 곡선, 호, 격자 등의 패스를 자유롭게 그릴 수 있어야 합니다. 먼저 기본 오브젝트를 그리는 방법에 대해 이해한 다음 직접 그리면서 충분히 연습하기 바랍니다.

직선 그리기

시작하는 지점을 클릭해서 기준점을 만들고 이후 끝나는 지점을 클릭하면 직선을 그릴 수 있습니다. 이때 시작점을 클릭하고 Shift 를 누른 상태로 끝점을 클릭하면 수평 또는 수직이나 45° 방향의 직선을 그릴 수 있습니다. 원하는 지점에 자유롭게 기준점을 추가한 다음 다시 시작점으로 마우스 커서를 이동하면 마우스 커서에 'o' 표시가 나타나고, 클릭하면 닫힌 패스(면)를 만들 수 있습니다.

> **TIP**
> 선(열린 패스) 작업을 마친 다음 새로운 패스를 만들 때 이전 작업 과정의 선과 이어지는 경우가 있습니다. 이때 Ctrl 을 누른 상태로 여백을 클릭하거나 Tools 패널에서 다른 도구를 선택한 다음 펜 도구를 선택하여 새로운 패스 작업을 합니다.

곡선 그리기

시작점을 클릭하고 곡선을 그리고 싶은 방향으로 다음 기준점을 클릭한 다음 드래그합니다. 기준점을 중심으로 방향선이 나타나면 원하는 크기와 방향에 따라 드래그하여 곡선을 그립니다. 연속해서 기준점을 클릭하고 방향선을 드래그하여 곡선을 이어갈 수 있습니다.

직선에서 곡선 그리기

직선의 끝점을 클릭한 상태에서 드래그하여 방향선을 만들고 원하는 크기와 방향으로 드래그해서 곡선을 그립니다.

곡선에서 직선 그리기

곡선의 끝점을 다시 한 번 클릭하면 방향선이 없어지고 이어서 다음 기준점을 클릭해 직선을 그릴 수 있습니다.

 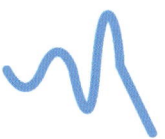 

곡률 도구로 곡선 그리기

곡률 도구(✏)를 이용하면 원하는 대로 연속된 곡선을 편리하게 그릴 수 있습니다. 시작점을 클릭하고 원하는 방향으로 기준점을 추가하면 벡터(베지어 곡선) 방식에 의해 자동으로 곡률을 계산하여 곡선을 그립니다.

> **TIP**
> 기준점 및 바운딩 박스의 크기를 조절할 수 있습니다. 메뉴에서 (Edit) → Preferences → Selection & Anchor Display를 실행합니다. Preferences 대화상자가 표시되면 Anchor Points, Handle, and Bounding Box Display에서 Size와 Handle Style을 지정한 다음 〈OK〉 버튼을 클릭합니다.

실습예제 04 펜 도구로 자유롭게 그리기

일러스트레이터에서는 펜 도구만 잘 활용해도 직선, 곡선, 도형 등을 다양하게 그릴 수 있습니다. 펜 도구를 이용하여 밑그림 일러스트를 따라 오브젝트를 그려 봅니다.

◉ 예제파일 : 02\우주여행.ai　　◉ 완성파일 : 02\우주여행_완성.ai

01 02 폴더에서 '우주여행.ai' 파일을 불러옵니다. 우주선 하단 부분에 패스 작업을 따라 할 수 있는 구름의 밑그림 일러스트가 나타납니다.

02 펜 도구(✎)를 선택하고 ❶ 밑그림을 따라 시작점을 클릭한 다음 ❷ Shift를 누른 상태로 다음 기준점을 클릭해 직선을 그립니다.

03 ❶ 그림과 같이 곡선의 중간 부분을 클릭한 다음 밑그림에 맞춰 ❷ 드래그해서 방향선을 조절합니다.

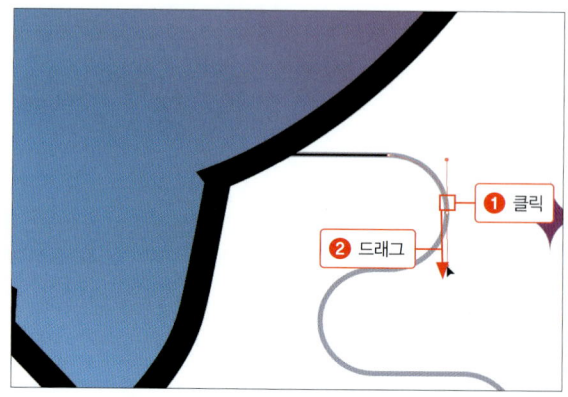

04 기준점을 다시 한 번 클릭하여 방향선을 삭제한 다음 패스 작업을 이어갑니다.

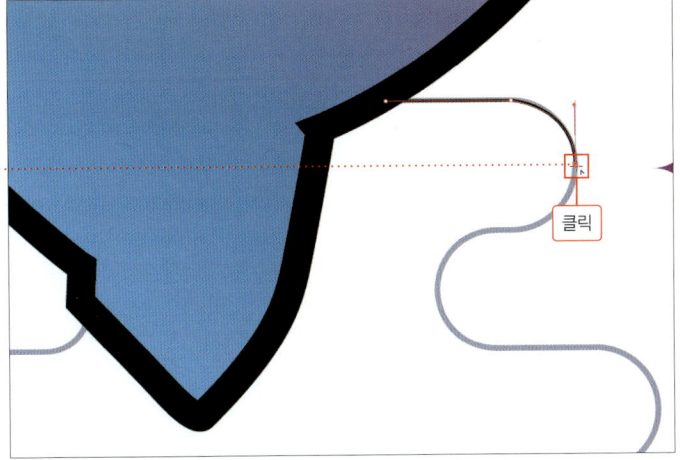

왜 그럴까? 곡선을 그릴 때 방향선이 기준점을 기준으로 양쪽에 나타나면 다음 곡선을 그리기 힘듭니다.

05 우주선에 가려진 부분은 그림과 같이 그린 다음 패스 작업을 마치면 시작점을 클릭해 닫힌 패스(면)를 완성합니다.

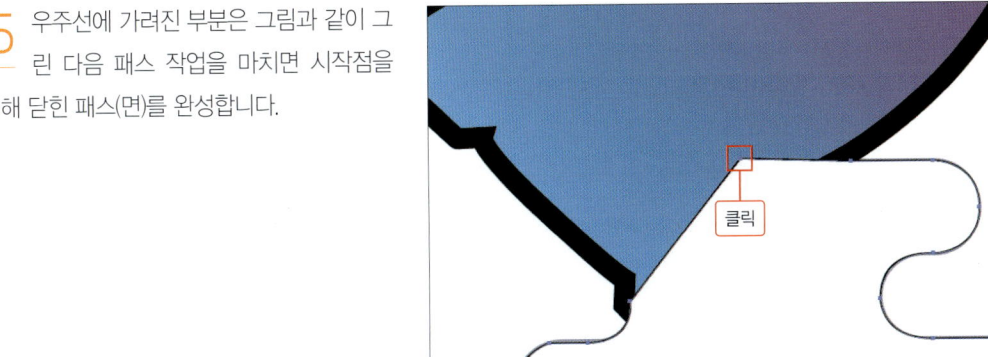

06 ❶ 그린 구름을 선택한 다음 ❷ Ctrl+Shift+[를 눌러 우주선 뒤로 이동합니다. ❸ 스포이트 도구( )를 선택한 다음 우주선 윗부분의 구름을 클릭해 구름의 색을 교체하여 마무리합니다.

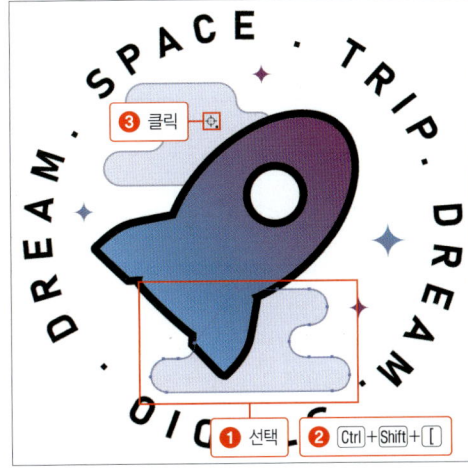

TIP 오브젝트를 선택한 상태에서 선 색과 면 색을 교체할 때 Shift+X 를 누르면 편리합니다.

Chapter 01 • 펜 도구와 패스 기능 익히기 125

실습예제 05 패스 편집 기능을 이용해 열린 패스를 닫힌 패스로 만들기

패스에 기준점 추가/변환 도구, 기준점 정렬(Average) 및 연결(Join) 기능을 이용해 기준점을 다양하게 수정 및 변형해 봅니다.

○ 예제파일 : 02\물고기.ai
○ 완성파일 : 02\물고기_완성.ai

01 02 폴더의 '물고기.ai' 파일을 불러옵니다. 작업한 패스를 패스 편집 기능으로 완성해 보겠습니다.

왼쪽이나 오른쪽, 위나 아래가 대칭인 형태를 그릴 때 직접 그리기보다 한쪽 패스 형태를 완성한 다음 반전시켜 연결하면 작업 시간이 줄어듭니다.

02 ❶ 선택 도구(▶)로 빨간색 패스를 선택하고, 패스를 반전시키기 위해 먼저 Tools 패널에서 반전 도구(◁▷)를 더블클릭합니다. Reflect 대화상자가 표시되면 ❷ 'Horizontal'을 선택한 다음 ❸ 〈Copy〉 버튼을 클릭합니다. ❹ 화면을 확대하고 ❺ 복제된 패스를 서로 가까이 마주 보게 배치합니다.
❻ 직접 선택 도구(▷)로 패스 왼쪽 물고기 입 부분에서 두 개의 기준점을 선택합니다.

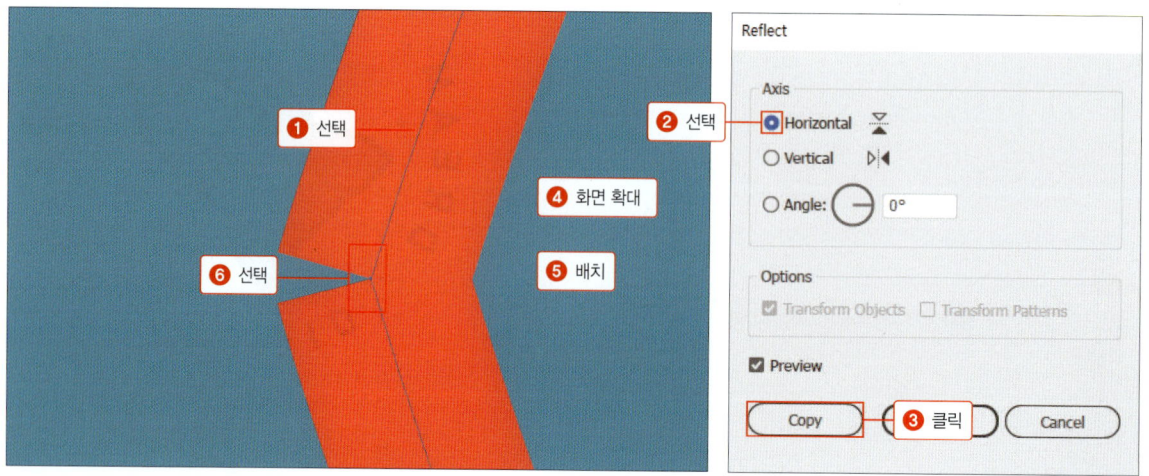

03 두 개의 패스를 합쳐 하나의 오브젝트로 만들기 위해 ❶ Ctrl+J를 눌러 패스를 연결합니다. 물고기 꼬리 부분의 떨어진 기준점도 선택하고 Ctrl+J를 눌러 연결합니다. 두개의 선이 모여 하나의 면이 완성되면 ❷ Shift+X를 눌러 선 색을 면 색으로 교체합니다.
❸ 선 색을 '검은색'으로 지정한 다음 Stroke 패널에서 Weight를 '3pt'으로 설정합니다.

> **TIP**
> 조인 도구(⌖)를 선택한 다음 떨어진 두 개의 기준점을 드래그하여 선택해서 연결할 수도 있습니다.

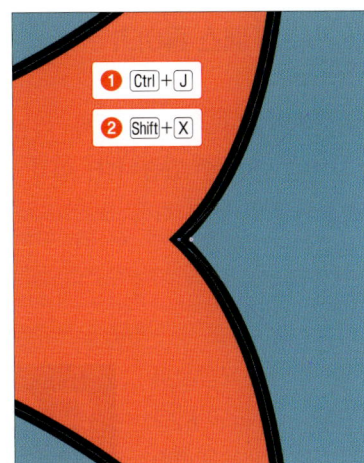
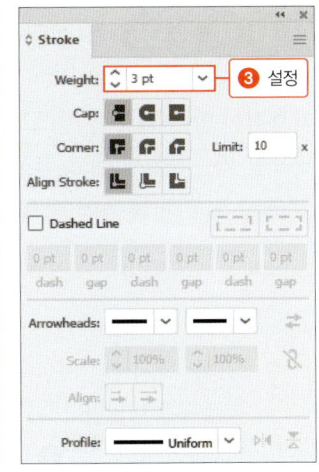

04 이번에는 물고기 지느러미를 만들기 위해 ❶ 기준점 추가 도구(⌖)를 선택한 다음 ❷ 물고기 위쪽을 클릭해 세 개의 기준점을 추가합니다. ❸ 직접 선택 도구(⌖)로 ❹ 추가한 기준점 중 가운데 기준점을 드래그해 위쪽으로 이동합니다. ❺ 기준점 변환 도구(⌖)를 선택하고 기준점을 드래그해 방향선을 조절해서 그림과 같이 볼록하게 만듭니다.
똑같은 방법으로 물고기 밑 부분에도 지느러미를 두 개를 만들어 줍니다.

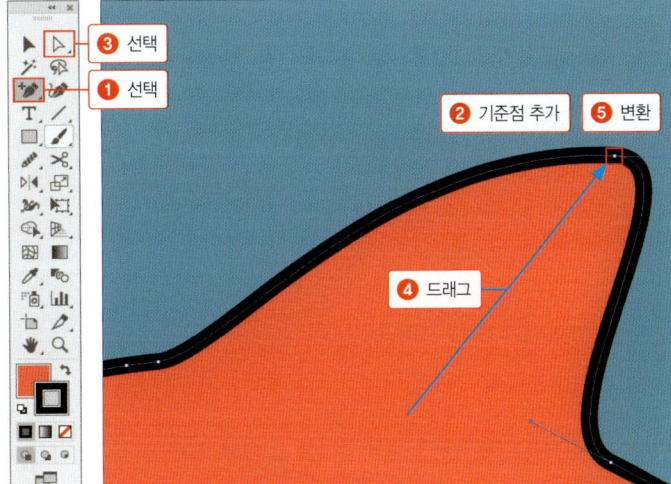

05 Tools 패널에서 원 도구(⌖)를 선택합니다. Shift를 누른 상태로 드래그하여 물고기의 눈을 만듭니다. 같은 방법으로 물고기 입부분에 드래그해 물방울을 그리고 선 색을 지정하여 완성합니다.

> **TIP**
> 면과 선 색을 적용하는 방법은 197쪽을 참고하세요.

실습예제 06 복잡한 일러스트의 패스 줄이기

기준점이 많은 복잡한 일러스트에서 Simplify(패스 단순화) 기능을 이용하여 패스를 크게 변경하지 않고도 불필요한 기준점을 없애고 최적의 패스를 만들 수 있습니다. 쉽고 정확한 패스 편집, 파일 크기 감소, 더 빠른 파일 표시 및 인쇄를 위해 패스 단순화를 적용해 봅니다.

- 예제파일 : 02\계란.ai
- 완성파일 : 02\계란_완성.ai

01 02 폴더에서 '계란.ai' 파일을 불러옵니다. 복잡한 패스로 구성된 계란이 나타나면 ❶ 선택 도구(▶)로 계란의 흰자를 선택한 다음 ❷ 마우스 오른쪽 버튼을 클릭하고 ❸ Simplify를 실행합니다.

TIP
메뉴에서 (Object) → Path → Simplify를 실행해도 됩니다.

02 팝업 창이 표시되면 슬라이더를 조절해 기준점 수를 줄일 수 있습니다. ❶ 'Auto-Simplify' 아이콘(🅰)을 클릭합니다. 세밀한 작업을 위해 ❷ 'More Options' 아이콘(⋯)을 클릭합니다.

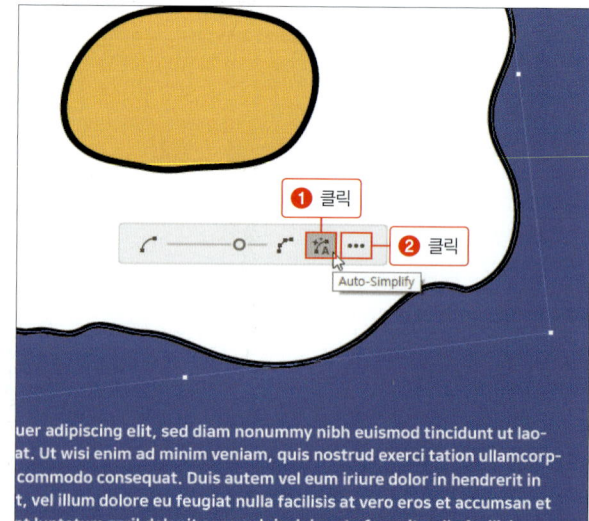

TIP
슬라이더가 왼쪽(최솟값)으로 이동하면 기준점 수가 줄어들지만 수정된 패스가 원본과 달라지며, 오른쪽(최댓값)으로 이동하면 패스에 기준점이 추가됩니다.

03 Simplify 대화상자가 표시되면 ❶ Simplify Curve 슬라이더를 조절합니다. ❷ Corner Point Angle Threshold의 슬라이더를 조절하고 ❸ 'Preview'를 체크 표시하여 기준점에 따라 달라지는 일러스트를 확인합니다.

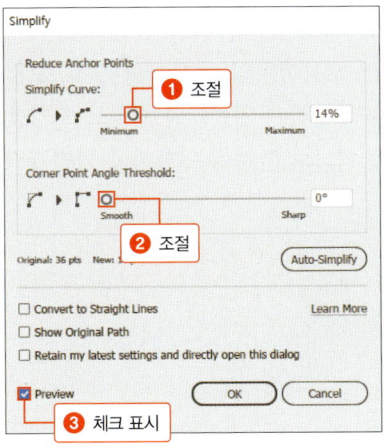

TIP
패스 단순화는 이미지를 패스로 변경했을 때 불필요한 패스를 제거하거나 복잡한 일러스트의 일부를 편집하고 선택한 아트웍 영역에서 선명하거나 매끄러운 패스를 만들기 위해 사용합니다.

04 Simplify Curve와 Corner Point Angle Threshold의 슬라이더를 조절하여 미묘하게 달라지는 일러스트를 확인합니다.

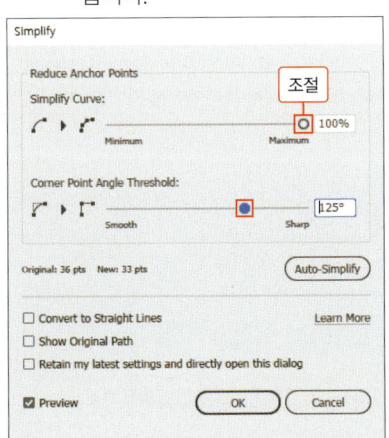

05 ❶ 〈Auto-Simplify〉 버튼을 클릭한 다음 ❷ 〈OK〉 버튼을 클릭하여 마무리합니다.

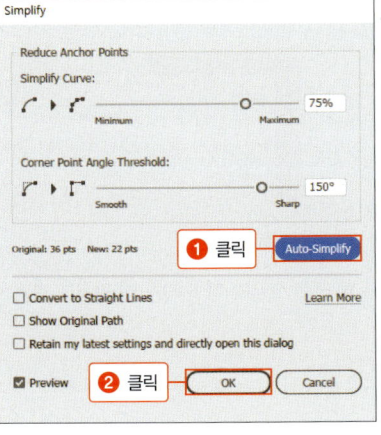

Chapter 01 • 펜 도구와 패스 기능 익히기   **129**

필수기능 07 Stroke 패널에서 선 두께, 모양 조절하기 　우선순위 | TOP 11　

Stroke 패널(≡)은 일러스트레이터 화면의 오른쪽 패널 그룹에서 패널 아이콘을 클릭하거나, 메뉴에서 [Window] → Stroke를 실행하여 표시할 수 있습니다. Stroke 패널에서는 오브젝트의 선 두께와 끝점, 모서리 모양 등을 지정할 수 있고, 직선, 곡선 등의 패스에서 선 간격과 속성을 설정하여 점선이나 화살표 모양을 적용할 수도 있습니다. Stroke 패널은 펜 도구와 함께 자주 이용하는 기능이므로 충분히 이해하고 넘어가기 바랍니다.

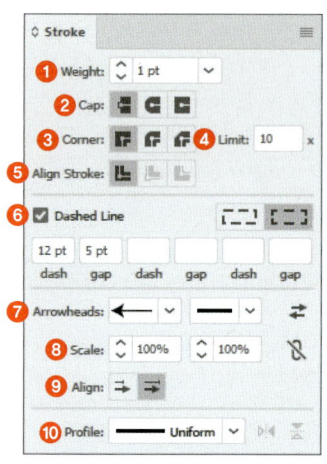

> **TIP**
> Stroke 패널에 Weight 항목만 나타나면 '패널 메뉴' 아이콘(≡)을 클릭한 다음 **Show Options**를 실행하거나 패널 이름 왼쪽의 화살표를 클릭하여 패널을 확장해서 세부 항목을 표시합니다.

❶ **Weight** : 선 두께를 지정할 수 있습니다.
❷ **Cap** : 선의 끝부분을 변형할 수 있습니다.
　ⓐ **Butt Cap** : 선 두께에 상관없이 끝점에서 넘치지 않습니다. 
　ⓑ **Round Cap** : 끝점을 둥글게 표현합니다.
　ⓒ **Projecting Cap** : 끝점을 넘치게 표현합니다.

▲ Butt Cap 　　▲ Round Cap 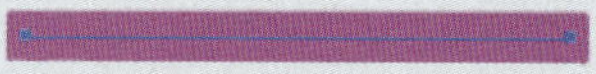　　▲ Projecting Cap

❸ **Corner** : 선의 모서리를 변형할 수 있습니다.
　ⓐ **Miter Join** : 꺾인 선의 모서리를 직선으로 표현합니다. 
　ⓑ **Round Join** : 꺾인 선의 모서리를 둥글게 표현합니다.
　ⓒ **Bevel Join** : 꺾인 선의 모서리를 각도에 따라 사선으로 각지게 표현합니다.

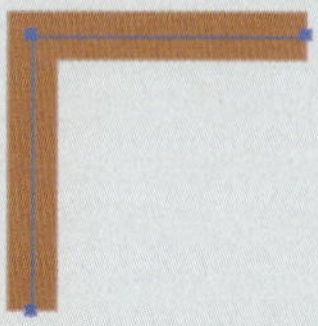

▲ Miter Join 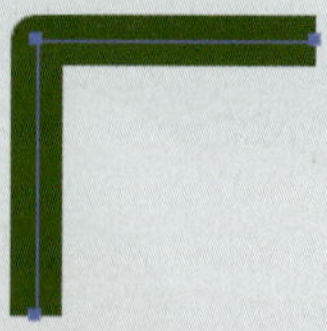　　▲ Round Join 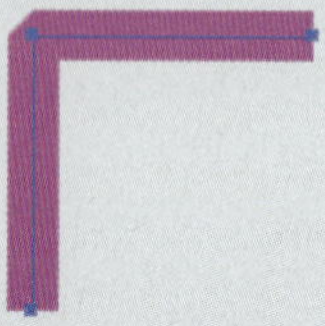　　▲ Bevel Join

❹ **Limit** : Miter Join의 꺾인 모서리에서 표현의 한계점을 지정할 수 있습니다. 수치가 클수록 꺾인 모서리 각이 작을 때 모서리 모양을 뾰족하게 나타낼 수 있습니다.

⑤ **Align Stroke** : 패스 내 기준점 위치를 바꿀 수 있습니다. 단, Inside와 Outside는 닫힌 패스의 오브젝트에서 변형할 수 있습니다.
   ⓐ **Align Stroke to Center** : 패스에서 기준점 위치를 선 가운데로 지정합니다.
   ⓑ **Align Stroke to Inside** : 패스에서 기준점 위치를 선 밖으로 지정합니다.
   ⓒ **Align Stroke to Outside** : 패스에서 기준점 위치를 선 안으로 지정합니다.

▲ Align Stroke to Center   ▲ Align Stroke to Inside   ▲ Align Stroke to Outside

⑥ **Dashed Line** : 'Dashed Line'을 체크 표시하면 선을 점선으로 변경할 수 있고, 점선의 길이와 점 간격을 수치로 조절할 수 있습니다. 'Preserves exact dash and gap lengths' 아이콘( )을 클릭하면 지정한 수치대로 같은 간격으로 점선을 표현하고, 'Aligns dashes to corners and path ends, adjusting lengths to fit' 아이콘( )을 클릭하면 모서리를 기준으로 점선의 길이가 같은 간격으로 나타납니다.

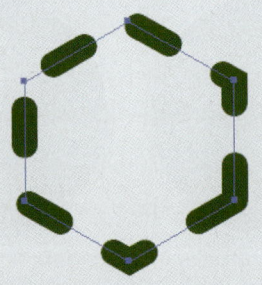 

▲ Preserves exact dash and gap lengths   ▲ Aligns dashes to corners and path ends, adjusting lengths to fit

⑦ **Arrowheads** : 화살표의 양끝 모양을 지정할 수 있습니다.

> **TIP**
> 패스에 적용된 화살표를 없애려면 Stroke 패널의 앞뒤 화살표를 'None'으로 지정합니다.

⑧ **Scale** : 화살표 양 끝의 크기를 조절할 수 있습니다. Scale의 오른쪽 '링크' 아이콘( )을 클릭하면 화살표의 어느 한쪽만 크기를 변경해도 양 끝 모두 같은 비율로 조절할 수 있습니다.

⑨ **Align** : 화살표의 시작이나 끝부분을 기준으로 패스 위치를 정렬합니다.
   ⓐ **Extend arrow tip beyond end of path** : 패스를 화살표 끝부분에 위치시켜 패스에서 화살표를 확장합니다.
   ⓑ **Place arrow tip at end of path** : 패스의 끝점과 화살표의 시작 부분이 일치하게 위치시킵니다.

⑩ **Profile** : 패스 선을 변형할 수 있습니다.

> **TIP**
> 패스 선을 그린 다음 Appearance 패널( )을 확인하면 Stroke 속성이 나타나며, 이곳에서도 Stroke 패널의 기능을 설정할 수 있습니다.

실습예제 08 Stroke 패널을 이용해 표지판 만들기

Stroke 패널을 이용해 선 속성 설정뿐만 아니라 다양한 형태를 만들 수 있습니다. 선을 그리고 Stroke 패널을 이용해서 간단하게 표지판을 디자인해 봅니다.

◉ 예제파일 : 02\표지판.ai   ◉ 완성파일 : 02\표지판_완성.ai

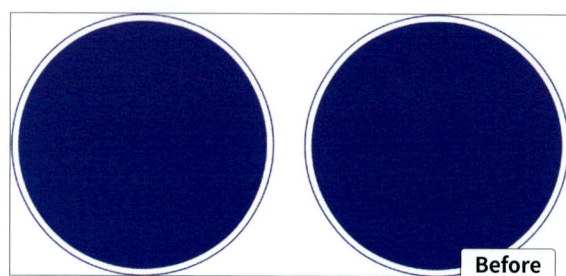
Before

After

01 02 폴더에서 '표지판.ai' 파일을 불러옵니다. 두 개의 원형 표지판 형태가 나타납니다.

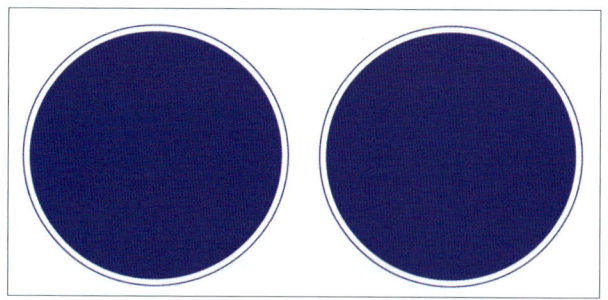

02 Tools 패널의 펜 도구(✎)를 선택하고 면 색을 'None', 선 색을 '흰색(#FFFFFF)'으로 지정합니다. ❶ 첫 번째 원형 표지판에 그림과 같이 위쪽을 클릭하고 ❷ Shift를 누른 상태로 아래쪽을 클릭합니다.

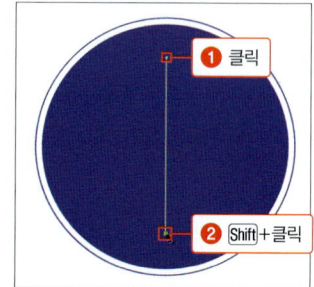

> **TIP**
> 예제에서는 Layers 패널의 레이어 옵션에서 Color를 눈에 띄는 'Green'으로 지정하였습니다.

03 선을 화살표로 변경하기 위해 ❶ 선택 도구(▶)를 선택하여 선을 선택합니다. ❷ Stroke 패널(≡)에서 Arrowheads의 왼쪽 화살표를 클릭하고 ❸ 'Arrow 2'로 지정합니다.

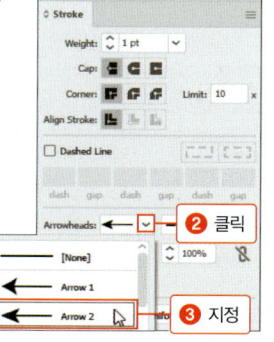
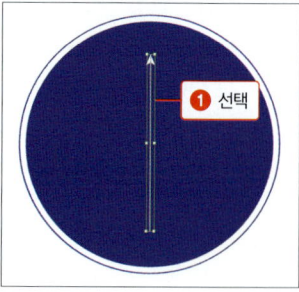

> **TIP**
> Stroke 패널이 보이지 않으면 메뉴에서 (Window) → Stroke(Ctrl+F10)를 실행합니다.

04

❶ Stroke 패널(≡)에서 Weight를 '20pt'로 설정한 다음 ❷ Scale 왼쪽을 '30%'로 설정합니다. 직진 표지판이 완성되었습니다.

> **TIP**
> 브러시 도구(✎)를 선택한 다음 브러시 라이브러리에서 Arrows 명령을 실행하여 다양한 형태의 화살표를 만들 수도 있습니다.

05

이번에는 오른쪽 원 안에 다음과 같은 직선과 곡선을 이어서 그립니다.

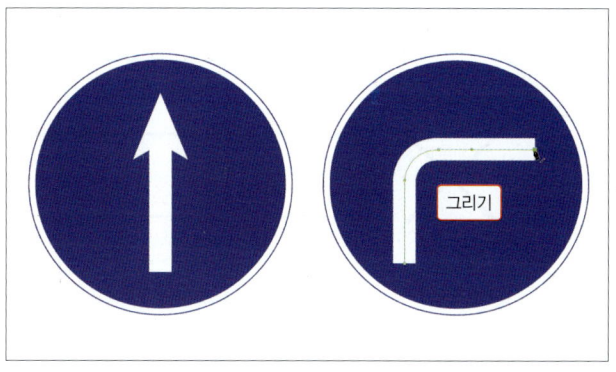

06

❶ 오른쪽 선을 선택하고 Stroke 패널(≡)에서 ❷ Arrowheads의 오른쪽 화살표를 'Arrow 2'로 지정한 다음 ❸ Scale 오른쪽을 '30%'로 설정합니다. 우회전 표지판도 완성되어 두 가지 표지판이 만들어졌습니다.

선 도구로 다양한 선 그리기

• 선, 호, 나선, 사각 그리드, 원 그리드 도구

오브젝트는 크게 선과 면으로 나뉘어 여기에 각각 다른 효과를 적용할 수 있습니다. 아트보드에 드래그하여 쉽고 빠르게 선, 호, 나선 등을 만드는 방법에 대해 살펴보겠습니다.

필수기능 01 수직선, 수평선, 대각선을 그리는 선 도구 살펴보기

선 도구로 선 그리기

선 도구(/)를 선택하고 아트보드에 원하는 방향과 길이로 드래그하여 직선을 그릴 수 있습니다. Shift 또는 Shift + Alt 를 누른 상태로 드래그하면 수평선, 수직선, 45° 각도의 대각선을 그릴 수 있습니다.

▲ 직선   ▲ 45° 각도의 대각선   ▲ 수직선과 수평선

Line Segment Tool Options 대화상자 살펴보기

선 도구(/)를 선택한 상태로 아트보드를 클릭하거나, Tools 패널에서 선 도구를 더블클릭하여 표시되는 Line Segment Tool Options 대화상자에서 직선의 길이와 각도 등을 설정할 수 있습니다.

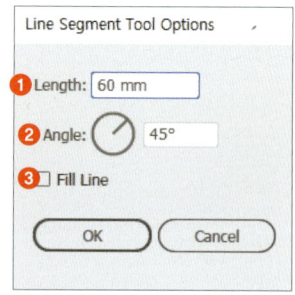

❶ **Length** : 선의 길이를 설정할 수 있습니다.
❷ **Angle** : 선의 각도를 설정할 수 있습니다.
❸ **Fill Line** : 선에 면 색을 적용할 수 있습니다.

실습예제 02 선 도구를 이용해 노트 만들기

선 도구(/)를 이용해서 직선을 그리고 복제 및 배치하여 노트를 만들어 봅니다.

◎ 예제파일 : 02\노트.ai
◎ 완성파일 : 02\노트_완성.ai

01 02 폴더에서 '노트.ai' 파일을 불러옵니다. ❶ Tools 패널에서 선 도구(/)를 선택하고 ❷ 선 색을 '#AFD4F9'로 지정합니다. 직선을 그리기 위해 ❸ 아트보드 왼쪽 상단을 클릭합니다.

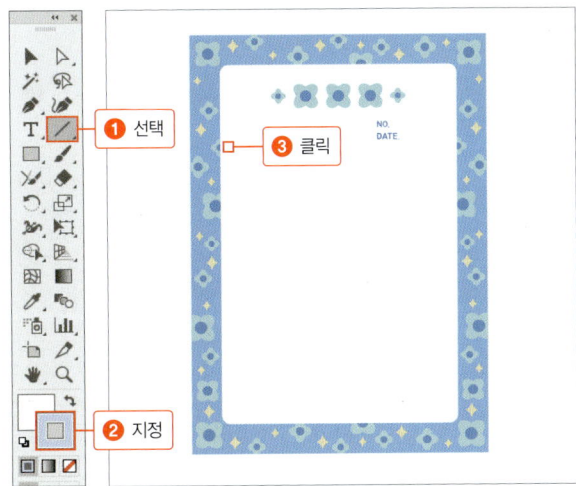

02 Line Segment Tool Options 대화상자가 표시되면 ❶ Length를 '160mm', Angle을 '0°'로 설정한 다음 ❷ 〈OK〉 버튼을 클릭하여 직선을 만듭니다.

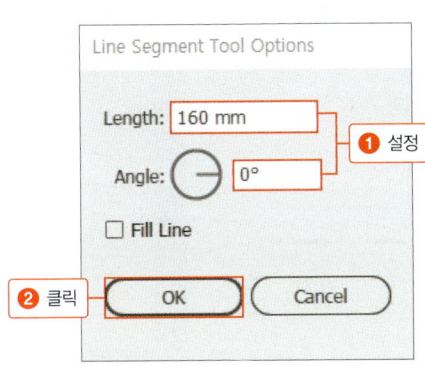

Chapter 02 • 선 도구로 다양한 선 그리기   135

03 ❶ 선택 도구(▶)를 선택하고 Shift+Alt를 누른 상태에서 선을 아래로 드래그하여 복제합니다. 적당한 간격을 두고 복제한 다음 그림과 같이 줄을 복제합니다. ❷ 오른쪽 No. 문자 아래에 짧은 선을 그립니다.

04 ❶ 가장 바깥쪽 두 개의 선을 선택한 다음 ❷ Stroke 패널(≡)에서 Weight를 '2pt'로 설정하고 ❸ Cap에서 'Round Cap' 아이콘(⊂)을 클릭합니다. ❹ 'Dashed Line'을 체크 표시하고 ❺ dash를 '5pt', gap을 '10pt'로 설정해 점선을 만듭니다.

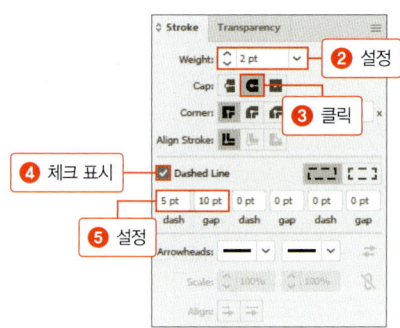

05 ❶ 그림과 같이 가운데 부분을 드래그하여 여러 줄을 선택하고 ❷ Stroke 패널(≡)에서 Weight를 '0.5pt'로 설정합니다. 완성된 노트는 직접 출력해 사용할 수 있습니다.

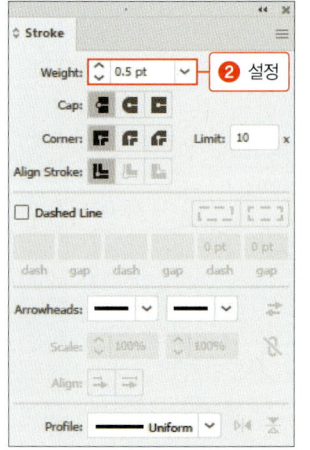

필수기능 03 곡선을 그리는 호 도구 알아보기

호 도구로 곡선 그리기

호 도구( )를 선택하고 아트보드에 원하는 방향과 길이로 드래그하여 곡선 형태의 호를 그릴 수 있습니다. Shift 또는 Shift + Alt 를 누른 상태로 드래그하면 X, Y축이 같은 길이의 호를 그릴 수 있습니다.

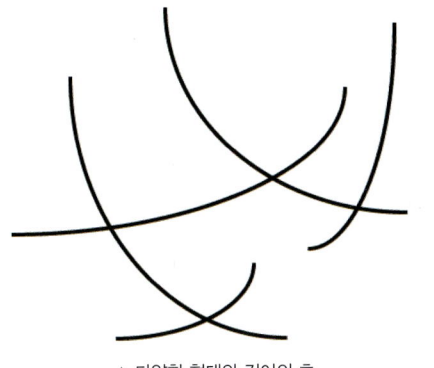
▲ 다양한 형태와 길이의 호

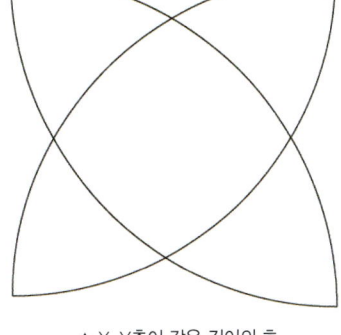
▲ X, Y축이 같은 길이의 호

Arc Segment Tool Options 대화상자 살펴보기

호 도구( )를 선택한 상태로 아트보드를 클릭하거나, Tools 패널에서 호 도구를 더블클릭하여 표시되는 Arc Segment Tool Options 대화상자에서 호의 축 길이와 형태 등을 설정할 수 있습니다.

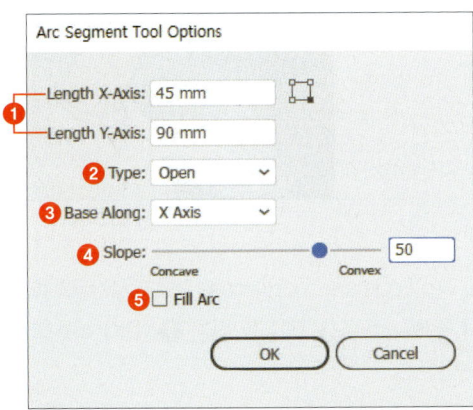

❶ **Length X/Y-Axis** : X/Y축 길이를 설정할 수 있습니다.
❷ **Type** : 열린 곡선의 패스를 그릴지, 닫힌 곡선의 패스를 그릴지 지정할 수 있습니다.
❸ **Base Along** : X/Y축 중에서 기준 축을 지정할 수 있습니다.
❹ **Slope** : 호를 볼록하게 또는 오목하게 설정할 수 있으며, -100~100의 수치를 설정할 수 있습니다.
❺ **Fill Arc** : 곡선에 면 색을 적용할 수 있습니다.

실습예제 04 호 도구를 이용해 캐릭터 완성하기

호 도구를 이용하여 눈썹과 코를 그려서 캐릭터를 완성해 봅니다.

- 예제파일 : 02\액자.ai
- 완성파일 : 02\액자_완성.ai

01 02 폴더에서 '액자.ai' 파일을 불러옵니다. 아트보드를 잠궈 편리하게 작업하기 위해 ❶ 선택 도구(▶)를 선택하고 ❷ 캐릭터를 선택한 다음 ❸ 메뉴에서 (Object) → Lock → Selection(Ctrl+2)을 실행합니다.

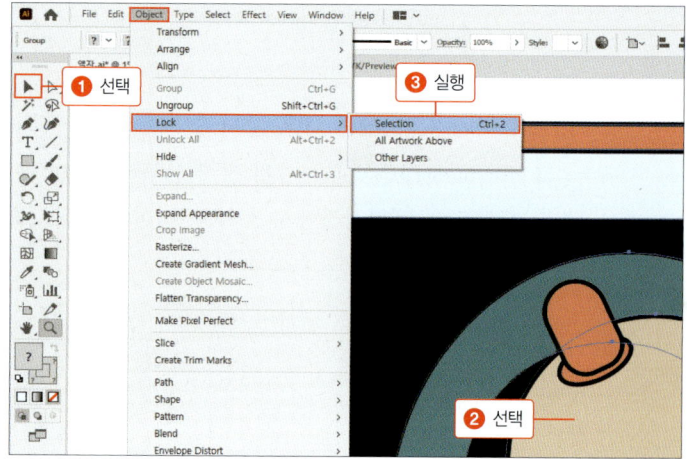

02 Tools 패널에서 호 도구( )를 선택한 다음 아트보드를 클릭합니다. Arc Segment Tool Options 대화상자가 표시되면 ❶ Length X/Y-Axis를 각각 '5mm'로 설정하고 ❷ 시작 기준점을 '왼쪽 상단'으로 지정한 다음 ❸ 〈OK〉 버튼을 클릭합니다.

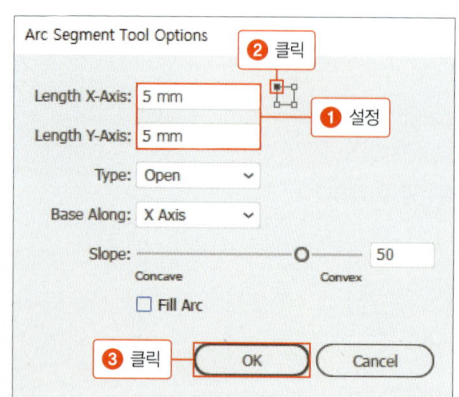

03
왼쪽 호가 그려지면 호 도구가 선택된 상태에서 다시 아트보드를 클릭합니다. Arc Segment Tool Options 대화상자가 표시되면 ❶ 시작 기준점을 '오른쪽 상단'으로 지정한 다음 ❷ 〈OK〉 버튼을 클릭하여 또 다른 호를 만듭니다.

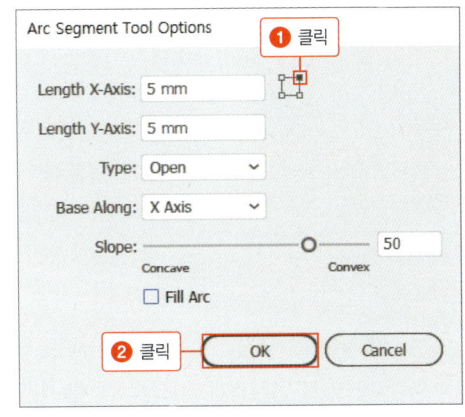

04
❶ 선택 도구(▶)로 두 개의 호를 선택하고 ❷ Stroke 패널(≡)에서 Weight를 '4pt'로 설정한 다음 ❸ Cap에서 'Round Cap' 아이콘(⌐)을 클릭합니다.

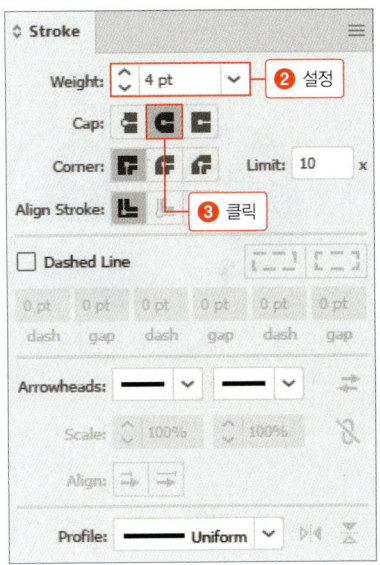

05
❶ 두 개의 호를 수평으로 정렬하기 위해 함께 선택된 상태에서 ❷ 중심이 될 오른쪽 호를 클릭하여 선택합니다.

 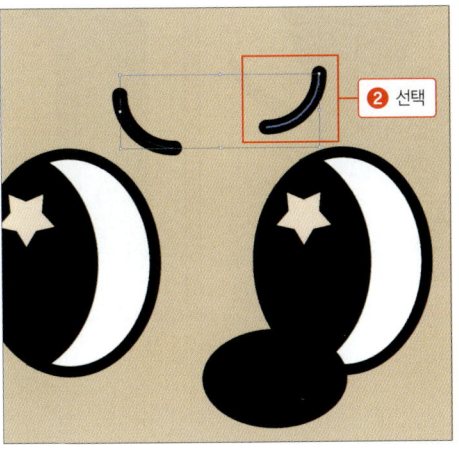

06

Align 패널()에서 Align Objects의 ❶ 'Vertical Align Top' 아이콘(▇)을 클릭합니다. 눈썹이 완성되었습니다.

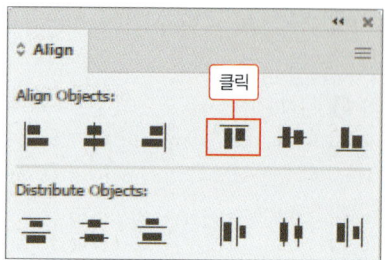

> **TIP**
> Align 기능을 이용하면 두 개 이상의 오브젝트를 빠르고 정확하게 정렬할 수 있습니다. 예제에서 사용한 'Vertical Align Top' 기능은 선택한 오브젝트 중 가장 위쪽에 있는 오브젝트를 기준으로 위쪽 정렬합니다.

07

❶ 눈썹을 선택한 상태에서 ❷ Alt 를 누른 상태로 아래로 드래그하여 복제해 왼쪽 입을 만들어 줍니다. ❸ 그림과 같이 서로 연결되게 배치합니다. ❹ 직접 선택 도구(▷)를 선택한 다음 두 개의 호에서 아래쪽 기준점들을 선택하고 ❺ 마우스 오른쪽 버튼을 클릭한 다음 ❻ Join 을 실행하여 하나의 패스로 연결합니다.

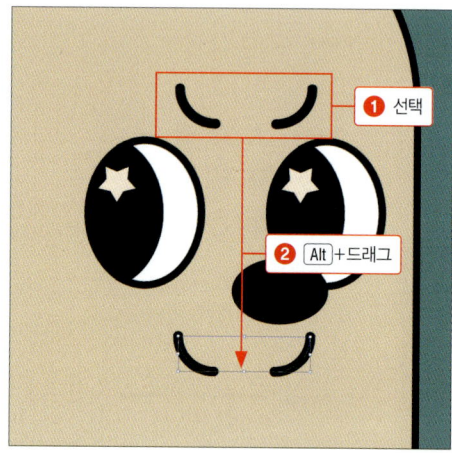
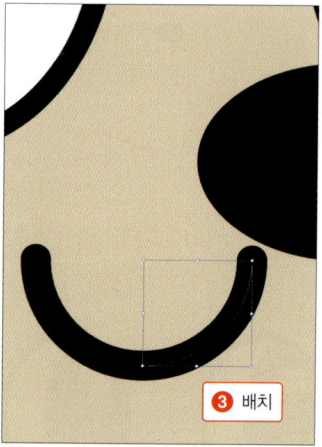

08

❶ 왼쪽 입을 선택한 상태에서 ❷ Alt 를 누른 상태로 오른쪽 드래그하여 복제합니다. 입을 적당한 위치에 배치하여 완성합니다.

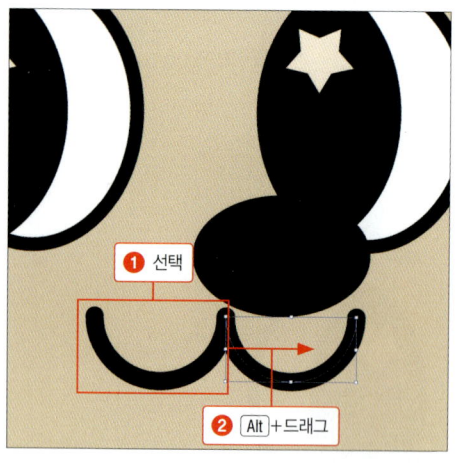

> **TIP**
> 복제를 원하는 요소가 있을 때 선택한 다음 Alt 를 누르고 있으면 검은색과 흰색 커서가 겹쳐 표시됩니다. 이때 원하는 위치로 드래그하면 드래그한 위치로 복제됩니다.

필수기능 05 빙글빙글 돌아가는 나선 도구 알아보기

나선 도구로 나선 그리기

나선 도구(◉)를 선택하고 아트보드에 원하는 방향과 크기로 드래그해 나선을 그릴 수 있습니다. Shift를 누른 상태로 드래그하면 나선 외곽의 기준점을 수직, 수평, 45° 각도로 맞출 수 있습니다.

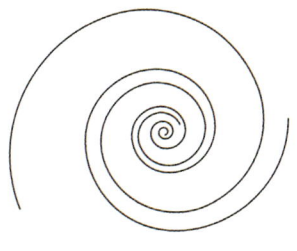

▲ 여러 개의 나선을 배치한 모습

Spiral 대화상자 살펴보기

나선 도구를 선택한 상태에서 아트보드를 클릭하거나, 나선 도구(◉)를 더블클릭하면 Spiral 대화상자에서 나선의 반지름, 선 개수, 회전 방향 등을 설정할 수 있습니다.

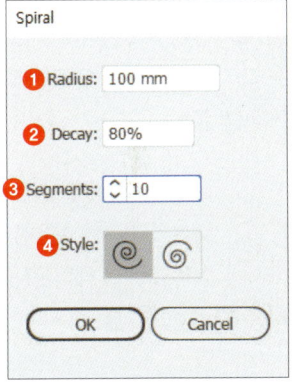

❶ Radius : 나선의 중심에서 바깥쪽까지 반지름 길이를 설정할 수 있습니다.
❷ Decay : 외곽의 정점과 정점 사이 선이 작아지는 비율을 설정할 수 있습니다.
❸ Segments : 외곽의 정점과 정점 사이 선 개수를 설정할 수 있습니다.
❹ Style : 나선의 회전 방향을 지정할 수 있습니다.

실습예제 06 나선 도구를 이용해 아기 돼지 만들기

나선 도구와 Spiral 대화상자를 이용하여 돼지 꼬리와 볼 터치를 만들어 봅니다.

Before

After

◉ 예제파일 : 02\아기돼지.ai
◉ 완성파일 : 02\아기돼지_완성.ai

01 02 폴더에서 '아기돼지.ai' 파일을 불러옵니다.

02 선 스타일을 설정하기 위해 ❶ Stroke 패널(≡)에서 Weight를 '14pt'로 설정하고 ❷ Cap의 'Round Cap' 아이콘( )을 클릭합니다. ❸ Color 패널( )에서 면 색을 'None', 선 색을 돼지와 어울리는 'C:0%, M:62%, Y:0%, K:0%'로 지정합니다.

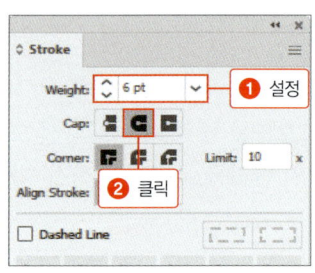 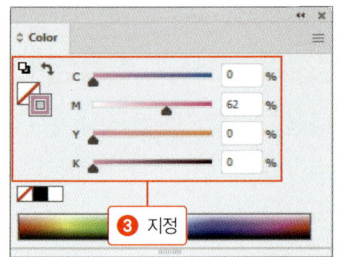

03 나선의 형태를 설정하기 위해 먼저 나선 도구( )를 선택하고 아트보드를 클릭합니다. Spiral 대화상자가 표시되면 ❶ Radius를 '40mm', Decay를 '80%'로 설정하고 ❷ Style을 ' '로 지정한 다음 ❸ 〈OK〉 버튼을 클릭합니다.

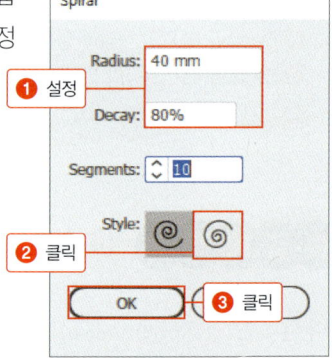

04 나선을 회전하기 위해 회전 도구( )를 더블클릭해 Rotate 대화상자가 표시되면 ❶ Angle을 '270°'로 설정하고 ❷ 〈OK〉 버튼을 클릭합니다.

05 선택 도구(▶)로 나선 오브젝트를 선택하고 돼지 엉덩이 부근에 배치합니다. 돼지 꼬리가 완성되었습니다.

06 나선 오브젝트를 선택한 상태에서 ❶ Ctrl +C ❷ Ctrl +B 를 차례대로 눌러 복제합니다. ❸ 선 색을 'C:0%, M:51%, Y:0%, K:0%'로 지정하고 ❹ Stroke 패널(≡)에서 Weight를 '6pt'로 설정해 볼 터치를 만듭니다.

> **TIP**
> 오브젝트를 복제할 때 Ctrl +C 를 누르고 Ctrl +B 를 누르면 같은 위치의 뒤쪽에 복제되며, Ctrl +F 를 누르면 같은 위치의 앞쪽에 복제됩니다.

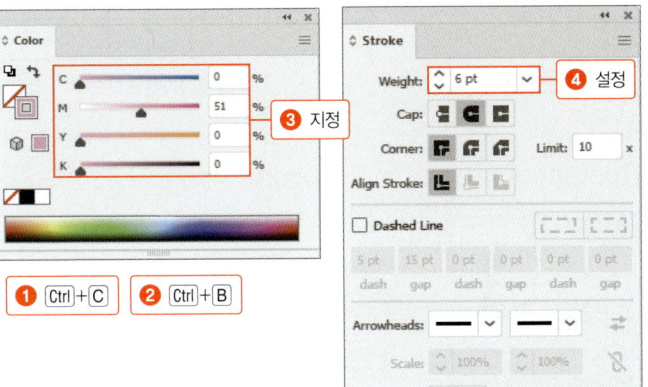

07 나선 오브젝트를 돼지 얼굴에 배치한 다음 선택 도구(▶)를 이용해 크기를 조절하고 회전하여 발그레한 볼로 보이도록 완성합니다.

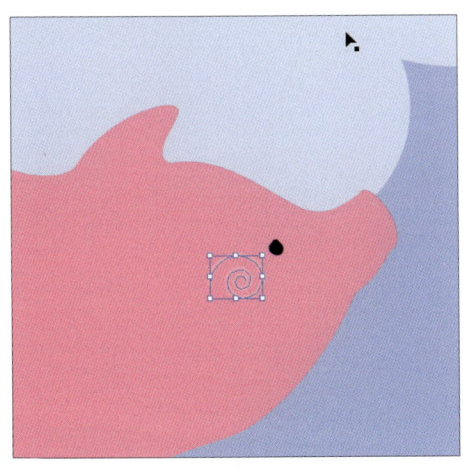 

> **TIP**
> 곡률 도구(✎)를 이용하면 원하는 대로 정교한 곡선과 직선을 빠르게 그릴 수 있습니다. 시작점을 클릭하고 원하는 방향으로 기준점을 추가하면 벡터(베지어 곡선) 방식에 의해 자동으로 곡률을 계산하여 직선 또는 곡선을 그릴 수 있습니다.

필수기능 07 표 형태를 그리는 사각 그리드 도구 알아보기

사각 그리드 도구로 표 만들기

사각 그리드 도구(▦)를 이용하여 아트보드에 직사각형 그리드를 그릴 수 있습니다. 주로 표를 디자인할 때 유용하며, Shift를 누른 상태로 드래그하면 정사각형 그리드를 그릴 수도 있습니다.

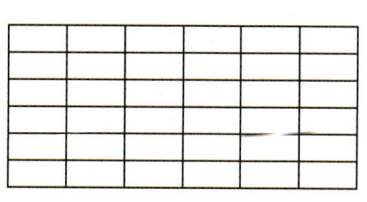
▲ 직사각형 그리드

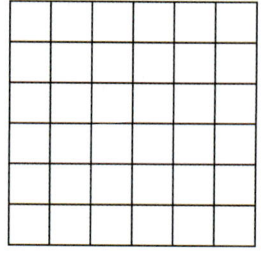
▲ 정사각형 그리드

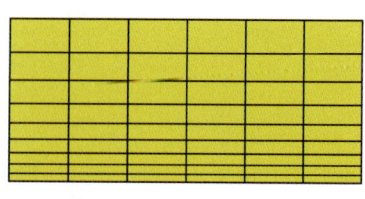
▲ 면 색 및 가로 방향의 칸 밀집 적용

Rectangular Grid Tool Options 대화상자 살펴보기

사각 그리드 도구를 선택하고 아트보드를 클릭하거나, Tools 패널에서 사각 그리드 도구(▦)를 더블클릭하면 표시되는 Rectangular Grid Tool Options 대화상자에서 사각 그리드의 너비와 높이, 밀집 정도, 면 색 등을 설정할 수 있습니다.

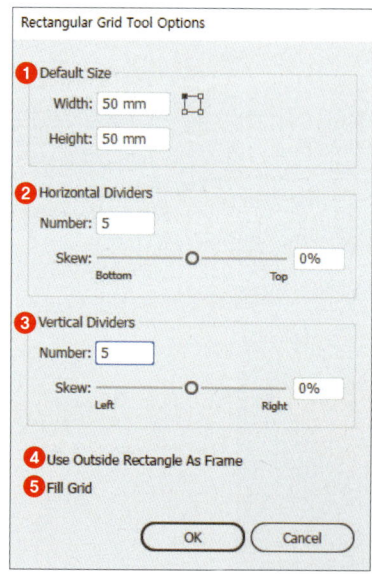

① **Default Size** : 선의 길이와 기준점을 설정할 수 있습니다.
② **Horizontal Dividers** : 가로 방향의 칸과 밀집 정도를 설정할 수 있습니다.
③ **Vertical Dividers** : 세로 방향의 칸과 밀집 정도를 설정할 수 있습니다.
④ **Use Outside Rectangle As Frame** : 외곽을 선 또는 면으로 지정할 수 있습니다.
⑤ **Fill Grid** : 그리드에 면 색을 적용할 수 있습니다.

실습예제 08 사각 그리드 도구로 표를 응용해 픽셀아트 만들기

표를 그릴 때 유용한 사각 그리드 도구로 표를 그리고 응용해서 픽셀아트를 디자인합니다.

Before

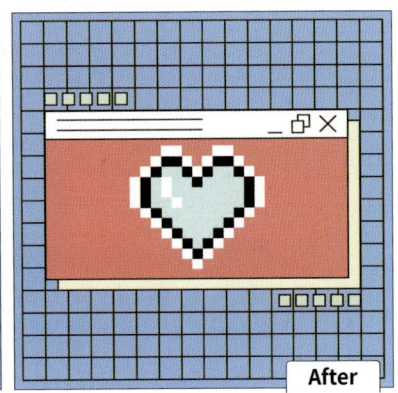
After

● 예제파일 : 02\픽셀.ai
● 완성파일 : 02\픽셀_완성.ai

01 02 폴더에서 '픽셀.ai' 파일을 불러옵니다.
❶ Tools 패널에서 사각 그리드 도구(▦)를 선택한 다음
❷ 파란색 사각형을 클릭합니다.

02 Rectangular Grid Tool Options 대화상자가 표시되면 ❶ Width와 Height를 각각 '90mm' ❷ Horizontal Dividers와 Vertical Dividers의 Number를 각각 '15'로 설정한 다음 ❸ 〈OK〉 버튼을 클릭합니다.

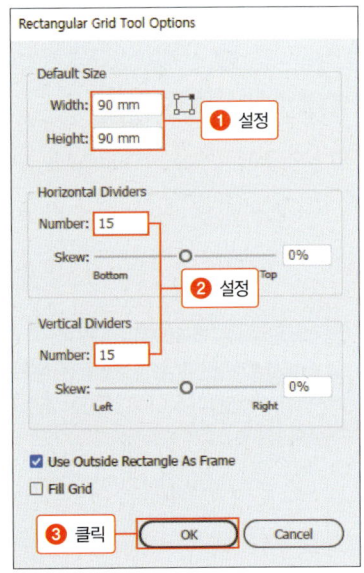

03 ❶ 만들어진 사각 그리드를 파란색 사각형 중앙으로 배치합니다. 선택 도구(▶)로 파란색 사각형과 그리드만 드래그하여 선택한 다음 ❷ Ctrl+Shift+[를 눌러 맨 뒤로 이동합니다.

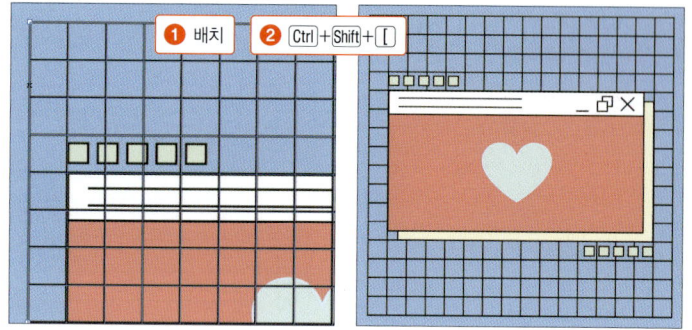

04 픽셀아트를 만들기 위해 다시 ❶ Tools 패널에서 사각 그리드 도구(▦)를 선택한 다음 ❷ 빨간색 사각형을 클릭합니다. Rectangular Grid Tool Options 대화상자가 표시되면 ❸ Width와 Height를 '80mm' ❹ Horizontal Dividers와 Vertical Dividers의 Number를 '30'으로 설정한 다음 ❺ 〈OK〉 버튼을 클릭합니다.

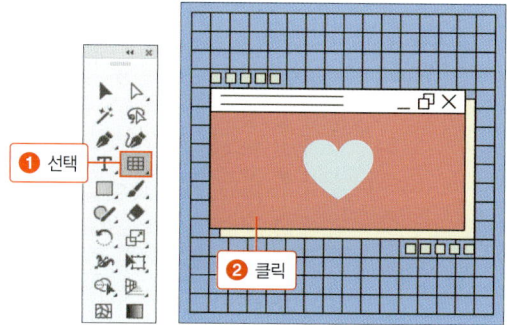
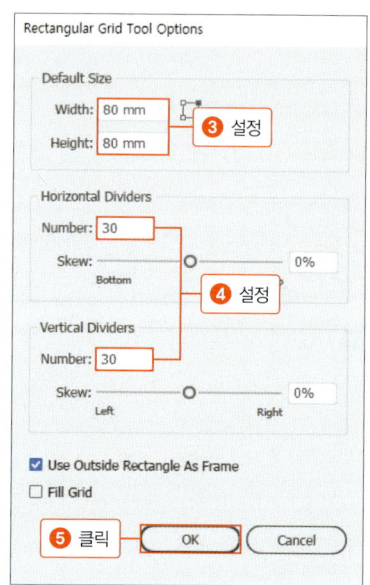

05 ❶ Shift를 누른 상태에서 선택 도구(▶)로 새로 만들어진 사각 그리드와 하트를 선택합니다. ❷ 선택된 상태에서 선택 도구로 하트를 한 번 더 선택합니다.

> **TIP**
> 선택 도구로 다수의 오브젝트를 선택한 다음 기준이 될 오브제를 한 번 더 선택하면 진한 파란색으로 오브젝트가 표시됩니다. 이때 정렬을 하면 기준이 된 오브젝트를 중심으로 정렬됩니다.

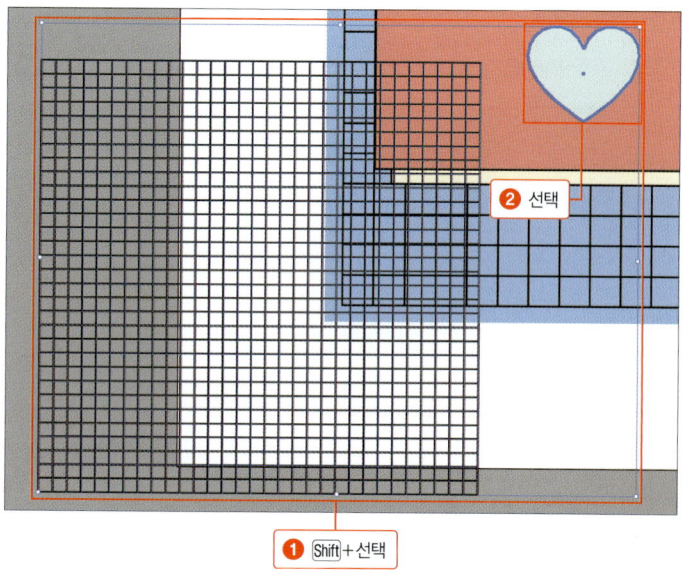

06 Align 패널(▤)에서 'Horizontal Align Center' 아이콘(▤)과 'Vertical Align Center' 아이콘(▤)을 클릭합니다. 기준이 된 하트를 정렬 중심으로 정렬됩니다.

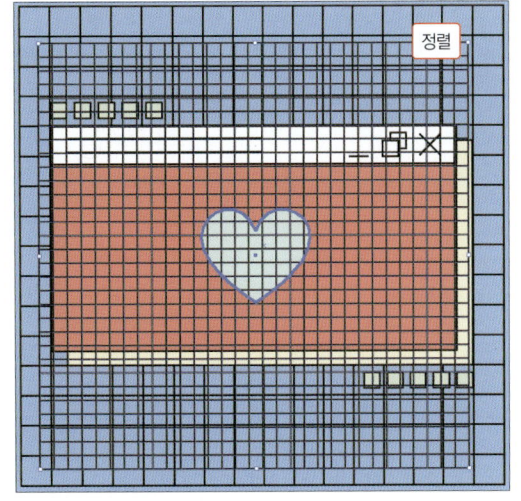

07 ❶ 새로 만든 사각 그리드를 선택한 다음 ❷ Tools 패널에서 라이브 페인트 통 도구(▧)를 선택합니다. ❸ 면 색을 '검은색'으로 지정한 다음 ❹ 하트 모양을 참고하여 사각 그리드의 사각형을 클릭하여 하트 모양을 만듭니다.

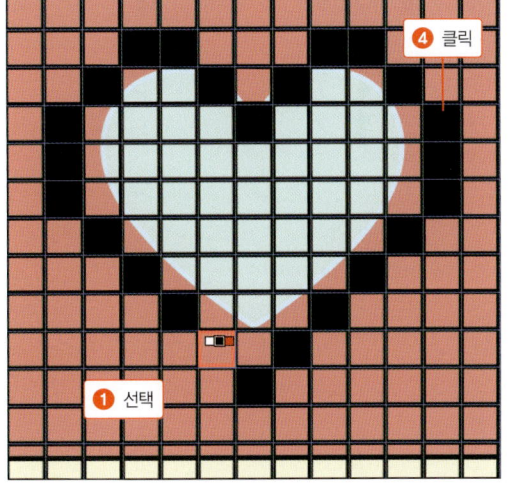

08 ❶ 라이브 페인트 통 도구(▧)가 선택된 상태에서 Alt 를 누르면 스포이트 도구(✐)가 활성화됩니다. Alt 를 누른 상태로 연초록색 하트를 클릭하여 색을 추출합니다. ❷ 라이브 페인트 통 도구로 하트 안쪽 사각 그리드의 사각형을 클릭하여 채워 줍니다.

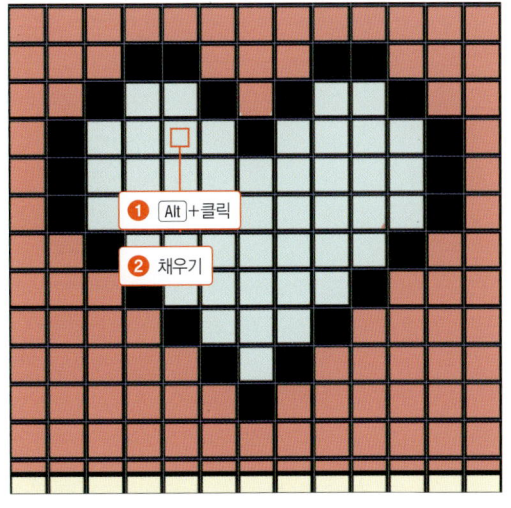

09 ❶ 면 색을 '흰색'으로 지정한 다음 ❷ 검은색으로 채운 사각형 바깥 부분을 따라 색을 채워 줍니다. ❸ 연초록색 면에 흰색으로 포인트를 주어 하트의 하이라이트도 표현합니다.

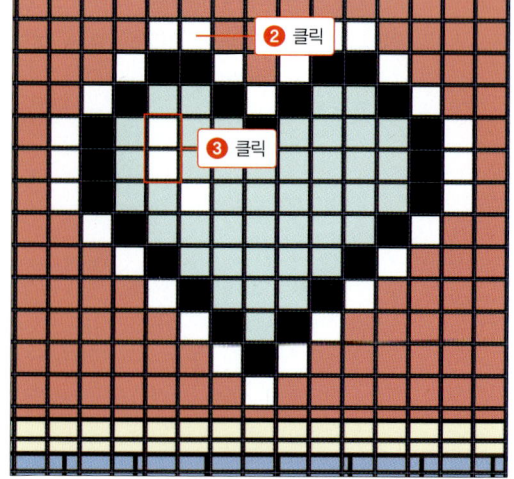
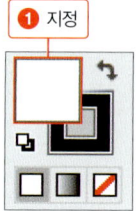

10 ❶ 사각 그리드를 선택하고 ❷ 선 색을 'None'으로 지정합니다.

11 선택 도구(▶)로 하트의 위치를 조절한 다음 완성합니다.

필수기능 09 과녁 형태를 그리는 원 그리드 도구 알아보기

원 그리드 도구로 과녁 그리기

원 그리드 도구(⊙)를 선택하고 아트보드에 드래그하여 타원이나 정원 형태의 원 그리드를 그릴 수 있습니다. 원 그리드 도구는 사각 그리드 도구와 마찬가지로 표나 인포그래픽 디자인에 유용합니다.

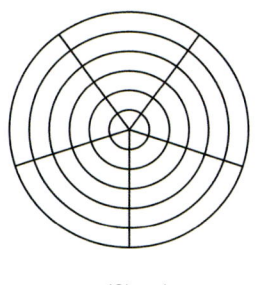
▲ 정원 그리드

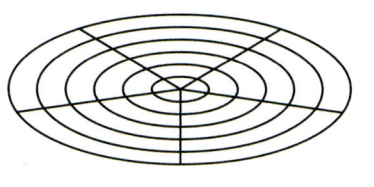
▲ 타원 그리드

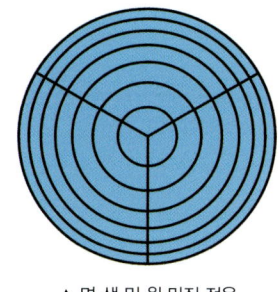
▲ 면 색 및 원 밀집 적용

Polar Grid Tool Options 대화상자 살펴보기

원 그리드 도구(⊙)를 선택한 상태에서 아트보드를 클릭하거나, 원 그리드 도구를 더블클릭하여 표시되는 Polar Grid Tool Options 대화상자에서 그리드의 너비와 높이, 밀집 정도, 면 색 등을 설정할 수 있습니다.

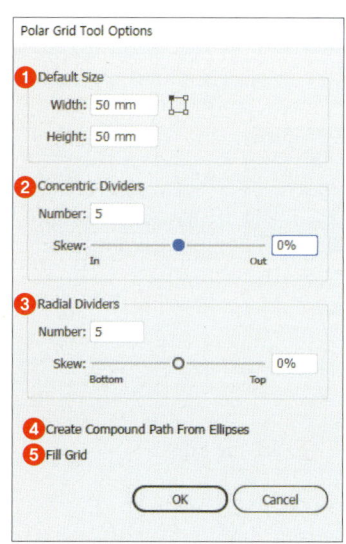

> **TIP**
> Polar Grid Tool Options 대화상자에서 'Create Compound Path From Ellipses'를 체크 표시하여 원으로 채워진 복합 오브젝트를 만들 수 있습니다.

❶ **Default Size** : 길이와 기준점을 설정할 수 있습니다.
❷ **Concentric Dividers** : 원의 분할 개수와 밀집 정도를 설정할 수 있습니다.
❸ **Radial Dividers** : 선의 분할 개수와 밀집 정도를 설정할 수 있습니다.
❹ **Create Compound Path From Ellipses** : 외곽을 선 또는 면으로 지정할 수 있습니다.
❺ **Fill Grid** : 면 색을 적용할 수 있습니다.

실습예제 10 원 그리드 도구로 레몬 그리기

원 그리드 도구와 Polar Grid Tool Options 대화상자를 이용하여 레몬을 만들어 봅니다.

◎ 예제파일 : 02\레몬.ai
◎ 완성파일 : 02\레몬_완성.ai

Before

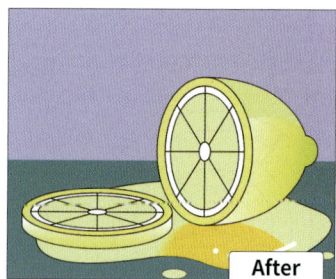
After

01 02 폴더에서 '레몬.ai' 파일을 불러옵니다.

02 ❶ Color 패널(🎨)에서 면 색을 'None', 선 색을 '검은색'으로 지정합니다. ❷ Tools 패널에서 원 그리드 도구(◎)를 선택합니다.

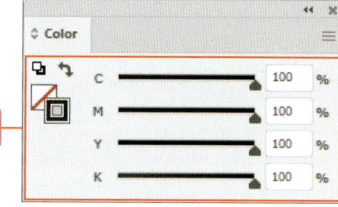

03 아트보드 여백을 클릭합니다. Polar Grid Tool Options 대화상자가 표시되면 수치를 입력하여 원 그리드를 만듭니다.
❶ Width를 '120mm', Height를 '200mm'로 설정한 다음 ❷ Concentric Dividers의 Number를 '2', Radial Divders의 Number를 '8'로 설정하고 ❸ 〈OK〉 버튼을 클릭합니다.
❹ 원 그리드가 선택된 상태에서 Shift+Ctrl+G 를 두 번 눌러 그룹 지정을 해제합니다.

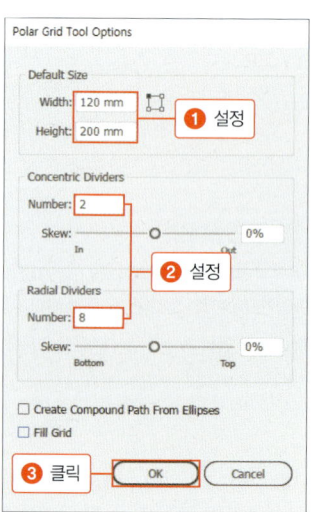
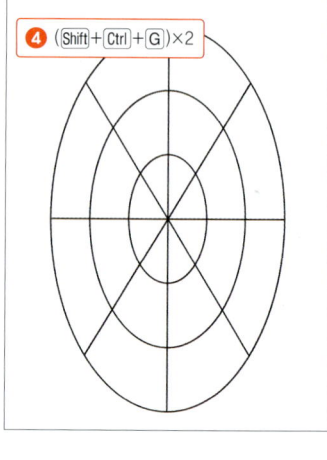

04 ❶ 선택 도구(▶)를 선택하고 ❷ Shift를 누른 상태로 원 그리드에서 세 개의 원을 선택합니다. ❸ Stroke 패널(≡)에서 Weight를 '4pt'로 설정합니다. ❹ 선택 도구(▶)를 선택하고 Shift+Alt를 누른 상태로 가장 안쪽 원을 작게 조절합니다. 같은 방법으로 중간에 있는 원은 크게 조절합니다. ❺ Color 패널(🎨)에서 면 색을 '흰색(C:0%, M:0%, Y:0%, K:0%)', '연노란색(C:9%, M:0%, Y:48%, K:0%)', '흰색(C:0%, M:0%, Y:0%, K:0%)' 순으로 지정합니다. ❻ 가장 안쪽의 원을 선택한 상태에서 ❼ Ctrl+Shift+[ ]를 눌러 가장 앞으로 이동합니다.

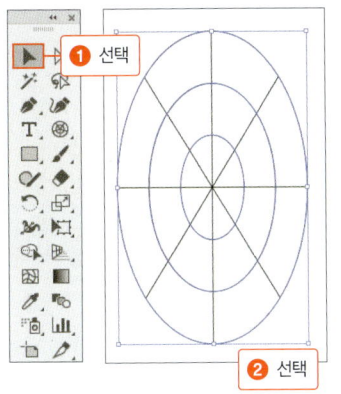
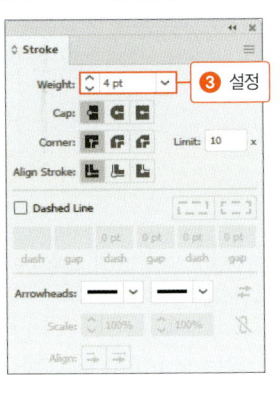
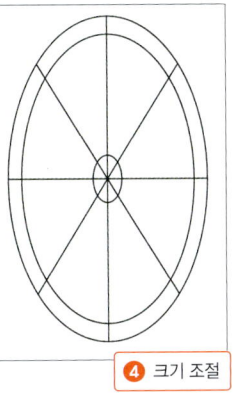
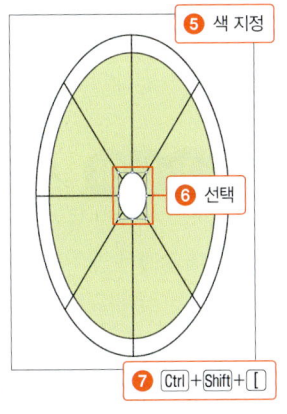

05 선택 도구(▶)를 선택하고 원 그리드를 모두 선택한 다음 ❶ Ctrl+G를 눌러 그룹으로 지정합니다. ❷ 원 그리드를 레몬 과육 부분에 배치합니다.

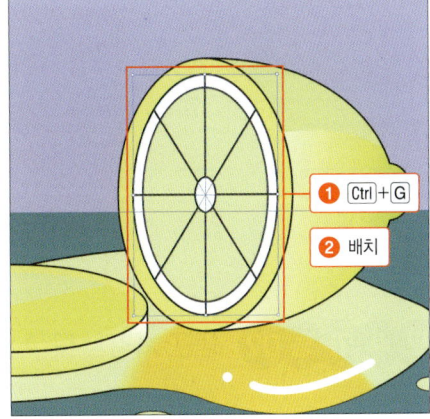

06 선택 도구(▶)를 이용하여 ❶ Alt를 누른 상태로 원 그리드를 복제한 다음 ❷ Shift를 누른 상태로 회전하여 가로로 납작한 형태가 되게 한 다음 ❸ 원 그리드를 레몬 조각에 배치합니다. ❹ 세로 너비를 레몬 조각에 맞게 조절하여 완성합니다.

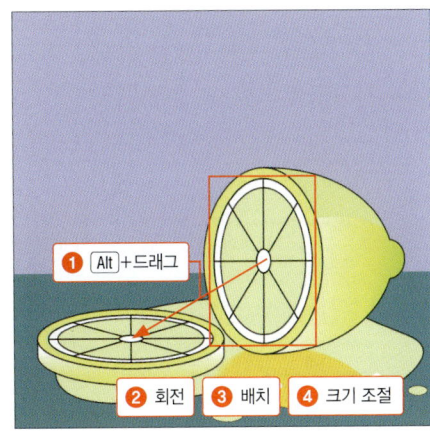

Chapter 02 • 선 도구로 다양한 선 그리기 151

• 사각형, 둥근 사각형, 원, 다각형, 별 도구

쉽고 빠르게 여러 가지 도형 그리기

기본 도형을 그릴 때 펜이나 선 도구 등을 이용하지 않아도 도형 도구를 이용하여 간편하게 정해진 형태의 삼각형, 사각형, 원형과 다각형 등을 그릴 수 있습니다. 다양한 도형 그리기 도구를 이용해서 작업 시간을 단축해 보세요.

필수기능 01 사각형 도구 알아보기

Tools 패널에서 사각형 도구(▭)를 선택한 다음 아트보드에 드래그해 다양한 형태의 사각형을 그릴 수 있으며, Shift를 누른 상태로 드래그하면 정사각형을 그릴 수 있습니다.

사각형 도구를 선택한 다음 아트보드를 클릭하면 표시되는 Rectangle 대화상자에서 사각형의 너비와 높이를 설정하여 정확한 크기의 사각형을 그릴 수도 있습니다.

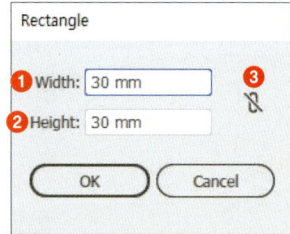

❶ Width : 사각형의 가로 길이(너비)를 설정합니다.
❷ Height : 사각형의 세로 길이(높이)를 설정합니다.
❸ Link : 링크 아이콘을 활성화하면 가로와 세로 길이가 같은 수치로 입력되면서 정사각형을 만들 수 있습니다.

필수기능 02 둥근 사각형 도구 알아보기

둥근 사각형 도구(▢)를 선택하고 아트보드에 자유롭게 드래그해 다양한 형태의 둥근 사각형을 그릴 수 있으며, Shift를 누른 상태로 드래그하면 가로, 세로 비율이 같은 둥근 사각형을 그릴 수도 있습니다.

둥근 사각형 도구를 선택한 상태로 아트보드를 클릭하면 Rounded Rectangle 대화상자에서 정확한 크기의 둥근 사각형을 그릴 수 있습니다.

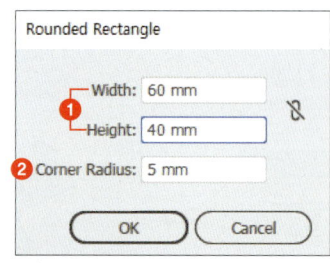

◀ 같은 크기의 둥근 사각형에서 모서리의 둥근 정도 비교

❶ Width/Height : 둥근 사각형의 가로와 세로 길이를 설정합니다.
❷ Corner Radius : 모서리의 둥근 정도를 설정합니다.

필수기능 03 원 도구 알아보기 ★★중요

원 도구( )를 선택한 다음 원하는 대로 드래그해 다양한 형태의 원을 그릴 수 있으며, Shift 를 누른 상태로 드래그하면 정원을 그릴 수 있습니다.

원 도구를 선택한 상태로 아트보드를 클릭하면 표시되는 Ellipse 대화상자에서 원의 가로와 세로 길이를 설정하여 정확한 크기의 원을 그릴 수도 있습니다.

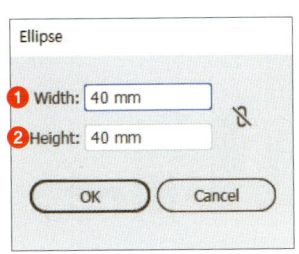
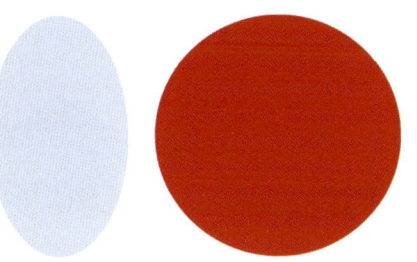

❶ Width : 원의 가로 길이를 설정합니다.
❷ Height : 원의 세로 길이를 설정합니다.

필수기능 04 다각형 도구 알아보기

다각형 도구( )를 선택한 다음 드래그하여 다각형을 그릴 수 있으며, 다각형의 모서리 수를 설정해 여러 가지 다각형을 그릴 수도 있습니다.

다각형 도구는 기본으로 여섯 개의 면(Sides)으로 이루어진 육각형으로 설정됩니다. 상하 또는 좌우 방향키를 누르거나 Polygon 대화상자에서 수치를 설정하여 Sides를 변경해서 다양한 형태의 다각형을 그릴 수 있으며, 일러스트레이터를 다시 실행하면 기본 값인 육각형으로 되돌아옵니다.

다각형 도구를 선택한 상태로 아트보드를 클릭하면 표시되는 Polygon 대화상자에서 다각형의 반지름, 모서리 수를 설정하여 더욱 정확하게 그릴 수 있습니다.

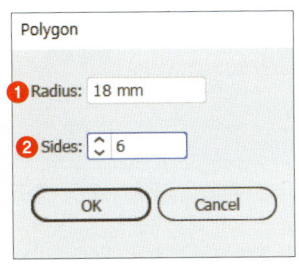

❶ Radius : 다각형의 반지름을 설정합니다.
❷ Sides : 다각형의 꼭짓점(모서리) 수를 설정합니다. 기본 설정은 '6'입니다.

실습예제 05 사각형, 원, 다각형 도구로 집 그리기

사각형, 원, 다각형 도구를 선택한 다음 드래그하거나 아트보드를 클릭하여 표시되는 대화상자에서 설정하여 다양한 형태의 집 일러스트를 만들어 봅니다.

◎ 예제파일 : 02\도형.ai   ◎ 완성파일 : 02\도형_완성.ai

Before

After

01 02 폴더에서 '도형.ai' 파일을 불러옵니다. 도형을 그려 일러스트를 완성하기 위해 Layers 패널에서 'Layer 2' 레이어를 선택합니다.

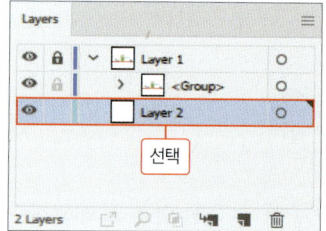

02 ❶ Tools 패널에서 사각형 도구( )를 선택하고 ❷ 면 색을 '#4DBBCF', 선 색을 'None'으로 지정합니다. ❸ 아트보드를 클릭하여 Rectangle 대화상자가 표시되면 ❹ Width를 '150px', Height를 '100px'로 설정하고 ❺ 〈OK〉 버튼을 클릭합니다.

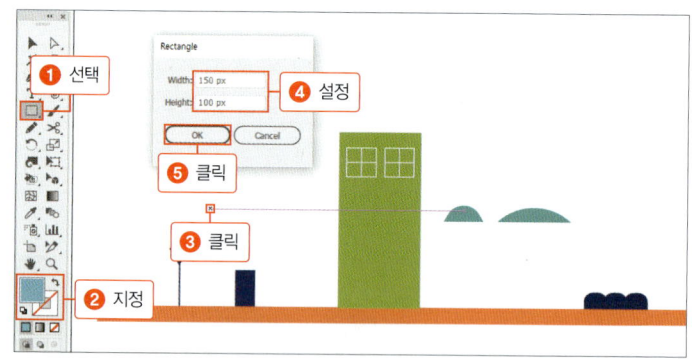

03 ❶ 선택 도구( )를 이용하여 그림과 같이 알맞게 배치합니다. ❷ 이번에는 오른쪽 두 개의 지붕 아래에 맞춰 각각 드래그합니다.

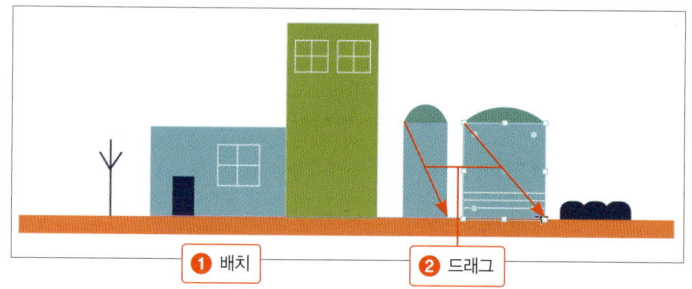

04 ① Tools 패널에서 원 도구(◯)를 선택한 다음 ② 면 색을 '#47C1C3'으로 지정하고 ③ 아트보드를 클릭합니다. Ellipse 대화상자가 표시되면 ④ Width와 Height를 각각 '60px'로 설정한 다음 ⑤ 〈OK〉 버튼을 클릭합니다.

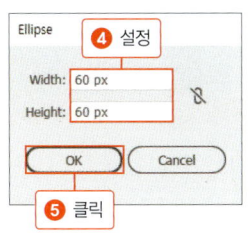
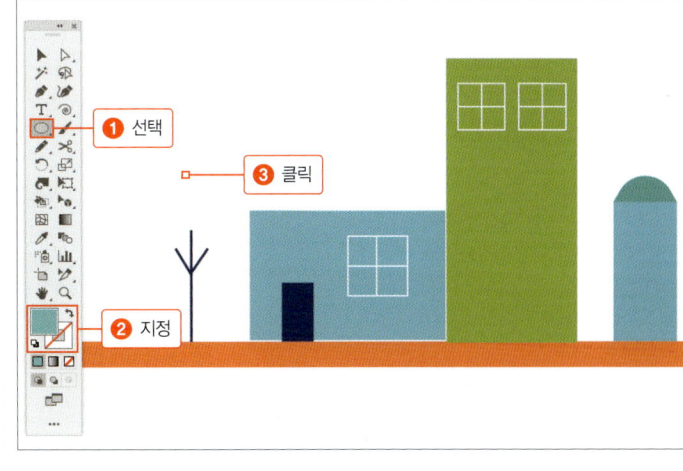

05 ① 선택 도구(▶)를 선택하고 ② 나뭇가지 위쪽에 배치합니다. ③ Alt를 누른 상태로 드래그해 그림과 같이 두 개의 원을 복제해서 배치합니다.

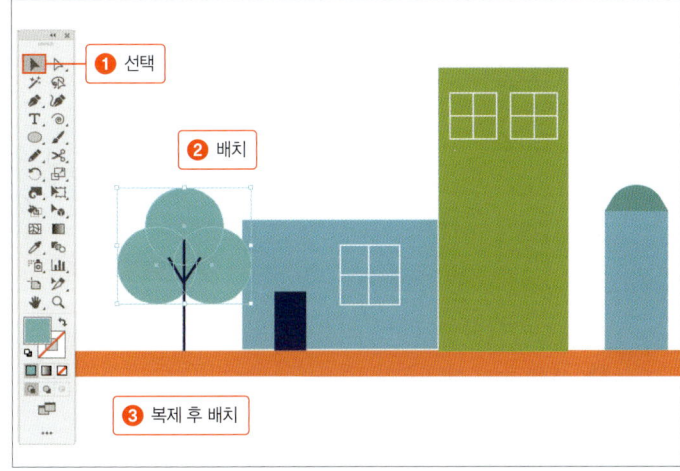

TIP
Align 패널을 이용해 원 오브젝트 간격을 일정하게 조절할 수 있습니다.

06 ① Tools 패널에서 스포이트 도구(✐)를 선택한 다음 ② 남색 문을 클릭하여 색상을 추출합니다. ③ 다시 원 도구(◯)를 선택하고 ④ 그림과 같이 오른쪽에 드래그하여 두 개의 둥근 창문을 만듭니다.

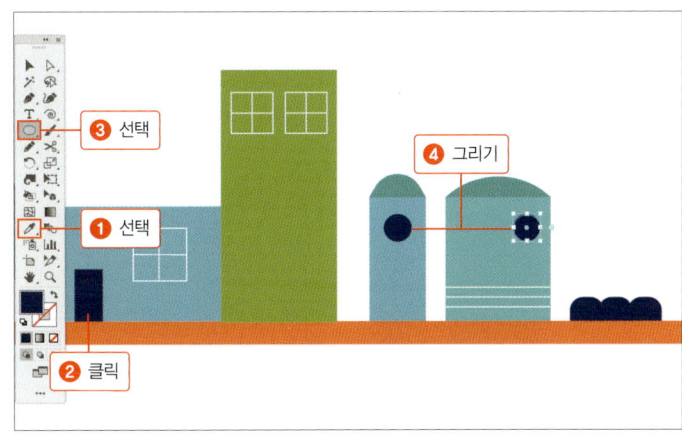

07 ❶ Tools 패널에서 다각형 도구( )를 선택합니다. ❷ 아트보드에 드래그한 상태로 ↓를 여러 번 눌러 삼각형 형태가 나타나면 지붕 크기에 맞춥니다.

> **TIP**
> 방향키를 이용하면 상하좌우로 미세하게 오브젝트를 이동할 수 있습니다.

08 ❶ 선택 도구( )를 이용하여 지붕에 알맞게 배치합니다. ❷ 바운딩 박스의 위쪽 가운데 조절점을 아래로 드래그하여 지붕의 높이를 낮춥니다.

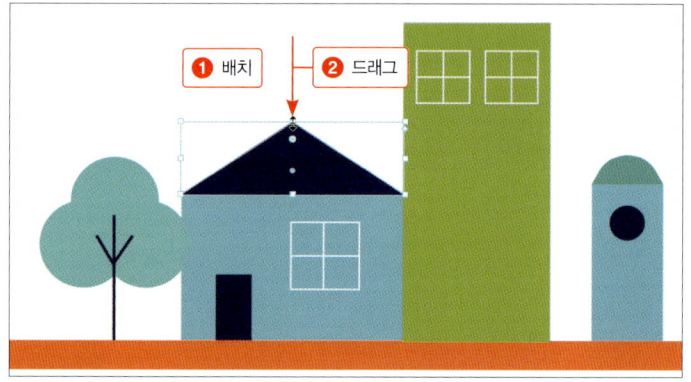

09 ❶ Alt 를 누른 상태로 삼각형을 오른쪽 건물 위로 드래그한 다음 ❷ 그림과 같이 크기를 조절합니다.

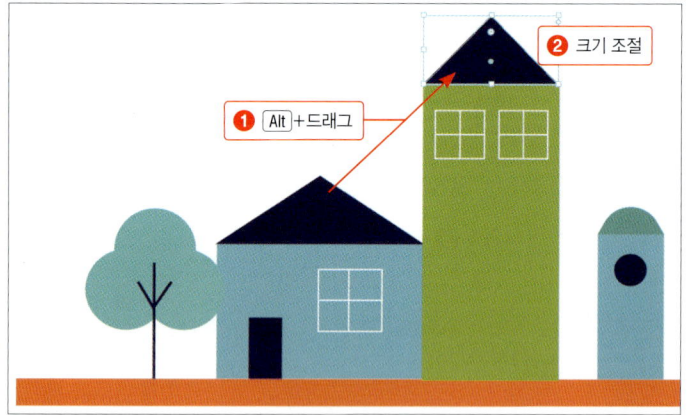

10 여백을 클릭해 선택을 해제합니다. 기본 도형을 활용하여 간단한 집 형태의 일러스트가 완성되었습니다.

실습예제 06 둥근 사각형 도구를 이용해 일러스트 완성하기

둥근 사각형 도구를 이용해서 둥근 사각형을 만들고 기준점을 조절하여 일러스트를 완성해 봅니다.

● 예제파일 : 02\노트북.ai　　● 완성파일 : 02\노트북_완성.ai

Before

After

01 02 폴더에서 '노트북.ai' 파일을 불러옵니다. ❶ 면 색을 '흰색(#FFFFFF)', 선 색을 '#5f1e7F'로 지정합니다. ❷ Control 패널에서 Stroke를 '3pt'로 설정합니다. ❸ 둥근 사각형 도구(▣)를 선택한 다음 ❹ 아트보드 가운데를 클릭합니다.

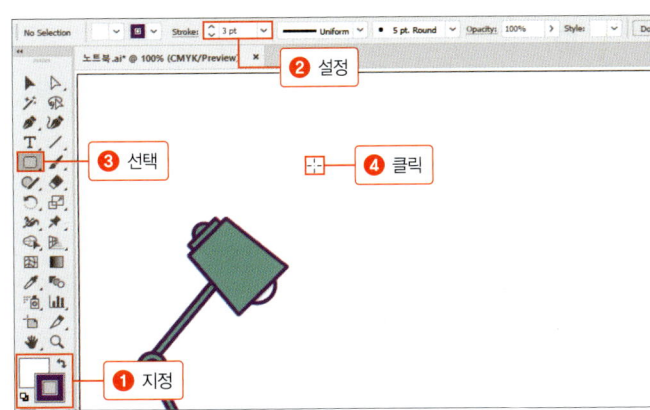

02 Rounded Rectangle 대화상자가 표시되면 ❶ Width를 '140mm', Height를 '95mm', Corner Radius를 '5mm'로 설정한 다음 ❷ 〈OK〉 버튼을 클릭합니다.

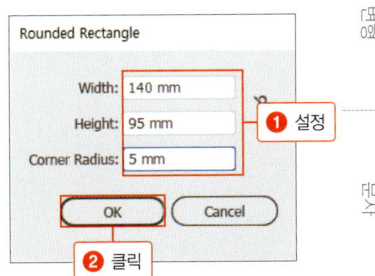

03 둥근 사각형이 한 개 만들어지면 ❶ 다시 둥근 사각형 도구(▣)를 선택한 다음 드래그하여 그림과 같이 3개의 둥근 사각형을 그려 노트북 형태를 만듭니다.
❷ 선택 도구(▶)로 둥근 사각형 오브젝트들을 선택하고 ❸ Control 패널에서 'Horizontal Align Center' 아이콘(▤)을 클릭하여 가운데 정렬합니다.

Chapter 03 • 쉽고 빠르게 여러 가지 도형 그리기　157

04 ① 아래쪽 넓은 둥근 사각형을 선택한 다음 ② Transform 패널( )에서 Corner Type을 각각 '3mm'로 설정합니다.

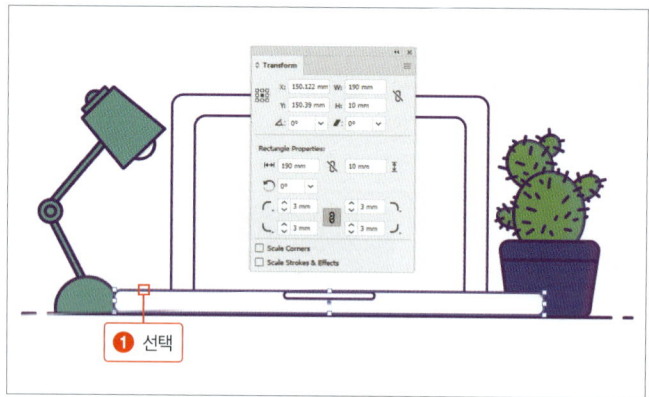 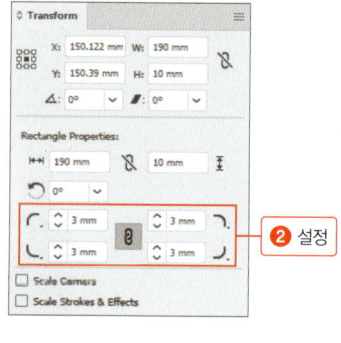

05 ① 직접 선택 도구( )를 선택하고 ② 아랫부분을 안쪽으로 이동하여 그림과 같이 거꾸로 된 사다리꼴 형태를 만듭니다.

06 ① 노트북 모니터인 둥근 사각형을 선택한 다음 ② 면 색을 '#7C4891'로 지정해 일러스트를 완성합니다.

> **TIP**
> **직사각형을 둥근 사각형으로 만들기**
> 라이브 코너를 이용해 직사각형을 둥근 사각형으로 수정할 수 있습니다. 선택 도구로 사각형을 선택한 다음 모서리에 나타나는 ◎ 조절점(라이브 코너)을 안쪽으로 드래그하면 간편하게 변형이 가능합니다.
>
>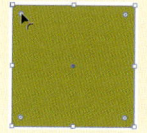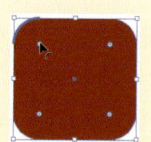

필수기능 07 별 도구 알아보기

별 도구(⭐)를 선택한 다음 아트보드에 드래그해 원하는 꼭짓점 수에 따라 다양한 형태의 별을 그릴 수 있습니다. Shift를 누른 상태로 드래그하면 수평을 기준으로 별을 그릴 수 있고, Shift+Alt를 누른 상태로 드래그하면 좀 더 뾰족한 형태의 별을 그릴 수 있습니다.

별 도구를 선택한 상태로 아트보드를 클릭하면 표시되는 Star 대화상자에서 별의 바깥쪽 모서리까지의 반지름과 꼭짓점을 설정하여 정확하게 그릴 수도 있습니다.

▲ Shift를 누른 상태로 드래그하여 만든 별   ▲ Shift+Alt를 누른 상태로 드래그하여 만든 별

❶ Radius 1 : 별의 바깥쪽 모서리까지의 반지름을 설정합니다.
❷ Radius 2 : 별의 안쪽 모서리까지의 반지름을 설정합니다.
❸ Points : 꼭짓점 수를 설정합니다.

실습예제 08 별 도구를 이용해 밤하늘 꾸미기

별 도구를 이용하여 밤하늘을 반짝반짝 빛나도록 꾸며 봅니다.

- 예제파일 : 02\밤하늘.ai
- 완성파일 : 02\밤하늘_완성.ai

01 02 폴더에서 '밤하늘.ai' 파일을 불러옵니다. ❶ 먼저 하늘에 별을 그리기 위해 면 색을 '노란색(C:6%, M:10%, Y:66%, K:0%)', 선 색을 '검은색'으로 지정합니다. ❷ Stroke 패널에서 Weight를 '3pt'로 설정합니다.

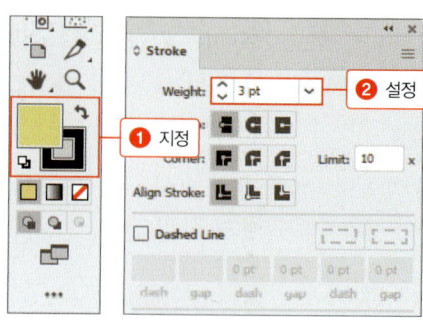

02 ❶ 별 도구(☆)를 선택한 다음 하늘을 클릭합니다. Star 대화상자가 표시되면 ❷ Radius 1을 '20mm', Radius 2를 '8mm', Points를 '5'로 설정한 다음 ❸ 〈OK〉 버튼을 클릭합니다. ❹ 만든 노란색 별을 하늘에 알맞게 배치합니다.

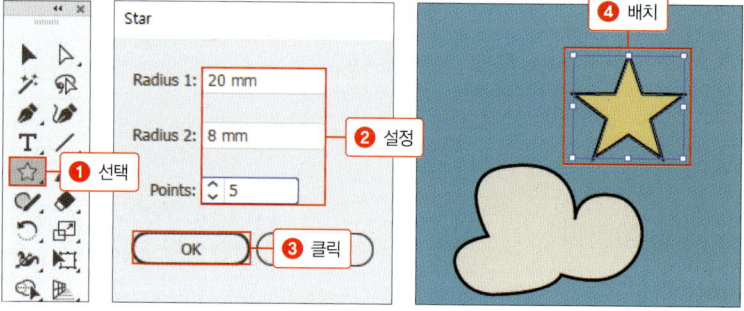

03 이번에는 꼭짓점이 여섯 개인 별을 만들어 보겠습니다. ❶ Color 패널(▣)에서 면 색을 '연노란색(C:3%, M:5%, Y:46%, K:0%)', 선 색을 '검은색'으로 지정합니다.

별 도구(☆)가 선택된 상태에서 아트보드를 클릭합니다. Star 대화상자가 표시되면 ❷ Radius 1을 '13mm', Radius 2를 '4mm', Points를 '6'으로 설정한 다음 ❸ 〈OK〉 버튼을 클릭합니다.

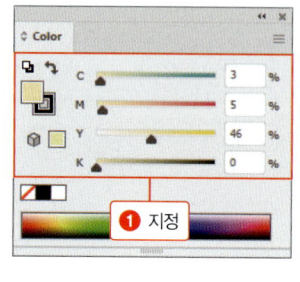 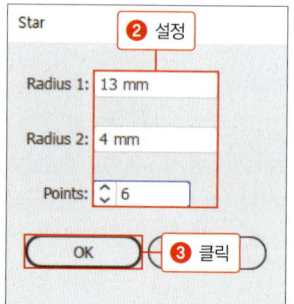

04 ❶ 선택 도구(▶)로 연노란색 별을 선택한 다음 ❷ Alt 를 누른 상태로 하늘 곳곳에 드래그하여 복제해서 장식합니다.

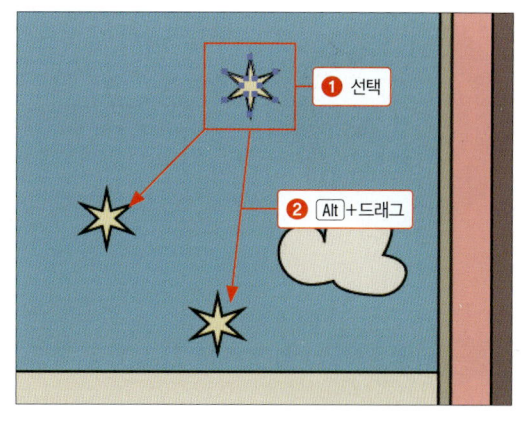

05 반짝이는 작은 별을 추가하기 위해 먼저 ❶ Color 패널(🎨)에서 면 색을 '흐린 연노란색(C:7%, M:0%, Y:17%, K:6%)', 선 색을 'None'으로 지정합니다.

별 도구(☆)를 선택하고 아트보드를 클릭합니다. Star 대화상자가 표시되면 ❷ Radius 1을 '8mm', Radius 2를 '2mm', Points를 '8'로 설정한 다음 ❸ 〈OK〉 버튼을 클릭합니다.

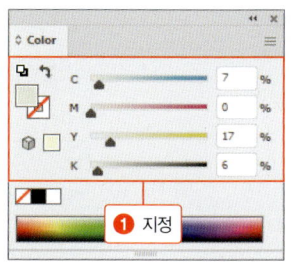 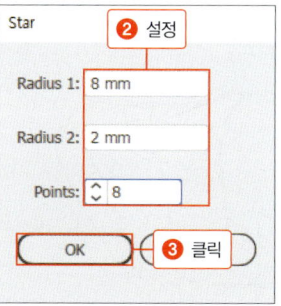

06 선택 도구(▶)로 흐린 연노란색 별을 선택하고 Alt 를 누른 상태로 별 주변 곳곳에 드래그하여 복제해서 장식합니다.

Chapter 03 · 쉽고 빠르게 여러 가지 도형 그리기 161

연필, 모양, 스무드, 패스 지우개, 조인 도구 · 폭 도구

손으로 그린 듯한 일러스트 그리기

연필, 모양, 스무드, 패스 지우개, 조인 도구, 폭 도구를 이용하면 드래그하는 형태대로 패스 선을 그릴 수 있어 종이에 연필로 스케치하듯이 자유롭게 손으로 그린 듯한 일러스트를 만들 수 있습니다.

필수기능 01 일러스트 그리기 도구 알아보기 우선순위 | TOP 02

연필 도구와 Pencil Tool Options 대화상자 알아보기

연필 도구(✏️)를 이용하여 원하는 대로 스케치하듯이 자유롭게 드로잉할 수 있습니다. 이때 지우개와 스무드 도구를 이용하여 기존 패스를 간편하게 편집하거나 수정해서 좀 더 세밀한 오브젝트를 만들 수 있습니다.

Tools 패널의 연필 도구를 더블클릭해 표시되는 Pencil Tool Options 대화상자에서 연필 도구에 관한 세부 옵션을 설정합니다.

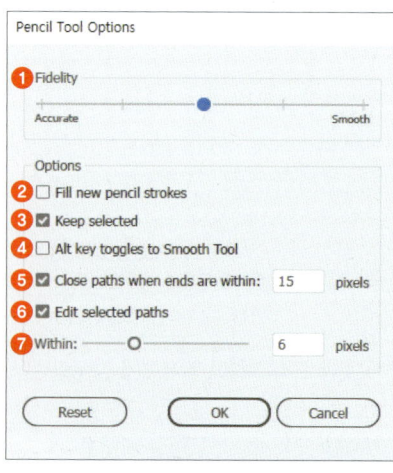

① **Fidelity** : Smooth로 갈수록 더욱 부드러운 선이 됩니다.
② **Fill new pencil strokes** : 체크 표시를 해제하면 패스의 면 색이 없어집니다.
③ **Keep selected** : 패스 작업을 마친 다음 선이 선택됩니다.
④ **Alt key toggles to Smooth Tool** : Alt 를 누르면 일시적으로 스무드 도구 기능을 이용할 수 있습니다.
⑤ **Close paths when ends are within** : 수치가 클수록 시작과 마지막 패스의 닫히는 거리를 넓게 인식합니다.
⑥ **Edit selected paths** : 선택한 패스를 연필 도구로 드래그하여 수정할 수 있습니다.
⑦ **Within** : 선택한 패스를 편집할 때 어느 정도 가까운 거리에서 드래그해야 수정될 것인지 수치를 설정합니다. 지정한 수치 범위에서 드래그하면 패스를 수정할 수 있습니다.

터치 디바이스에서도 자유롭게 그리는 모양 도구 알아보기

모양 도구( )를 이용해 간편하게 드래그하는 것만으로도 삼각형, 원, 사각형, 다각형 등을 그릴 수 있습니다.

▲ 모양 도구를 이용하여 만든 디지털 일러스트

실습예제 02 연필 도구로 손그림 느낌의 라인 일러스트 그리기 ★★중요

드래그하는 형태에 따라 패스를 만들어 자연스러운 라인

Before

After

● 예제파일 : 02\화분.ai
● 완성파일 : 02\화분_완성.ai

01 02 폴더에서 '화분.ai' 파일을 불러옵니다. ❶ Tools 패널에서 연필 도구( )를 선택한 다음 ❷ 면 색을 'None', 선 색을 자유롭게 지정합니다. ❸ 화면을 확대한 다음 ❹ 다육이를 따라 그립니다.

> **TIP**
> 실사 이미지를 바탕으로 일러스트를 그리면 좀 더 사실적이며, 연필 도구를 이용해 정리되지 않은 듯한 자연스러움을 표현할 수 있습니다. 사진에 불투명도를 적용하면 쉽게 따라 그릴 수 있습니다.

02

이어서 화분 윗부분의 외곽선을 따라 드래그해서 그립니다. 같은 방법으로 화분 아랫부분과 화분 받침을 그립니다.

Caps Lock 을 누르면 마우스 커서가 세밀한 작업을 위해 × 표시로 변경됩니다.

TIP
태블릿 PC를 연결하여 그리면 더욱 정교하게 그릴 수 있습니다.

03

❶ Tools 패널에서 직접 선택 도구(▷)를 선택한 다음 ❷ 잘못되거나 어색한 기준점을 드래그하여 수정합니다. ❸ 라인 일러스트를 전체 수정합니다.

04

❶ Layers 패널(◆)에서 'Layer 1' 레이어의 '잠금' 아이콘(🔒)을 클릭하여 잠금 설정을 해제합니다. ❷ 완성된 라인 일러스트를 알맞게 배치하여 마무리합니다.

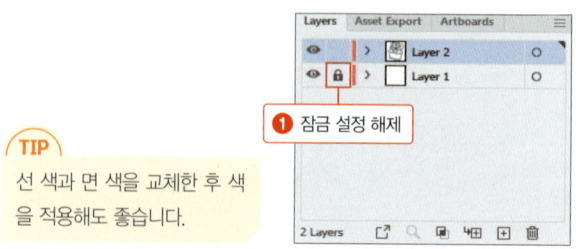

TIP
선 색과 면 색을 교체한 후 색을 적용해도 좋습니다.

실습예제 03 모양 도구로 기본 아이콘 만들기

모양 도구로 자유롭게 드래그하여 울퉁불퉁한 형태를 간편하게 기본 도형으로 만들고, 오브젝트를 더하거나 빼면서 기본 형태의 아이콘을 만들어 봅니다.

● 완성파일 : 02\아이콘_완성.ai

01 메뉴에서 (File) → New(Ctrl+N)를 실행합니다. New Document 대화상자가 표시되면 ❶ 탭에서 'Print'를 선택한 다음 ❷ 'A4'를 선택하고 ❸ Orientation을 '가로'로 지정한 다음 ❹ 〈Create〉 버튼을 클릭합니다.

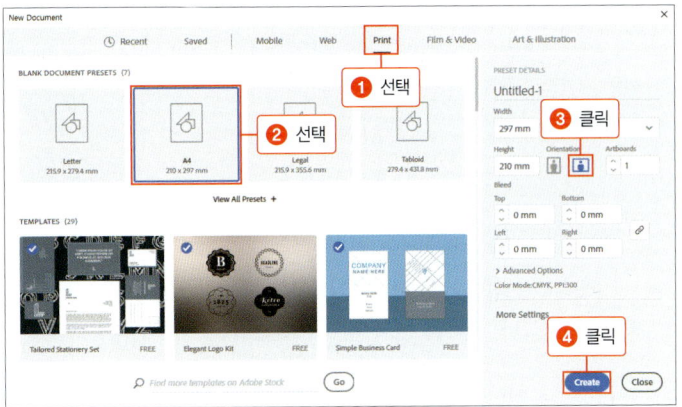

02 ❶ Tools 패널에서 모양 도구( )를 선택한 다음 ❷ 아트보드에 네모 형태로 드래그합니다. 자동으로 비슷한 형태와 크기의 직사각형이 만들어집니다.

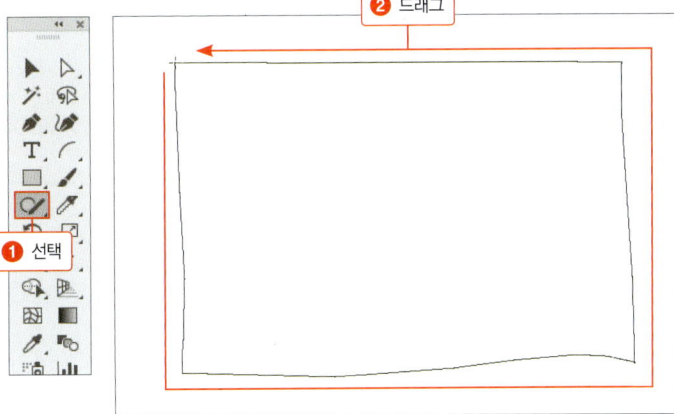

03 카메라 아이콘을 만들기 위해 사각형 위쪽에 그림과 같이 드래그해서 가로로 긴 직사각형을 그립니다.

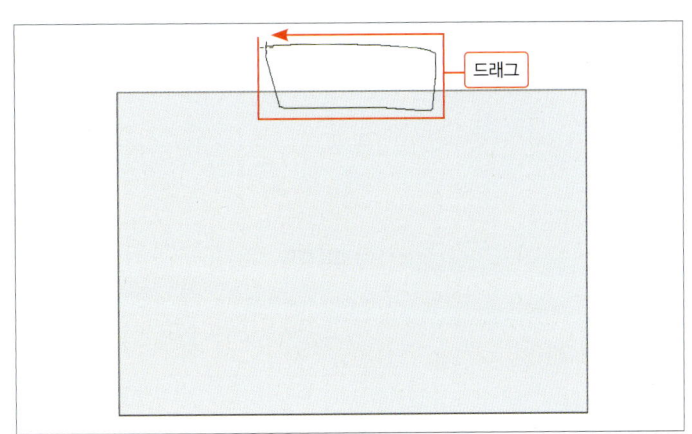

Chapter 04 • 손으로 그린 듯한 일러스트 그리기

04 ❶ 추가로 왼쪽에 버튼 형태의 작은 사각형을 그립니다. ❷ 마우스 커서를 패스에 위치시켜 점선으로 표시되면 그림과 같이 합치려는 부분을 지그재그로 드래그해서 세 개의 사각형을 합칩니다.

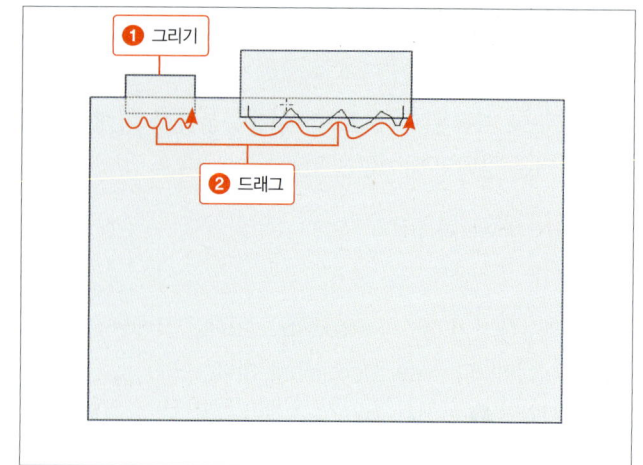

05 이번에는 ❶ 오른쪽 상단에 원 형태로 드래그해 작은 원을 그립니다. ❷ 이어서 사각형 가운데에 큰 원을 그려 카메라 렌즈 형태를 그립니다.

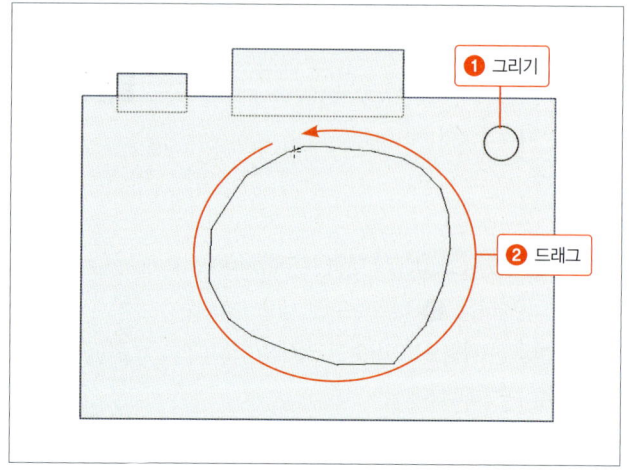

06 왼쪽에 세로로 길게 드래그해 수직선을 그립니다.

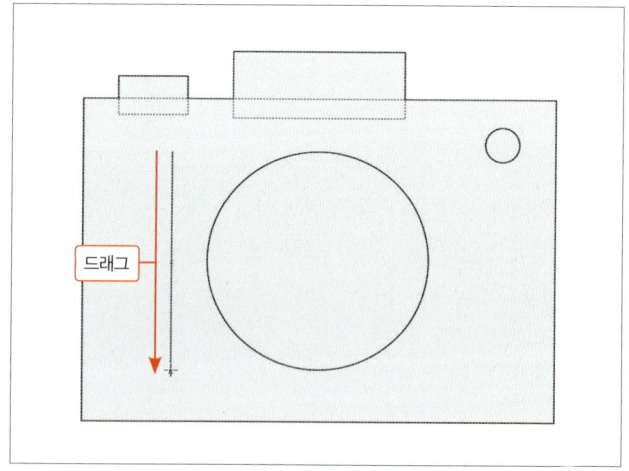

07 전체적으로 형태를 다듬기 위해 ❶ 선택 도구 (▶)로 오브젝트를 선택합니다. ❷ 직접 선택 도구(▷)를 선택한 다음 ❸ 사각형 모서리 안쪽 ◎ 조절점(라이브 코너)을 안쪽으로 살짝 드래그하여 각진 모서리를 둥글게 만듭니다.

> **TIP**
> 안쪽 모서리 부분을 드래그하여 각각의 기준점을 선택할 수 있습니다.

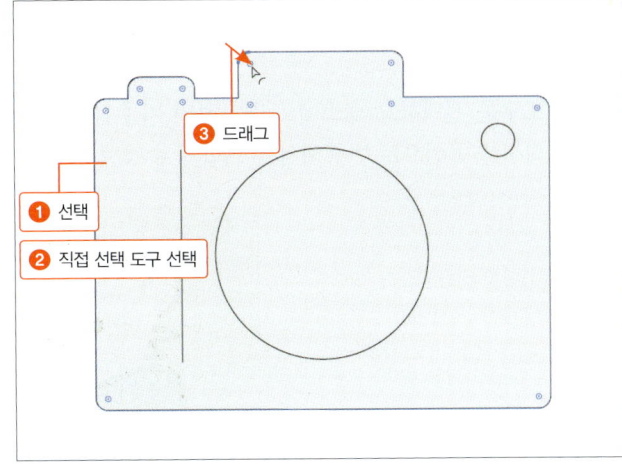

08 카메라 위쪽 사각형 하단의 모서리 부분 기준점을 양쪽으로 드래그하여 그림과 같이 사다리꼴 형태로 변경합니다.

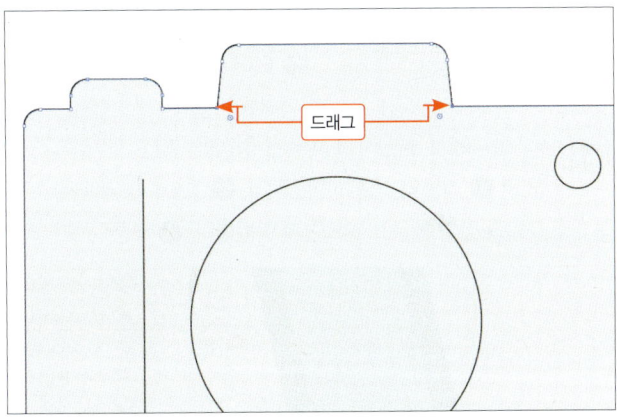

09 ❶ Ctrl+A를 눌러 전체 선택한 다음 ❷ 면 색을 'None', 선 색을 '#1363A0'으로 지정합니다. ❸ Stroke 패널(≡)에서 Weight를 '10pt'로 설정하고 ❹ Cap의 'Round Cap' 아이콘( )을 클릭하여 아이콘 형태를 완성합니다.

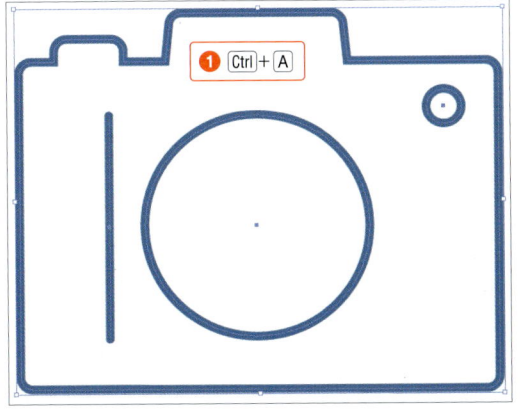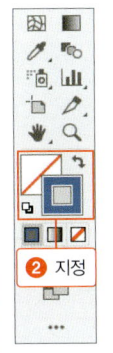

실습예제 04 : 스무드 도구로 부드럽게 패스 수정하기

스무드 도구를 선택하고 패스에 드래그하면 기준점 수를 줄여 거친 선을 부드럽고 유연하게 만듭니다. 스무드 도구로 직선을 곡선으로 변형해서 부드럽게 수정해 봅니다.

◉ 예제파일 : 02\곰신사.ai
◉ 완성파일 : 02\곰신사_완성.ai

01 02 폴더에서 '곰신사.ai' 파일을 불러옵니다.
먼저 ❶ 리본의 끈을 선택합니다. ❷ Tools 패널에서 스무드 도구(✎)를 선택합니다. ❸ 리본 끈의 왼쪽 모서리를 드래그해 그림과 같이 둥글고 부드럽게 만듭니다. ❹ 오른쪽 모서리도 같은 방법으로 드래그하여 패스를 부드럽게 변형합니다.

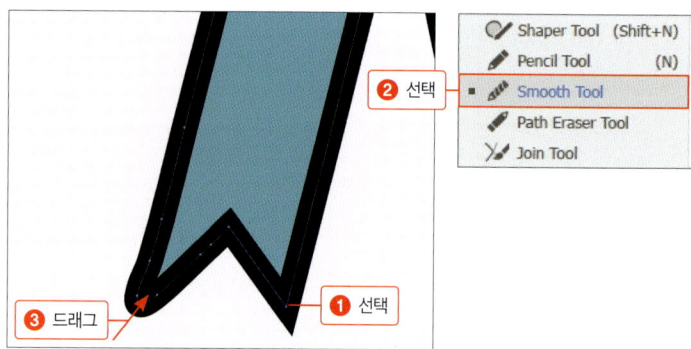

> **TIP**
> 연필 도구를 더블클릭하여 표시되는 Pencil Tool Options 대화상자에서 'Alt key toggles to Smooth Tool'을 체크 표시하면 연필 도구로 작업하다가 Alt 를 눌러 일시적으로 스무드 도구 기능을 이용할 수 있습니다.

02 ❶ 이번에는 반대편 리본 끈의 끝을 선택한 다음 ❷ 스무드 도구(✎)를 이용해서 각진 부분들을 여러 번 드래그하여 부드럽게 만듭니다. 곰 신사의 리본 끝이 부드럽게 변경되었습니다.

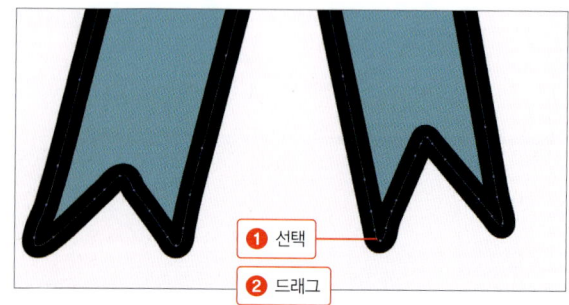

실습예제 05 패스 지우개 도구로 패스 지우기

패스 지우개 도구를 이용하여 불필요한 패스를 지워서 선인장 가시를 만들어 봅니다.

○ 예제파일 : 02\선인장.ai
○ 완성파일 : 02\선인장_완성.ai

01 02 폴더에서 '선인장.ai' 파일을 불러옵니다.

02 ❶ 면 색을 'None', 선 색을 '검은색'으로 지정한 다음 ❷ Stroke 패널(≡)에서 Weight를 '25pt'로 설정합니다.
❸ 선 도구(╱)로 선인장에 그림과 같이 직선을 그립니다.

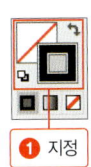
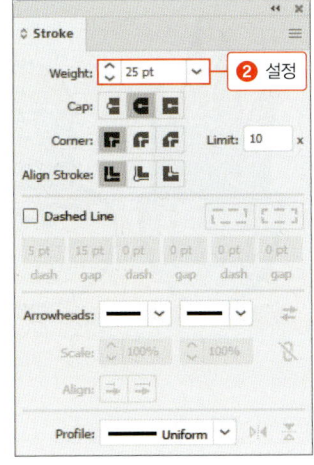

03 ❶ 선택 도구(▶)로 가장 위에 있는 선을 선택합니다. ❷ 패스 지우개 도구(✏)를 선택한 다음 ❸ 선택한 선에서 원하는 부분의 선을 드래그하여 지워서 선인장 가시를 만듭니다.

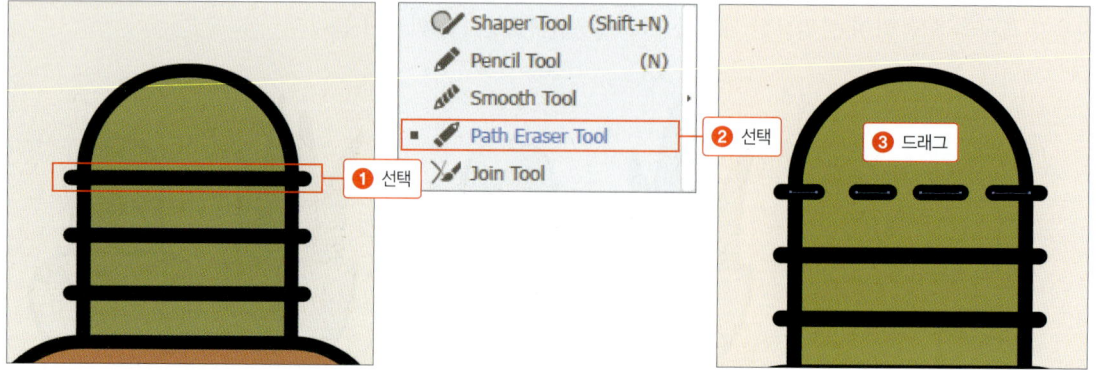

04 나머지 선도 그림과 같이 불규칙한 점선으로 지워 선인장 가시 형태를 만듭니다.

05 ❶ 왼쪽 화분에도 선 도구(╱)로 선을 그립니다. ❷ Stroke 패널(≡)에서 Weight를 '25pt'로 설정한 다음 ❸ 'Dashed Line'을 체크 표시하고 ❹ dash를 '15pt', gap을 '50pt'로 설정하여 점선을 만들어 완성합니다.

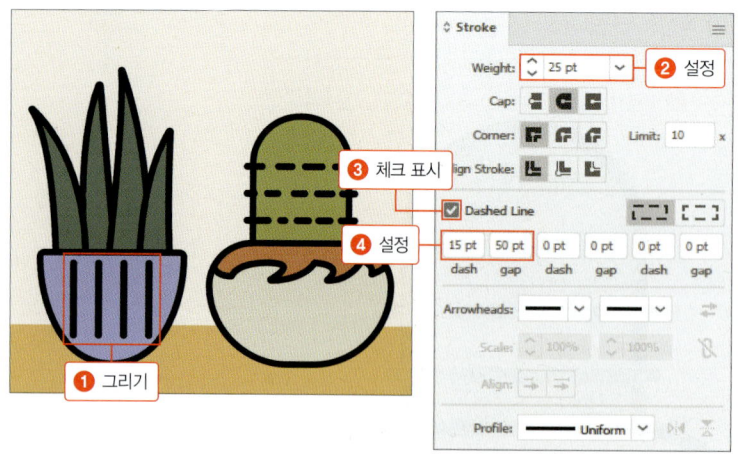

실습예제 06 조인 도구를 이용해 열린 패스를 닫힌 패스로 바꾸기

조인 도구로 열린 패스에서 양끝에 있는 두 개의 기준점을 이어 닫힌 패스로 만들 수 있습니다. 선을 면으로 바꿔 일러스트를 완성해 봅니다.

- **예제파일** : 02\동물파티.ai
- **완성파일** : 02\동물파티_완성.ai

Before

After

01 02 폴더에서 '동물파티.ai' 파일을 불러옵니다. 토끼 얼굴의 하트 무늬가 미완성된 상태입니다.

02 ❶ 조인 도구( )를 선택하고 ❷ 열린 패스인 토끼의 하트 무늬 부분을 연결하듯이 드래그합니다. 열린 패스가 닫힌 패스로 변경됩니다.

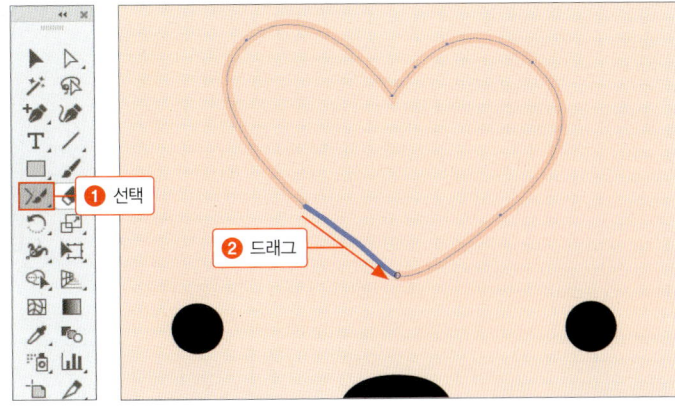

Chapter 04 • 손으로 그린 듯한 일러스트 그리기

03 닫힌 패스의 각진 부분은 ❶ 스무드 도구(　)를 선택한 다음 ❷ 드래그해서 부드럽게 만듭니다. 이때 패스를 선택한 상태에서 드래그합니다.

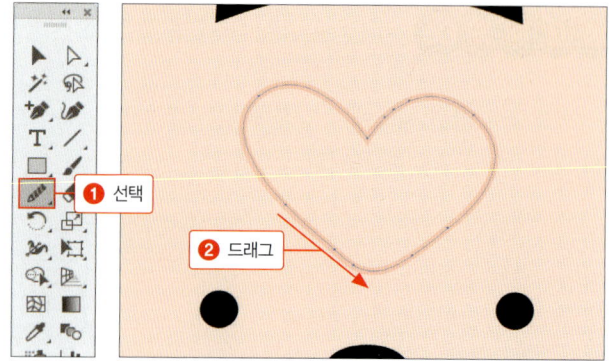

04 패스가 선택된 상태에서 'Swap Fill and Stroke(색상 교체)' 아이콘(　)을 클릭해 마무리합니다.

TIP
Swap Fill and Stroke 기능을 이용하면 면 색과 선 색을 서로 쉽게 교체할 수 있습니다.

05 선택을 해제하여 완성된 일러스트를 확인합니다.

필수기능 07 선의 폭과 기준점 변경하기

폭 도구(🔧)는 선의 폭을 조절하고 선 두께 기준점을 이동, 복제 및 삭제할 수 있습니다. 복잡한 패스에서도 Appearance 패널(⬤)에서 선택한 선을 조절할 수 있어 편리합니다. 이때 선을 밖으로 드래그하면 굵어지고, 안으로 드래그하면 얇아져 불규칙한 형태의 자유로운 선을 만들 수 있습니다.

◀ 폭 도구로 조절한 선

① Shift 를 누른 상태로 선 두께 기준점의 방향선 드래그 : 인접한 선 두께 기준점의 선 두께와 함께 변형합니다.
② Alt 를 누른 상태로 선 두께 기준점의 방향선 드래그 : 선 두께를 한쪽만 변형합니다.
③ Shift + Alt 를 누른 상태로 선 두께 기준점의 방향선 드래그 : 선 두께를 한쪽만 변형하면 인접한 선 두께 기준점의 선 두께도 한쪽만 변형합니다.
④ Shift 를 누른 상태로 선 두께 기준점 클릭 : 여러 개의 선 두께 기준점을 선택합니다.
⑤ Shift 를 누른 상태로 선 두께 기준점 드래그 : 여러 개의 선 두께 기준점을 이동합니다.
⑥ Alt 를 누른 상태로 선 두께 기준점 드래그 : 선 두께 기준점을 복사합니다.

실습예제 08 폭 도구로 오브젝트를 변형해 테두리 조절하기

폭 도구를 이용하여 오브젝트의 테두리를 자유롭게 조절해 봅니다.

◎ 예제파일 : 02\바나나.ai   ◎ 완성파일 : 02\바나나_완성.ai

Before

After

01 02 폴더에서 '바나나.ai' 파일을 불러옵니다. 바나나에 현실감 있는 테두리를 적용하기 위해 먼저
❶ Tools 패널에서 폭 도구( )를 선택합니다.
❷ 바나나를 선택하고 ❸ 그림과 같이 선 색을 '검은색'으로 지정합니다.

02 바나나 아랫부분의 기준점을 클릭해 그림과 같이 드래그하여 음영을 만듭니다.

03 바나나 옆부분도 폭 도구로 선 굵기를 조절한 다음 선택을 해제하여 완성합니다.

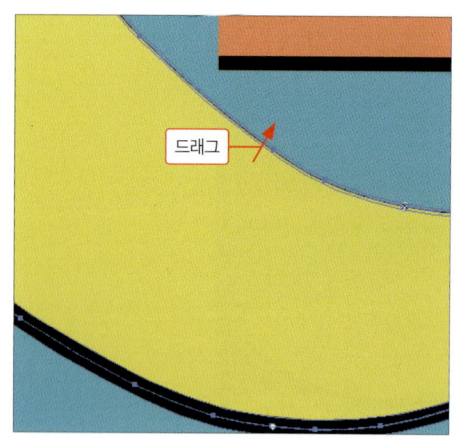

브러시 도구 • 물방울 브러시 도구 • Brushes 패널

다양한 느낌의 브러시 익히기

브러시 도구는 붓처럼 자유롭게 드로잉할 수 있는 도구로, 회화적인 디자인 작업에 유용합니다.
Brushes 패널에서 원하는 형태의 붓 모양을 선택할 수 있고, 직접 붓 모양을 만들어 저장해서 이용할 수도 있습니다.

필수기능 01 브러시 설정을 위한 Brushes 패널 알아보기

Brushes 패널 살펴보기

Brushes 패널( )에는 브러시 도구( )를 이용하여 그릴 수 있는 다양한 형태의 붓 모양이 있습니다. 메뉴에서 (Window) → Brushes(F5)를 실행하면 Brushes 패널이 표시되고, (Window) → Brush Libraries를 실행하면 브러시 라이브러리 패널이 표시됩니다.

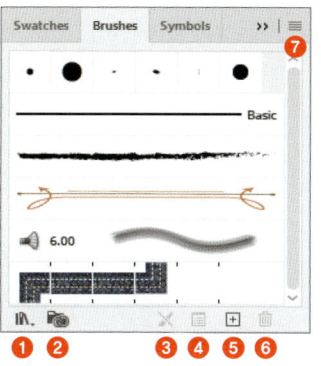

❶ **Brush Libraries Menu** : 기본 브러시 라이브러리를 선택합니다.
❷ **Libraries Panel** : Libraries 패널에서 색상 테마, 그래픽, 레이어 스타일 등을 적용할 수 있습니다.
❸ **Remove Brush Stroke** : 적용된 브러시를 해제합니다.
❹ **Options of Selected Object** : Stroke Options 대화상자가 표시되어 선택한 오브젝트의 브러시만 편집할 수 있습니다.

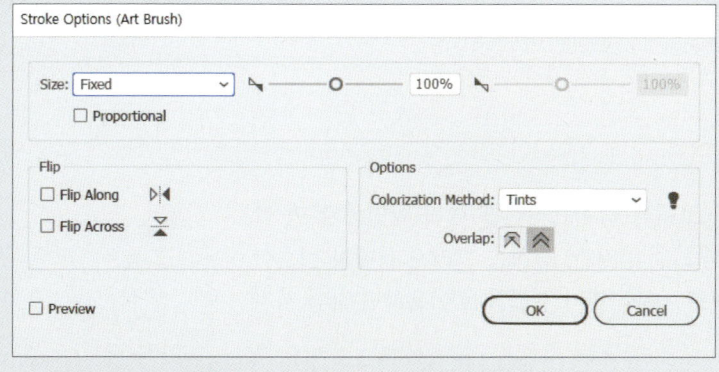

▲ Stroke Options 대화상자

❺ **New Brush** : 새로운 브러시를 만들거나 복사합니다.
❻ **Delete Brush** : 브러시를 삭제합니다.

❼ **Brushes 패널 메뉴** : 해당 명령을 실행하여 세부적으로 브러시를 설정하고 이용하려는 브러시를 표시합니다.

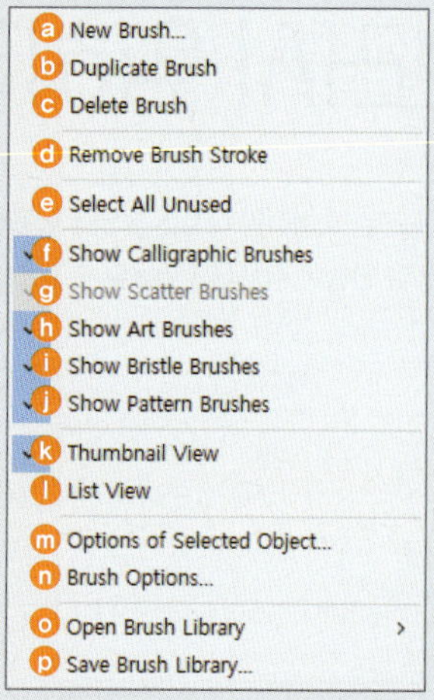

TIP
패스가 선택된 상태에서 Brushes 패널의 다른 스타일 브러시를 선택하면 패스에 선택한 스타일의 브러시가 적용됩니다.
Tools 패널의 브러시 도구를 더블클릭하여 표시되는 Paintbrush Tool Options 대화상자에서 브러시의 정확도나 매끄러움 등을 자세하게 설정할 수 있습니다.

ⓐ **New Brush** : 새로운 브러시를 만듭니다.
ⓑ **Duplicate Brush** : 선택한 브러시를 복제합니다.
ⓒ **Delete Brush** : 선택한 브러시를 삭제합니다.
ⓓ **Remove Brush Stroke** : 선택한 오브젝트에 적용된 브러시 기능을 해제합니다.
ⓔ **Select All Unused** : 이용하지 않은 브러시를 모두 선택합니다.
ⓕ **Show Calligraphic Brushes** : 캘리그래피 브러시를 표시합니다.
ⓖ **Show Scatter Brushes** : 분산 브러시를 표시합니다.
ⓗ **Show Art Brushes** : 아트 브러시를 표시합니다.
ⓘ **Show Bristle Brushes** : 강모 브러시를 표시합니다.
ⓙ **Show Pattern Brushes** : 패턴 브러시를 표시합니다.
ⓚ **Thumbnail View** : 브러시를 아이콘 형태의 미리 보기 화면으로 표시합니다.
ⓛ **List View** : 브러시 이름을 표시합니다.
ⓜ **Options of Selected Object** : 오브젝트에 대한 브러시 옵션을 설정합니다.
ⓝ **Brush Options** : 선택한 브러시 옵션을 설정합니다.
ⓞ **Open Brush Library** : 브러시 라이브러리를 표시합니다.
ⓟ **Save Brush Library** : 패널에 있는 브러시를 라이브러리로 저장합니다.

브러시 라이브러리 살펴보기

일러스트레이터에서 제공하는 다양한 브러시 라이브러리를 미리 확인해 두면 작업할 때 유용합니다. 직접 브러시를 만들 수 있지만, 원하는 브러시 형태와 비슷한 브러시를 라이브러리에서 선택해 그대로 이용하거나 편집해서 이용하면 작업 시간을 단축시킬 수 있습니다.

메뉴에서 [Window] → Brush Libraries를 실행하여 표시되는 다양한 브러시 라이브러리에서는 화살표, 분필, 서예 붓, 수채 붓, 강모, 패턴 브러시 등을 선택할 수 있습니다.

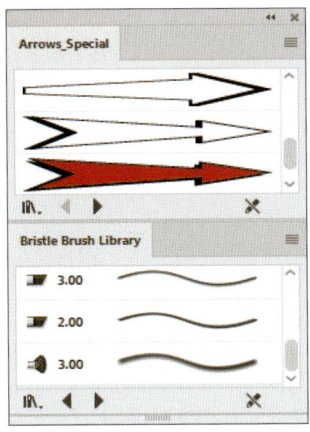
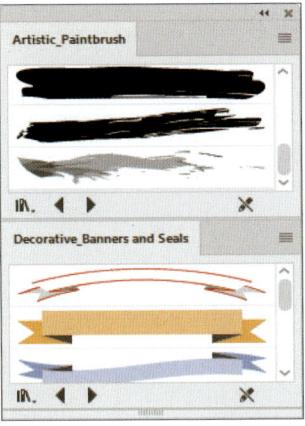
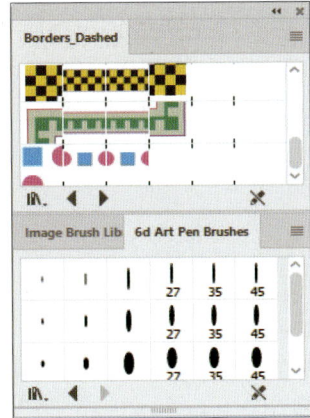

▲ 다양한 브러시 라이브러리

필수기능 02 캘리그래피 브러시 옵션 알아보기

Brushes 패널에서 캘리그래피 브러시를 더블클릭하여 표시되는 Calligraphic Brush Options 대화상자에서는 브러시 모양과 각도를 조절할 수 있습니다.

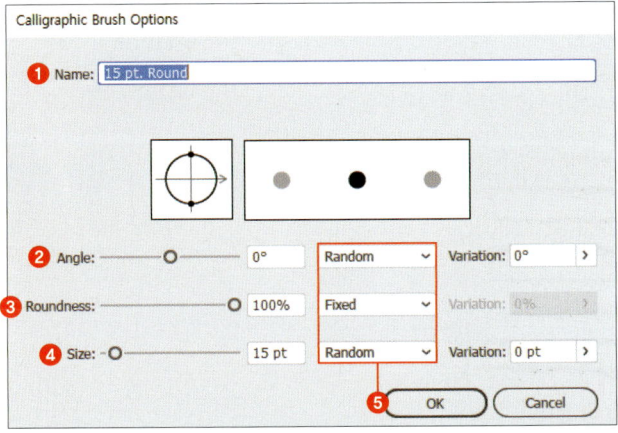

❶ **Name** : 브러시 이름을 입력합니다.
❷ **Angle** : 브러시의 회전 각도를 조절합니다.
❸ **Roundness** : 브러시를 정원 또는 타원형으로 조절합니다. 100%일 때는 정원이 되며, 100% 이하의 수치를 설정하면 타원이 됩니다.
❹ **Size** : 브러시 지름을 조절합니다.
❺ 브러시의 변화 위치를 지정합니다.
  ⓐ **Fixed** : 설정한 수치대로 브러시를 나타냅니다.
  ⓑ **Random** : 최소 또는 최대로 설정한 수치 안에서 자유롭게 위치하는 브러시로 나타냅니다.
  ⓒ **Pressure(압력), Stylus Wheel(스타일러스 휠), Tilt(기울이기), Bearing(베어링), Rotation(회전)** : 태블릿 펜이 연결되어 있을 때 활성화됩니다.

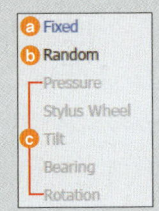

실습예제 03 브러시 도구로 일러스트 그리기 중요★★

그림을 그리듯 자유롭게 드래그하여 브러시가 적용된 일러스트를 그려 봅니다.

○ 완성파일 : 02\토마토_완성.ai

01 메뉴에서 (File) → New(Ctrl+N)를 실행합니다. New Document 대화상자가 표시되면 ❶ 탭에서 'Print'를 선택한 다음 ❷ 'A4'를 선택하고 ❸ Orientation을 '가로'로 지정한 다음 ❹ 〈Create〉 버튼을 클릭합니다.

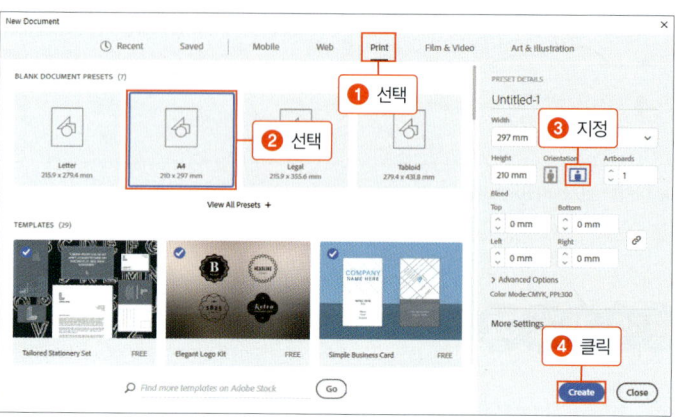

02 ❶ Tools 패널에서 브러시 도구(✏️)를 선택한 다음 ❷ 면 색을 'None', 선 색을 '#E60012'로 지정합니다. ❸ Brushes 패널(🖌)에서 'Brush Libraries Menu' 아이콘(📚)을 클릭한 다음 ❹ Artistic → Artistic_ChalkChacoalPencil을 실행합니다. ❺ Artistic_ChalkCharcoalPencil 라이브러리가 표시되면 'Pencil-Thick' 브러시를 선택합니다.

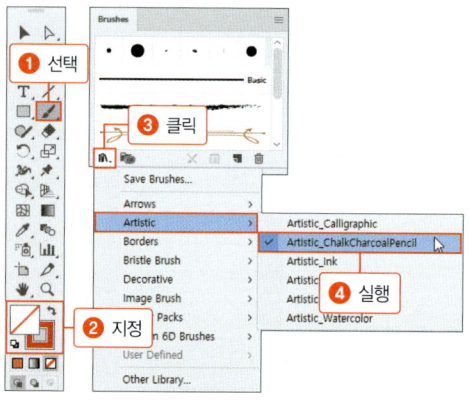 

03 아트보드 오른쪽 상단에 동그라미 형태로 드래그하고 시작점과 끝점이 만날 때 Alt 를 눌러 닫힌 패스를 만듭니다.

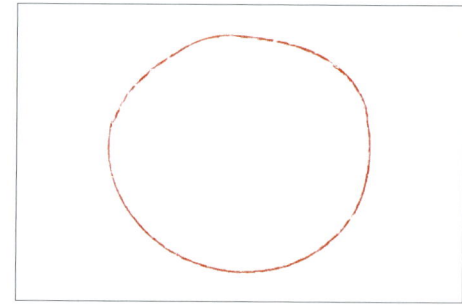

TIP
동그란 토마토를 생각하며 울퉁불퉁해도 괜찮으니 자유롭게 그려 보세요.

04 ❶ 원의 왼쪽과 아래쪽에 그림과 같이 동그라미 형태로 드래그하여 총 세 개의 원을 그립니다. ❷ 선택 도구(▶)로 왼쪽 토마토부터 시계 방향으로 면 색을 '#EA5532', '#E60012', '#E83828'로 지정합니다.

> **TIP**
> Color Guide 패널을 이용해 비슷한 계열의 색상을 지정해도 좋습니다.

05 면 색을 '#22AC38', 선 색을 '#006934'로 지정합니다. 브러시 도구(✏)로 각각의 토마토 위에 꼭지를 그립니다.

06 완성된 토마토 위쪽에 그림과 같이 영문 캘리그래피를 추가하여 마무리합니다.

필수기능 04 물방울 브러시 도구로 자유롭게 선이 아닌 면 그리기

물방울 브러시 도구( )로 드래그하면 패스 윤곽대로 면이 적용된 오브젝트가 만들어집니다. 포토샵에서 브러시 도구로 드로잉하는 것처럼 선이 아닌 면 형태의 오브젝트를 쉽고 빠르게 만들 수 있습니다.

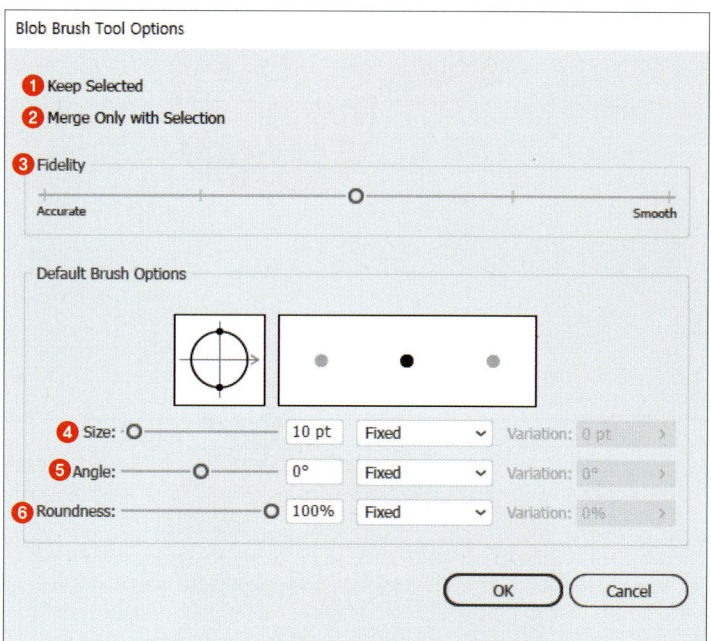

❶ **Keep Selected** : 물방울 브러시 도구로 그린 다음 오브젝트의 선택 상태를 지정합니다.
❷ **Merge Only with Selection** : 체크 표시한 상태에서 오브젝트를 선택하고 물방울 브러시 도구로 그리면 선택된 오브젝트에만 패스가 합쳐집니다.
❸ **Fidelity** : 물방울 브러시로 그린 선의 정확도를 지정합니다.
❹ **Size** : 물방울 브러시의 지름을 조절합니다.
❺ **Angle** : 물방울 브러시의 회전 각도를 조절합니다.
❻ **Roundness** : 물방울 브러시를 정원 또는 타원형으로 조절합니다.

TIP
브러시 도구는 패스를 선으로 그리고, 물방울 브러시 도구는 면으로 그린다는 점이 다릅니다. 다음 그림에서 왼쪽 일러스트는 브러시 도구로 그렸고, 오른쪽 일러스트는 물방울 브러시 도구로 그렸습니다. 도구별 특징을 충분히 이해하고 작업에 알맞은 도구를 선택하세요.

실습예제 05 물방울 브러시로 배경 일러스트 그리기

물방울 브러시 도구(🖌)를 이용하여 드래그한 대로 배경 일러스트를 만들어 봅니다.

○ 예제파일 : 02\드림.ai
○ 완성파일 : 02\드림_완성.ai

Before

After

01 02 폴더에서 '드림.ai' 파일을 불러옵니다.
❶ Tools 패널에서 물방울 브러시 도구(🖌)를 선택한 다음 ❷ 면 색을 '#253570', 선 색을 'None'으로 지정합니다. ❸ Layers 패널(◆)에서 'Layer 2' 레이어를 선택합니다.

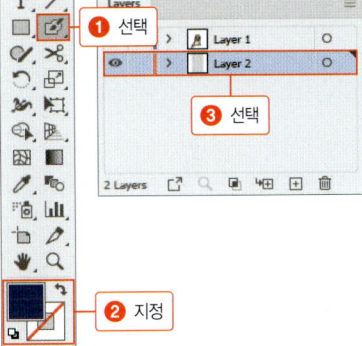

> **TIP**
> Layers 패널에서 아래에 있는 레이어에 그림을 그리면 위에 있는 레이어에 의해 가려져 배경 일러스트를 그릴 수 있습니다.

02 ❶ []를 여러 번 눌러 브러시 크기를 크게 조절합니다. ❷ 그림과 같이 둥근 추상 형태를 자유롭게 그린 다음 안쪽을 드래그하여 채색합니다.

03 ❶ 면 색을 '#FBDDAD'로 지정합니다. ❷ 그림과 같이 추상 형태를 그려 완성합니다.

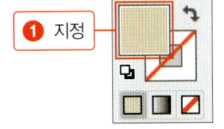

Chapter 05 • 다양한 느낌의 브러시 익히기 181

필수기능 06 Scatter Brush Options 대화상자에서 분산 브러시 설정하기

분산 브러시를 편집할 수 있는 Scatter Brush Options 대화상자에서는 오브젝트들이 패스 선을 기준으로 흩뿌려지는 효과를 설정합니다. 패스 선을 기준으로 오브젝트를 자연스럽게 여러 개 배치할 때 강력한 효과를 나타낼 수 있습니다.

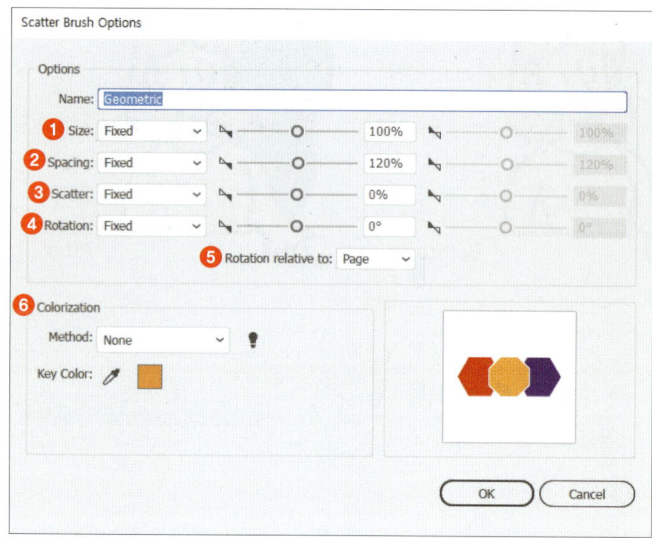

❶ Size : 원본을 기준으로 흩뿌려지는 오브젝트 크기를 확대 또는 축소합니다.
❷ Spacing : 오브젝트 간격을 조절합니다.
❸ Scatter : 오브젝트가 흩어지는 정도를 조절합니다.
❹ Rotation : 오브젝트가 회전하는 각도를 조절합니다.
❺ Rotation relative to : 'Page'로 지정하면 문서를 기준으로 오브젝트가 일정하게 회전하고, 'Path'로 지정하면 패스를 기준으로 오브젝트가 회전합니다.
❻ Colorization : 오브젝트 선 색에 따라 색을 조절합니다.

실습예제 07 분산 브러시로 하트 그리기

분산 브러시 도구를 이용하여 등록된 오브젝트를 패스를 따라 뿌리듯이 불규칙적으로 표현해 봅니다.

◉ 예제파일 : 02\사랑하트.ai   ◉ 완성파일 : 02\사랑하트_완성.ai

Before

After

01 02 폴더에서 '사랑하트.ai' 파일을 불러옵니다. ❶ Tools 패널에서 브러시 도구( )를 선택하고 ❷ Brushes 패널에서 'Brush Libraries Menu' 아이콘( )을 클릭한 다음 ❸ Decorative → Decorative_Scatter를 실행합니다.

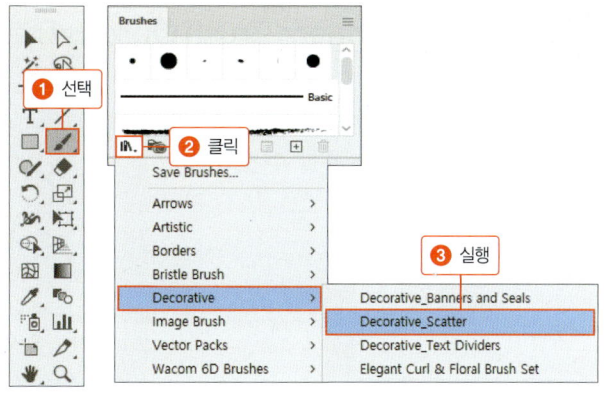

02 ❶ Decorative_Scatter 라이브러리에서 'Hearts'를 선택합니다. ❷ Brushes 패널( )에서 'Hearts'를 더블클릭합니다.

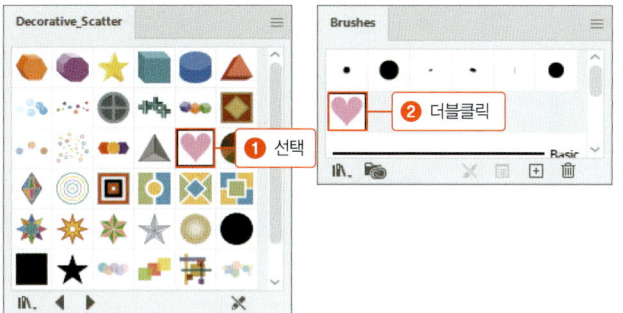

03 Scatter Brush Options 대화상자가 표시되면 ❶ Size를 'Random, 100%, 100%', Spacing을 '60%, 60%', Scatter를 '65%, -65%', Rotation을 '20°, -20°', Rotation relative to를 'Path'로 설정한 다음 ❷ 〈OK〉 버튼을 클릭합니다.

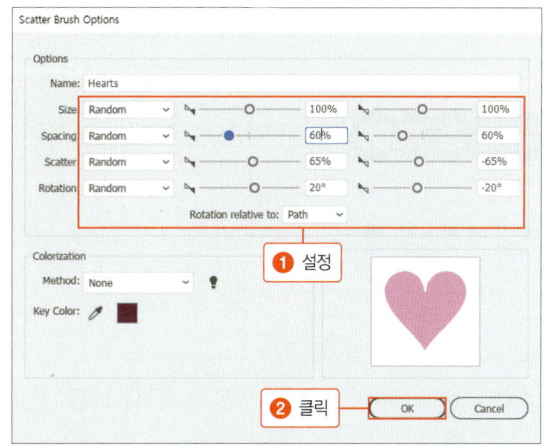

04 곰돌이 위쪽을 드래그해 하트를 그립니다.

Chapter 05 • 다양한 느낌의 브러시 익히기   183

필수기능 08 Pattern Brush Options 대화상자에서 패턴 브러시 설정하기

패턴 브러시를 세부적으로 편집할 수 있는 Pattern Brush Options 대화상자에서는 패스 진행 방향에 따라 서로 다른 오브젝트를 적용할 수 있습니다.

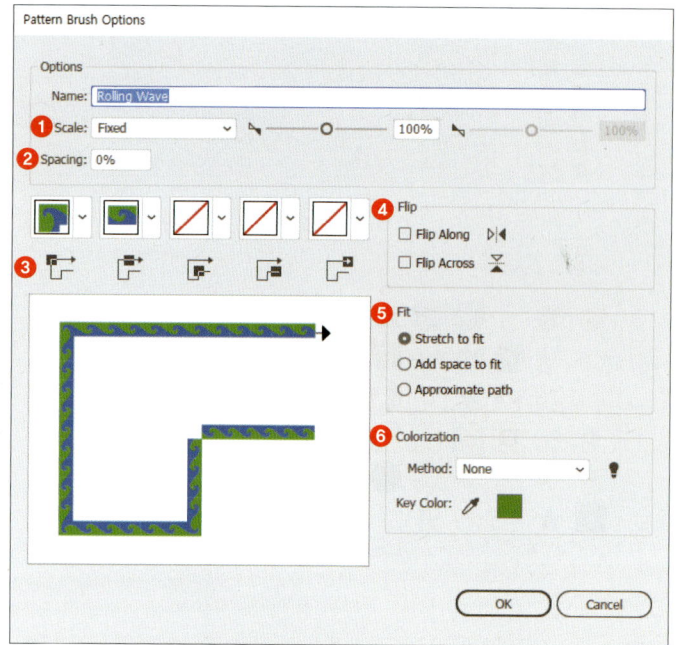

① Scale : 패턴 크기를 조절합니다.
② Spacing : 패턴 간격을 조절합니다.
③ 패턴이 적용될 위치입니다.
④ Flip : 패턴을 반전 또는 회전합니다.
⑤ Fit : 패턴을 채우는 오브젝트 형태를 지정합니다.
⑥ Colorization : 브러시 색상을 외곽선 색상으로 변경합니다.

실습예제 09 패턴 브러시로 라벨 디자인하기

패턴 브러시로 패스의 방향에 따라 규칙적으로 연속된 패턴을 적용해서 라벨 디자인을 완성해 봅니다.

○ 예제파일 : 02\라벨.ai ○ 완성파일 : 02\라벨_완성.ai

01 02 폴더에서 '라벨.ai' 파일을 불러옵니다. ① 가운데 원을 선택합니다. ② Brushes 패널(🖌)에서 'Brush Libraries Menu' 아이콘(📚)을 클릭한 다음 ③ Borders → Borders_Novelty를 실행합니다.

184 Part 2 · 드로잉의 기본, 그리기 도구 익히기

02 Borders_Novelty 라이브러리가 표시되면 'Streamer'를 선택하여 패턴 브러시를 적용합니다.

03 ❶ Brushes 패널( )에서 'Brush Libraries Menu' 아이콘( )을 클릭한 다음 ❷ Decorative → Elegant Curl & Floral Brush Set 를 실행합니다.

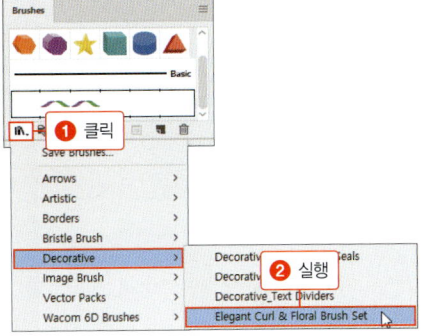

04 ❶ 가장 왼쪽 원을 선택합니다. ❷ Elegant Curl & Floral Brush Set 라이브러리에서 'Leaf Pattern'을 선택하여 패턴 브러시를 적용합니다.

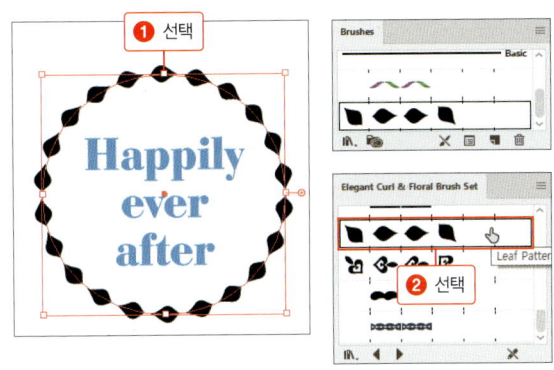

05 ❶ 가장 오른쪽 원을 선택합니다. ❷ Elegant Curl & Floral Brush Set 라이브러리에서 'Elegant Curl'을 선택해 패턴 브러시를 적용하여 라벨 디자인을 마칩니다.

Chapter 05 • 다양한 느낌의 브러시 익히기　**185**

실습예제 10 나만의 패턴 브러시 만들기

패스 형태에 따라 패턴 브러시를 적용하여 유기적이고 복합적인 디자인을 만들 수 있습니다. 원하는 오브젝트를 패턴 브러시로 등록해서 브러시를 적용해 봅니다.

◎ **예제파일** : 02\패턴브러시.ai ◎ **완성파일** : 02\패턴브러시_완성.ai

Before

After

01 02 폴더에서 '패턴브러시.ai' 파일을 불러옵니다.

02 ❶ 선택 도구(▶)로 꽃 모양을 선택하고 ❷ Swatches 패널(▦)로 드래그해 패턴으로 등록합니다. ❸ 왼쪽의 스마일 모양도 Swatches 패널로 드래그하여 각각의 패턴으로 등록합니다.

03 줄무늬 모양을 브러시로 등록해 보겠습니다. ❶ 줄무늬 모양을 선택하고 패턴 브러시로 등록하기 위해 ❷ Brushes 패널(🖌)로 드래그합니다.

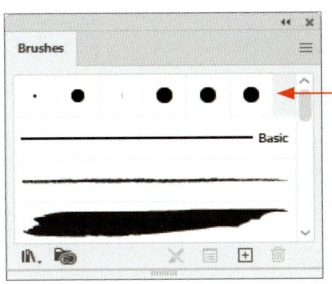
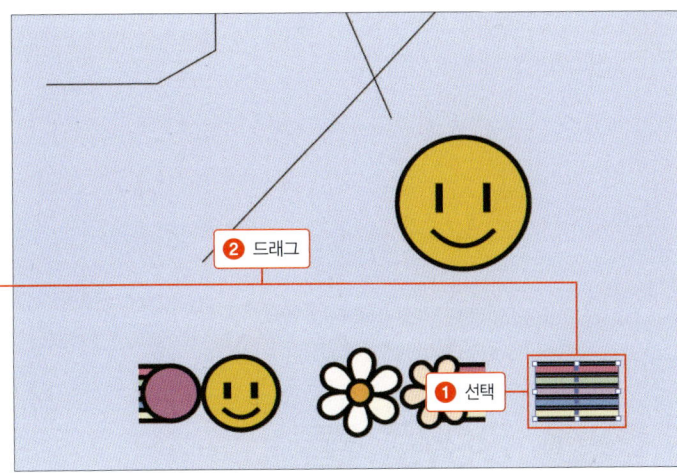

> **TIP**
> Brushes 패널에 패턴 브러시를 등록하면 모서리나 곡선 부분에 줄무늬 모양을 유지합니다.

04 New Brush 대화상자가 표시되면 ❶ 'Pattern Brush'를 선택하고 ❷ 〈OK〉 버튼을 클릭합니다.

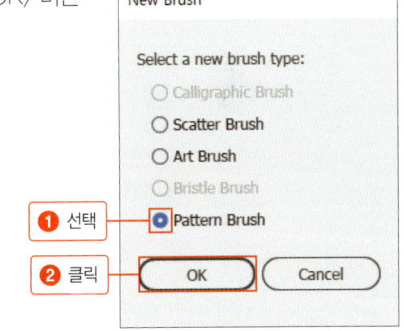

05 Pattern Brush Options 대화상자가 표시되면 등록한 패턴을 지정합니다. ❶ 첫 번째 섬네일은 'Auto-Centered'로 지정합니다. 나머지 패스의 섬네일을 클릭하여 다음과 같이 직접 등록한 모양을 각각 지정한 다음 ❷ 〈OK〉 버튼을 클릭합니다.

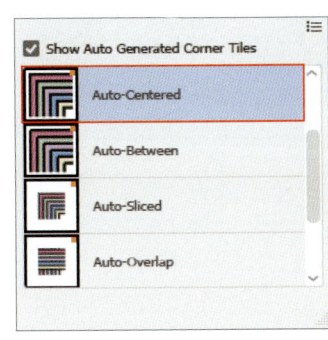
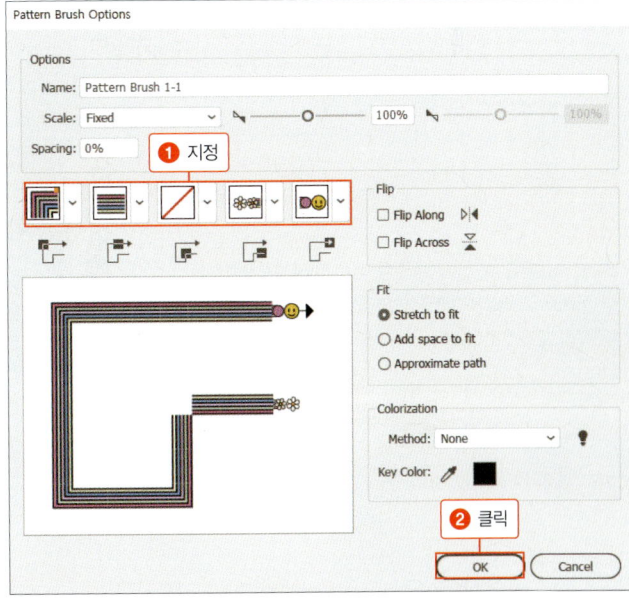

Chapter 05 · 다양한 느낌의 브러시 익히기 **187**

06 선택 도구(▶)로 'HAPPY' 패스를 선택합니다.

TIP
아트보드 오른쪽 하단 패턴 모양들은 브러시로 등록하였으므로 선택한 다음 Delete 를 눌러 삭제합니다.

07 Brushes 패널(🖌)에서 등록한 패턴 브러시를 선택합니다.

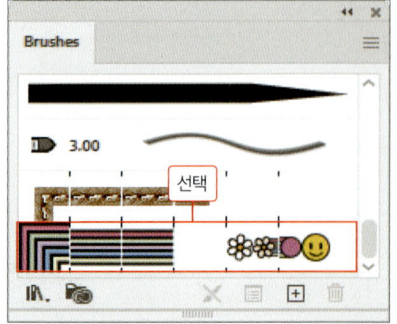

08 패스를 따라 직접 등록한 패턴 브러시가 적용되어 개성 있는 캘리그래피가 완성됩니다.

TIP
Brushes 패널(🖌)에서 등록한 패턴 브러시를 선택한 상태로 Tools 패널에서 브러시 도구(✏)를 선택해 직접 드래그하여 캘리그래피를 완성할 수도 있습니다.

필수기능 11 | Art Brush Options 대화상자에서 아트 브러시 설정하기

아트 브러시를 편집할 수 있는 Art Brush Options 대화상자에서 패스 선 형태에 따라 자연스럽게 변하는 브러시를 만들 수 있습니다. 오브젝트를 다양한 형태로 왜곡해 표현할 수 있습니다.

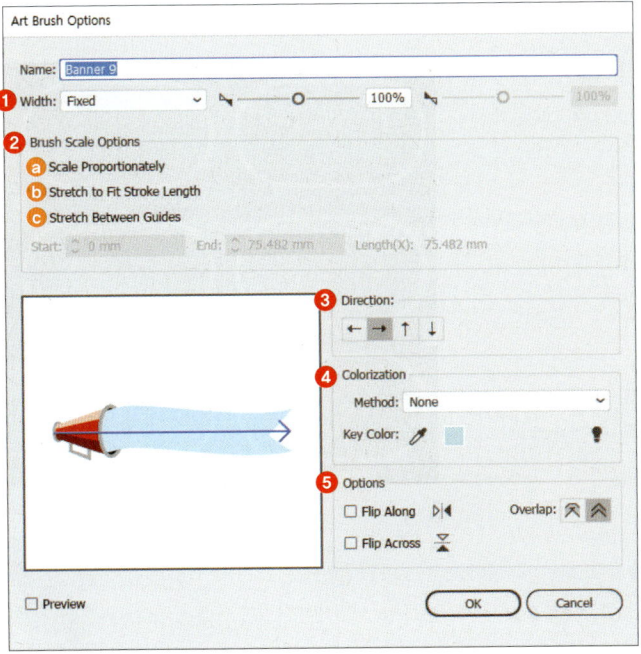

❶ **Width** : 원래 폭을 기준으로 오브젝트를 조절합니다.
❷ **Brush Scale Options** : 브러시를 적용한 오브젝트를 축소 또는 확대했을 때 변형을 지정합니다.
  ⓐ **Scale Proportionately** : 브러시로 등록한 오브젝트의 길이 비율을 유지한 상태로 축소 또는 확대합니다.
  ⓑ **Stretch to Fit Stroke Length** : 오브젝트 폭은 그대로 둔 상태로 선 길이에 맞춰 늘리거나 줄입니다.
  ⓒ **Stretch Between Guides** : 미리 보기 화면에서 설정한 안내선 사이만 늘리거나 줄입니다. 안내선 바깥쪽은 변형 없이 유지됩니다.
❸ **Direction** : 패스 선 방향에 따라 오브젝트가 변형됩니다. 네 가지 방향으로 지정할 수 있습니다.
❹ **Colorization** : 브러시 색을 선 색으로 바꿉니다.

> ⓓ None
> ⓔ Tints
> ⓕ Tints and Shades
> ⓖ Hue Shift

  ⓓ **None** : 선 색과 상관없이 Brushes 패널에 등록한 오브젝트 그대로 나타냅니다.
  ⓔ **Tints** : 브러시에 선 색이 적용됩니다. 브러시가 흰색과 검은색으로 만들어졌을 때나 브러시 선을 별색으로 적용할 때 효과적입니다.
  ⓕ **Tints and Shades** : 브러시에 선 색과 함께 음영을 나타냅니다. 오브젝트의 흰색과 검은색 부분은 변하지 않고 그 밖의 부분에 검은색에서 흰색으로 그러데이션을 추가합니다. 회색 계열 브러시에 적용하면 효과적입니다.
  ⓖ **Hue Shift** : Key Color 색상 상자에 표시된 색을 나타냅니다. 오브젝트 키 색은 모두 선 색이며, 다른 색은 선 색과 관련된 색입니다.
❺ **Options** : 브러시로 적용된 오브젝트를 반전 또는 회전합니다.

실습예제 12 아트 브러시를 패스 선에 적용하기

오브젝트의 패스 선에 따라 형태를 변경하는 아트 브러시를 이용해 봅니다.

- 예제파일 : 02\아트브러시.ai
- 완성파일 : 02\아트브러시_완성.ai

01 02 폴더에서 '아트브러시.ai' 파일을 불러옵니다. ❶ 선택 도구(▶)로 둥근 사각형을 전체 선택합니다. ❷ Stroke(≡) 패널에서 Weight를 '1pt'로 설정합니다.

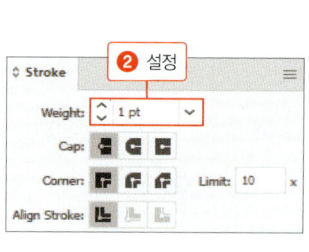
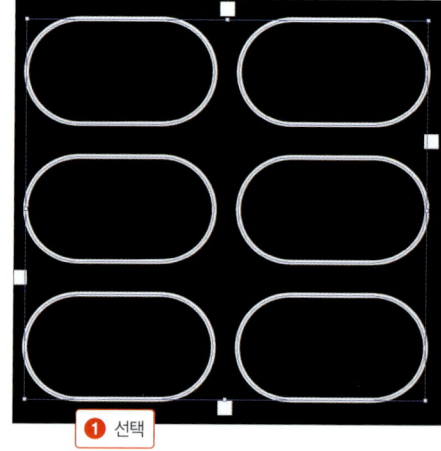

02 ❶ B를 눌러 브러시 도구(✏️)를 선택한 다음 ❷ Brushes 패널에서 'Brush Libraries Menu' 아이콘(🔖)을 클릭한 다음 ❸ Artistic → Artistic_ScrollPen을 실행합니다. ❹ Artistic_ScrollPen 라이브러리에서 'Scroll pen 2'를 선택합니다.

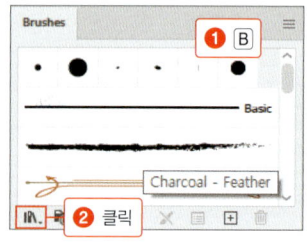

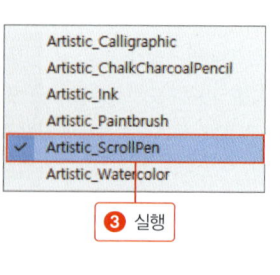
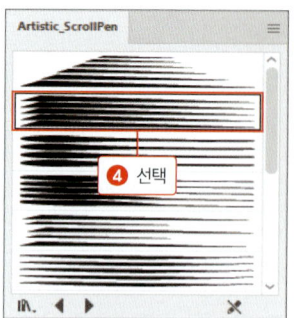

03 패스 선에 아트 브러시가 적용되어 그림과 같이 완성되었습니다.

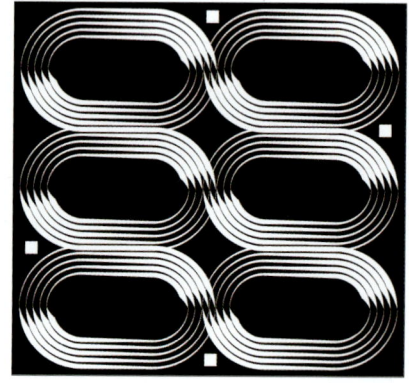

실습예제 13 나만의 아트 브러시 만들고 등록해서 장식하기

사진(비트맵) 이미지를 Brushes 패널에 등록해 다양하게 활용할 수 있습니다. 실제 붓 터치 이미지를 아트 브러시로 등록하고 활용해서 좀 더 실감나는 캘리그래피를 완성해 봅니다.

◉ 예제파일 : 02\브러시샘플.jpg, 캘리브러시.ai
◉ 완성파일 : 02\캘리브러시_완성.ai

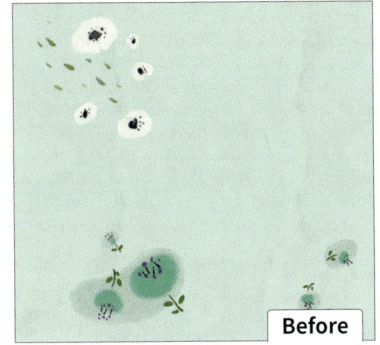
Before

After

01 02 폴더에서 '캘리브러시.ai' 파일을 불러옵니다. 아트 브러시로 등록할 이미지를 불러오기 위해 ❶ 메뉴에서 (File) → Place를 실행하고 02 폴더에서 '브러시샘플.jpg' 파일을 불러옵니다. ❷ 마우스 커서에 미리 보기 이미지가 나타나면 아트보드를 클릭합니다.

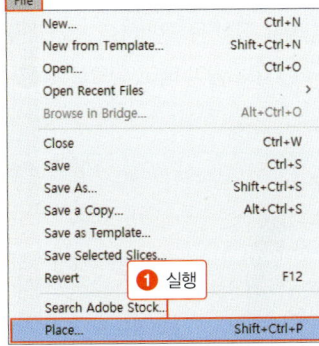

02 Control 패널에서 〈Embed〉 버튼을 클릭하여 이미지 링크를 해제합니다.

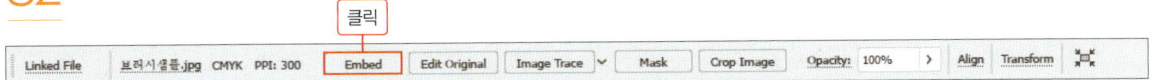

03 아트 브러시로 등록하기 위해 ❶ 이미지를 Brushes 패널(🖌)로 드래그해서 등록합니다. New Brush 대화상자가 표시되면 ❷ 'Art Brush'를 선택한 다음 ❸ 〈OK〉 버튼을 클릭합니다.

04 Art Brush Options 대화상자가 표시되면 ❶ Brush Scale Options에서 'Scale Proportionately'를 선택한 다음 ❷ 〈OK〉 버튼을 클릭합니다. 아트 브러시로 등록을 마친 이미지는 Delete를 눌러 아트보드에서 삭제합니다.

> **TIP**
> Brush Scale Options 항목은 브러시 용도나 목적에 따라 적절하게 선택할 수 있습니다. 'Stretch Between Guides'를 선택하면 미리 보기 화면에 점선으로 안내선의 시작점과 끝점을 지정해야 합니다.

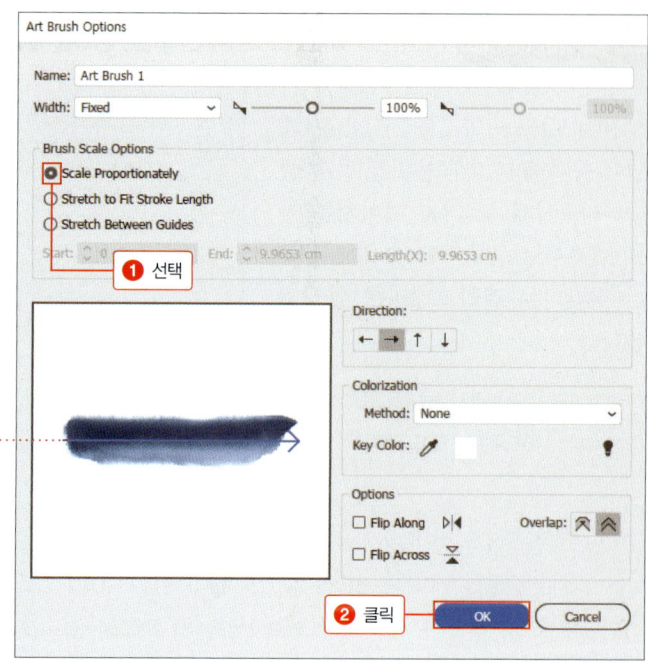

이미지에서 불필요한 배경을 삭제하고 GIF 또는 PNG 포맷으로 저장한 다음 브러시로 등록하면 배경의 흰색 부분이 나타나지 않습니다.
예제에서는 붓 터치의 번짐 형태를 자연스럽게 살리기 위해 배경까지 불러들였습니다.

05 브러시 도구()를 선택한 다음 ❶ Brushes 패널(　)에서 직접 등록한 아트 브러시를 선택합니다. ❷ '봄' 캘리그래피를 그리기 위해 아트보드 위에 드래그합니다. 배경의 한지 느낌이 배어 나오도록 ❸ Transparency 패널(　)에서 블렌딩 모드를 'Multiply'로 지정합니다.

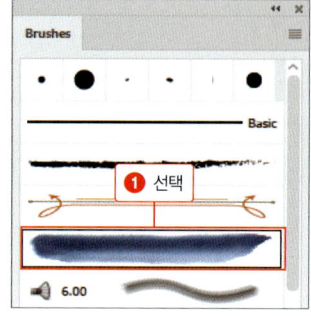 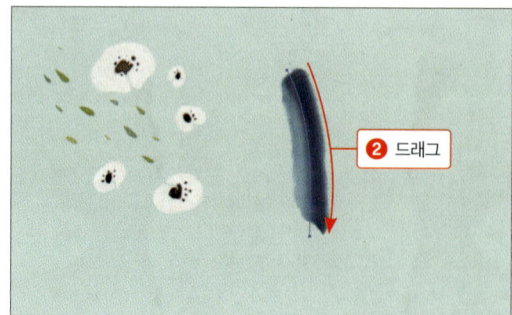 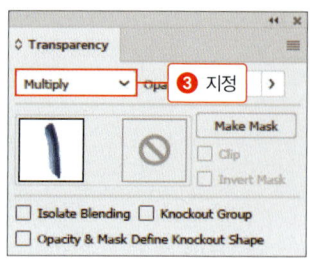

06 '봄'이라는 글자를 드래그하여 캘리그래피를 완성합니다.

정해진 형태의 도형과 자유로운 형태의 손그림 그리기

1
154, 159쪽 참고

다각형 도구와 별 도구를 이용하여 도형을 그려 보세요.
- 예제파일 02\다각형별.ai
- 완성파일 02\다각형별_완성.ai
- 해설 동영상 02\2-1.mp4

Hint 다각형 도구로 육각형 그리기 → 별 도구로 별 그리기 → 면과 선 색 지정하기

2
173쪽 참고

폭 도구를 이용하여 아날로그 감성이 살아 있는 손그림을 표현해 보세요.
- 예제파일 02\elephant.ai
- 완성파일 02\elephant_완성.ai
- 해설 동영상 02\2-2.mp4

Hint 폭이 일정한 선 이미지 불러오기 → 폭 도구로 선 폭을 다양하게 조절하기

드로잉의 기본을 익혔다면 이제부터는 디자인의 기본인 색과 함께 효율적인 작업을 위해 편집 실력을 향상시켜야 합니다.
콘셉트에 어울리는 요소를 구성하기 위해 오브젝트 편집, 정렬, 조합으로 한층 섬세한 표현 기법을 알아보겠습니다.

PART 3.

다양한 방법으로
채색하고 편집하기

01 | 다양한 방법으로 색상 적용하기
02 | 세련된 배색과 색상 테마 만들기
03 | 자연스러운 그러데이션 설정하기
04 | 편리한 작업을 위해 오브젝트 관리하기
05 | 쉽고 빠르게 정렬과 배열하기
06 | 자유자재로 오브젝트 다루기

색상 모드 • Color, Swatches, Pattern Options 패널

다양한 방법으로 색상 적용하기

일러스트레이터에서는 색을 이용하는 작업이 많습니다. 색을 적용하는 기능과 방법에는 여러 가지가 있으므로 다양한 도구와 패널의 기능을 익혀 원하는 색을 쉽고 빠르게 설정해서 간편하게 적용해 봅니다.

필수기능 01 | 웹과 인쇄용 색상 모드 알아보기

Color 패널(🎨)의 '패널 메뉴' 아이콘(≡)을 클릭하여 표시되는 메뉴를 실행해서 다양한 색상 모드를 지정할 수 있습니다.

웹용 RGB 모드 이해하기

RGB는 Red(빨강), Green(초록), Blue(파랑)로 이루어진 색상 체계로써 빛의 3원색을 이용하여 가산혼합의 원리로 색을 표현합니다. 인쇄용이 아닌 웹용 작업물은 주로 RGB 모드에서 작업합니다. 각각의 색 농도는 0~255로 나타내며, 모니터의 모든 색은 RGB 모드입니다.

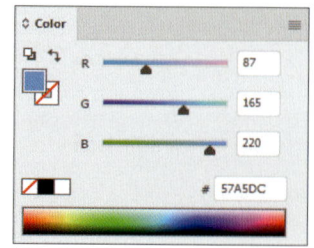

인쇄용 CMYK 모드 이해하기

CMYK는 Cyan(청록), Magenta(자주), Yellow(노랑), Black(검정)으로 이루어진 색상 체계로써 감산혼합의 원리로 색을 표현하며 출력물의 잉크 배합과 같은 색상 모드입니다. RGB보다 표현할 수 있는 색의 수가 적지만 작업물과 출력물 색이 같으므로 인쇄나 출력을 목적으로 편집이나 디자인을 한다면 CMYK 모드를 이용하는 것이 좋습니다.

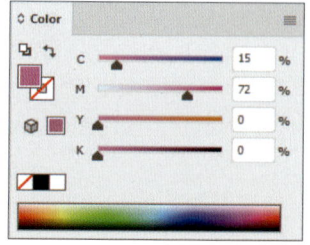

색상, 명도, 채도의 조합, HSB 모드 이해하기

HSB는 컴퓨터 그래픽(CG) 색상 모드로 Hue(색상), Saturation(채도), Brightness(명도)인 색의 세 가지 요소에 의해 이루어집니다.

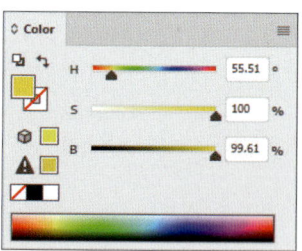

흑백의 Grayscale 모드 이해하기

Grayscale은 검은색과 흰색 사이의 색을 256으로 나누어 표현하는 방식으로, 일반 흑백 이미지의 경우 주로 Grayscale 색상 모드를 이용합니다.

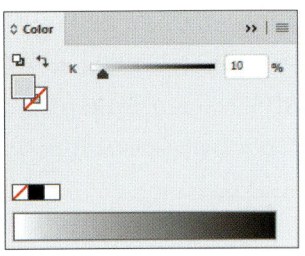

웹에서 표현하는 Web Safe RGB 모드 이해하기

Web Safe RGB는 웹 색상 중 플랫폼이나 웹 브라우저 종류에 따라 다르게 보이는 단점을 해결하며 공통적으로 216색을 이용합니다.

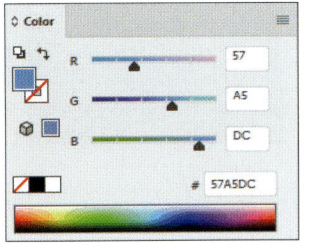

> **TIP**
> 문서의 색상 모드를 변경하려면 메뉴에서 (File) → Document Color Mode를 실행하여 작업에 알맞은 색상 모드로 변경합니다.

필수기능 02 색상 도구와 패널 살펴보기

일러스트레이터의 기본 색상 도구와 패널 이용 방법을 알아보고 원하는 색을 쉽고 빠르게 설정해서 간편하게 적용하는 방법에 대해 알아보겠습니다.

면과 선 색 채우기

오브젝트 색은 면과 선 색으로 구성되며 Tools 패널 아래쪽 또는 Control, Color 패널에서 설정할 수 있습니다.

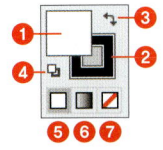

① 면 색(Fill) : 오브젝트의 안쪽인 면에 적용하는 색입니다.
② 선 색(Stroke) : 오브젝트의 바깥쪽인 선에 적용하는 색입니다.
③ Swap Fill and Stroke(색상 교체) : 오브젝트의 면 색과 선 색을 서로 바꿉니다.
④ Default(기본 색) : 면과 선 색을 기본 색인 흰색과 검은색으로 되돌립니다.
⑤ Color(단일 색) : 면과 선에 하나의 색을 적용합니다.
⑥ Gradient(그레이디언트) : 오브젝트의 면에 그러데이션을 적용합니다.
⑦ None(색상 없음) : 면과 선에 색을 적용하지 않습니다.

Color Picker 대화상자에서 색 지정하기

Tools 패널에서 면이나 선 색의 색상 상자를 더블클릭하면 색을 더욱 세밀하게 설정할 수 있는 Color Picker 대화상자가 표시됩니다. 색상 스펙트럼을 이용해 명도와 채도를 한눈에 살펴보면서 색을 조절할 수 있어 편리합니다. Color Picker 대화상자에서는 HSB, RGB, CMYK 색상 모드로 각각의 색상 값을 설정할 수 있으며, 'Only Web Colors'를 체크 표시하면 색상 스펙트럼이 웹용으로 바뀌어 웹 디자인에 유용합니다.

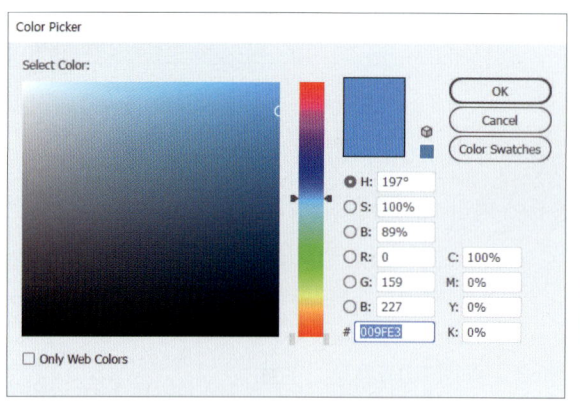 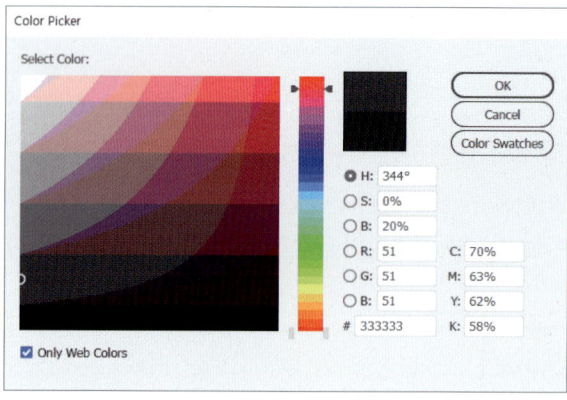

▲ 일반 Color Picker 대화상자 　　　　　　　　　▲ 웹용 색상 모드로 변경한 모습

Color 패널에서 색상 스펙트럼 조절하기

Color 패널(🎨)의 색상 스펙트럼에서 색을 클릭하거나 각각의 색상 모드에서 색상 농도를 수치로 설정하여 원하는 색을 지정할 수 있습니다. 색상 스펙트럼 위의 'None', '검은색', '흰색' 아이콘을 선택하면 간편하게 기본 색을 적용하거나 색을 적용하지 않을 수 있습니다.

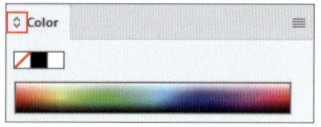 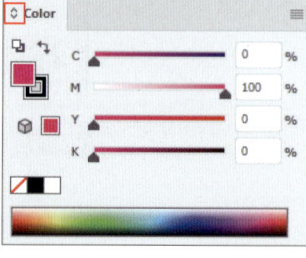 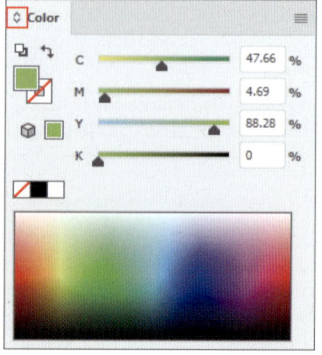

> **TIP**
> Control 패널에서도 색을 지정할 수 있습니다. 면 또는 선 색의 색상 상자를 클릭하면 Swatches 패널(▣)이 표시되고, Shift를 누른 상태로 클릭하면 수치를 직접 입력하여 색상을 지정할 수 있는 Color 패널(🎨)이 표시됩니다.
>
>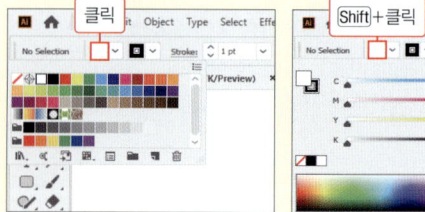

실습예제 03 Color Picker 대화상자에서 색 지정하기

Tools 패널에서 면이나 선 색의 색상 상자를 더블클릭하여 표시되는 Color Picker 대화상자를 이용하여 세부적으로 색을 지정해 봅니다.

● **예제파일** : 03\사과.ai   ● **완성파일** : 03\사과_완성.ai

01 03 폴더에서 '사과.ai' 파일을 불러옵니다. 흑백 사과에 색을 적용하기 위해 먼저 ❶ 선택 도구(▶)로 ❷ 첫 번째 사과를 선택합니다.

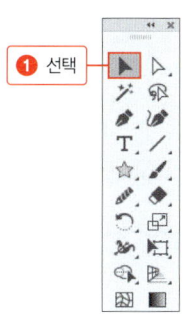

02 세부적으로 색을 지정하기 위해 ❶ Tools 패널에서 면 색을 더블클릭합니다. Color Picker 대화상자가 표시되면 ❷ #에 'E25A5A'를 입력하여 빨간색을 적용하고 ❸ 〈OK〉 버튼을 클릭합니다.

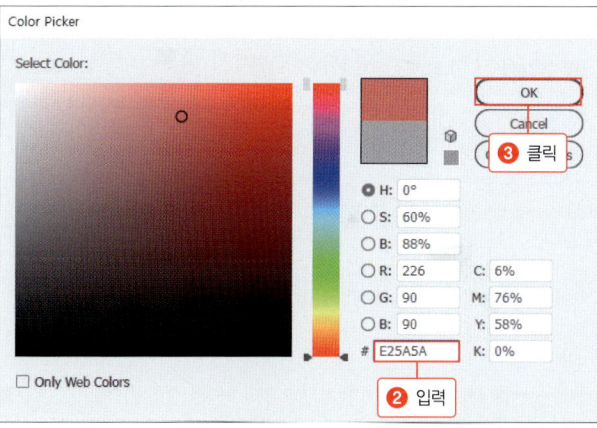

> **TIP**
> Color Picker 대화상자의 Select Color 스펙트럼에서 원하는 색을 클릭하거나 직접 수치를 입력할 수도 있습니다.

03 지정한 색이 사과에 적용됩니다.

Chapter 01 • 다양한 방법으로 색상 적용하기   199

실습예제 04 Color 패널에서 색상 모드 조절하기 ★★중요

색상 스펙트럼에서 원하는 색을 선택하거나 각각의 색상 모드에서 색상 값의 슬라이더를 드래그하여 수치를 조절해서 색상을 적용해 봅니다.

◉ 예제파일 : 03\컬러링.ai
◉ 완성파일 : 03\컬러링_완성.ai

Before

After

01 03 폴더에서 '컬러링.ai' 파일을 불러옵니다. ❶ 선택 도구(▶)로 두 번째 사과를 선택합니다. ❷ Color 패널()을 표시하고 회색으로 지정된 면 색을 확인합니다.

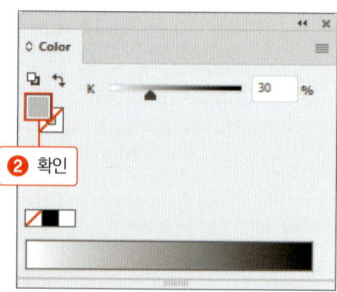

TIP
Color 패널이 보이지 않으면 메뉴에서 (Window) → Color를 실행하거나 F6을 누릅니다.

02 흑백 색상 모드를 컬러로 변경하기 위해 ❶ Color 패널 오른쪽 상단의 '패널 메뉴' 아이콘(≡)을 클릭한 다음 ❷ CMYK를 실행합니다.

TIP
원하는 색을 지정하기 위해 Color 패널에서 수치를 직접 입력하거나 색상 슬라이더를 드래그하여 조절할 수도 있습니다.

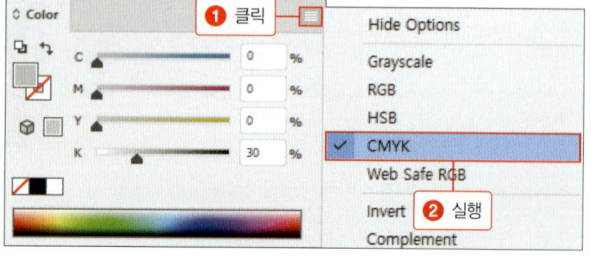

03 색을 변경하기 위해 Color 패널(🎨)에서 C를 '10%', M을 '66%', Y를 '67%', K를 '0%'로 지정합니다. 무채색 사과가 주황색으로 바뀝니다.

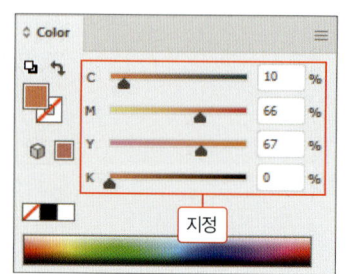

04 ❶ 선택 도구(▶)로 세 번째 사과를 선택합니다. ❷ Color 패널(🎨) 아래쪽 색상 스펙트럼에서 원하는 색을 클릭하여 추출합니다. 색상 슬라이더를 드래그하거나 직접 색상 값을 입력하여 색을 세밀하게 조정해 봅니다. ❸ 예제에서는 C를 '42%', M을 '28%', Y를 '77%', K를 '11%'로 지정하였습니다.

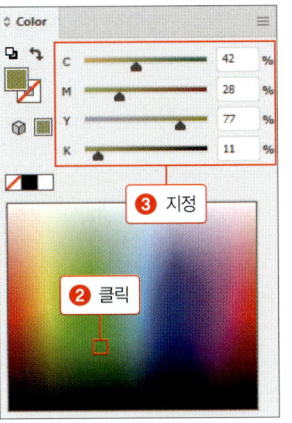

05 ❶ 선택 도구(▶)로 네 번째 사과를 선택합니다. 색상 모드를 변경하기 위해 ❷ Color 패널(🎨) 오른쪽 상단의 '패널 메뉴' 아이콘(☰)을 클릭한 다음 ❸ HSB를 실행합니다.

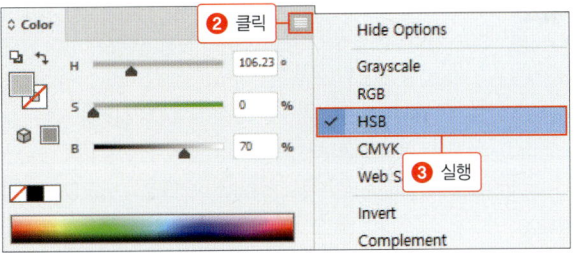

> **TIP**
> HSB 모드는 색의 3요소인 색상(Hue), 채도(Saturation), 명도(Brightness)를 이용하여 색을 만들며 채도, 명도를 수정할 때 유용합니다.

06 색상, 채도, 명도를 각각 조절하기 위해 먼저 B(명도)의 슬라이더를 오른쪽으로 드래그하여 '86%'로 지정합니다. H(색상)를 '47', S(채도)를 '60%'로 지정해 색을 적용합니다. 사과가 모두 채색되었습니다.

> **TIP**
> CMYK 모드로 작업하다가 RGB 모드로 변경하면 채도가 높아져 형광 빛을 띱니다. 한편 RGB 모드로 작업하다가 CMYK 모드로 변경하면 채도가 낮아져 칙칙해집니다. 이처럼 작업 중 색상 모드를 수정하면 전체 배색을 수정해야 하기도 하므로 작업 전 용도에 알맞은 색상 모드로 지정합니다.

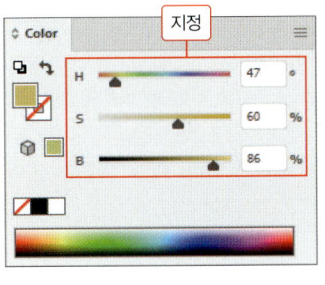

필수기능 05 색상 선택과 추출, 적용을 위한 도구 살펴보기   우선순위 | TOP 03   중요

Swatches 패널(▦)에서 다양한 색이나 패턴을 선택할 수 있고 스포이트 도구(✏)를 이용하여 지정된 색을 추출할 수 있으며, 라이브 페인트 통 도구(🪣)를 이용해서 복잡한 오브젝트도 간편하게 채색할 수 있습니다.

Swatches 패널에서 색 선택하고 패턴 적용하기

Swatches 패널(▦)은 직접 색상을 등록하여 이용할 수 있는 팔레트 역할을 합니다. 기본으로 색, 그러데이션, 패턴이 등록되어 있고 색상 라이브러리를 불러오거나 필요한 색을 등록 및 삭제할 수 있습니다.

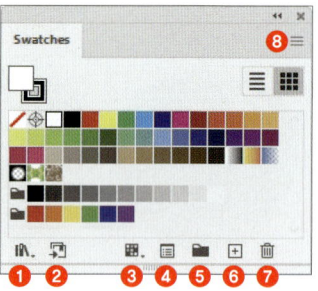

❶ **Swatch Libraries menu** : 기본으로 제공하는 Swatches 라이브러리를 선택합니다.
❷ **Add selected Swatches and Color Groups to my current Library** : 색상 견본을 Libraries 패널에 저장합니다.
❸ **Show Swatch Kinds menu** : 색, 그러데이션, 패턴, 색상 그룹을 나타내는 방식을 선택합니다.
❹ **Swatch Options** : Swatches Options 대화상자에서 색상 견본의 이름, 형식, 색상 모드 등을 설정합니다.
❺ **New Color Group** : 기본으로 등록된 색상 그룹 외에 스와치 색을 그룹으로 설정합니다.
❻ **New Swatch** : 기본으로 등록된 색 외에 Color 패널(🎨)에서 설정한 색을 Swatches 패널(▦)에 등록합니다.
❼ **Delete Swatch** : 선택한 색이 삭제됩니다.
❽ **패널 메뉴** : 메뉴 아이콘을 클릭하여 메뉴에서 Swatches 패널의 다양한 옵션을 설정합니다.

  ⓐ **New Swatch** : 새로운 스와치를 만들 수 있습니다.
  ⓑ **New Color Group** : 새로운 색상 그룹을 만들 수 있습니다.
  ⓒ **Duplicate Swatch** : 패널에 등록된 색을 복제합니다.
  ⓓ **Merge Swatches** : 그러데이션, 패턴을 합치고 가장 먼저 선택한 이름과 속성을 따릅니다.
  ⓔ **Delete Swatch** : 등록된 색을 삭제합니다.
  ⓕ **Ungroup Color Group** : 색상 그룹의 그룹 설정을 해제합니다.
  ⓖ **Select All Unused** : 현재 열려 있는 문서 작업에 이용하지 않은 색을 모두 선택합니다. 주로 작업을 마친 다음 이용하지 않은 스와치를 삭제하기 위해 이용합니다.
  ⓗ **Add Used Colors** : 사용한 색을 추가합니다.
  ⓘ **Sort by Name/Kind** : 스와치를 알파벳 또는 종류별로 정렬합니다.
  ⓙ **Show Find Field** : 일종의 검색창으로 패널 위쪽에 나타납니다. 등록된 스와치 이름을 검색창에 입력하면 해당하는 스와치를 찾아 줍니다.
  ⓚ **Small/Medium/Large Thumbnail View** : 스와치를 작게, 중간, 크게 표시합니다.
  ⓛ **Small/Large List View** : 스와치 이름을 작거나 크게 표시합니다.
  ⓜ **Swatch Options** : Swatch Options 대화상자에서 색을 조정하고 이름을 새로 등록할 수 있습니다.
  ⓝ **Spot Colors** : 스팟 색상을 등록합니다.
  ⓞ **Open Swatch Library** : 일러스트레이터에서 제공하는 Web, PANTONE 색 등 다양한 색상 체계를 Swatches 패널에 나타냅니다.
  ⓟ **Save Swatch Library as ASE/AI** : 스와치 라이브러리에 ASE, AI 색을 저장합니다.

실습예제 06 Swatches 패널에서 색과 패턴 지정하기 ★중요

Swatches 패널에서 제공하는 다양한 색과 패턴을 클릭하여 오브젝트에 바로 적용하고, 직접 만든 패턴도 등록한 다음 지정해 봅니다.

● 예제파일 : 03\종이컵.ai   ● 완성파일 : 03\종이컵_완성.ai

Before

After

01 03 폴더에서 '종이컵.ai' 파일을 불러옵니다. ❶ Ctrl을 누른 상태로 첫 번째 종이컵을 선택합니다. ❷ Swatches 패널(🔳)에서 '초록색'을 선택하면 오브젝트에 선택한 색이 바로 적용됩니다.

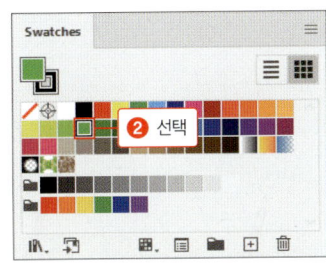

02 패턴 라이브러리를 열기 위해 ❶ Swatches 패널 왼쪽 하단에 'Swatch Libraries menu' 아이콘(🔳)을 클릭한 다음 ❷ Patterns → Nature → Nature_Foliage를 실행합니다.

파일 설정이 바뀌면 Swatches 패널의 색이 모두 없어지기도 합니다. 이때 '패널 메뉴' 아이콘을 클릭한 다음 Default Swatches를 실행해 작업 스타일에 알맞은 색을 선택해서 적용합니다.

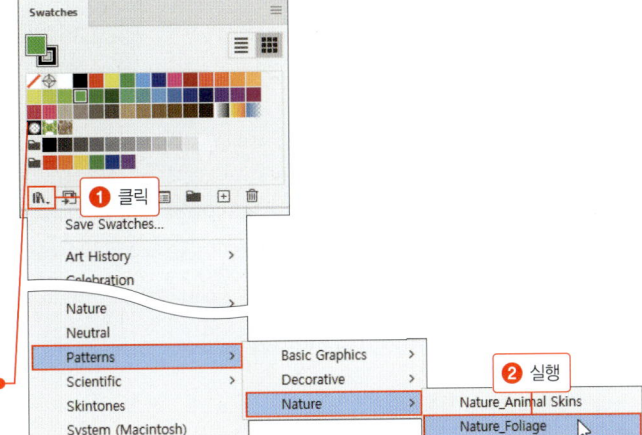

Chapter 01 · 다양한 방법으로 색상 적용하기 203

03

❶ 선택 도구(▶)로 두 번째 종이컵을 선택합니다. ❷ Nature_Foliage 라이브러리에서 'Leaves Graphic Color'를 선택하여 오브젝트에 패턴을 적용합니다.

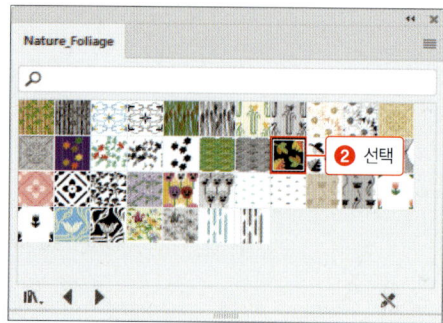

TIP
스와치 라이브러리 하단의 'Load previous Swatch Library' 아이콘(◀) 또는 'Load next Swatch Library' 아이콘(▶)을 클릭하여 다양한 패턴 라이브러리를 살펴보고 적용합니다.

04

패턴 크기를 조절하기 위해 먼저 Tools 패널에서 크기 조절 도구(⊞)를 더블클릭합니다. Scale 대화상자가 표시되면 ❶ Options에서 'Transform Patterns'만 체크 표시하고 ❷ Scale의 Uniform을 '120%'로 설정한 다음 ❸ 〈OK〉 버튼을 클릭합니다. 컵에 적용된 패턴이 좀 더 커집니다.

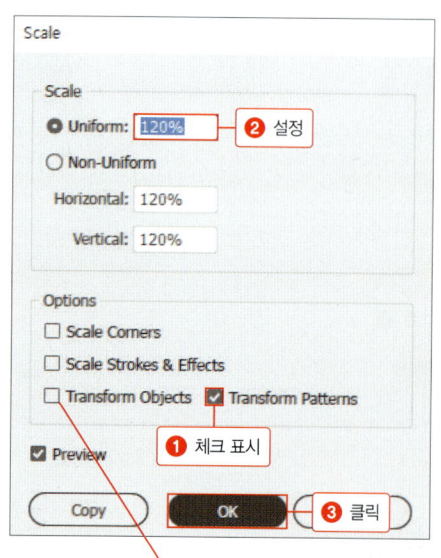

● Options의 'Transform Objects'로 체크 표시하면 오브젝트 크기도 함께 수정되므로 주의합니다.

05 직접 패턴을 만들기 위해 선택 도구(▶)로 아트보드 오른쪽 상단의 오브젝트를 선택한 다음 Swatches 패널(▦)로 드래그합니다. 마우스 커서에 +가 표시되면서 오브젝트가 패턴으로 등록됩니다.

> **TIP**
> 패턴 외에도 원하는 색을 Swatches 패널에 등록해 이용할 수도 있습니다. 이때 패턴처럼 Color 패널 또는 Tools 패널의 면 색을 Swatches 패널에 드래그하면 됩니다.

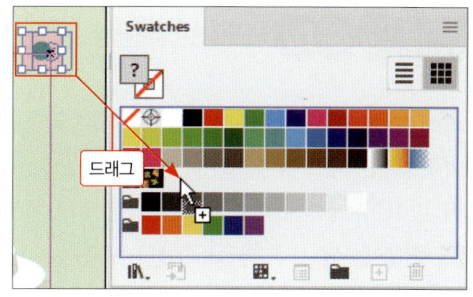

06 ❶ 세 번째 종이컵을 선택합니다.
❷ Swatches 패널에 등록한 패턴을 선택하여 오브젝트에 패턴을 적용합니다.

07 이번에는 패턴을 회전하기 위해 Tools 패널에서 회전 도구(↻)를 더블클릭합니다. Rotate 대화상자가 표시되면 ❶ Options의 'Transform Patterns'만 체크 표시하고 ❷ Angle을 '35°'로 설정한 다음 ❸ 〈OK〉 버튼을 클릭합니다. 세 번째 컵에 적용된 패턴이 35° 회전하였으며, 모든 종이컵에 색과 패턴이 적용되었습니다.

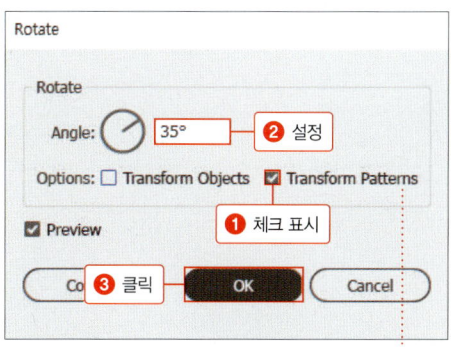

> **왜 그럴까?**
> Rotate 대화상자에서 'Transform Objects' 만 체크 표시하면 오브젝트만 회전하고, 'Transform Pattern'만 체크 표시하면 오브젝트에 적용된 패턴만 회전합니다. 두 가지 항목 모두 체크 표시하면 오브젝트와 패턴이 동시에 회전하므로 유의합니다.

실습예제 07 라이브 페인트 통 도구로 쉽고 빠르게 채색하기

라이브 페인트 통 도구를 이용하면 겹친 패스를 일일이 나누지 않고도 클릭해 채색할 수 있어 복잡한 오브젝트도 간단하게 색을 적용할 수 있습니다.

- 예제파일 : 03\당근.ai
- 완성파일 : 03\당근_완성.ai

Before

After

01 03 폴더에서 '당근.ai' 파일을 불러옵니다. 선과 면이 겹쳐 채색하기 힘든 일러스트가 나타납니다.

02 ❶ 선택 도구(▶)로 채색하려는 오브젝트를 드래그하여 전체 선택합니다. 채색을 위해 라이브 페인트 환경으로 설정하겠습니다. ❷ 메뉴에서 (Object) → Live Paint → Make(Alt+Ctrl+X)를 실행합니다.

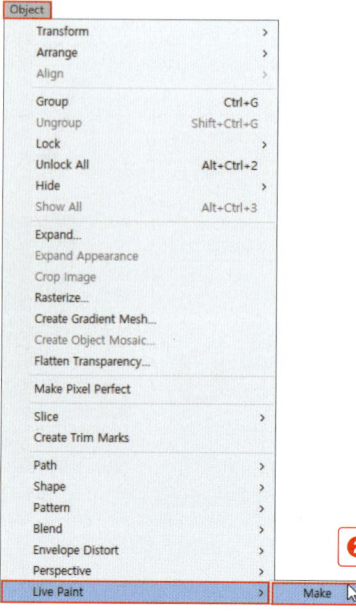

> **TIP**
> 라이브 페인트 환경으로 설정하면 닫힌 패스뿐만 아니라 선으로 이루어진 열린 패스도 면으로 나눠 색을 적용할 수 있습니다.

03 라이브 페인트 환경으로 바뀌면 ① Tools 패널에서 라이브 페인트 통 도구( )를 선택합니다. ② Swatches 패널( )에서 원하는 색을 선택하거나 '연주황색'을 선택합니다.

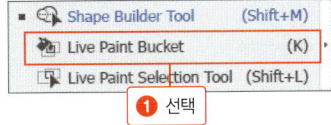
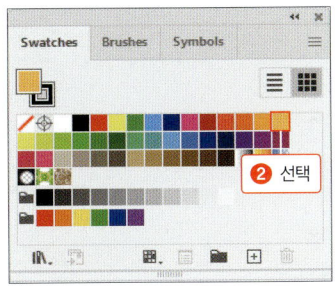

04 라이브 페인트 영역에 마우스 커서를 위치하고 채색하려는 부분에 빨간색 테두리가 나타날 때 클릭하여 채색합니다.

05 오브젝트의 겹치는 부분을 생각하며 색을 선택한 다음 클릭해서 다양한 색을 적용합니다.

> **TIP**
> 원하는 색을 색상 그룹에 등록하고 등록한 색상 그룹에서 색을 선택한 다음 방향키를 누르면, 마우스 커서에 Swatches 패널에서 선택된 색상 그룹 순서대로 색이 나타납니다. Swatches 패널에 채색하려는 색상 그룹을 미리 등록하면 작업이 편리합니다.

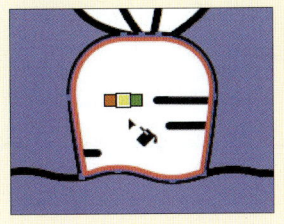

06 오브젝트에서 겹친 부분의 선을 채색하기 위해 먼저 라이브 페인트 통 도구의 옵션을 설정하겠습니다.

Tools 패널에서 라이브 페인트 통 도구( )를 더블클릭하여 Live Paint Bucket Options 대화상자가 표시되면 ❶ Options에서 'Paint Strokes'를 체크 표시한 다음 ❷ 〈OK〉 버튼을 클릭합니다.

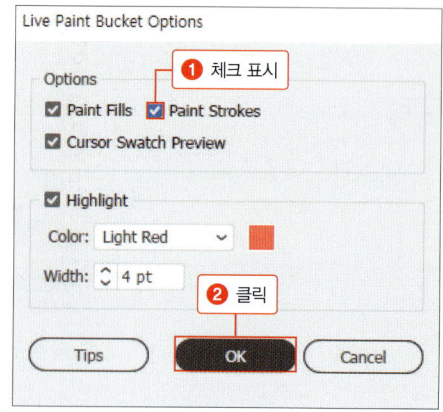

07 오브젝트의 선 위에 마우스 커서를 가져가면 라이브 페인트 통 모양이 브러시 형태로 바뀝니다.

❶ Tools 패널에서 선 색을 선택하고 ❷ Swatches 패널( )에서 원하는 색을 지정한 다음 ❸ 선 부분을 클릭하여 색을 적용합니다.

08 채색을 마치면 메뉴에서 (Object) → Live Paint → Expand를 실행하여 일반 오브젝트로 변환해서 작업을 마칩니다.

필수기능 08 Pattern Options 패널에서 패턴 편집하기 ★★중요

등록한 패턴을 편집할 때는 Swatches 패널에서 수정하려는 패턴을 더블클릭하여 편집 모드에서 Pattern Options 패널을 설정합니다.

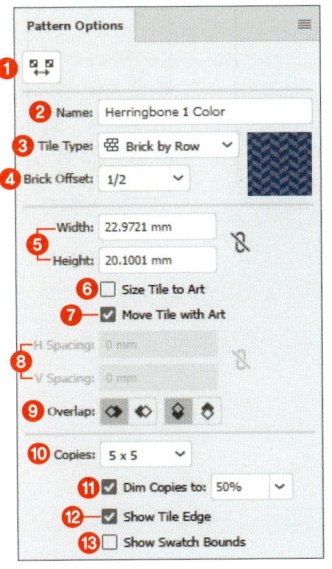

▲ Tile Type : Grid

▲ Tile Type : Hex by Column

① **Pattern Tile Tool** : 클릭하면 표시되는 바운딩 박스를 드래그하여 패턴 영역을 수정할 수 있습니다.
② **Name** : 패턴 이름을 입력합니다.
③ **Tile Type** : 행과 열이 반복적으로 배열되는 방법을 지정합니다.
④ **Brick Offset** : Tile Type에서 'Brick by Row', 'Brick by Column'을 지정하면 활성화됩니다. 패턴의 기준 타일 크기를 기본으로 어긋나게 배치하는 정도를 설정합니다.
⑤ **Width/Height** : 'Size Tile to Art'의 체크 표시를 해제하면 활성화됩니다. 타일 크기를 지정하며, 연결하면 너비와 높이 비율을 고정할 수 있습니다.
⑥ **Size Tile to Art** : 패턴에 맞게 영역(타일 모양)을 설정합니다.
⑦ **Move Tile with Art** : 패턴이 선택된 오브젝트를 모두 선택해서 이동할 때 적용됩니다.
⑧ **H/V Spacing** : 'Size Tile to Art'를 체크 표시하면 활성화되며, 오브젝트 크기를 기준으로 패턴 간격을 지정합니다.
⑨ **Overlap** : 좌우, 상하 등 겹쳐지는 방법을 지정합니다.
⑩ **Copies** : 타일 수를 지정합니다.
⑪ **Dim Copies to** : 복제될 패턴을 어느 정도로 흐리게 보여 줄지 지정합니다.
⑫ **Show Tile Edge** : 패턴 영역(타일 형태)을 나타냅니다.
⑬ **Show Swatch Bounds** : 패턴의 테두리를 나타냅니다.

실습예제 09 복잡한 패턴도 쉽게 편집하기

Pattern Options 패널을 이용하면 간편하게 복잡한 패턴의 배열, 크기, 너비와 높이, 간격 등을 편집하여 다양한 형태로 나타낼 수 있습니다.

Before   After

- 예제파일 : 03\곰돌이패턴.ai
- 완성파일 : 03\곰돌이패턴_완성.ai

01 03 폴더에서 '곰돌이패턴.ai' 파일을 불러옵니다. ❶ 선택 도구(▶)를 이용해서 패턴으로 지정하려는 오브젝트를 선택하고 ❷ 메뉴에서 [Object] → Pattern → Make를 실행합니다. 패턴으로 등록한다는 경고 메시지 창이 표시되면 〈OK〉 버튼을 클릭합니다.

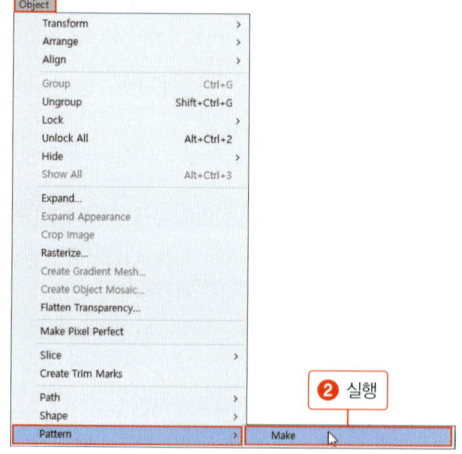

02 Pattern Options 패널이 표시되고 패턴 편집 모드가 실행되면 패턴으로 등록한 오브젝트를 중심으로 주위에 흐리게 표시된 여러 개의 오브젝트가 반복해서 나타납니다.

> **TIP**
> 패턴 편집 모드에서 직접 패턴 오브젝트를 제작할 수 있으므로 패턴의 기본 형태를 따로 만들지 않아도 됩니다.

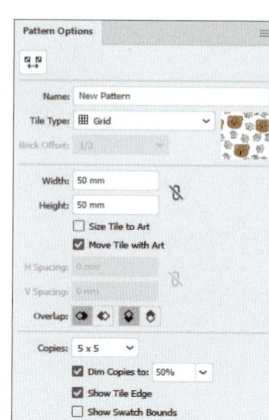
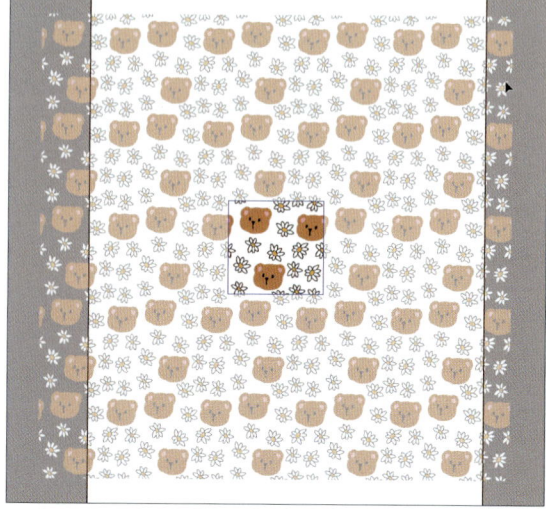

03 ❶ Pattern Options 패널에서 Name에 '곰돌이패턴'을 입력하고, 배열 형식을 지정하기 위해 ❷ Tile Type을 'Grid'로 지정합니다.

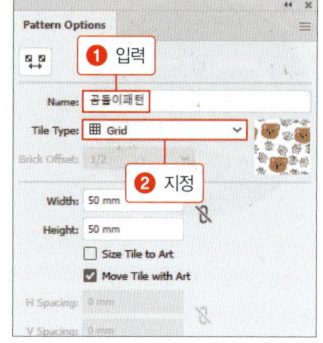

TIP
편집된 패턴은 자동으로 Swatches 패널에 등록됩니다.

04 기본 패턴 오브젝트 중 ❶ 그림과 같은 위치의 꽃을 선택한 다음 Alt 를 누른 상태에서 오른쪽 하단으로 드래그하여 복제합니다. ❷ Control 패널 아래의 'Done'을 클릭합니다.

05 ❶ 오른쪽 휴대폰 케이스를 선택합니다. ❷ Swatches 패널 (■)에 등록한 패턴을 선택해 적용합니다.

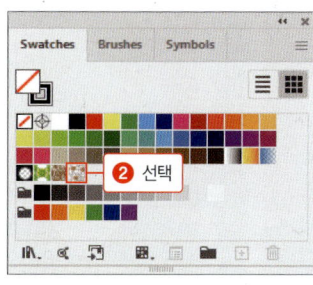

TIP
다시 패턴을 편집하려면 Swatches 패널에서 해당 패턴을 더블클릭하여 패턴 편집 모드를 실행합니다.

Color Guide 패널 • Recolor Artwork

세련된 배색과 색상 테마 만들기

일러스트레이터의 Color Guide 패널에서는 쉽고 빠르게 원하는 배색을 선택하여 채색할 수 있습니다. 또한 Recolor Artwork 대화상자에서 좀 더 세부적으로 색을 설정할 수 있어 편리합니다.

필수기능 01 색상 테마 만들기

배색 가이드를 제공하는 Color Guide 패널 살펴보기

Color Guide 패널(▨)에서는 색을 직관적으로 배합하여 다양한 배색을 선택하거나 저장해서 이용할 수 있습니다. 또한 포토샵에서 구현되는 다양한 색을 일러스트레이터에서도 이용할 수 있도록 합니다. 기본 색을 설정한 다음 Color Guide 패널을 표시하면 관련 배색이 나타나 편리하게 색을 설정할 수 있습니다.

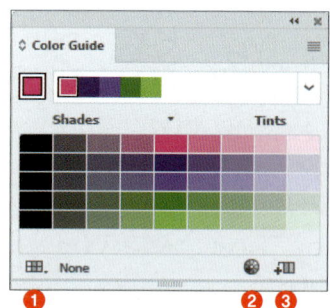

◀ Coloe Guids 패널

❶ **Limits the color group to colors in a swatch library** : Color Guide 라이브러리를 불러옵니다.
❷ **Edit or Apply Colors** : Recolor Artwork 대화상자에서 라이브 색을 세부적으로 설정합니다.
❸ **Save color group to Swatch panel** : 스와치 라이브러리에 색을 추가합니다.

▲ 다양한 색상 테마 적용

실습예제 02 Color Guide 패널을 이용해 배색하기

일러스트레이터는 쉽고 빠른 배색을 위해 다양한 기능을 제공합니다. 그중 Color Guide 패널에서 추천하는 배색을 이용하여 간편하게 색을 적용해 봅니다.

- 예제파일 : 03\우표배색.ai
- 완성파일 : 03\우표배색_완성.ai

Before

After

After

After

01 03 폴더에서 '우표배색.ai' 파일을 불러옵니다. 흑백 이미지에 생동감 있는 색을 적용하겠습니다. ❶ 선택 도구(▶)로 우표의 배경을 선택하고 ❷ Swatches 패널(▦)에서 주 색상으로 '자주색'을 선택합니다.

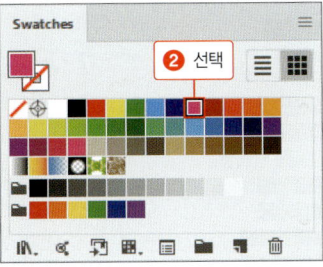

02 Color Guide 패널(▦)을 표시하고 ❶ 팝업 아이콘(▽)을 클릭하면 주 색상을 기준으로 추천 배색 목록이 나타납니다. ❷ 원하는 배색을 선택합니다. 예제에서는 'High Contrast 4'를 선택했습니다.

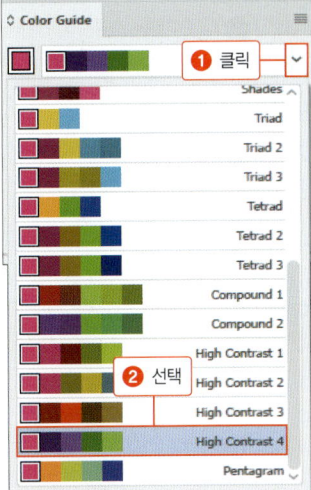

> **TIP**
> Color Guide 패널이 보이지 않으면 메뉴에서 (Window) → Color Guide를 실행합니다. Color Guide 패널에 명도 단계가 나타나지 않으면 패널 오른쪽 상단의 '패널 메뉴' 아이콘(▤)을 클릭한 다음 Show Options를 실행합니다.

03
선택한 배색과 함께 명도 단계가 나눠진 색상 그룹이 나타납니다. Swatches 패널(■)과 같은 방법으로 원하는 색을 선택해 오브젝트에 적용합니다.

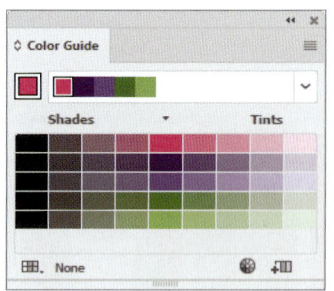

04
❶ Color Guide 패널에서 팝업 아이콘(⌵)을 클릭한 다음 ❷ 'Pentagram'을 선택합니다. ❸ 주 색상을 기준으로 다양한 배색을 적용해 봅니다.

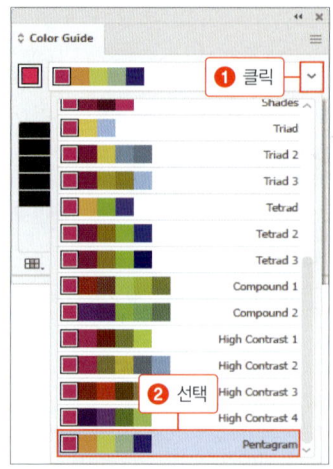

05
❶ 이번에는 Color Guide 패널에서 팝업 아이콘(⌵)을 클릭한 다음 'Triad 2'를 선택합니다. ❷ 주 색상을 기준으로 다양한 배색을 적용해 봅니다.

> **TIP**
> Color Guide 패널 오른쪽 하단의 'Save color group to Swatch panel' 아이콘(⊞)을 클릭하면 선택한 색상 그룹이 Swatches 패널에 등록됩니다. 자주 이용하는 색상 그룹은 Swatches 패널에 등록하여 이용하면 편리합니다.

필수기능 03 Recolor Artwork 대화상자에서 색상 테마 만들기

Control 패널의 'Recolor Artwork' 아이콘(◉) 또는 Color Guide 패널의 'Edit or Apply Colors' 아이콘(◉)을 클릭하여 표시되는 Recolor Artwork 대화상자에서는 색상 그룹을 만들고 바로 확인하여 적용할 수 있습니다.

[Assign] 탭에서 색 지정하기

Recolor Artwork 기능을 이용하면 복잡하고 다양한 색의 패턴, 패턴 브러시, 심볼, 메시 등을 오브젝트에 효과적으로 적용할 수 있습니다. Recolor Artwork 대화상자의 [Assign] 탭에서는 색상 테마를 이용해 선택한 오브젝트 색을 조절합니다. 새로운 색이나 별색 등 색을 바꾸는 방법을 지정하거나 색상 수를 줄일 수도 있습니다.

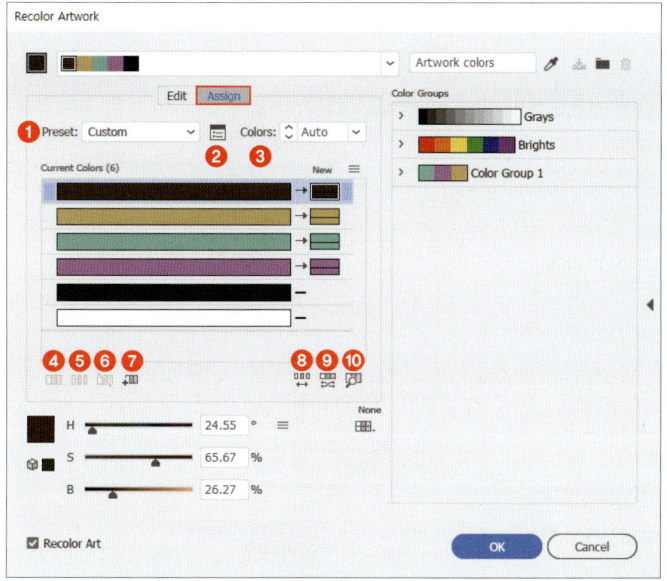
▲ Color Guide 패널에서 아이콘을 클릭하여 표시한 Recolor Artwork 대화상자

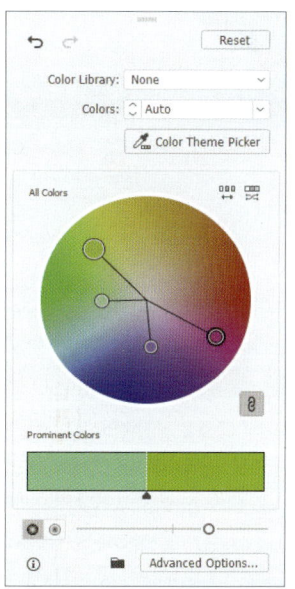
▲ (Advanced Options) 버튼을 클릭하여 왼쪽과 같이 Recolor Artwork의 세부적인 기능을 설정할 수 있습니다.

> **TIP**
> Recolor Artwork 대화상자를 표시하려면 오브젝트를 선택하고 메뉴에서 (Edit) → Edit Colors → Recolor Artwork를 실행하거나 Color Guide 패널(▣)의 Harmony Rules 항목에서 원하는 배색을 선택한 다음 오른쪽 하단의 'Edit Colors' 아이콘(◉)을 클릭합니다.

❶ **Preset** : Custom, Color library, Single Color, Two Color, Three Color, Color Harmony 중에서 선택합니다.
❷ **Color Reduction Options** : Color Reduction Options 대화상자를 표시합니다.
❸ **Colors** : 색상 수를 설정합니다.
❹ **Merge colors into a row** : 두 개 이상의 색을 선택했을 때 하나의 열 안에 합칩니다.
❺ **Separate colors into different rows** : 합친 색을 각각 구분합니다.
❻ **Excludes selected colors so they will not be recolored** : 열 안의 색을 각각 구분합니다.
❼ **New Row** : 새로운 색상 열을 만듭니다.
❽ **Randomly change color order** : 색상 테마 안에서 임의의 배색이 지정됩니다.
❾ **Randomly changes saturation and brightness** : 색상 테마 안에서 임의의 채도와 명도가 지정됩니다.
❿ **Click on colors above to find them in the artwork** : 색을 선택하면 아트보드에 적용된 색을 나타냅니다.

(Edit) 탭에서 색상 테마 만들기

Recolor Artwork 대화상자의 (Edit) 탭에서는 Harmony Rules와 Color Wheel을 이용해 어울리는 색으로 수정하거나 새롭게 만들며, 조화로운 배색 또는 색상 값을 확인하면서 조절할 수 있습니다. 명도를 조절하거나 색을 추가, 삭제할 수 있으며 색상 테마를 저장할 수도 있습니다.

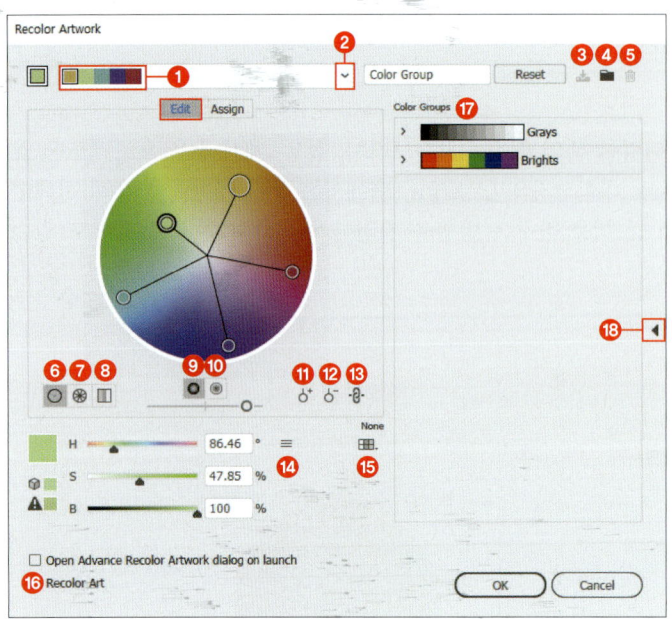

▲ Color Guide 패널에서 아이콘을 클릭하여 표시한 Recolor Artwork 대화상자

❶ **Active Colors** : 기본 배색을 설정합니다.
❷ **Harmony Rules** : Harmony Rules 배색이 나타납니다.
❸ **Save changes to color group** : 새롭게 설정한 배색을 저장합니다.
❹ **New Color Group** : 새롭게 설정한 색상 테마를 Color Groups 항목에 표시합니다.
❺ **Delete Color Group** : 설정한 색상 테마를 삭제합니다.
❻ **Display smooth color wheel** : 부드러운 Color Wheel을 표시합니다.
❼ **Display segmented color wheel** : 나눠진 Color Wheel을 표시합니다.
❽ **Display color bars** : 색을 스펙트럼 형태로 표시합니다.
❾ **Show brightness and hue on wheel** : 명도를 조절합니다.
❿ **Show saturation and hue on wheel** : 채도를 조절합니다.
⓫ **Add Color tool** : Color Wheel에서 원하는 색을 클릭하여 선택하면 색상 도구가 추가됩니다.
⓬ **Remove Color tool** : Color Wheel에서 삭제하려는 색을 클릭하여 선택하면 색상 도구가 삭제됩니다.
⓭ **Link/Unlink harmony colors** : 색의 상호 작용 효과를 설정 및 해제합니다.
⓮ **Specifies the mode of the color adjustment sliders** : 색상 모드를 변경합니다.
⓯ **Limits the color group to colors in a swatch library** : 스와치 라이브러리를 직접 선택하여 적용합니다.
⓰ **Recolor Art** : 아트보드에 적용되는 색을 미리 확인합니다.
⓱ **Color Groups** : 필요한 색상 테마를 저장하거나 편집합니다.
⓲ **Show/Hide color group storage** : Color Groups 창을 숨기거나 표시합니다.

실습예제 04 Recolor Artwork 기능으로 원하는 색상 테마를 손쉽게 적용하기 [중요]

Recolor Artwork 대화상자에서 복잡한 오브젝트의 전체적인 색감과 배색을 손쉽게 원하는 색상으로 적용해 봅니다.

- 예제파일 : 03\autumn.ai
- 완성파일 : 03\autumn_완성.ai

01 03 폴더에서 'autumn.ai' 파일을 불러옵니다. 불러온 도큐먼트에는 두 개의 아트워크가 있는 것을 확인할 수 있습니다.

02 ❶ 하단에 자전거를 타고 있는 소녀의 이미지를 선택하고 ❷ (Edit) → Edit Colors → Recolor Artwork를 실행합니다. Recolor Artwork 패널이 표시되면 ❸ 선택된 이미지의 색상이 색상환에 표시됩니다.

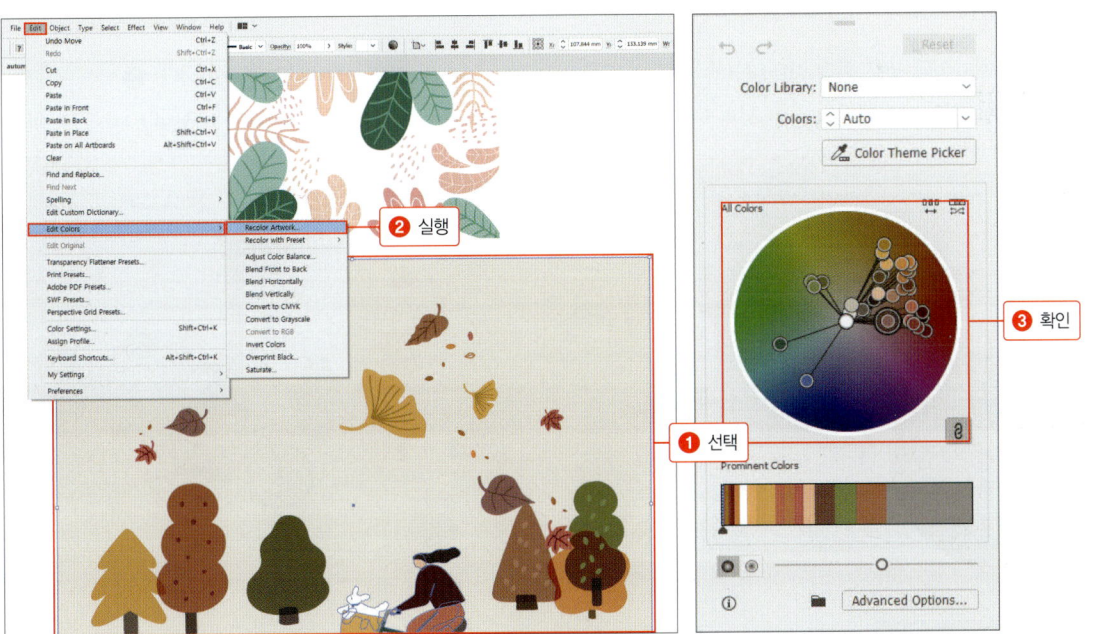

> **TIP**
> Recolor Artwork 패널은 Control 패널에서 'Recolor Artwork' 아이콘(◉)을 클릭하여 표시할 수도 있습니다.

Chapter 02 • 세련된 배색과 색상 테마 만들기 **217**

03 〈Color Theme Picker〉 버튼을 클릭하면 마우스 커서가 스포이트 형태로 변경됩니다.

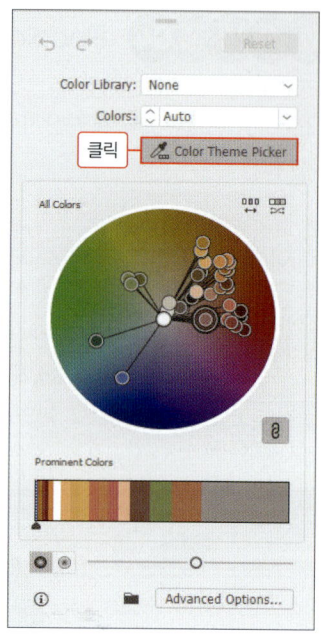

> **TIP**
>
> **Prominent Colors**
>
> Recolor Artwork 패널 하단의 Prominent Colors 섹션에서 아트워크에 있는 색상의 두께를 확인할 수 있습니다. Prominent Colors는 색상의 색조와 음영을 기준으로 분류됩니다. 아트워크에 있는 색상의 분포를 조절하려면 색상 패치의 가장자리를 길게 클릭한 상태에서 드래그하면 색상 분포 넓이에 따라 아트워크의 색상이 변경됩니다.
>
>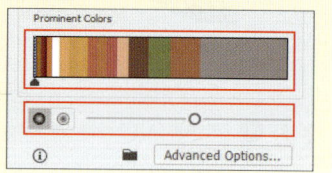

04 ❶ 사용하고 싶은 색상 톤의 아트워크를 클릭합니다. 예제에서는 상단에 있는 이미지를 클릭합니다. ❷ 하단에 가을 느낌의 이미지가 상단에 있는 이미지의 색상을 기준으로 색상 테마가 적용된 것을 확인할 수 있습니다.

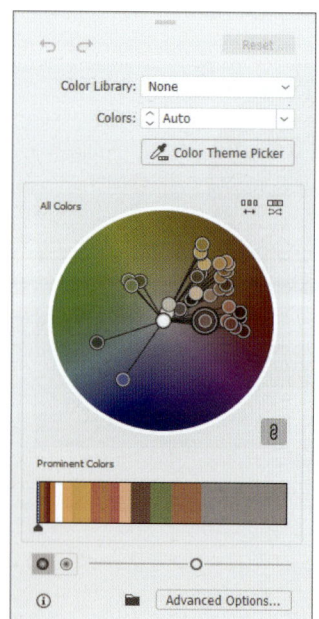
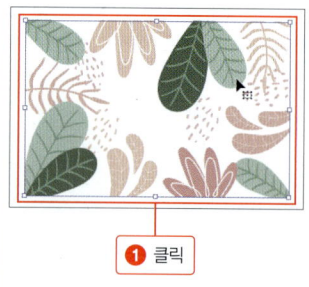

그레이디언트 도구 • Gradient 패널 • 메시 도구

CHAPTER 03 자연스러운 그러데이션 설정하기

그레이디언트 도구와 Gradient 패널을 활용하여 오브젝트에 입체적인 그러데이션을 적용할 수 있습니다. 메시 도구를 이용하면 오브젝트에 좀 더 사실적인 그러데이션을 표현할 수 있습니다.

필수기능 01 입체적인 색, 그러데이션 적용하기 — 우선순위 | TOP 04

그러데이션이란 두 가지 이상의 색이 부드럽게 연결되어 변화하는 것으로, 그레이디언트 도구(■)를 이용하여 적용할 수 있습니다. Gradient 패널(■)에서 그러데이션 색이나 방향(원형 또는 선형), 적용 범위 등을 설정할 수 있고, 간단하게 색 변화와 입체감 등을 표현할 수 있습니다. 자연스러운 색 표현에 가장 많이 활용하지만 적용 방법에 한계가 있으므로 블렌드와 메시 기능을 함께 이용하는 것이 좋습니다.

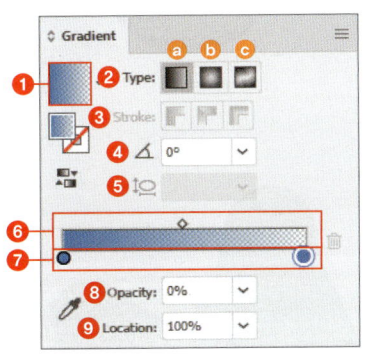

▲ 선형(Linear) 그러데이션

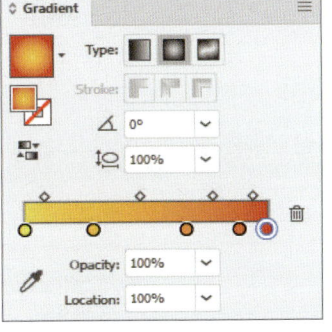

▲ 원형(Radial) 그러데이션

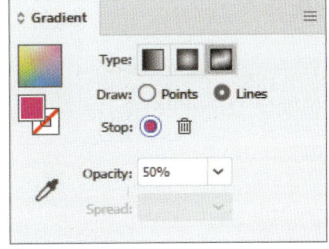

▲ 자유형(Freeform Gradient) 그러데이션

❶ **Gradient Fill(그레이디언트 색상 상자)** : 설정된 그러데이션을 미리 확인합니다.
❷ **Type** : 그러데이션 스타일을 지정합니다.
  ⓐ **Linear** : 선형 그러데이션을 만듭니다.
  ⓑ **Radial** : 원형 그러데이션을 만듭니다.
  ⓒ **Freeform Gradient** : 자연스러운 그러데이션을 만듭니다. 오브젝트 내부를 클릭하여 색상을 추가하고, 색상 조절점을 더블클릭해서 새로운 색상을 선택합니다. 색상 조절점을 이동하거나 분산을 변경하여 원하는 그러데이션을 완성합니다.
❸ **Stroke** : 선이 꺾이는 부분의 그러데이션 형태를 지정합니다.
❹ **Angle** : 그러데이션 진행 각도를 설정합니다.
❺ **Aspect Ratio** : 그러데이션의 가로, 세로 비율을 설정합니다.
❻ **그레이디언트 스펙트럼** : 그러데이션 색을 조절합니다.
❼ **그레이디언트 조절점** : 그러데이션 색을 지정하며, 필요 없는 조절점을 삭제할 때는 조절점을 선택한 다음 Gradient 패널 밖으로 드래그합니다.
❽ **Opacity** : 그러데이션에 불투명도를 적용합니다.
❾ **Location** : 그레이디언트 조절점의 위치를 지정합니다.

실습예제 02 선형 그러데이션으로 아보카도에 입체감 만들기

그레이디언트 도구와 Gradient 패널을 이용해 자연스럽고 입체적인 선형 그러데이션이 적용된 아보카도를 만들어 봅니다.

- 예제파일 : 03\아보카도.ai
- 완성파일 : 03\아보카도_완성.ai

01 03 폴더에서 '아보카도.ai' 파일을 불러옵니다. 아보카도에 그러데이션을 적용하기 위해 ❶ 직접 선택 도구()를 선택하고 ❷ 반 잘린 아보카도의 단면을 선택합니다.

02 Gradient 패널()의 그레이디언트 색상 상자를 클릭하여 선택한 오브젝트에 흑백 그러데이션을 적용합니다.

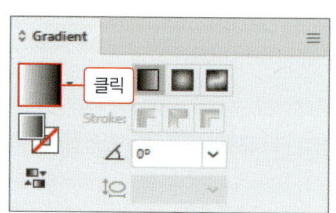

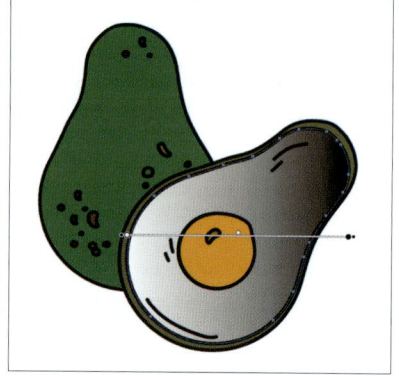

TIP
Gradient 패널은 Tools 패널에서 그레이디언트 도구를 더블클릭하여 표시하거나 메뉴에서 (Window) → Gradient를 실행하거나 Ctrl + F9를 눌러 표시합니다.

03 그러데이션 방향을 조절하기 위해 ❶ 그레이디언트 도구(□)를 선택하고, 약간 비스듬한 각도로 드래그합니다. 그러데이션이 드래그한 각도로 변경되어 적용됩니다. ❷ Gradient 패널(□)을 확인하면 Angle에서 조절된 각도를 확인할 수 있습니다.

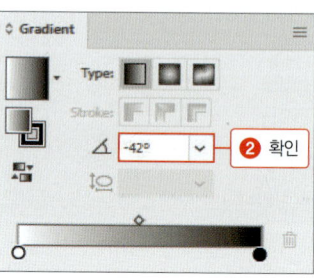

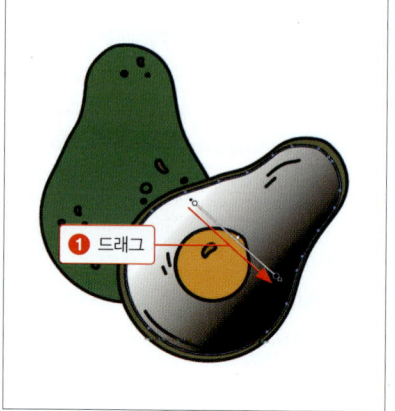

04 ❶ Gradient 패널(■) 하단의 그레이디언트 스펙트럼에서 왼쪽 조절점을 더블클릭합니다. ❷ Color 패널이 표시되면 'C:33%, M:0%, Y:85%, Y:0%'로 색을 지정합니다. 그러데이션 색이 달라진 것을 확인할 수 있습니다.

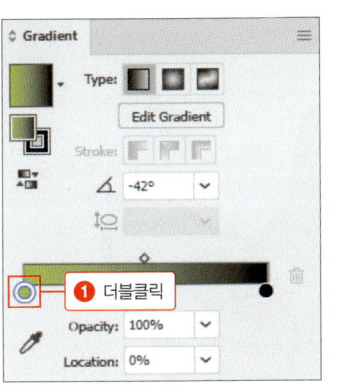
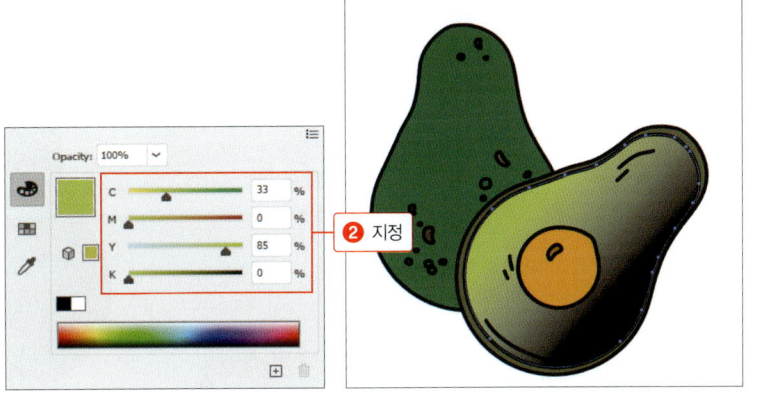

05 ❶ Gradient 패널(■) 하단의 그레이디언트 스펙트럼에서 오른쪽 조절점을 더블클릭합니다. ❷ Color 패널이 표시되면 'C:56%, M:22%, Y:100%, K:0%'로 색을 지정합니다.

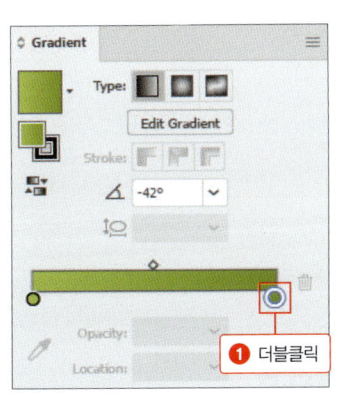
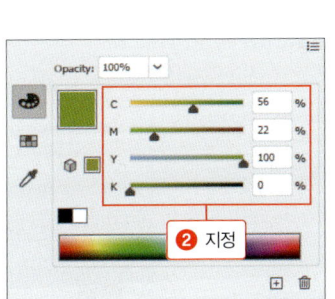

06 단면에 좀 더 매끄러운 광택을 적용하기 위해 그러데이션에 중간 톤을 추가해 보겠습니다. ❶ 그림과 같이 그레이디언트 스펙트럼 하단을 클릭하여 조절점을 추가합니다. ❷ Location을 '73%'로 설정하면 정확하게 그림과 같은 위치로 조절할 수 있습니다. ❸ 추가한 조절점을 더블클릭하여 ❹ Color 패널에서 'C:15%, M:21%, Y:80%, K:0%'로 색을 지정합니다.

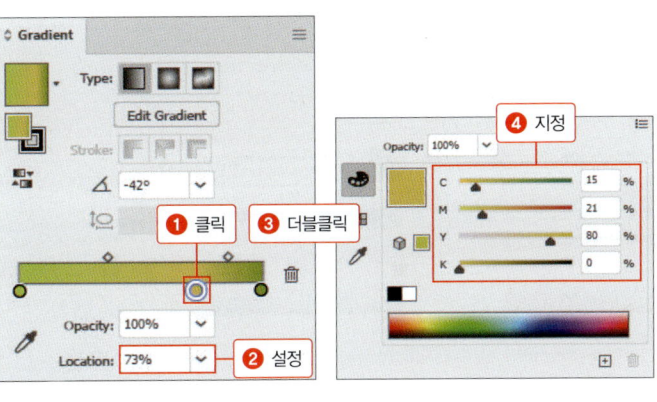

07 그러데이션의 범위를 수정하기 위해 ❶ 그레이디언트 스펙트럼 상단의 왼쪽 조절점을 오른쪽으로 드래그하여 이동합니다. 아보카도에 적용된 그러데이션에서 연두색 부분이 더 확장된 것을 확인할 수 있습니다. ❷ 그레이디언트 스펙트럼 상단의 오른쪽 조절점을 왼쪽으로 드래그하여 이동합니다. 아보카도에 적용된 그러데이션에서 진한 연두색 부분이 더 확장된 것을 확인할 수 있습니다.

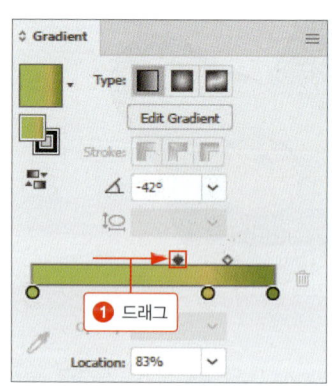
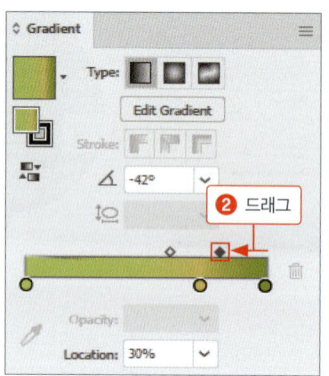

> **TIP**
> 조절점을 클릭하면 활성화되는 Location으로 세밀한 범위를 설정할 수 있습니다.

08 직접 선택 도구( )로 뒤에 있는 아보카도 껍질을 클릭하여 같은 방법으로 그러데이션을 적용합니다. 아보카도에 선형 그러데이션이 적용되었습니다.

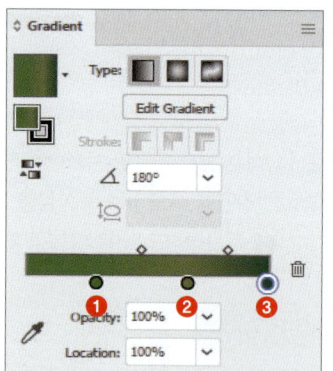

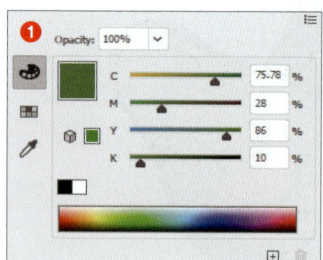
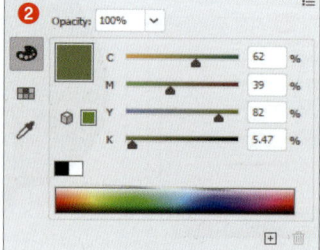
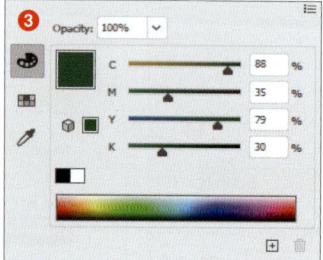

222 Part 3 • 다양한 방법으로 채색하고 편집하기

실습예제 03 원형 그러데이션으로 아보카도 씨에 입체감 만들기

이번에는 아보카도의 동그란 씨에 알맞게 원형 그러데이션을 적용하여 아보카도를 입체적으로 만들어 봅니다.

- 예제파일 : 03\아보카도씨.ai
- 완성파일 : 03\아보카도씨_완성.ai

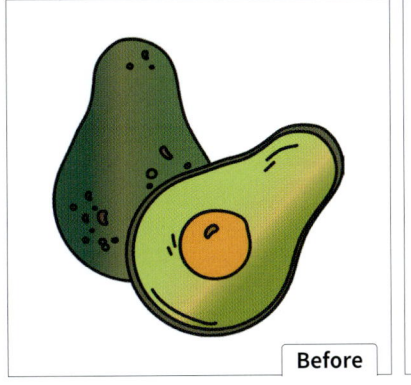
Before

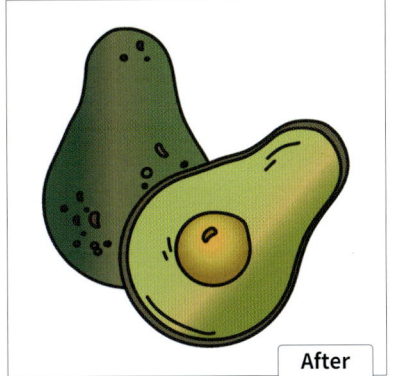
After

01 03 폴더에서 '아보카도씨.ai' 파일을 불러옵니다.
씨를 입체적으로 나타내기 위해 ❶ 직접 선택 도구(▷)를 선택한 다음 아보카도 씨를 선택합니다. ❷ Gradient 패널(■)에서 그레이디언트 색상 상자 오른쪽 '팝업' 아이콘(▼)을 클릭한 다음 ❸ 'Orange, Yellow'를 선택하여 선형 그러데이션을 적용합니다.

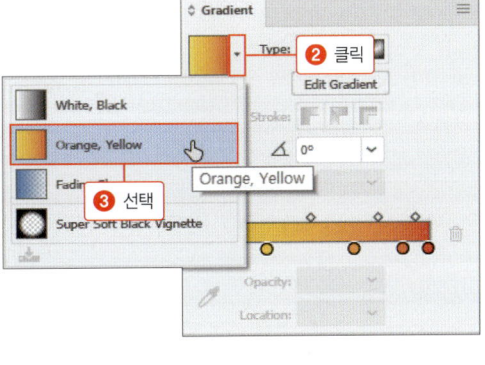

02 Gradient 패널(■)에서 Type을 'Radial Gradient'로 지정하여 씨 형태에 알맞은 원형 그러데이션으로 변경합니다.

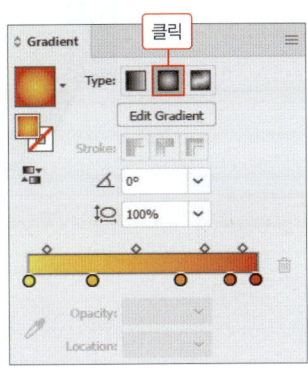

Chapter 03 • 자연스러운 그러데이션 설정하기 **223**

03 좀 더 자연스러운 입체 효과를 나타내기 위해 그레이디언트 도구(▣)를 선택하고 씨 위에 대각선으로 드래그하여 그러데이션 방향을 그림과 같이 수정합니다.

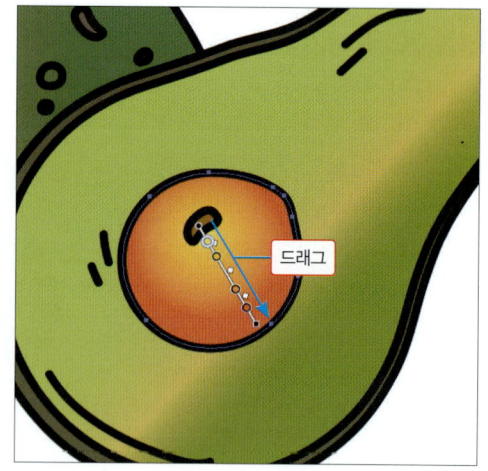

04 그레이디언트 스펙트럼에서는 불필요한 조절점을 삭제할 수도 있습니다.
Gradient 패널(▣)에서 그림과 같이 불필요한 조절점을 선택하고 패널 밖으로 드래그하여 삭제합니다.

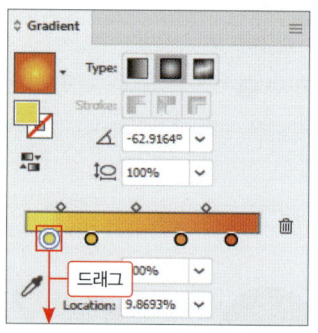 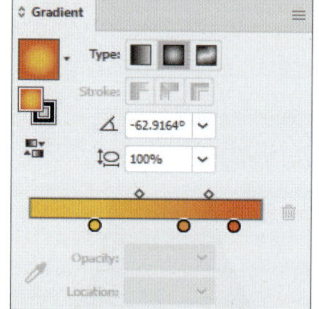

TIP
그레이디언트 조절점을 선택하고 'Delete Stop' 아이콘(🗑)을 클릭하여 그레이디언트 조절점을 삭제할 수도 있습니다.

05 조절점을 더블클릭하여 Color 패널(▣)이 표시되면 색을 지정해서 그러데이션을 적용하여 완성합니다.

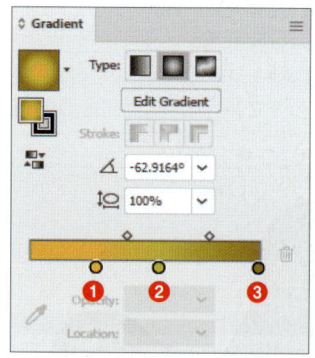 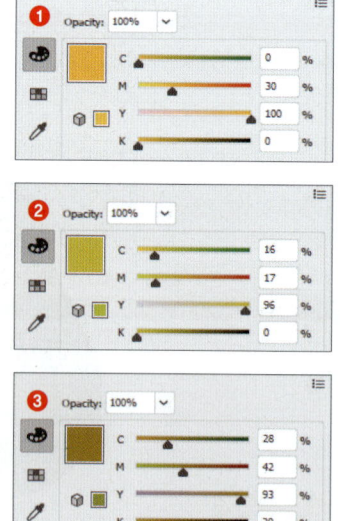 

실습예제 04 · 점과 선으로 자유롭게 그러데이션 적용하기 (중요 ★★)

오브젝트와 아트웍을 자연스럽게 나타내기 위해 메시 도구 대신 Gradient 패널의 Freeform Gradient 기능을 이용하여 복잡한 혼합 그러데이션을 만들고 적용해 봅니다.

Before

After

● 예제파일 : 03\자유형.ai
● 완성파일 : 03\자유형_완성.ai

01 03 폴더에서 '자유형.ai' 파일을 불러옵니다. ❶ 오른쪽 조약돌 형태를 선택하고 ❷ Tools 패널에서 그레이디언트 도구(■)를 선택합니다.
❸ Control 패널에서 Gradient Type의 'Freeform Gradient' 아이콘(■)을 클릭합니다. 조절점이 추가되었습니다.

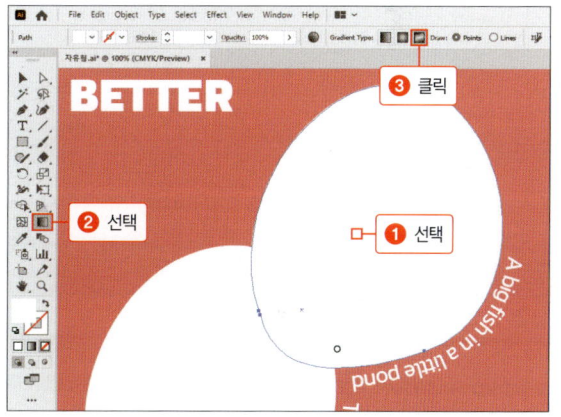

02 ❶ 조절점을 그림과 같이 드래그하여 이동합니다. ❷ 조절점을 더블클릭하여 Color 패널이 표시되면 ❸ '스포이트' 아이콘(🖋)을 클릭한 다음 ❹ 배경의 다홍색을 클릭해 색상을 지정합니다. ❺ 조약돌에 추가된 그러데이션 조절점에 마우스 커서를 가져가 점선으로 된 원형 조절점이 나타나면 크기를 조절하여 그러데이션 적용 범위를 조절합니다.

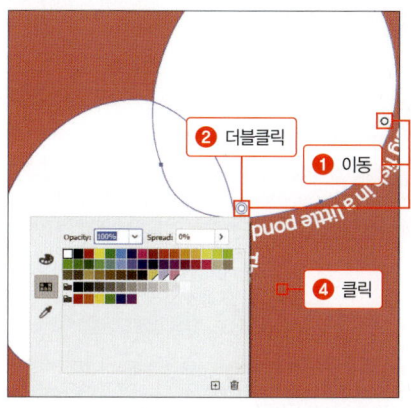

03
❶ 그러데이션 조절점을 추가한 다음 더블클릭합니다. Color 패널이 표시되면 ❷ 'Swatches' 아이콘(▦)을 클릭한 다음 ❸ 'C:3%, M:59%, Y:9%, K:0%'를 선택해 색상을 지정합니다. 다음과 같이 8개의 조절점으로 그러데이션을 완성합니다.

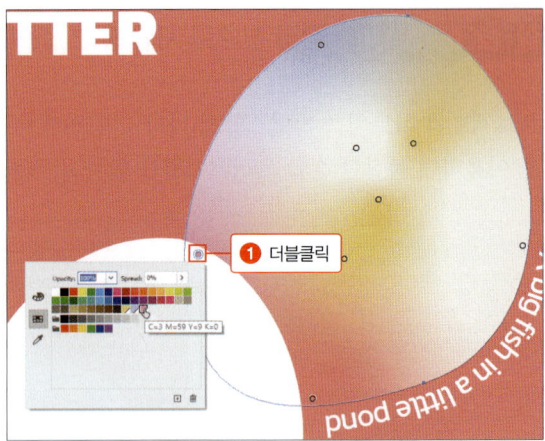

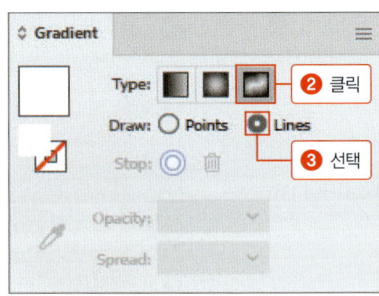

04
❶ Ctrl을 누른 상태로 왼쪽 조약돌을 클릭하여 선택합니다. Gradient 패널을 표시하고 ❷ Type의 'Freeform Gradient' 아이콘(▣)을 클릭한 다음 ❸ Draw의 'Lines'를 선택합니다. ❹ 왼쪽 조약돌에 클릭하여 그러데이션 선을 추가합니다.

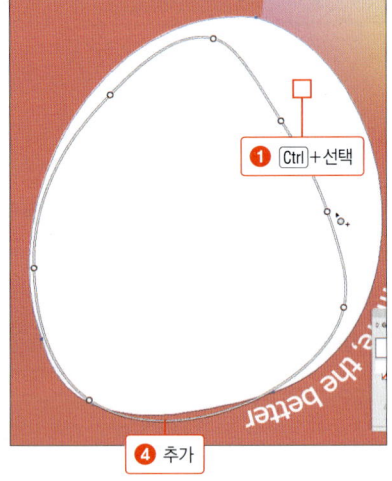

> **TIP**
> 'Freeform Gradient' 아이콘을 클릭한 다음 자동으로 그러데이션 조절점이 추가되었다면 삭제하고 'Lines'로 선택한 다음 새롭게 그러데이션 조절점을 추가하여 선을 만듭니다.

05
❶ 그러데이션 조절점을 각각 더블클릭하여 색상을 지정합니다. ❷ 그림과 같이 오른쪽 그러데이션 조절점을 드래그하여 위치를 이동해 마무리합니다.

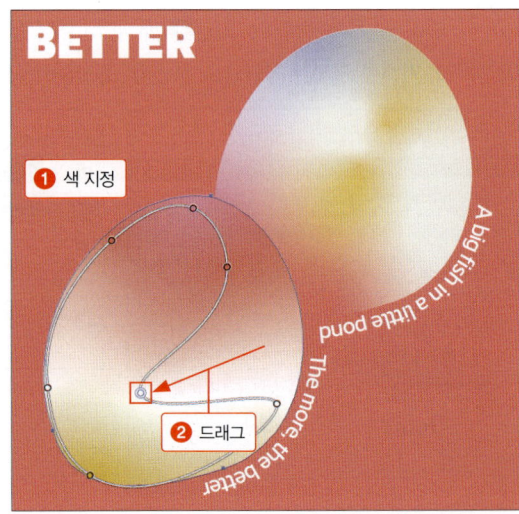

필수기능 05 | 메시 도구로 사실적인 그러데이션 표현하기

메시는 오브젝트에 세부적으로 그러데이션을 지정해서 더욱 사실적이고 부드럽게 만듭니다.

메시 도구로 부드러운 그러데이션 만들기

메시 도구(🔲)를 이용하면 오브젝트에 그물망을 만들고 기준점마다 다른 색을 적용하여 자연스럽고 사실적인 색감의 그러데이션을 표현할 수 있습니다.

① 기준점(Anchor Point) : 오브젝트 형태를 결정합니다.
② 메시 포인트(Mesh Point) : 메시 도구를 선택한 다음 오브젝트를 클릭하면 만들어지는 색의 기준이 됩니다.
③ 메시 패치(Mesh Patch) : 메시와 메시 사이 영역으로 자연스러운 그러데이션을 만듭니다.
④ 메시 선(Mesh Line) : 기준점과 메시 포인트를 연결하는 선으로 색상의 흐름을 관리합니다.

Create Gradient Mesh 대화상자에서 메시 효과 설정하기

Tools 패널의 메시 도구(🔲) 외에도 오브젝트를 선택한 다음 메뉴에서 [Object] → Create Gradient Mesh를 실행하여 표시되는 Create Gradient Mesh 대화상자에서 패스와 기준점 수를 설정하여 메시를 적용할 수 있습니다. 이때 오브젝트 속성을 분리하는 Expand 명령은 실행할 수 없습니다.

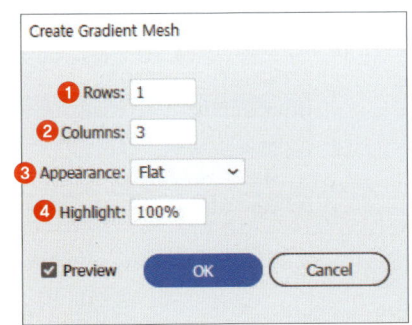

▲ Rows/Columns를 각각 '2', '4'로 설정한 삐에로의 옷

① Rows : 가로로 만들어지는 열 수를 조절합니다.
② Columns : 세로로 만들어지는 행 수를 조절합니다.
③ Appearance : 메시의 밝기를 지정합니다. 'Flat'은 면 색의 변화 없이 메시를 추가하고, 'To Center'는 오브젝트 중심이 밝아지며, 'To Edge'는 오브젝트 바깥쪽이 밝아집니다.
④ Highlight : 밝기를 설정합니다.

실습예제 06 메시 도구로 자연스러운 그러데이션 적용하기

평면 오브젝트에 다양한 방법으로 메시 효과를 적용하여 부드럽고 고급스러운 그러데이션을 완성해 봅니다.

● 예제파일 : 03\아이언보틀.ai   ● 완성파일 : 03\아이언보틀_완성.ai

01 03 폴더에서 '아이언보틀.ai' 파일을 불러옵니다.
메시를 적용하기 위해 먼저 ❶ 선택 도구(▶)로 오른쪽 보틀 아래 그러데이션 오브젝트를 선택합니다. ❷ Ctrl+3을 눌러 일시적으로 오브젝트를 숨깁니다.

> **TIP**
> 숨기려는 오브젝트를 선택한 다음 메뉴에서 (Object) → Hide → Selection 을 실행해도 됩니다.

02 ❶ 보틀을 선택합니다. ❷ 메뉴에서 (Object) → Create Gradient Mesh를 실행하여 메시를 적용합니다.

 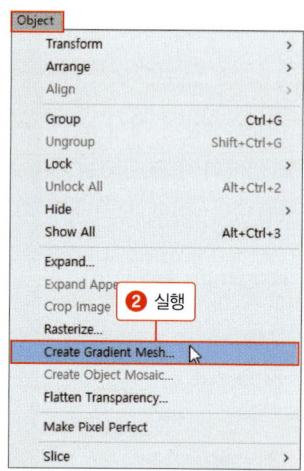

03 Create Gradient Mesh 대화상자가 표시되면 그러데이션 망의 행과 열 수, 하이라이트 표현 방식을 설정합니다. ❶ Rows를 '1', Columns를 '3'으로 설정한 다음 ❷ 〈OK〉 버튼을 클릭합니다.

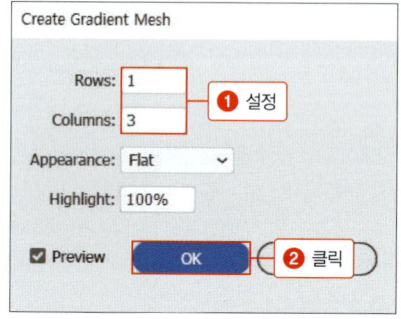 

228 Part 3 • 다양한 방법으로 채색하고 편집하기

04 　메시 도구(　)를 선택한 다음 오브젝트를 클릭하면 클릭한 지점을 기준으로 4분할되면서 그레이디언트 망이 추가됩니다.

05 　스포이트 도구(　)를 이용하여 왼쪽 원본 사진에서 색을 추출하여 적용합니다. 클릭한 지점이 포함된 영역 안에 자연스러운 그러데이션이 만들어집니다.

06 　면 색이 지정된 상태에서 메시 그레이디언트 망의 세로 선을 클릭하면 같은 색이 적용되면서 메시 기준점이 추가됩니다.

Chapter 03 • 자연스러운 그러데이션 설정하기

07 ① 보틀의 밝은 부분을 클릭하여 메시 포인트를 추가합니다.
② 원본 사진의 하이라이트 색을 추출하여 적용합니다.

> **TIP**
> 메시 그레이디언트 망을 기준으로 밝거나 어둡게 표현할 부분을 클릭하여 원본 사진과 같은 색을 추출해서 적용하면 점점 더 원본 이미지와 비슷하게 묘사할 수 있습니다.

08 좀 더 자연스러운 그러데이션이 표현되도록 메시 도구(図)와 직접 선택 도구(▷)를 이용하여 기준점을 이동하거나 방향선을 움직여서 그레이디언트 망을 수정합니다.

> **TIP**
> 잘못 지정된 메시 포인트는 메시 도구를 선택한 상태에서 Alt 를 누른 상태로 클릭하여 삭제할 수 있습니다.

09 같은 방법으로 뚜껑에도 메시 그레이디언트 망을 적용합니다. Alt + Ctrl + 3 을 눌러 숨겨진 보틀 아랫부분의 명암을 나타내어 완성합니다.

> **TIP**
> 메뉴에서 (Object) → Show All을 실행해도 숨겨진 오브젝트를 나타낼 수 있습니다.

우선순위 | TOP 12   Ruler · Guide · Grid · Group · Lock · Hide · Expand

편리한 작업을 위해 오브젝트 관리하기

작업하다 보면 늘어나는 복잡한 오브젝트를 간편하게 관리하기 위한 Ruler, Guide, Grid, Group, Lock, Hide, Expand 기능에 대해 알아보겠습니다.

필수기능 01 작업 화면 설정 기능 알아보기 ★중요

눈금자와 안내선, 격자를 이용하여 오브젝트나 문자를 알맞게 배치해서 정확한 레이아웃을 만들 수 있습니다. 스마트 가이드를 이용하여 안내선이나 오브젝트 위치를 실시간으로 확인하며 편리하게 작업할 수도 있습니다.

Ruler 명령으로 눈금자 표시하기

정확한 일러스트레이션을 만들기 위해 아트보드에 눈금자를 표시하려면 메뉴에서 [View] → Rulers → Show Rulers를 실행합니다. 눈금자 단위는 메뉴에서 [Edit] → Preferences → Units를 실행하여 표시되는 Preferences 대화상자의 Units 항목에서 설정할 수 있습니다.

❶ Show/Hide Rulers(Ctrl+R) : 아트보드에 눈금자를 나타내거나 숨깁니다.
❷ Change to Global Rulers(Alt+Ctrl+R) : 아트보드마다 고유의 기준점을 지정해 문서 전체를 기준으로 하는 눈금자를 나타낼 수 있습니다.
❸ Show/Hide Video Rulers : 아트보드에 비디오 형식의 눈금자를 나타낼 수 있습니다.

Guide 명령으로 안내선 만들기

정확한 레이아웃을 디자인하기 위해 눈금자를 드래그하거나 오브젝트 형태대로 만든 안내선은 인쇄하거나 이미지 데이터를 내보낼 때 표시되지 않아 매우 편리합니다.

안내선을 만들기 위해서는 눈금자를 아트보드로 드래그하여 가로/세로 안내선을 만듭니다. 이때 선택 도구(▶)로 드래그하여 이동할 수 있으며, 안내선을 선택한 다음 Delete 를 누르면 삭제할 수도 있습니다.

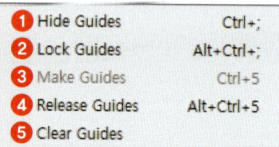

◀ 티셔츠 캐릭터에 맞춘 안내선

❶ **Show/Hide Guides(Ctrl + ;)** : 안내선을 숨기거나 나타냅니다.
❷ **Lock Guides(Alt + Ctrl + ;)** : 안내선을 잠그거나 잠금 설정을 해제합니다.
❸ **Make Guides(Ctrl + 5)** : 선택된 오브젝트 형태대로 안내선을 만듭니다.
❹ **Release Guides(Alt + Ctrl + 5)** : 안내선의 잠금 설정을 해제합니다.
❺ **Clear Guides** : 안내선을 삭제합니다.

Grid 명령으로 격자 나타내기

격자는 모눈종이 형태의 안내선을 말합니다. 메뉴에서 [View] → Show Grid(Ctrl + ")를 실행하면 아트보드에 격자를 나타낼 수 있습니다. 메뉴에서 [View] → Snap to Grid(Shift + Ctrl + ")를 실행하면 격자를 따라 오브젝트를 정확하게 그리거나 배치할 수 있습니다.

◀ 캐릭터 외부에 표시된 격자

❶ **Snap to Grid(Shift + Ctrl + ")** : 안내선에 오브젝트가 자석처럼 딱 맞도록 배치합니다. 정확하게 오브젝트를 위치시킬 때 유용하며 그리드가 표시되지 않은 상태에서도 적용할 수 있습니다.
❷ **Snap to Pixel** : 오브젝트를 픽셀에 가깝게 배치합니다.
❸ **Snap to Point(Alt + Ctrl + ")** : 오브젝트를 기준점에 가깝게 배치하는 기능이며 기본으로 지정되어 있습니다.

스마트 가이드 기능으로 세밀하게 오브젝트 조절하기

스마트 가이드는 마우스 커서, 오브젝트 패스, 기준점 등의 정보를 나타내어 오브젝트를 정확하고 세밀하게 이동할 때 유용합니다. 오브젝트를 이동할 때 위치와 각도 등의 자세한 정보를 알려 주는 안내선이 나타나 오브젝트 위치를 정확하게 배치할 때도 편리합니다.

◀ 스마트 가이드 기능으로 정확하게 이동한 캐릭터

실습예제 02 눈금자와 안내선을 이용해 정확하게 작업하기

눈금자를 표시한 다음 안내선을 만들어 오브젝트나 문자의 정확한 위치 및 크기를 확인하고, 오브젝트에 안내선을 표시하여 정확한 레이아웃을 디자인합니다.

- 예제파일 : 03\티셔츠가이드.ai
- 완성파일 : 03\티셔츠가이드_완성.ai

Before

After

01 03 폴더의 '티셔츠가이드.ai' 파일을 불러옵니다. 눈금자를 표시하기 위해 메뉴에서 (View) → Rulers → Show Rulers(Ctrl+R)를 실행합니다.

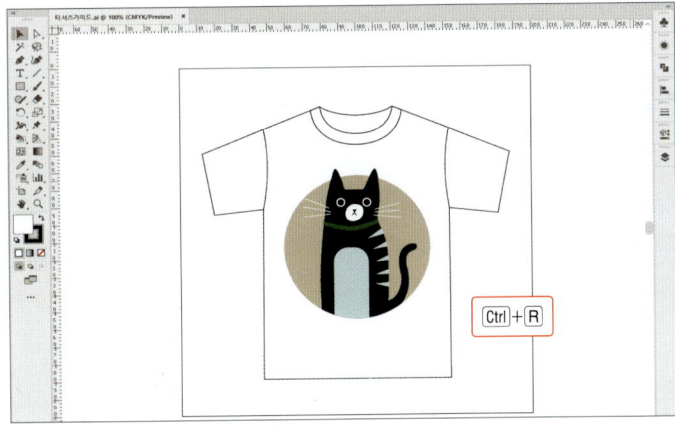

Chapter 04 • 편리한 작업을 위해 오브젝트 관리하기 233

02
❶ Ctrl+田를 여러 번 눌러 화면을 확대합니다. ❷, ❸ 왼쪽에 표시된 눈금자를 일러스트 가로 폭에 맞춰 오른쪽으로 드래그합니다. ❹, ❺ 위쪽에 표시된 눈금자는 일러스트 세로 폭에 맞춰 아래쪽으로 드래그하여 안내선을 만듭니다.

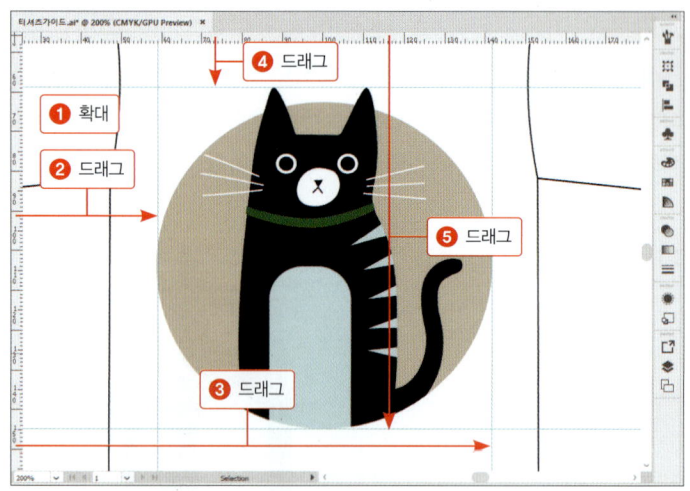

03
눈금자의 왼쪽 시작점과 위쪽 시작점이 교차하는 기준점을 일러스트 왼쪽 상단으로 드래그하여 눈금자의 시작점을 수정합니다.

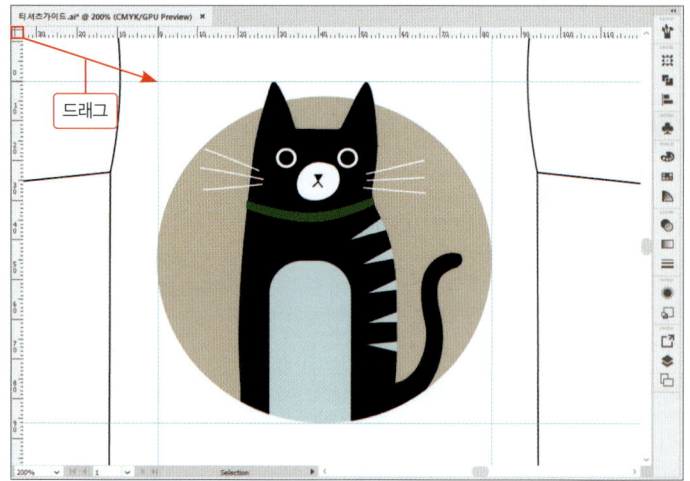

04
❶ 위쪽 눈금자에서 마우스 오른쪽 버튼을 클릭한 다음 ❷ Centimeters를 실행합니다. 눈금자 단위가 변경되어 일러스트 크기를 화면에서 곧바로 확인할 수 있습니다.

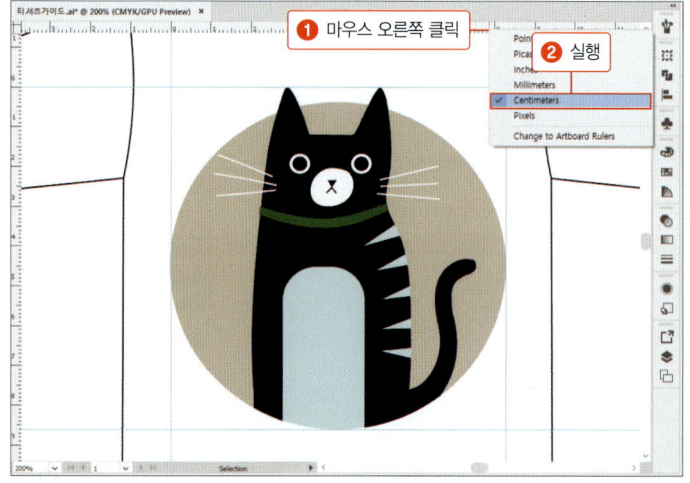

05 이번에는 오브젝트 형태대로 안내선을 만들기 위해 ❶ Tools 패널에서 선택 도구(▶)를 선택하고 ❷ 티셔츠를 선택한 다음 ❸ 메뉴에서 (View) → Guides → Make Guides(Ctrl+5)를 실행합니다.

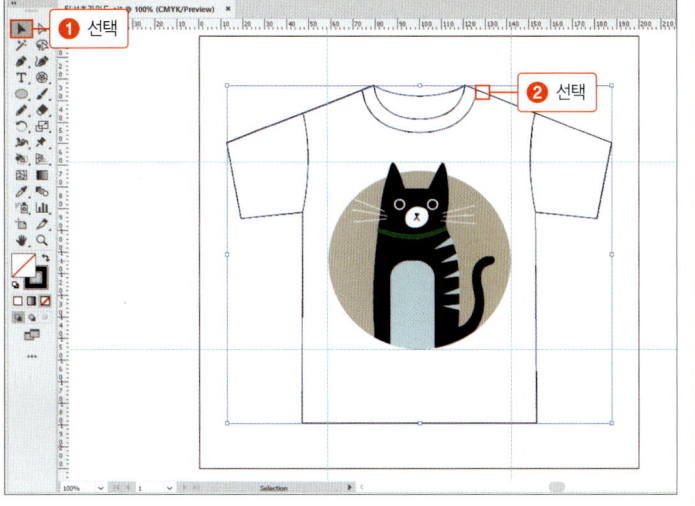
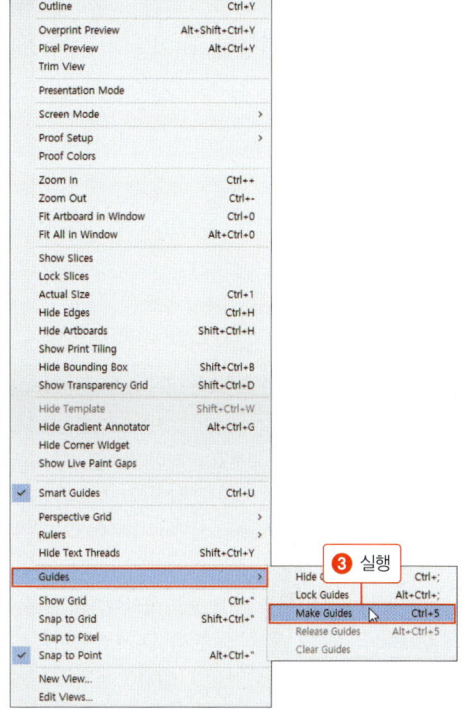

TIP
오브젝트 안내선을 없애려면 메뉴에서 (View) → Guides → Release Guides를 실행합니다.

06 안내선으로 바뀐 오브젝트를 확인하고 Alt+Ctrl+;를 눌러 잠그면 더 이상 선택할 수 없습니다. 작업에 알맞은 안내선을 적용해서 더욱 편리하게 작업해 보세요.

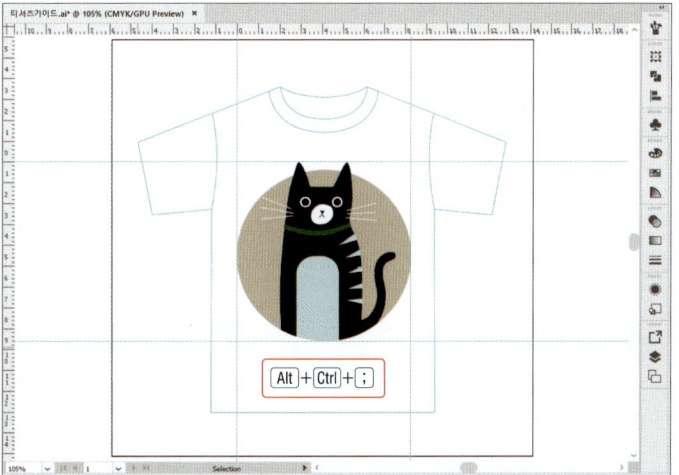

TIP
잠금 설정을 해제하려면 다시 한번 Alt+Ctrl+;를 누르거나 메뉴에서 (View) → Guides → Lock Guides를 실행합니다.

필수기능 03 Object 명령으로 오브젝트 관리하기 | 우선순위 TOP 13 | 중요 ★★

[Object] 메뉴에는 오브젝트를 그룹으로 묶거나 잠그고 나누는 등 자유롭게 편집하여 다양하게 변형할 수 있는 기능이 있습니다.

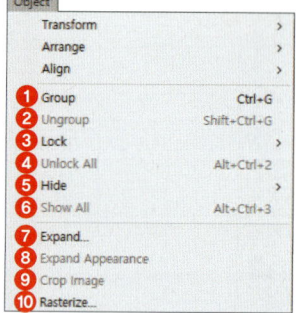

❶ Group(Ctrl+G) : 선택한 여러 개의 오브젝트들을 하나의 그룹으로 묶습니다.
❷ Ungroup(Shift+Ctrl+G) : 그룹으로 설정된 오브젝트를 해제하여 각각의 오브젝트로 나눕니다.
❸ Lock : 선택한 오브젝트나 레이어를 편집할 수 없도록 잠급니다.
  ⓐ Selection(Ctrl+2) : 선택한 오브젝트를 편집하지 못하게 잠급니다.
  ⓑ All Artwork Above : 선택한 오브젝트와 같은 레이어의 전체 오브젝트를 잠급니다.
  ⓒ Other Layers : 선택한 오브젝트가 있는 레이어 이외의 레이어를 잠급니다.
❹ Unlock All(Alt+Ctrl+2) : 오브젝트의 잠금 설정을 해제합니다.
❺ Hide : 선택한 오브젝트를 화면에서 숨깁니다.
❻ Show All(Alt+Ctrl+3) : 숨겨진 오브젝트들을 화면에 모두 표시합니다.
❼ Expand : 블렌드, 브러시, 문자, 그러데이션 등의 효과를 각각의 오브젝트로 변경합니다.
❽ Expand Appearance : Appearance 패널()에 등록된 블렌드, 브러시, 문자, 그러데이션뿐만 아니라 이펙트를 적용한 오브젝트들을 분리하여 비트맵 또는 벡터 이미지로 바꿉니다.
❾ Crop Image : 이미지를 자릅니다.
❿ Rasterize : 벡터 이미지를 비트맵 이미지로 바꿉니다.

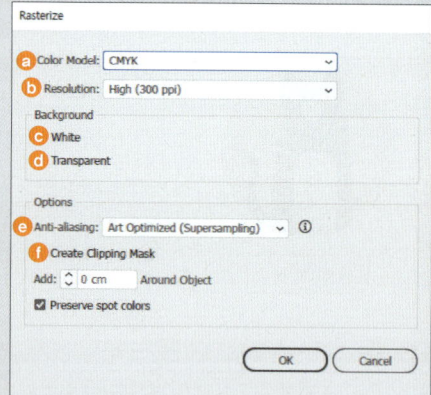

◀ 수정할 수 없도록 비트맵으로 변환한 이미지

ⓐ Color Model : 색상 모드를 지정합니다.
ⓑ Resolution : 비트맵 이미지로 바꿨을 때 해상도를 선택합니다.
ⓒ White : 비트맵 이미지 배경을 흰색으로 채웁니다.
ⓓ Transparent : 비트맵 이미지 배경을 투명하게 만듭니다.
ⓔ Anti-aliasing : 비트맵 이미지에 안티 에일리어싱을 적용하여 외곽선을 부드럽게 만듭니다.
ⓕ Create Clipping Mask : 비트맵 이미지에 자동으로 클리핑 마스크를 만듭니다.

실습예제 04 그룹 설정하고 편집 모드에서 수정하기

여러 개의 오브젝트를 묶어 그룹으로 설정하면 하나의 오브젝트처럼 다룰 수 있어 작업의 효율을 높일 수 있습니다. 또한, 편집 모드에서는 편집 중인 오브젝트 외에는 비활성화되므로 편리하게 작업할 수 있습니다.

Before

After

- 예제파일 : 03\그룹.ai
- 완성파일 : 03\그룹_완성.ai

01 03 폴더에서 '그룹.ai' 파일을 불러옵니다.

02 ❶ Tools 패널에서 선택 도구(▶)를 선택하고 ❷ 배경을 선택한 다음 ❸ Shift 를 누른 상태로 아래쪽 그림자를 선택합니다. 배경을 잠그기 위해 ❹ 메뉴에서 (Object) → Lock → Selection(Ctrl+2)을 실행합니다.

> **TIP**
> 메뉴에서 (Edit) → Preferences → Selection & Anchor Display에서 'Select and Unlock objects on canvas'를 체크 표시하면 각각 오브젝트의 잠금을 해제할 수 있습니다. 오브젝트를 클릭하면 잠금 아이콘이 표시되며, 오브젝트의 잠금 아이콘을 클릭하면 따로따로 잠금을 해제할 수 있습니다.

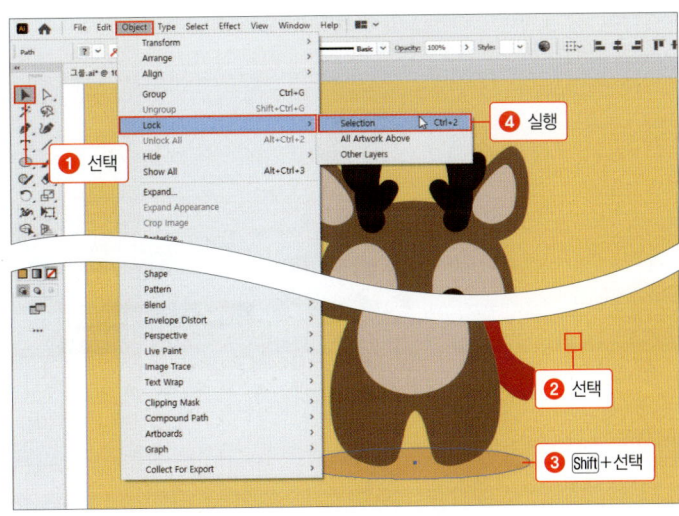

Chapter 04 · 편리한 작업을 위해 오브젝트 관리하기   237

03

❶ Ctrl+A를 눌러 전체 오브젝트를 선택하면 배경과 그림자를 제외한 순록만 선택됩니다. 선택된 오브젝트를 그룹으로 지정하기 위해 ❷ Ctrl+G를 누릅니다.

04

그룹으로 지정되어 순록이 한 번에 선택됩니다. 그룹 오브젝트를 수정하기 위해 순록을 더블클릭하여 편집 모드를 실행합니다.

05

❶ 마술봉 도구( )를 선택하고 ❷ 몸의 갈색 부분을 클릭하여 같은 색을 모두 선택합니다. ❸ Swatches 패널( )에서 '연갈색'을 선택하면 해당 부분의 색상이 변경됩니다. ❹ Esc를 눌러 편집 모드를 해제해서 작업을 마칩니다.

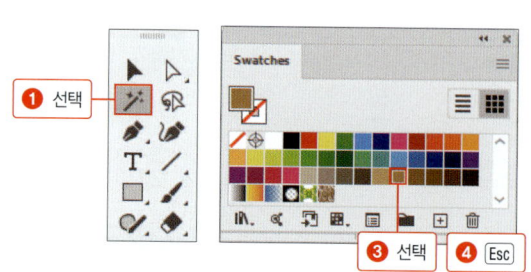

실습예제 05 Lock/Hide 명령으로 오브젝트 잠그고 숨기기 ★★

오브젝트를 일시적으로 잠그거나 숨기면 작업의 효율성이 높아집니다. Lock 명령으로 오브젝트를 잠그고 Hide 명령으로 숨겨 오브젝트를 관리해 봅니다.

◉ **예제파일** : 03\엽서.ai

01 03 폴더에서 '엽서.ai' 파일을 불러옵니다. ❶ 선택 도구(▶)로 카드 오른쪽 면의 오브젝트를 모두 선택하고 ❷ 메뉴에서 (Object) → Lock → Selection(Ctrl+2)을 실행합니다. 선택한 오브젝트가 잠겨 선택할 수 없습니다.

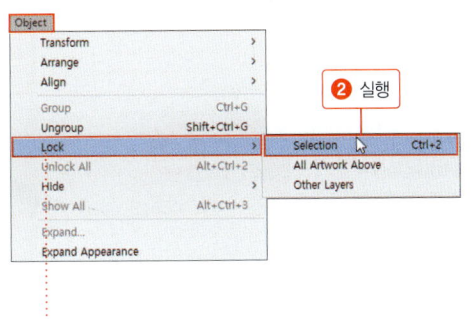

왜 그럴까? 복잡한 아트웍에서는 편집 모드를 실행하거나 오브젝트의 일부를 숨기고 특정 오브젝트에 잠금 설정을 하면 편리하게 작업할 수 있습니다.

02 ❶ Ctrl+A를 눌러 전체 오브젝트를 선택하면 잠금 설정된 배와 이파리 오브젝트들은 선택되지 않습니다. ❷ 메뉴에서 (Object) → Hide → Selection(Ctrl+3)을 실행하여 선택된 오브젝트를 숨깁니다.

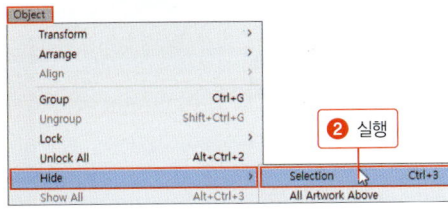

TIP Hide 명령은 오브젝트를 일시적으로 화면에서 숨긴 것일 뿐, 지워진 것은 아닙니다. 숨겨진 오브젝트를 나타내려면 메뉴에서 (Object) → Show All(Alt+Ctrl+3)을 실행합니다.

실습예제 06 Expand 기능으로 선을 면으로 바꾸기

Expand 명령은 일러스트레이터에서 적용한 효과를 보이는 그대로 패스로 만드는 기능입니다. 선을 면으로 만들 수 있어 오브젝트를 변형해도 기존 형태를 유지하며 조정됩니다.

- 예제파일 : 03\파리.ai
- 완성파일 : 03\파리_완성.ai

01 03 폴더에서 폭 도구를 이용해 캘리그래피 굵기를 변경한 '파리.ai' 파일을 불러옵니다. Ctrl+A를 누르면 패스 선이 살아 있는 캘리그래피를 확인할 수 있습니다.

일러스트레이터에서는 버전이 다르거나 다른 설정의 컴퓨터에서 해당 파일을 열면 오브젝트에 오류가 발생할 수 있으므로 일러스트를 각각의 패스로 처리하여 자유롭게 편집합니다.

02 ❶ 메뉴에서 (Object) → Expand Appearance를 실행합니다. ❷ 패스 선이 면 형태로 적용됩니다.

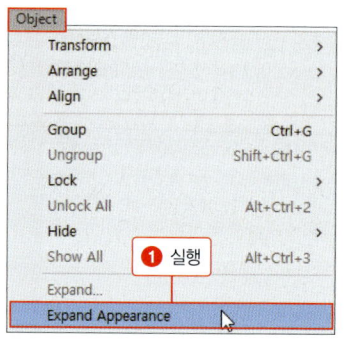

03 이번에는 적용된 패스를 확대 또는 축소해도 원래의 형태를 유지하면서 변형되도록 메뉴에서 (Object) → Expand 를 실행하여 작업을 마무리합니다.

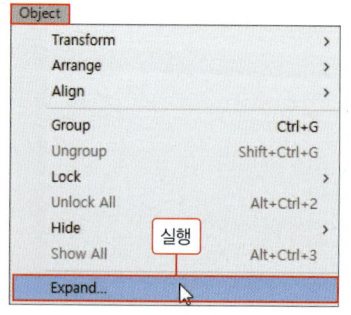

CHAPTER 05 · ILLUSTRATOR CC

Layers 패널 · Arrange · Align 패널

쉽고 빠르게 정렬과 배열하기

일러스트레이터에서는 레이어에서 오브젝트의 배열 순서를 조절할 수 있으며, Arrange 기능을 이용하여 하나의 레이어에서도 레이어 배열 순서를 조절할 수 있습니다. 또한 Align 패널을 이용하여 오브젝트를 원하는 위치에 정렬할 수 있어 편리합니다.

필수기능 01 오브젝트 관리를 위한 레이어 알아보기 우선순위 | TOP 20   중요

레이어(Layer)는 '층'의 개념으로, 일러스트레이터에서 작업할 때 Layers 패널을 보면 하나의 오브젝트마다 하위 레이어가 자동으로 만들어지는 것을 확인할 수 있습니다. 오브젝트를 개별로 분리하여 관리할 수 있는 레이어를 이용하면 간편하게 복잡한 오브젝트를 편집하거나 드로잉할 수 있어 매우 편리합니다.

레이어의 개념과 구조 살펴보기

레이어는 오브젝트를 각각 분류하고 편집할 수 있도록 합니다. 많은 오브젝트가 하나의 문서에 있어 그룹만으로는 분류하기 어려울 때 레이어를 이용하여 효과적으로 편집할 수 있습니다.

일러스트레이티의 레이어는 포토샵의 레이어와 약간 다릅니다. 포토샵에서는 레이어를 직접 만들어 관리해야 하지만 일러스트레이터에서는 하나의 레이어에서도 오브젝트가 다른 오브젝트에 영향을 주거나 받지 않으며 레이어를 감추거나 선택할 수 있고 순서를 재배열할 수도 있습니다. 레이어는 마치 각각의 유리판에 오브젝트를 배치한 것처럼 개별 편집할 수 있습니다.

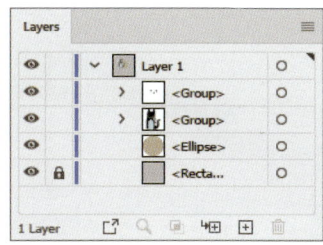

▲ Layers 패널

▲ 레이어별로 나뉜 오브젝트

▲ 개별 레이어가 모여 이루어진 오브젝트

Layers 패널에서 레이어 관리하기

메뉴에서 (Window) → Layers(F7)를 실행하면 Layers 패널(◆)이 표시되며 여기에서 레이어와 관련된 다양한 설정이 가능합니다.

▲ 일반 일러스트

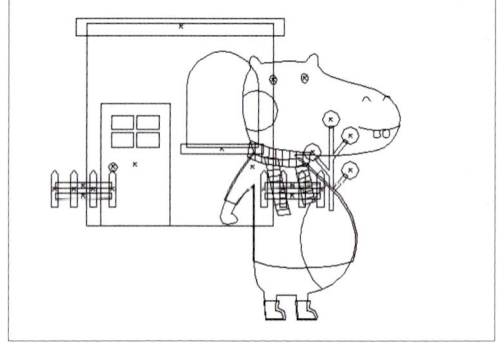
▲ Ctrl을 누른 상태로 눈 아이콘을 클릭해 패스 형태로 표시된 일러스트

❶ 상·하위 레이어 : Layers 패널에서는 레이어를 분류할 수 있어 오브젝트 관리에 대한 여러 가지 기능을 제공합니다.

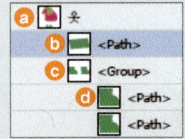

- ⓐ Parent Layer : 가장 큰 범위의 상위 레이어입니다.
- ⓑ Sub Layer : Parent Layer에 포함된 하위 레이어입니다.
- ⓒ Group : 그룹으로 묶인 레이어입니다.
- ⓓ Path : 여러 개의 패스로 이루어진 패널의 최소 단위 레이어입니다.

❷ Template Layer : 밑그림 레이어로, 잠겨 있어 다른 작업을 하려면 잠금 설정을 해제해야 합니다.
❸ Toggles Lock : 해당 레이어를 잠그거나 잠금 설정을 해제할 수 있습니다.
❹ Toggles Visibility(눈 아이콘) : 해당 오브젝트를 나타내거나 감출 수 있습니다.
❺ Toggles Visibility : Ctrl을 누른 상태로 클릭하면 선택한 레이어의 오브젝트들이 패스 형태로 보입니다.
❻ Collect For Export : 선택한 오브젝트를 Asset Export 패널로 간편하게 내보낼 수 있습니다.
❼ Locate Object : 다른 레이어에서 선택했던 오브젝트가 적용된 레이어를 찾습니다.
❽ Make/Release Clipping Mask : 레이어 마스크를 적용하거나 해제합니다.
❾ Create New Sublayer : 선택한 레이어의 하위 레이어를 만듭니다.
❿ Create New Layer : 새로운 레이어를 만듭니다.
⓫ Delete Selection : 레이어를 삭제합니다.

Layers 패널 메뉴에서 레이어 설정하기

Layers 패널에서 '패널 메뉴' 아이콘(☰)을 클릭해 표시되는 메뉴에서 레이어를 설정할 수 있습니다.

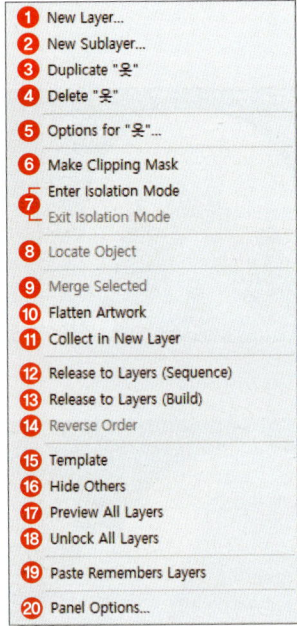

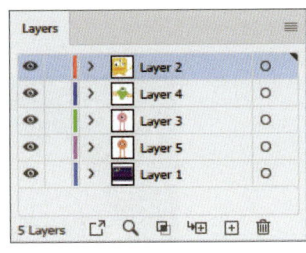
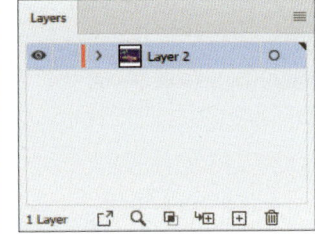

▲ Flatten Artwork 명령을 실행하여 여러 개의 레이어를 하나로 합친 모습

❶ **New Layer** : 새로운 레이어를 만듭니다.
❷ **New Sublayer** : 새로운 하위 레이어를 만듭니다.
❸ **Duplicate Selection** : 선택된 레이어와 같은 레이어를 추가합니다.
❹ **Delete Selection** : 선택된 레이어를 삭제합니다.
❺ **Options for Selection** : 이름과 속성 등의 레이어 옵션을 조절합니다.
❻ **Make/Release Clipping Mask** : 클리핑 마스크 기능을 적용합니다.
❼ **Enter/Exit Isolation Mode** : 오브젝트 편집 모드를 실행하거나 해제합니다.
❽ **Locate Object** : 선택한 오브젝트가 어떤 레이어에 속하는지 확인합니다.
❾ **Merge Selected** : 두 개 이상의 레이어를 선택하면 하나의 레이어로 합칩니다.
❿ **Flatten Artwork** : 문서의 모든 레이어를 하나의 레이어로 합칩니다.
⓫ **Collect in New Layer** : 선택한 레이어를 새로운 레이어에 배치합니다.
⓬ **Release to Layers (Sequence)** : 선택된 레이어의 모든 오브젝트를 각각의 레이어로 만들며 플래시 애니메이션을 만들 때 이용합니다.
⓭ **Release to Layers (Build)** : 선택된 레이어에 포함된 모든 오브젝트가 차례로 보이는 형태의 레이어를 만들며 플래시 애니메이션을 제작할 때 이용합니다.
⓮ **Reverse Order** : 선택한 여러 개의 오브젝트 순서를 반대로 변경합니다.
⓯ **Template** : 선택된 레이어를 선택 및 이동할 수 없는 템플릿 레이어로 변경합니다.
⓰ **Hide Others** : 모든 레이어를 숨깁니다.
⓱ **Outline/Preview All Others** : 모든 레이어의 오브젝트를 외곽선 형태로 보여 줍니다.
⓲ **Lock/Unlock All Layers** : 모든 레이어를 잠급니다.
⓳ **Paste Remembers Layers** : 오브젝트를 복사한 다음 다른 레이어를 선택하여 붙여 넣어도 원본 레이어에 붙여집니다. 만약 체크 표시하지 않고 오브젝트를 복사하면 선택한 레이어에 오브젝트가 붙여 넣어집니다.
⓴ **Panel Options** : Layers 패널의 환경을 설정합니다.

실습예제 02 | Layers 패널을 이용해 레이어 관리하기

무제한으로 지원되는 레이어를 이용해 복잡한 아트웍을 묶어 간편하게 작업할 수 있습니다. 오브젝트를 쉽게 분류하고 편집할 수 있도록 레이어의 다양한 기능을 알아봅니다.

◉ 예제파일 : 03\레이어.ai
◉ 완성파일 : 03\레이어_완성.ai

01 03 폴더에서 '레이어.ai' 파일을 불러옵니다. 밤하늘과 함께 산이 표시됩니다.

02 Layers 패널(　)에는 레이어 배열에 따라 오브젝트가 나타납니다. ❶ 'Layer 4' 레이어를 선택하고 ❷ 'Layer 3' 레이어 위로 드래그하여 이동합니다.

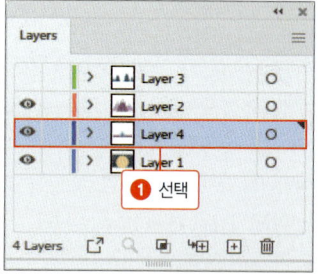
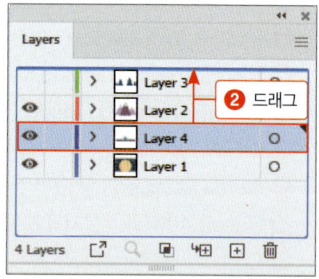

03 아트보드의 일러스트도 레이어 배열에 따라 산 앞에 텐트가 표시됩니다.

04 이번에는 가려졌던 'Layer 3' 레이어의 '눈' 아이콘(👁)을 클릭하여 나무들이 나타나게 합니다.

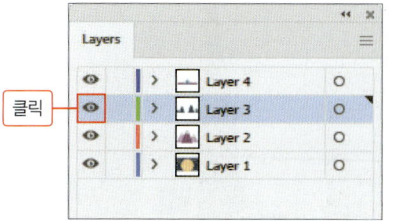

05 ❶ 'Layer 2' 레이어를 제외한 다른 레이어의 '잠금' 아이콘(🔒)을 클릭하여 잠금 설정을 합니다. ❷ 선택 도구(▶)를 이용하여 아트보드를 드래그하면 산만 선택됩니다. ❸ 주변 오브젝트들의 방해 없이 자유롭게 오브젝트의 크기와 위치를 변경합니다.

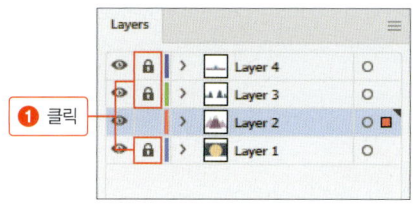

06 이처럼 Layers 패널(◈)을 제대로 활용하면 복잡한 오브젝트를 간편하게 편집하거나 드로잉할 수 있습니다.

필수기능 03 | 오브젝트 배열을 위한 Arrange 기능 알아보기 | 우선순위 TOP 05

오브젝트를 선택한 상태에서 마우스 오른쪽 버튼을 클릭하거나 메뉴에서 (Object) → Arrange를 실행하여 배열을 지정할 수 있습니다.

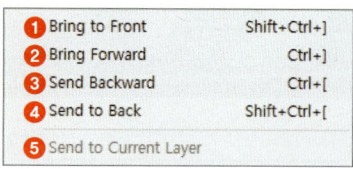

▲ 오브젝트 배열을 조절하여 나타난 캐릭터

① **Bring to Front**(Shift+Ctrl+]) : 선택한 오브젝트를 맨 앞으로 배열합니다.
② **Bring Forward**(Ctrl+]) : 선택한 오브젝트를 한 단계 앞으로 배열합니다.
③ **Send Backward**(Ctrl+[) : 선택한 오브젝트를 한 단계 뒤로 배열합니다.
④ **Send to Back**(Shift+Ctrl+[) : 선택한 오브젝트를 맨 뒤로 배열합니다.
⑤ **Send to Current Layer** : Layers 패널(　)에서 이동하려는 레이어를 선택한 다음 Send to Current Layer 명령을 실행하면 오브젝트가 선택한 레이어로 이동합니다. 선택한 오브젝트가 포함된 레이어를 선택하면 메뉴가 비활성화됩니다.

실습예제 04 | Arrange 명령으로 오브젝트 배열 바꾸기 ★★★ 중요

포토샵처럼 레이어를 이용하지 않아도 Arrange 명령과 단축키를 이용하여 간편하게 오브젝트 배열 순서를 바꾸는 방법에 대해 알아봅니다.

● 예제파일 : 03\자전거풍경.ai　　● 완성파일 : 03\자전거풍경_완성.ai

01 03 폴더에서 '자전거풍경.ai' 파일을 불러옵니다. 선택 도구(▶)로 나무들을 선택합니다.

246　Part 3 · 다양한 방법으로 채색하고 편집하기

02 나무들을 자전거를 탄 사람 뒤로 보내기 위해 메뉴에서 (Object) → Arrange → Send Backward(Ctrl+[)를 실행합니다. 나무가 뒤로 가면서 자전거를 탄 사람이 나타났습니다. 자전거의 철 프레임이 앞바퀴 앞으로 오게 철 프레임과 손 오브젝트만 분리하여 맨 앞으로 배치해 보겠습니다.

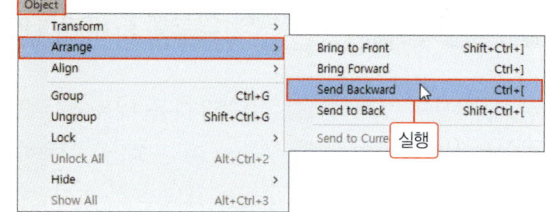

TIP
앞으로 가져오기 : Ctrl+] / 뒤로 보내기 : Ctrl+[

03 ❶ 자전거를 탄 사람을 선택합니다. 자전거 앞쪽 프레임과 손만 선택하기 위해 ❷ 마우스 오른쪽 버튼을 클릭한 다음 ❸ Ungroup(Shift+Ctrl+G)을 실행해 그룹 설정을 해제합니다.

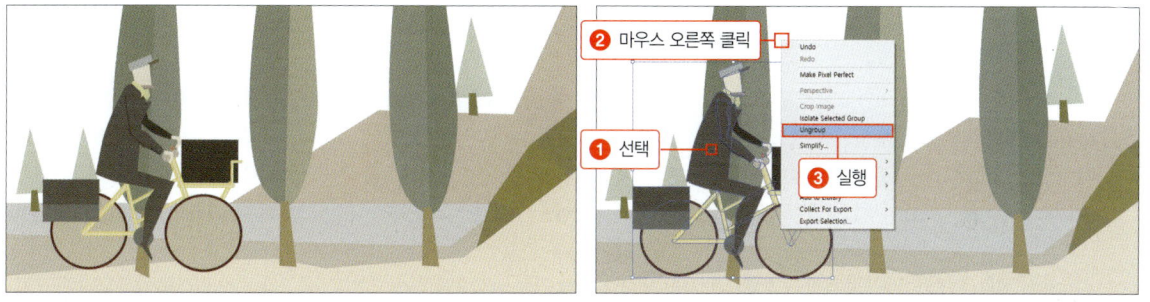

04 자전거 프레임과 손을 맨 앞으로 배치하기 위해 먼저 ❶ 자전거 앞바퀴 쪽 프레임과 손만 선택합니다. ❷ 마우스 오른쪽 버튼을 클릭한 다음 ❸ 메뉴에서 Arrange → Bring to Front(Shift+Ctrl+])를 실행합니다. 자전거를 타며 고즈넉한 길을 달리는 상황이 연출되었습니다.

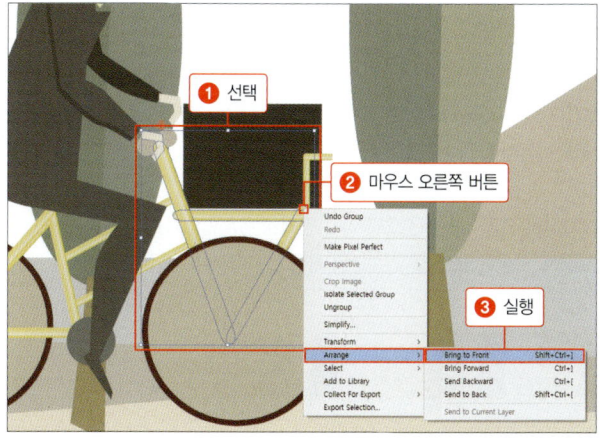

TIP
맨 앞으로 가져오기 : Shift+Ctrl+] / 맨 뒤로 보내기 : Shift+Ctrl+[

필수기능 05 오브젝트 정렬을 위한 Align 패널 알아보기 우선순위 | TOP 06

두 개 이상의 오브젝트를 선택한 다음 메뉴에서 (Window) → Align((Shift)+(F7))을 실행하여 표시되는 Align 패널(≡)을 이용하여 오브젝트를 빠르고 정확하게 정렬할 수 있습니다. Align 패널 오른쪽 상단의 '패널 메뉴' 아이콘(≡)을 클릭한 다음 Show Options를 실행하면 Distribute Spacing 항목과 Align To 항목을 표시할 수 있습니다.

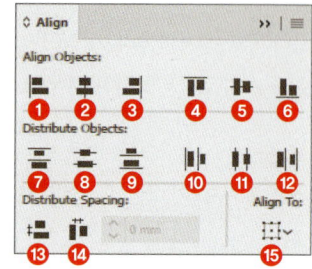

❶ **Horizontal Align Left(가로 왼쪽 정렬)** : 선택한 오브젝트 중 가장 왼쪽에 있는 오브젝트를 기준으로 다른 오브젝트들을 왼쪽 정렬합니다.
❷ **Horizontal Align Center(가로 가운데 정렬)** : 선택한 오브젝트들을 가로 방향 가운데에 있는 오브젝트를 기준으로 가운데 정렬합니다.
❸ **Horizontal Align Right(가로 오른쪽 정렬)** : 선택한 오브젝트 중 가장 오른쪽에 있는 오브젝트를 기준으로 다른 오브젝트들을 오른쪽 정렬합니다.
❹ **Vertical Align Top(세로 위쪽 정렬)** : 선택한 오브젝트 중 가장 위쪽에 있는 오브젝트를 기준으로 위쪽 정렬합니다.
❺ **Vertical Align Center(세로 가운데 정렬)** : 선택한 오브젝트들을 세로 방향 가운데에 있는 오브젝트를 기준으로 세로 가운데 정렬합니다.
❻ **Vertical Align Bottom(세로 아래쪽 정렬)** : 선택한 오브젝트 중 가장 아래쪽에 있는 오브젝트를 기준으로 아래쪽 정렬합니다.

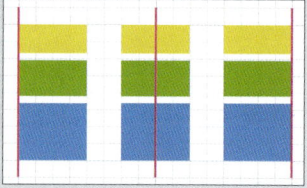 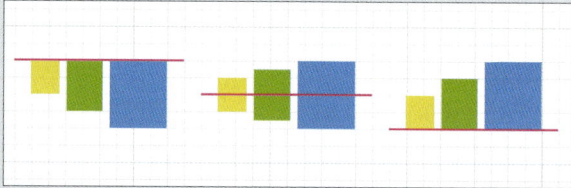

▲ Horizontal Align Left/Center/Right   ▲ Vertical Align Top/Center/Bottom

❼ **Vertical Distribute Top(세로 위쪽 분배)** : 선택한 오브젝트 위를 기준으로 세로 간격을 유지합니다.
❽ **Vertical Distribute Center(세로 가운데 분배)** : 선택한 오브젝트 가운데를 기준으로 세로 간격을 유지합니다.
❾ **Vertical Distribute Bottom(세로 아래쪽 분배)** : 선택한 오브젝트 아래를 기준으로 세로 간격을 유지합니다.
❿ **Horizontal Distribute Left(가로 왼쪽 분배)** : 선택한 오브젝트 왼쪽 끝 선을 기준으로 가로 간격을 유지합니다.
⓫ **Horizontal Distribute Center(가로 가운데 분배)** : 선택한 오브젝트 가운데를 기준으로 가로 간격을 유지합니다.
⓬ **Horizontal Distribute Right(가로 오른쪽 분배)** : 선택한 오브젝트 오른쪽 끝 선을 기준으로 가로 간격을 유지합니다.

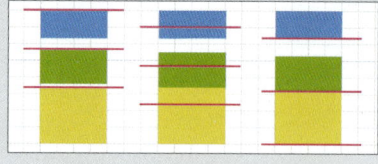 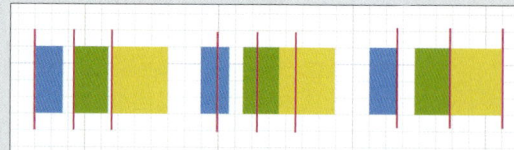

▲ Vertical Distribute Top/Center/Bottom   ▲ Horizontal Distribute Left/Center/Right

⓭ **Vertical Distribute Space(세로 간격 분배)** : 선택한 오브젝트 사이의 세로 간격을 같게 유지합니다.
⓮ **Horizontal Distribute Space(가로 간격 분배)** : 선택한 오브젝트 사이의 가로 간격을 같게 유지합니다.
⓯ **Align To** : 정렬 기준을 각각의 오브젝트나 하나의 오브젝트 또는 아트보드로 지정합니다.

실습예제 06 Align 패널을 이용해 오브젝트 정렬하기

여러 개의 오브젝트가 있는 복잡한 아트웍에서 오브젝트를 수직 또는 수평 정렬하기 위해서는 안내선이나 눈금 자 등을 활용하기 힘듭니다. 이때 Align 패널을 이용하면 정확하고 쉽게 오브젝트를 정렬할 수 있습니다.

- 예제파일 : 03\곰돌이스티커.ai
- 완성파일 : 03\곰돌이스티커_완성.ai

01 03 폴더에서 '곰돌이스티커.ai' 파일을 불러옵니다. ❶ 선택 도구( )로 전체 곰돌이를 선택합니다. ❷ Align 패널( )에 서 'Vertical Align Bottom' 아이콘( )을 클릭합니다. 선택한 오브젝트의 가장 아래쪽을 기준으로 정렬됩니다.

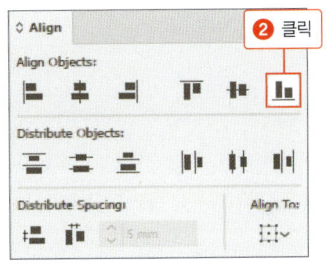

02 이번에는 선택 도구( )를 이용하여 자유롭게 이동합니다. 그림과 같이 가운데 노란색 곰돌이 를 기준으로 하단에는 주황색 곰돌이, 상단에는 초록색 곰돌이를 배치합니다.

03 ① Shift를 누른 상태로 곰돌이들을 선택합니다. ② Align 패널에서 'Horizontal Align Center' 아이콘(■)을 클릭하여 선택한 곰돌이들을 세로 가운데 정렬합니다.

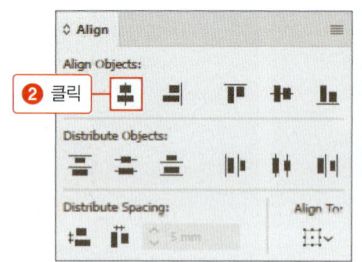
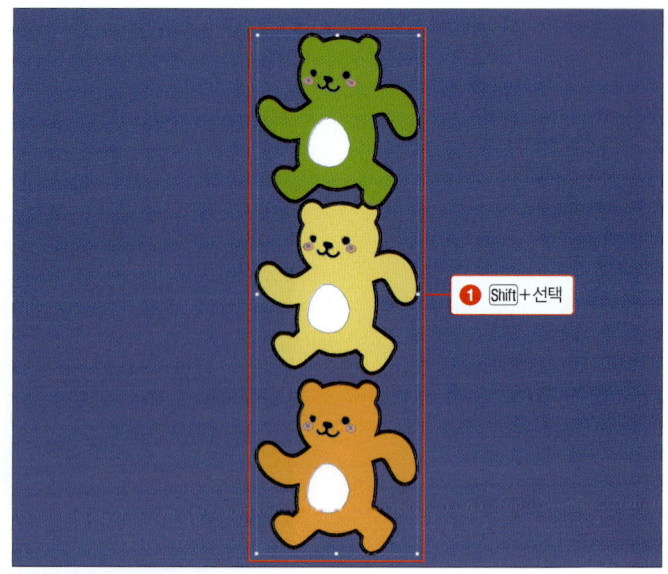

04 선택한 곰돌이의 상하 간격을 일정하게 조절하겠습니다.
① Align 패널에서 'Align To'를 클릭한 다음 ② 'Align to Key Object'로 지정합니다. ③ 간격을 '3mm'로 설정하고 ④ 'Vertical Distribute Space' 아이콘(■)을 클릭합니다.

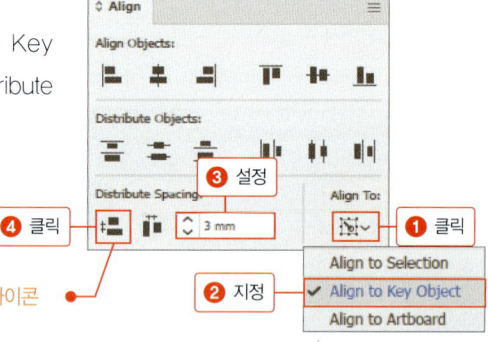

Align 패널에 Distribute Spacing과 Align To 항목이 나타나지 않으면 '패널 메뉴' 아이콘(≡)을 클릭한 다음 Show Options를 실행합니다.

05 노란색 곰돌이를 기준으로 입력한 수치만큼의 간격으로 정렬됩니다.

TIP
기준 오브젝트는 배열(Arrange) 순서에 따라 가장 앞쪽의 오브젝트로 지정됩니다. 간편하게 기준 오브젝트를 지정 또는 변경하고자 할 때는 모든 오브젝트를 선택한 다음 기준 오브젝트로 적용하려는 오브젝트를 Alt 를 누른 상태로 선택합니다.

CHAPTER 06 자유자재로 오브젝트 다루기

우선순위 | TOP 14 회전, 복제, 반전, 크기 조절, 기울이기 • Transform 패널

Transform 패널과 변형 관련 명령 및 도구를 이용해 오브젝트를 자유자재로 다루는 방법을 이해하고 적재적소에 활용하여 편리하게 작업합니다.

필수기능 01 Transform 명령을 이용해 오브젝트 변형하기 ★★★ 중요

오브젝트를 선택한 다음 메뉴에서 [Object] → Transform 을 실행하거나 마우스 오른쪽 버튼을 클릭하고 메뉴에서 이동, 회전, 반전, 크기 조절, 기울이기 등 오브젝트 변형에 관한 명령을 실행할 수 있습니다.

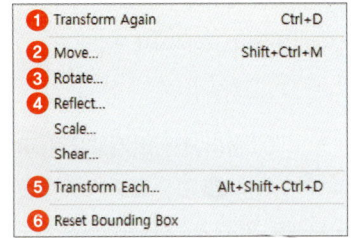

❶ **Transform Again(Ctrl+D)** : 이전에 실행한 변형 명령을 다시 실행합니다. 단축키를 눌러 간편하게 반복 작업을 실행할 수도 있습니다.

❷ **Move(Shift+Ctrl+M)** : Move 대화상자가 표시되어 수치를 입력해서 오브젝트를 원하는 위치로 이동할 수 있습니다.

❸ **Rotate** : Rotate 대화상자에서 정확한 회전 각도를 입력할 수 있으며, 회전 도구()와 기능이 같습니다. 회전 도구를 더블클릭해도 Rotate 대화상자가 표시됩니다.

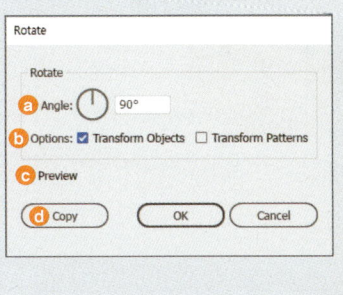

▶ 원을 회전 및 복제하여 완성한 캐릭터

ⓐ **Angle** : 회전 각도를 설정합니다. −(음수)를 설정하면 시계 방향으로 회전합니다.
ⓑ **Options** : 오브젝트나 패턴의 회전 여부를 지정합니다.
ⓒ **Preview** : 작업 화면에서 회전한 오브젝트를 미리 보여 줍니다.
ⓓ **Copy** : 회전한 다음 복제합니다. 일정한 각도로 복제하는 작업을 할 때 편리합니다.

❹ **Reflect** : 오브젝트를 일정한 각도만큼 반전하여 대칭합니다.

❺ **Transform Each(Alt+Shift+Ctrl+D)** : 오브젝트 크기 조절, 이동, 회전 등 여러 작업에 관한 수치를 한 번에 입력할 수 있는 Transform Each 대화상자가 표시됩니다.

❻ **Reset Bounding Box** : 오브젝트를 변형했을 때 함께 변형된 바운딩 박스를 다시 지정합니다.

Chapter 06 • 자유자재로 오브젝트 다루기 251

실습예제 02 | 회전, 복제, 이동 기능으로 캐릭터 만들기

정확한 각도의 규칙적인 회전과 더불어 복제, 이동 기능을 활용하여 귀여운 아기 사자 캐릭터를 완성합니다.

◉ 예제파일 : 03\아기사자.ai
◉ 완성파일 : 03\아기사자_완성.ai

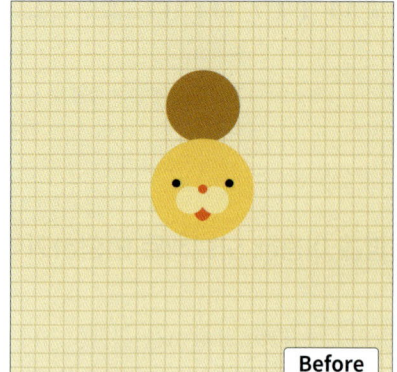
Before

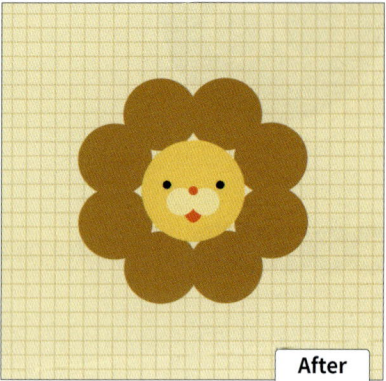
After

01 03 폴더에서 '아기사자.ai' 파일을 불러옵니다. ❶ Tools 패널에서 선택 도구(▶)로 ❷ 갈색 원형 오브젝트를 선택한 다음 ❸ 회전 도구( )를 선택합니다.
오브젝트 가운데에 나타난 회전축을 캐릭터 얼굴 가운데로 이동하기 위해 ❹ 코 부분을 클릭합니다. ❺ Shift 를 누른 상태에서 오브젝트를 오른쪽으로 드래그합니다. 변경된 회전축을 기준으로 갈색 원형 오브젝트가 45° 회전되어 이동합니다.

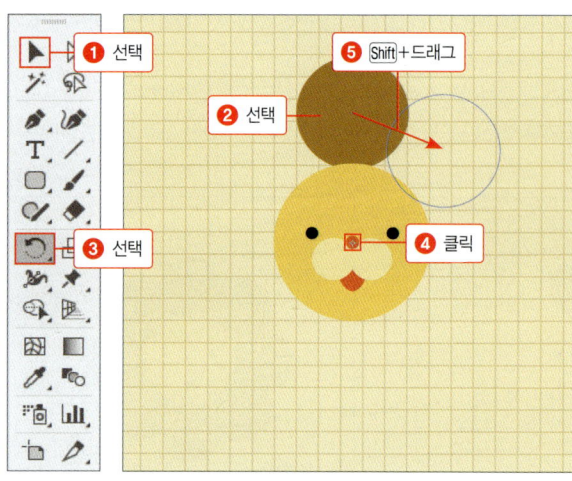

02 Shift + Alt 를 누른 상태에서 아래로 드래그합니다. 오브젝트가 복제되면서 45° 회전합니다.

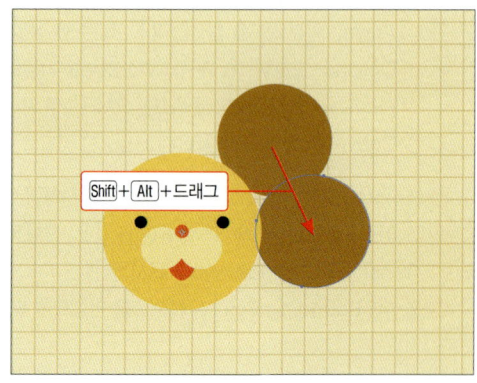

> **TIP**
> Shift 를 누른 상태로 드래그하면 45° 단위로 정확하게 회전할 수 있습니다. 이때 Alt 를 누른 상태로 드래그하면 오브젝트가 복제 및 회전합니다.

03

이어서 Ctrl+D를 여섯 번 누릅니다. 회전된 각도로 오브젝트가 여섯 개 더 복제되어 사자 캐릭터의 갈기가 표현됩니다.

> **TIP**
> Ctrl+D를 누르면 이전에 실행한 복제나 이동 등의 간단한 작업이 반복됩니다. 이 단축키를 적절히 이용하면 규칙적인 패턴이나 그림을 만들 때 유용합니다.

04

❶ 선택 도구(▶)로 캐릭터를 드래그하여 전체 선택합니다.
❷ Shift를 누른 상태로 사자 얼굴을 선택합니다. 사자 얼굴만 선택이 해제되면서 복제된 갈색 오브젝트들이 선택됩니다.

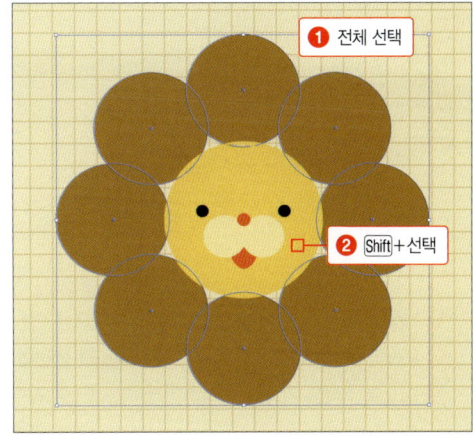

05

Tools 패널에서 회전 도구(↻)를 더블클릭합니다. Rotate 대화상자가 표시되면 ❶ Angle을 '23°'로 설정하고 ❷ 〈OK〉 버튼을 클릭합니다. 아기 사자 캐릭터의 갈색 갈기 오브젝트들이 회전축을 기준으로 23° 회전합니다. 회전 도구를 이용하여 간단하게 아기 사자 캐릭터가 완성되었습니다.

> **TIP**
> Rotate 대화상자에서 Angle의 수치를 설정할 때 '−'를 입력하면 시계 방향으로 회전하고, '+'를 입력하면 시계 반대 방향으로 회전합니다.

필수기능 03 Reflect 기능으로 대칭 오브젝트 만들기

Reflect 기능은 선택한 오브젝트를 일정 각도만큼 반전하는 것으로 선택된 오브젝트를 드래그하여 원하는 각도로 반전하는 반전 도구( )와 기능이 같습니다. 메뉴에서 (Object) → Transform → Reflect를 실행하거나 반전 도구를 더블클릭해도 반전 중심축 각도와 이동 또는 복제 여부를 설정하는 Reflect 대화상자가 표시됩니다.

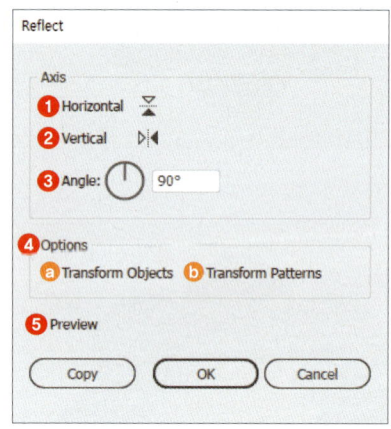

▲ 꽃잎을 반전시켜 완성한 꽃

TIP
Alt 를 누른 상태로 중심축을 드래그하여 이동할 수 있습니다.

❶ **Horizontal** : 가로축을 중심으로 오브젝트를 반전합니다.
❷ **Vertical** : 세로축을 중심으로 오브젝트를 반전합니다.
❸ **Angle** : 직접 각도를 설정하여 원하는 만큼 오브젝트를 반전합니다.
❹ **Options** : 오브젝트나 패턴의 반전 여부를 지정합니다.
　ⓐ **Transform Objects** : 오브젝트를 반전합니다.
　ⓑ **Transform Patterns** : 패턴을 반전합니다.
❺ **Preview** : 작업 화면에서 반전된 오브젝트를 미리 보여 줍니다.

실습예제 04 반전 도구를 이용해 꽃 만들기

반전 도구는 대칭 이미지를 간단하게 완성할 수 있도록 도와 주는 유용한 기능입니다. 반전 도구를 이용해 꽃과 잎을 대칭 복제해서 꽃 한 송이를 완성합니다.

- 예제파일 : 03\반전꽃.ai
- 완성파일 : 03\반전꽃_완성.ai

Before

After

01
03 폴더에서 '반전꽃.ai' 파일을 불러옵니다. ❶ 선택 도구(▶)로 ❷ 완성된 꽃잎 하나를 선택합니다.

02
❶ Tools 패널에서 반전 도구(◀▶)를 선택하고 ❷ 꽃 가운데를 클릭해서 중심축을 변경합니다. ❸ Shift + Alt 를 누른 상태로 오브젝트를 오른쪽으로 드래그해서 꽃잎을 반전합니다.

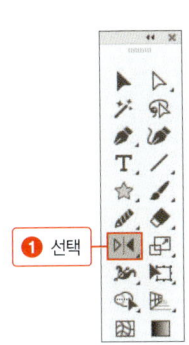

03
이번에는 ❶ 아래쪽 꽃잎 두 장을 선택하고 Tools 패널에서 반전 도구(◀▶)를 더블클릭합니다. Reflect 대화상자가 표시되면 ❷ 'Horizontal'을 선택한 다음 ❸ 〈Copy〉 버튼을 클릭합니다.

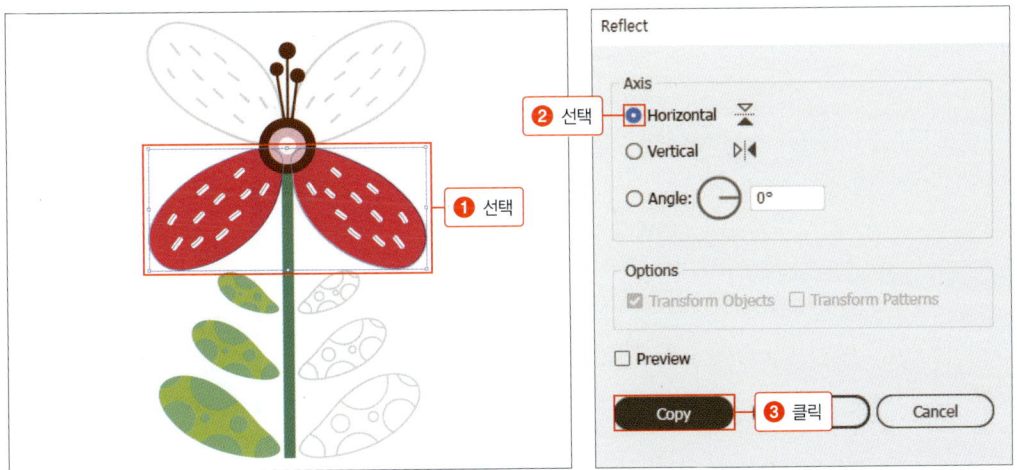

Chapter 06 • 자유자재로 오브젝트 다루기 255

04 오브젝트의 반전과 복제가 동시에 이루어진 것을 확인할 수 있습니다.

05 선택 도구( )로 복제된 오브젝트를 밑그림에 알맞게 위쪽으로 이동하여 꽃잎을 완성합니다.

06 같은 방법으로 반전 도구( )를 이용해 잎도 반전시켜 꽃 한 송이를 완성합니다.

필수기능 05 Transform 패널과 Scale 대화상자 알아보기

수치대로 오브젝트를 이동, 크기 조절, 회전할 수 있는 Transform 패널과 크기 조절 도구를 활용하는 방법에 대해 알아보겠습니다.

Transform 패널 살펴보기

Transform 패널(■)을 이용하면 수치 또는 수학적 계산을 활용해 오브젝트를 변형할 수 있습니다. Control 패널의 'Transform'을 클릭해도 해당 패널을 표시할 수 있습니다.

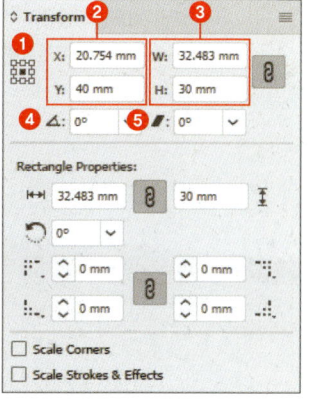

① 기준점 : 변형 작업을 위한 기준점을 지정합니다.
② X/Y : 오브젝트의 좌표를 표시하고 직접 좌표를 입력해 이동할 수 있습니다.
③ W/H : 오브젝트의 크기를 표시하고 직접 크기를 입력해 확대/축소할 수 있습니다.
④ Rotate : 각도에 따라 회전합니다.
⑤ Shear : 각도에 따라 기울입니다.

> **TIP**
> Transform 패널은 메뉴에서 (Window) → Transform(Shift+F8)을 실행하여 표시합니다. W/H 오른쪽 'Constrain Width and Height Proportions' 아이콘(⬚)을 클릭하면 비율대로 크기를 조절할 수 있습니다.

Scale 명령과 크기 조절 도구 알아보기

Scale 명령은 오브젝트 크기를 조절하며, 크기 조절 도구(■)와 기능이 같습니다. 메뉴에서 (Object) → Transform → Scale을 실행하거나 크기 조절 도구를 더블클릭하면 수치를 입력해 정확하게 확대 또는 축소할 수 있는 Scale 대화상자가 표시됩니다.

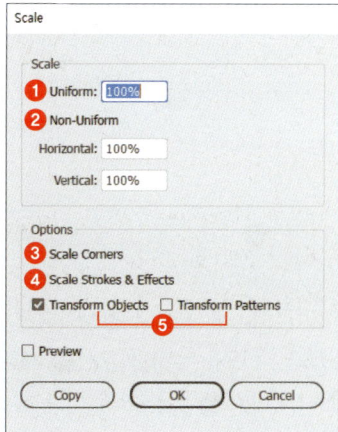

① Uniform : 오브젝트 가로/세로 비율을 일정하게 유지한 상태로 크기를 조절합니다.
② Non-Uniform : 오브젝트 가로/세로 비율을 다르게 설정한 상태로 크기를 조절합니다.
③ Scale Corners : 모서리의 크기를 조절합니다.
④ Scale Strokes & Effects : 크기가 확대 또는 축소될 때 선 굵기도 같은 비율로 조절됩니다.
⑤ Transform Objects/Patterns : 오브젝트, 패턴 크기를 따로 또는 같이 조절합니다.

Chapter 06 · 자유자재로 오브젝트 다루기 257

실습예제 06 수치대로 크기 조절하기

벡터 이미지는 확대 또는 축소해도 깨지지 않는 특성이 있습니다. Transform 패널, 크기 조절 도구, Scale 대화상자 등을 이용해서 다양한 방법으로 크기를 조절해 봅니다.

◉ 예제파일 : 03\팬더.ai

01 03 폴더에서 '팬더.ai' 파일을 불러옵니다. ❶ 선택 도구( )로 팬더 캐릭터를 선택한 다음 ❷ Tools 패널에서 크기 조절 도구( )를 더블클릭합니다.

02 Scale 대화상자가 표시되면 ❶ Uniform을 '50%'로 설정한 다음 ❷ 〈OK〉 버튼을 클릭합니다. 캐릭터가 입력한 수치의 비율만큼 축소됩니다.

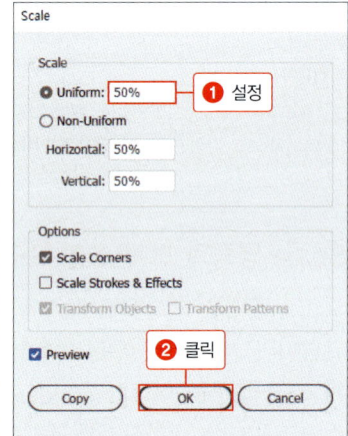

03 ❶ Transform 패널( )에서 'Constrain Width and Height Proportions' 아이콘( )을 클릭해 활성화해서 W(가로)와 H(세로) 비율을 고정합니다. ❷ W를 '75mm'로 설정한 다음 ❸ Enter 를 누릅니다. 자동으로 세로 비율이 조절되면서 오브젝트가 원본 비율 그대로 확대됩니다.

필수기능 07 오브젝트를 기울이는 Shear 명령 알아보기

Shear 명령은 오브젝트를 기울이는 것으로 기울이기 도구(📐)와 기능이 같습니다. 메뉴에서 (Object) → Transform → Shear를 실행하거나 기울이기 도구를 더블클릭하면 기울기와 중심축을 지정할 수 있는 Shear 대화상자가 표시됩니다.

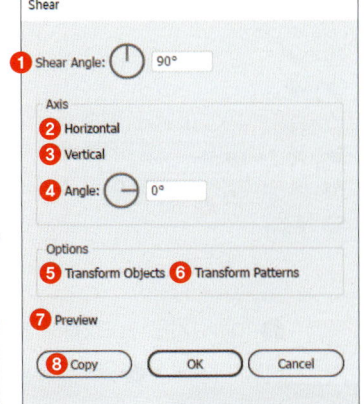

◀ 기울이기 도구로 기울여서 속도감을 나타낸 버스

❶ Shear Angle : 오브젝트를 기울이기 위한 각도를 설정합니다.
❷ Horizontal : 가로축을 중심으로 기울입니다.
❸ Vertical : 세로축을 중심으로 기울입니다.
❹ Angle : 축을 중심으로 각도를 설정합니다.
❺ Transform Objects : 오브젝트의 기울기를 바꿉니다.
❻ Transform Patterns : 패턴의 기울기를 바꿉니다.
❼ Preview : 작업 화면에서 기울어진 오브젝트를 미리 보여 줍니다.
❽ Copy : 기울인 다음 복제합니다.

실습예제 08 기울이기 도구로 오브젝트 기울이기

기울이기 도구와 Transform 패널을 이용해서 오브젝트를 변형하여 속도감 있게 달리는 버스를 만들어 봅니다.

◉ 예제파일 : 03\스쿨버스.ai   ◉ 완성파일 : 03\스쿨버스_완성.ai

01 03 폴더에서 '스쿨버스.ai' 파일을 불러옵니다.

Chapter 06 • 자유자재로 오브젝트 다루기   259

02
❶ 오브젝트를 선택한 다음 ❷ Tools 패널에서 기울이기 도구(📐)를 선택합니다. ❸ 오브젝트에 드래그하면 중심점에 고정된 상태로 기울어지는 것을 확인할 수 있습니다.

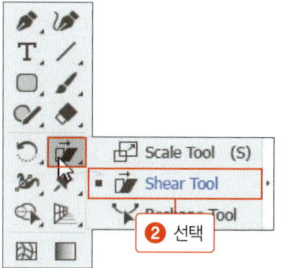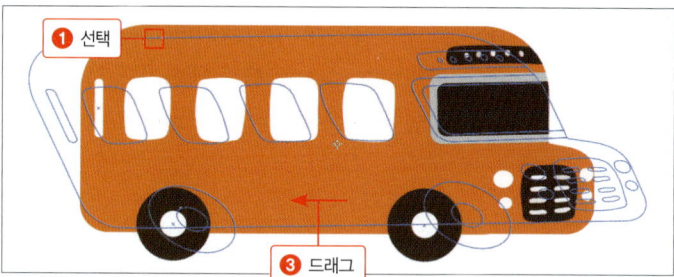

03
❶ Ctrl+Z를 눌러 원래대로 되돌립니다. 이번에는 ❷ Shift를 누른 상태에서 오른쪽으로 살짝 드래그합니다. 오브젝트가 수평을 유지한 상태로 오른쪽으로 기울어집니다.

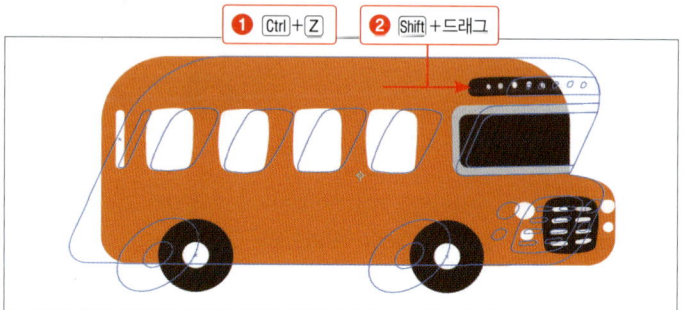

04
❶ Ctrl+Z를 눌러 원래대로 되돌립니다. ❷ Transform 패널(▦)에서 Shear를 오브젝트가 기울어지는 각도인 '20°'로 설정합니다.

05
중심점을 기준으로 설정한 각도만큼 오브젝트가 기울어집니다.

오브젝트를 기울여 입체적인 이미지를 완성할 수 있습니다.

> **TIP**
> Tools 패널에서 기울이기 도구(📐)를 더블클릭하면 표시되는 Shear 대화상자에서 수치를 설정해도 정확한 각도로 오브젝트 기울기를 조절할 수 있습니다.

실습예제 09 자유 변형 도구로 자유롭게 변형하기

자유 변형 도구를 이용해서 오브젝트 크기, 기울이기, 회전을 적용해 보겠습니다. 일러스트레이터 CC에서는 네 가지 변형 모드를 함께 제공합니다.

Before

After

◉ 예제파일 : 03\사탕 봉지.ai
◉ 완성파일 : 03\사탕 봉지_완성.ai

01 03 폴더에서 '사탕 봉지.ai' 파일을 불러옵니다. 평면적인 사탕 봉지를 입체적으로 만들기 위해 ❶ 선택 도구(▶)로 ❷ 정면 오브젝트를 선택하고 ❸ Tools 패널에서 자유 변형 도구(⌧)를 선택합니다.

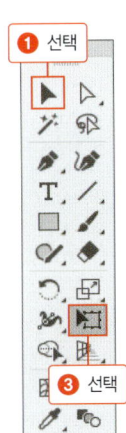

02 네 가지 변형 모드가 표시되면 ❶ 원근 왜곡 도구(⌧)를 선택한 다음 ❷ 바운딩 박스의 왼쪽 상단 조절점을 아래로 드래그합니다. 오브젝트의 왼쪽 면이 그림과 같이 안쪽으로 모이면서 변형됩니다.

Chapter 06 • 자유자재로 오브젝트 다루기 **261**

03
이번에는 ❶ 사탕 봉지 옆면인 사각형 오브젝트를 선택합니다. ❷ 변형 모드에서 자유 왜곡 도구( )를 선택하고 그림과 같이 ❸, ❹ 오른쪽 상하 조절점을 조절하여 차례대로 변형합니다.

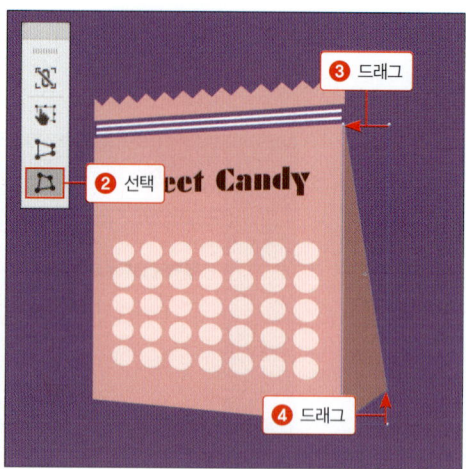

04
❶ 사탕 봉지 오브젝트를 전체 선택하고 ❷ 변형 모드에서 자유 변형 도구( )를 선택합니다. ❸ 바운딩 박스 위쪽 가운데에 마우스 커서를 가져가 모양이 바뀌면 오른쪽으로 드래그하여 오브젝트 형태를 살짝 비틉니다.

05
자유 변형 도구를 이용해 간편하게 입체적인 사탕 봉지를 완성했습니다.

실습예제 10 Properties 패널을 이용해 오브젝트 편집하기

Properties 패널에서는 작업 과정을 빠르게 제어하고 편집할 수 있도록 도와 줍니다. Properties 패널은 오브젝트 속성에 따라 유용한 패널을 맞춤형으로 제시해 필요할 때 바로 접근할 수 있도록 사용 편의성을 염두에 두어 여러 패널을 표시하지 않은 상태에서 다양한 방법으로 편집할 수 있습니다.

○ 예제파일 : 03\속성패널-포스터.ai
○ 완성파일 : 03\속성패널-포스터_완성.ai

Before

After

01 03 폴더에서 '속성패널-포스터.ai' 파일을 불러옵니다.
일러스트에 맞춰 아트보드 크기를 조절하기 위해 Properties 패널에서 Document의 〈Edit Artboards〉 버튼을 클릭합니다.

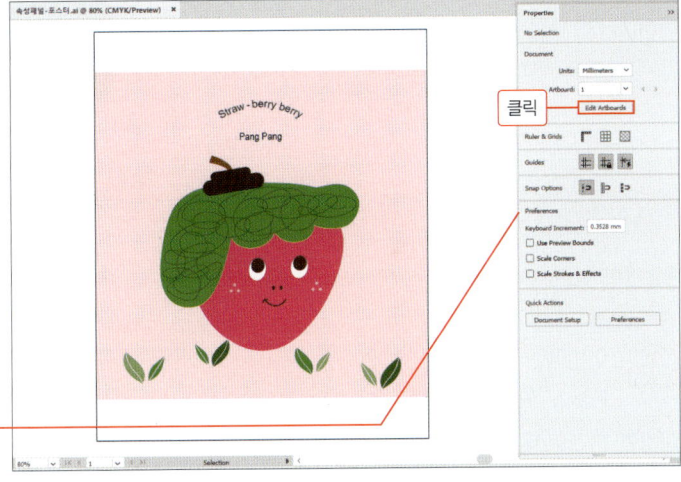

> **TIP**
> Properties 패널은 아트보드를 설정하면 표시됩니다. 해당 패널이 없다면 메뉴에서 (Window) → Properties를 실행하여 표시할 수 있습니다.

오브젝트를 선택하지 않은 상태에서는 Properties 패널에 문서, 눈금자, 격자, 안내선, 스냅 및 자주 사용하는 환경 설정이 표시됩니다.

02 아트보드 편집 모드로 전환됩니다.
Transform에서 아트보드 높이인 H를 '200mm'로 설정하여 크기를 조절합니다.

03

① Tools 패널에서 선택 도구(▶)를 선택한 다음 ② 캐릭터의 머리카락을 선택합니다. ③ Properties 패널에서 Appearance의 Stroke 색상과 두께를 원하는 대로 설정합니다. 예제에서는 Stroke 색상을 'C:75%, M:0%, Y:75%, K:0%', 두께를 '2pt'로 설정하였습니다.

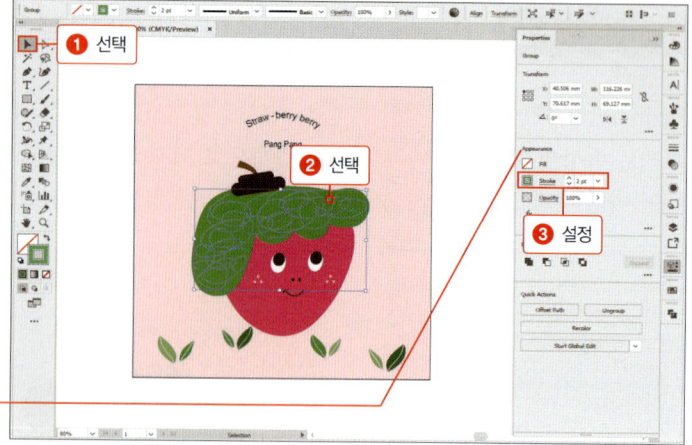

Properties 패널의 항목이 선택한 오브젝트 속성에 따라 달라집니다.

04

① 캐릭터 아래의 잎사귀 오브젝트를 모두 선택합니다. 여러 개의 오브젝트가 선택되면 Properties 패널에 Align 항목이 나타납니다. ② 'Vertical Align Bottom' 아이콘(▥)을 클릭하여 선택한 오브젝트 아래를 기준으로 정렬합니다.

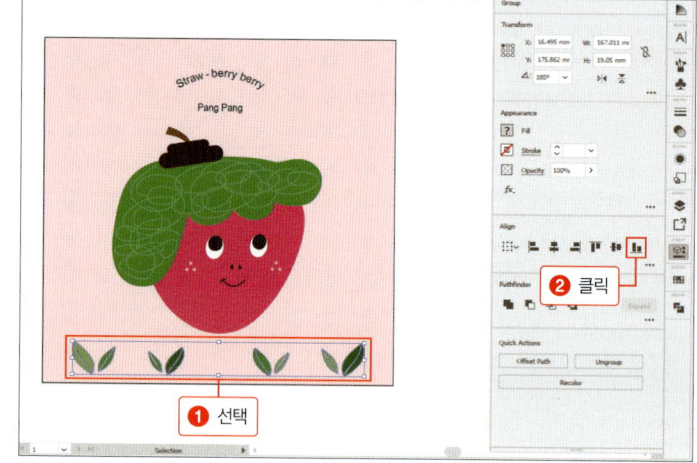

05

이번에는 ① 캐릭터 위에 있는 'Pang Pang' 글자를 선택합니다. 문자를 선택하면 Properties 패널에 Character 항목이 나타납니다. ② 글꼴을 'Arial', 글꼴 스타일을 'Bold Italic'으로 지정한 다음 글꼴 크기를 '36pt'로 지정합니다.

Properties 패널을 이용해 이미지 편집 작업을 더욱 편리하고 빠르게 완성했습니다.

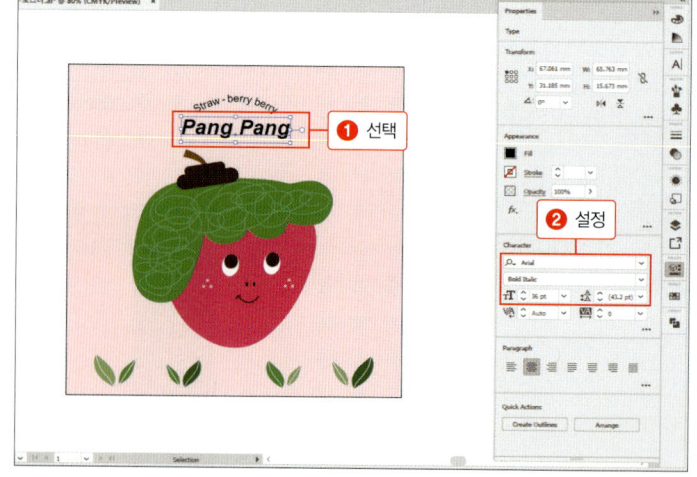

감각적인 배색과 자유자재로 오브젝트 다루기

1
213쪽 참고

무채색 배경을 사랑스러운 배색으로 변경하여 감각적으로 표현해 보세요.

예제파일 03\chicken.ai 완성파일 03\chicken_완성.ai
해설 동영상 03\3-1.mp4

Hint 직접 선택 도구로 오브젝트 일부 선택하기 → 색상 지정하기 → Color Guide 패널에서 배색 지정하기 → 배색 적용하기

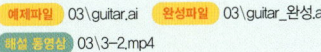

2
237, 258쪽 참고

캐릭터를 그룹으로 설정하고 크기를 조절해 보세요.

예제파일 03\guitar.ai 완성파일 03\guitar_완성.ai
해설 동영상 03\3-2.mp4

Hint 캐릭터 전체 선택하기 → Group 명령 실행하여 그룹으로 지정하기 → 드래그하여 확대하기

혼자 해 보기 **265**

이미지 외에도 문자를 직관적으로 디자인하여 메시지를 전달하는 타이포그래피에 대해 알아봅니다. 또한 일러스트레이터에서 제공하는 다양한 문자 입력 형식을 이용하여 일러스트의 완성도를 높이는 방법을 알아봅니다.

PART 4.

효율적으로
문자 디자인하기

01 | 문자 디자인하기
02 | 문서 편집하기
03 | 문자 변형하기

문자 도구

문자 디자인하기

타이포그래피 디자인의 기본인 문자 도구와 문자 입력에 필요한 도구들을 배워
자유롭게 문자를 입력하고 편집해 봅니다.

필 수 기 능 01 타이포그래피와 캘리그래피 이해하기

문자는 메시지를 직접적으로 전달합니다. 이러한 특성을 이용해서 타이포그래피와 캘리그래피를 디자인할 수 있습니다. 여기서는 타이포그래피와 캘리그래피 디자인을 위한 기본 지식을 배워 봅니다.

타이포그래피와 캘리그래피 차이점 알아보기

타이포그래피, 캘리그래피는 문자를 표현하는 예술이라는 점은 같지만 약간 다릅니다. 타이포그래피는 활판 인쇄 용어가 확대되어 문자 디자인에 관한 모든 요소(레이아웃, 색, 형태, 이미지, 의미 등)를 뜻합니다. 캘리그래피는 서예의 속성을 가지지만 콘셉트에 따라 다른 요소들과 알맞게 조화를 이뤄야 하며, 타이포그래피보다 감성적입니다.

▲ 타이포그래피 디자인_https://www.behance.net/gallery/13714003/Port-Vintage

타이포그래피 요소 살펴보기

타이포그래피는 문자의 기능성과 심미성을 효율적으로 활용한 디자인입니다. 문자를 이용하므로 장식적인 면뿐만 아니라 쉽게 읽고 빠르게 이해할 수 있는 기능적인 면도 상당히 중요합니다. 타이포그래피의 요소인 글꼴, 글꼴 크기, 활자 폭, 자간, 행간, 색 등을 설정하여 리듬, 반복, 대비, 균형, 조화 등의 시각적인 원리로 표현해 봅니다.

❶ 크기

글꼴 크기는 문자 디자인에서 가장 중요한 요소로, 글꼴 크기를 조절하여 쉽게 계층 구조를 표현하거나 대비를 연출할 수 있습니다. 글자를 부분적으로 크게 확대하면 글자의 정체성이 떨어지는 동시에 강렬한 효과를 얻을 수도 있습니다.

일반적으로 글꼴 크기는 인쇄용은 10.5pt 정도가 적당하고, 웹용은 12pt 정도가 적당합니다. 성인에게는 9~12pt가 적당하며, 어린이나 노약자를 대상으로 하면 더욱 커져야 합니다.

Typo
▲ 글꼴 크기 : 15pt

Graphy
▲ 글꼴 크기 : 20pt

Typography
▲ 글꼴 크기 : 30pt

❷ 굵기

문자 디자인에서 글꼴에 굵기를 적용하면 시각적인 무게감을 이용해 효과적으로 대비시켜 중요한 요소를 강조할 수 있습니다. 일반적으로 굵은 글꼴은 무거워 보이고, 가는 글꼴은 가벼워 보입니다. 여러 종류의 글꼴을 이용하는 디자인에서는 반드시 크기뿐만 아니라 굵기에 따른 시각적인 무게도 생각하여 디자인합니다.

일러스트레이터
▲ 글꼴 : 윤명조120

벡터 이미지
▲ 글꼴 : 윤명조360

❸ 자간

글자와 글자 사이 간격을 말하며, '글자 사이'로 이용하는 글자 폭은 전각이라고 합니다. 일반적으로는 전각을 기준으로 1/3 정도가 자간으로 이용되며, 띄어쓰기에서는 그보다 넓은 1/2 정도를 이용합니다. 자간이 전각의 1/4 이하거나 전각 크기 이상이면 글자 형태가 좋아 보이지 않으므로 적당하게 설정하는 것이 좋습니다.

타이포그래피와 캘리그래피
▲ 자간 : 0

캘리그래피와 타이포그래피
▲ 자간 : -100

❹ 행간

행과 행 사이 간격을 말하며, 문자의 이용 목적과 성격에 따라 알맞게 적용해야 합니다. 행간이 어느 정도 넓어야 한 행이 끝나고 다음 행의 시작을 쉽게 찾을 수 있습니다. 초성, 중성, 종성으로 이루어지는 한글은 영문보다 행간이 넓어야 하며, 획이 많은 한문은 한글보다 행간이 넓어야 자연스럽고 가독성이 높습니다. 이때 첫 번째 행 끝부분부터 다음 행 끝부분까지는 '글줄 사이'라고 하여 행간과는 다릅니다.

디자인 업그레이드를 위한
타이포그래피 디자인
▲ 글꼴 크기 : 15pt, 행간 : 14pt

디자인 업그레이드를 위한
캘리그래피 디자인
▲ 글꼴 크기 : 15pt, 행간 : 21pt

❺ 기울기

기울어진 글자를 이탤릭체 또는 사체라고 합니다. 적당한 기울기가 있는 글자는 세련된 느낌을 주지만 기울기가 클수록 가독성이 낮아집니다. 편집 디자인에서는 대표적으로 도서명, 정기간행물 제호, 영화나 연극 등의 제명, 미술 작품명, 라틴어 등에 이탤릭체를 이용합니다. 강조할 부분에도 이용하지만 규범적인 내용에 필요 이상으로 이용하는 것은 좋지 않습니다.

문자 입력 도구   *문자 입력 도구*

▲ 기울기 : 20°   ▲ 기울기 : 45°

❻ 여백

문서의 상하좌우뿐만 아니라 글자가 차지하는 공간 외의 모든 부분을 여백이라고 합니다. 여백을 통해 시각적인 안정감을 줄 수 있고, 조형적으로 주목을 끌 수도 있습니다. 타이포그래피에서는 글자 일부가 다른 글자 여백에 들어갈 수 있고, 글자 여백에 다른 디자인 요소를 넣을 수도 있으므로 중요합니다.

▲ 여백 차이

❼ 다단

일반적으로 단행본은 1단으로 편집하며, 신문은 2단 이상의 다단으로 편집하는 경우가 많습니다. 잡지와 같은 서적에서는 비례감이나 구성 원리에 기초를 두고 여러 단을 합쳐 이용하는 경우도 있습니다.

타이포그래피는 활판 인쇄 용어가 확대되어 문자 디자인에 관한 모든 요소(레이아웃, 색, 형태, 이미지, 의미 등)를 뜻합니다. 캘리그래피는 서예의 속성을 가지지만 콘셉트에 따라 다른 요소들과 알맞게 조화를 이뤄야 하며, 타이포그래피보다 감성적입니다.

▲ 1단

타이포그래피는 활판 인쇄 용어가 확대되어 문자 디자인에 관한 모든 요소(레이아웃, 색, 형태, 이미지, 의미 등)를 뜻합니다. 캘리그래피는 콘셉트에 따라 다른 요소들과 알맞게 조화를 이뤄야 하며, 타이포그래피보다 감성적입니다.

▲ 2단

❽ 색

색 고유의 특성을 의미하는 색, 밝고 어두운 정도인 명도, 맑고 탁한 정도인 채도가 합쳐져 색이 만들어집니다. 타이포그래피에서는 색을 이용해 계층 구조를 표시할 수 있습니다. 텍스트 일부에 시선을 끄는 강렬한 색을 지정하면 다른 요소보다 강조할 수 있으며, 연한 색을 지정하여 배경으로 이용할 수도 있습니다.

분홍색   **빨간색**

▲ Magenta   ▲ Red

❾ 정렬

한 방향을 기준으로 문자열을 맞추며, 일러스트레이터에서도 워드나 편집 프로그램과 같은 정렬 기능을 제공합니다. 단에서 왼쪽과 오른쪽 끝을 일정하게 맞추는 것을 양끝 정렬이라고 합니다. 정렬과 함께 텍스트 양끝을 맞추면 문자가 깔끔하게 보이지만 문단 너비가 좁은 경우 오히려 자간이 늘어나거나 좁아질 수 있으므로 주의해야 합니다.

크기에 상관없이 깨끗한 해상도를 유지하며 다양한 형태로 변형할 수 있는 문자를 활용해 봅니다.

▲ 양끝 정렬

필수기능 02 문자 입력 도구와 편집 기능 알아보기 　우선순위 | TOP 16　중요

Tools 패널의 다양한 문자 도구를 이용하여 문자를 입력하고 관련 도구와 패널을 이용해서 변형해 봅니다.

문자 입력 도구 살펴보기

일러스트레이터는 편집 디자인에 최적화되어 타이포그래피, 편집, 광고, 로고 등 다양한 디자인 기능을 제공합니다. Tools 패널의 일곱 가지 문자 도구를 이용하여 문자를 입력한 다음 Character, Paragraph, Character Styles, Paragraph Styles 패널 등과 함께 작업해서 감각적인 타이포그래피를 완성할 수 있습니다.

❶ 문자 도구(Type Tool)
문자 도구(T)는 일반적인 가로형 문자를 입력할 때 이용합니다. 아트보드에 클릭하여 문자를 입력할 수 있고 드래그하여 글상자를 만든 다음 문장을 입력할 수도 있습니다.

❷ 영역 문자 도구(Area Type Tool)
영역 문자 도구(T)는 영역 안에 문자를 입력할 때 이용합니다. 펜 도구나 도형 도구 등을 이용해 글상자 형태를 만든 다음 영역 문자 도구를 선택하고 오브젝트를 클릭하면 영역 안에 문자를 입력할 수 있습니다. 펜 도구나 연필 도구(✏), 모양 도구 등을 이용하여 닫혀 있거나 열린 패스의 오브젝트를 만든 다음 영역 안에 가로로 문자를 입력할 수도 있습니다.

❸ 패스 문자 도구(Type on a Path Tool)
패스 문자 도구(↰)는 패스 선에 따라 문자를 입력할 수 있는 도구로 자유로운 형태의 문자를 입력할 수 있습니다. 패스 선 안과 바깥 중 자유롭게 위치를 지정하여 문자를 입력할 수도 있습니다.

❹ 세로 문자 도구(Vertical Type Tool)
세로 문자 도구(IT)를 이용하여 세로 방향으로 문자를 입력할 수 있습니다. 세로 문자는 주로 일본 등의 동양권에서 이용합니다.

❺ 세로 영역 문자 도구(Vertical Area Type Tool)
세로 영역 문자 도구(▦)는 영역 문자 도구와 마찬가지로 영역 안에 세로 문자를 입력할 때 이용합니다.

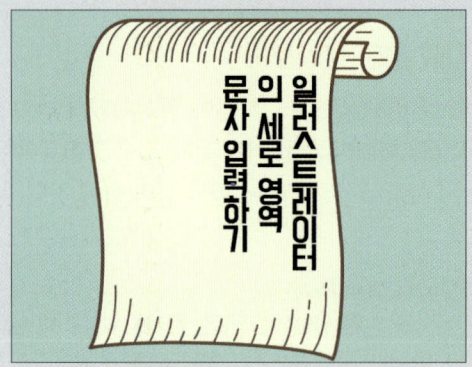

❻ 세로 패스 문자 도구(Vertical Type on a Path Tool)
세로 패스 문자 도구(↶)는 패스 선을 따라 문자를 세로 방향으로 입력할 수 있습니다.

❼ 터치 문자 도구(Touch Type Type)
터치 문자 도구(⊞)는 글자를 각각의 오브젝트로 만들어 개별 수정할 수 있습니다. Character 패널(A)에서 〈Touch Type Tool〉 버튼을 클릭하여 선택할 수도 있습니다.

Create Outlines 명령으로 문자를 오브젝트로 변환하기

문자를 오브젝트로 변환하면 쉽게 변형할 수 있고, 문자에 패턴 또는 그러데이션을 채우거나 마스크를 적용할 수도 있습니다. 또한, 버전에 상관없으며 글꼴 유실 없이 작업물을 공유할 수 있어 매우 편리합니다.

문자를 오브젝트로 변경하기 위해서는 메뉴에서 (Type) → Create Outlines(Shift+Ctrl+O)를 실행합니다.

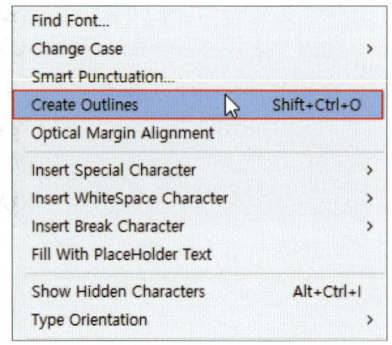

실습예제 03 문자 도구로 문자 입력하기

문자 도구를 선택하고 원하는 부분에 클릭하여 문자를 입력하거나, 드래그하여 글상자를 만들어서 문자를 입력해 봅니다.

● 예제파일 : 04\메모지.ai   ● 완성파일 : 04\메모지_완성.ai

01 04 폴더에서 '메모지.ai' 파일을 불러옵니다. 마음껏 메모할 수 있는 메모지 배경이 나타납니다. ❶ T를 눌러 문자 도구(T)를 선택한 다음 ❷ 메모지에서 문자를 입력하고 싶은 부분에 클릭합니다.

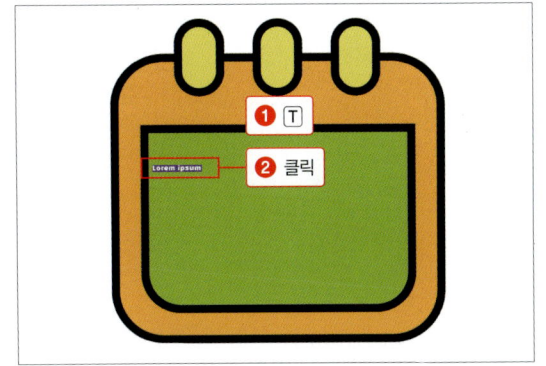

02 ❶ 작성하고 싶은 문구를 입력하고 ❷ 선택합니다.

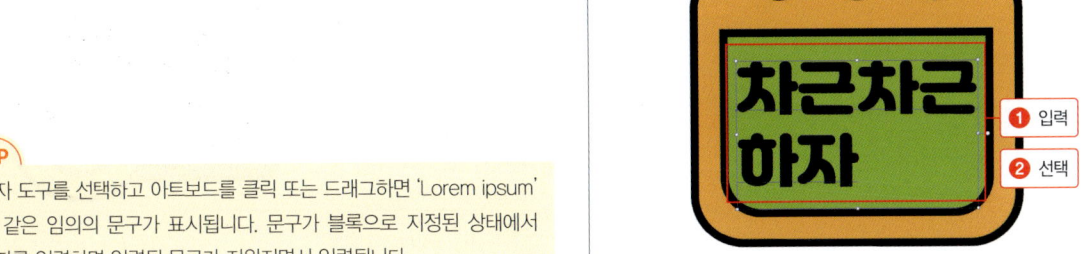

TIP
문자 도구를 선택하고 아트보드를 클릭 또는 드래그하면 'Lorem ipsum' 과 같은 임의의 문구가 표시됩니다. 문구가 블록으로 지정된 상태에서 문자를 입력하면 입력된 문구가 지워지면서 입력됩니다.

03 ❶ Control 패널에서 'Character'를 클릭합니다. ❷ Character 패널(A)이 표시되면 글꼴 크기를 '90pt'로 지정하여 확대합니다. ❸ 세로 비율을 '95%'로 지정한 다음 완성합니다.

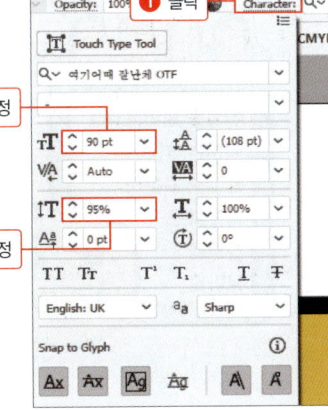

TIP
원하는 글꼴로 지정해 봅니다. 예제에서는 글꼴을 '여기어때 잘난체 OTF'로 지정하였습니다.

실습예제 04. 오브젝트 형태대로 문자 입력하기

패스 영역을 만들고 문자 영역 도구를 이용하여 영역 안에 문자를 입력해 봅니다.

- 예제파일 : 04\노트.ai
- 완성파일 : 04\노트_완성.ai

01 04 폴더에서 '노트.ai' 파일을 불러옵니다.
❶ 펜 도구( )를 선택한 다음 ❷ 노트 안쪽에 클릭해서 문자를 입력하려는 형태의 오브젝트를 그립니다.

> **TIP**
> 오브젝트를 클릭해 문자 입력 형태로 변경하기 때문에 오브젝트의 면과 선 색은 상관없습니다.

02 ❶ Tools 패널에서 영역 문자 도구( )를 선택합니다. ❷ 직접 그린 오브젝트의 패스 선을 클릭하여 문자를 입력할 수 있는 상태로 바꿉니다.

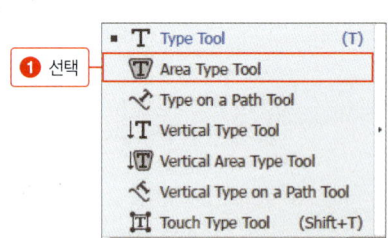

03 ❶ 작성하고 싶은 문장을 입력합니다. ❷ 문장을 선택한 다음 ❸ Character 패널( )에서 글꼴을 '배달의민족 주아', 글꼴 크기를 '42pt', 행간을 '60pt'로 지정하여 작업을 마칩니다.

> **TIP**
> 세로 영역 문자 도구도 영역 문자 도구와 마찬가지로 같은 방법으로 영역 안에 세로 문자를 입력할 수 있습니다.

실습예제 05 패스를 따라 흐르는 문자 입력하기

펜 도구로 만든 패스 선에 패스 문자 도구를 이용해서 자유로운 형태로 문자를 입력해 봅니다.

● 예제파일 : 04\리본.ai   ● 완성파일 : 04\리본_완성.ai

01 04 폴더에서 '리본.ai' 파일을 불러옵니다. ❶ P 를 눌러 펜 도구( )를 선택한 다음 ❷ 그림과 같이 리본 형태를 따라 물결 모양 패스를 그립니다.

> **TIP**
> 세로 패스 문자 도구도 패스 문자 도구처럼 패스를 따라 문자를 세로 방향으로 입력할 수 있습니다.

문구의 길이나 글꼴 크기를 생각하면서 패스 선 길이를 조절합니다.
패스 문자 도구로 문자를 입력한 후에도 직접 선택 도구를 이용하여 패스 선을 조절할 수 있습니다.

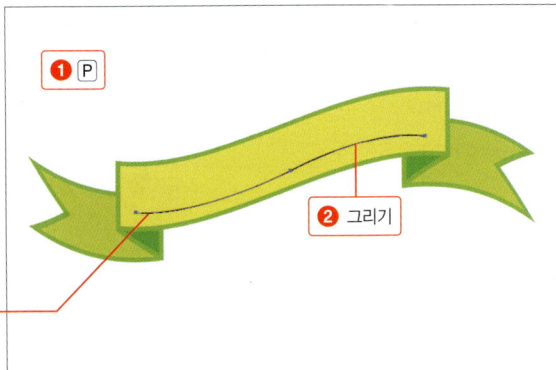

02 ❶ Tools 패널에서 패스 문자 도구( )를 선택합니다. ❷ 패스 왼쪽을 클릭하면 패스 형태대로 문자가 흐르듯이 입력됩니다.

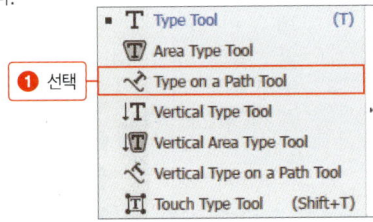

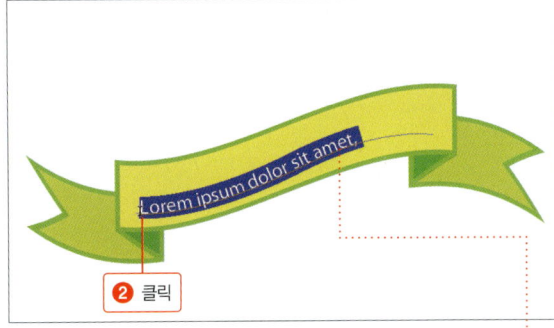

문구가 모두 나타나지 않고 패스 선 끝에 빨간색 + 표시가 나타나는 것은 문구가 패스 선보다 길기 때문입니다. 이때 글꼴 크기를 줄이거나 글자 수를 줄여 조절할 수 있습니다.

03 ❶ 작성하려는 문자를 입력합니다. ❷ 선택 도구( )로 문자를 선택하고 ❸ Character 패널( )에서 글꼴을 '08서울남산체', 글꼴 크기를 '29pt'로 지정합니다. ❹ 문자를 이동하여 알맞게 배치해서 마무리합니다.

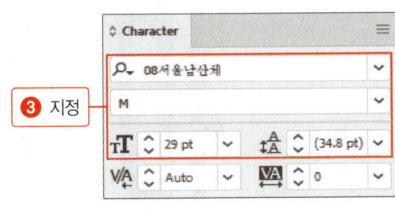

실습예제 06 세로 문자 도구로 포스터 문구 입력하기

세로 문자 도구를 이용하여 포스터에 문구를 세로로 입력해 봅니다.

- 예제파일 : 04\포스터.ai
- 완성파일 : 04\포스터_완성.ai

01 04 폴더에서 '포스터.ai' 파일을 불러옵니다. ❶ Ctrl + +를 눌러 화면을 확대하고 ❷ 세로 문자 도구(IT)를 선택한 다음 ❸ 오른쪽 상단을 클릭합니다.

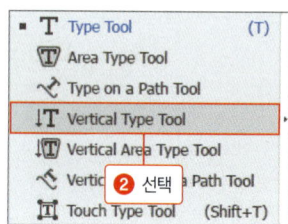

02 'COME! HURRY UP'을 입력합니다.

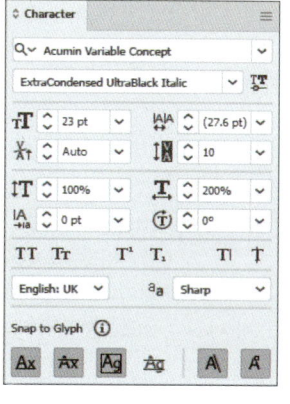

> **TIP**
> 예제에서 이용한 글꼴은 어도비에서 배포하는 'Acumin Variable Concept'이며, 글씨가 비스듬한 'ExtraCondensed UltraBlack Italic' 글꼴 스타일을 사용합니다. 글꼴 크기는 '23pt', 자간은 '10', 가로 비율은 '200%'로 지정합니다.

03 선택 도구(▶)로 빈 곳을 클릭해 완성합니다.

> **TIP**
> 키보드로 입력할 수 없는 특수 문자도 한글/워드 프로그램처럼 추가할 수 있습니다. 문자 도구로 글상자 또는 문자 입력 상태를 만든 다음 메뉴에서 (Type) → Glyphs를 실행해 표시되는 Glyphs 패널에서 특수 문자를 입력합니다.

실습예제 07 세로 영역 문자 도구로 세로 단어 쓰기

영역 문자 도구처럼 세로 영역 문자 도구를 이용하여 패스 영역을 만들고 그 안에 세로 방향으로 문자를 입력해 봅니다.

◉ 예제파일 : 04\포스터2.ai   ◉ 완성파일 : 04\포스터2_완성.ai

01 04 폴더에서 '포스터2.ai' 파일을 불러옵니다.
❶ 사각형 도구()를 선택하고 ❷ 드래그하여 사각형을 그립니다.

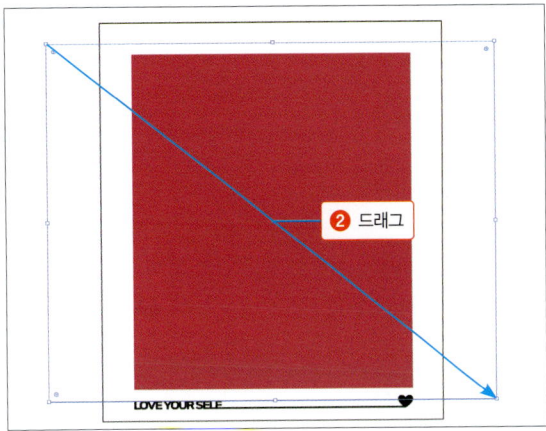

02 ❶ 세로 영역 문자 도구(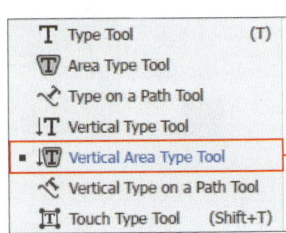)를 선택하고 ❷ 사각형의 패스 선을 클릭하여 문자 입력 상태를 만듭니다.

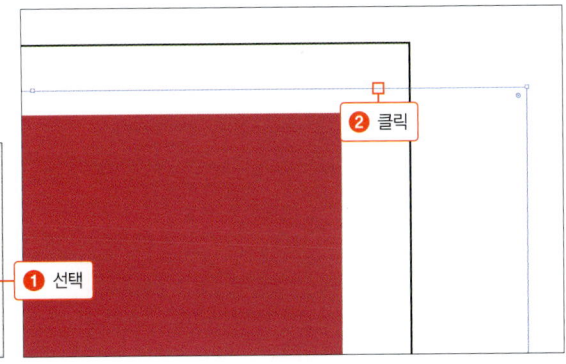

03 'LOVE YOUR LOVE'를 입력하여 완성합니다.

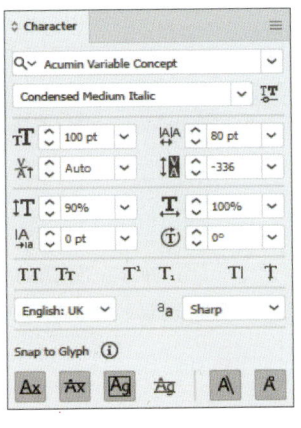

TIP
예제에서 이용한 글꼴은 어도비에서 배포하는 'Acumin Variable Concept'이며, 글씨가 비스듬한 'Condensed Medium Italic' 글꼴 스타일을 사용합니다. 글꼴 크기는 '100pt', 자간은 '-336', 세로 비율은 '90%'로 지정합니다.

실습예제 08 터치 문자 도구를 이용해 글자 편집하기

터치 문자 도구로 단어 또는 문장에서 원하는 글자를 선택하여 위치 이동, 크기 조절 등을 간단하게 편집해 봅니다.

◉ 예제파일 : 04\잠수함.ai
◉ 완성파일 : 04\잠수함_완성.ai

Before

After

01 04 폴더에서 '잠수함.ai' 파일을 불러옵니다. ❶ 문자 도구(T)를 선택한 다음 ❷ 'Submarine'을 입력하고 Enter를 누른 다음 'tour'를 입력합니다.

02 ❶ Control 패널에서 문자 색상을 '흰색'으로 지정합니다. ❷ Character 패널(A)에서 글꼴을 'Myriad Pro', 글꼴 크기를 '70pt'로 지정한 다음 ❸ 'Align Center' 아이콘(≡)을 클릭합니다.

278 Part 4 • 효율적으로 문자 디자인하기

03
❶ 터치 문자 도구()를 선택한 다음 ❷ 'S' 문자를 선택합니다.

04
글자 위쪽의 조절점을 선택한 다음 왼쪽으로 드래그하여 기울입니다.

바운딩 박스의 ▣을 드래그하면 글꼴 크기를 조절할 수 있고, ●나 글자를 드래그하면 이동할 수 있으며, 바운딩 박스 위 ▣을 드래그하면 글자를 회전할 수 있습니다.

05
다른 글자도 크기나 위치, 각도 등을 조절해서 생동감 있게 표현합니다.

실습예제 09 문자를 오브젝트로 변환해 편집하기 | 우선순위 TOP 10 | 중요

문자에 Create Outlines 기능을 적용하여 벡터 오브젝트로 변환해서 자유롭게 편집해 봅니다.

◎ 예제파일 : 04\네온사인.ai   ◎ 완성파일 : 04\네온사인_완성.ai

Before

After

01 04 폴더에서 '네온사인.ai' 파일을 불러옵니다.
❶ 검은색 배경에 밝은 색으로 'Party Tonight'를 입력합니다. 네온사인처럼 표현하기 위해 ❷ Character 패널(A)에서 둥글게 표현된 글꼴을 선택합니다. 예제에서는 글꼴을 'Blogger Sans', 글꼴 크기를 '150pt'로 지정했습니다.

02 ❶ 문자를 선택한 상태로 마우스 오른쪽 버튼을 클릭한 다음 ❷ Create Outlines(Shift+Ctrl+O)를 실행합니다. 문자가 오브젝트로 변경됩니다.

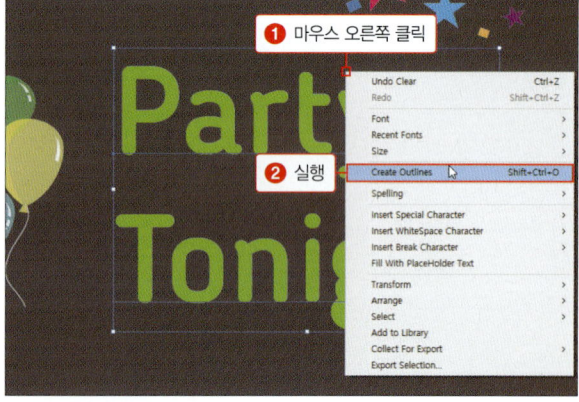

280 Part 4 • 효율적으로 문자 디자인하기

03 ① Shift+Ctrl+G를 눌러 그룹 설정을 해제합니다.
② 'Party' 문자를 선택한 다음 아래쪽으로 이동하고 ③ 면 색을 '#FFE100'으로 지정합니다. ④ 'Tonight' 문자를 선택하고 ⑤ 면 색을 '#00467E'로 지정합니다.

04 ① 문자를 드래그하여 전체 선택합니다.
② Ctrl+C, Ctrl+V를 차례대로 눌러 복제합니다. ③ 복제된 문자를 여백으로 이동합니다.

05 ① 원본 문자를 선택하고 ② 메뉴에서 (Effect) → Blur → Gaussian Blur를 실행합니다. Gaussian Blur 대화상자가 표시되면 ③ Radius를 '70pixels'로 설정하고 ④ 〈OK〉 버튼을 클릭합니다.

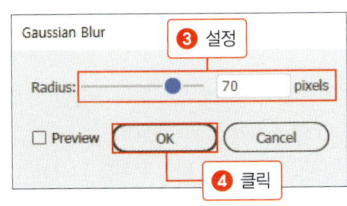

06 선택 도구(▶)로 복제된 문자를 뿌옇게 흐려진 문자 앞에 배치하여 네온사인처럼 빛나는 문자를 완성합니다.

Character 패널 • Paragraph 패널 • Styles

문서 편집하기

Character, Paragraph, Character Styles, Paragraph Styles 패널 등의 문자 편집 패널을 이용하면 인디자인과 같은 별도의 편집 프로그램 없이도 완성도 높은 문자 디자인을 완성할 수 있습니다.

필수기능 01 문자 스타일을 설정하는 Character 패널 알아보기 ★★★ 중요

Character 패널(Ai)에서는 문자 속성을 세부적으로 설정할 수 있습니다. Character 패널을 표시하려면 메뉴에서 [Window] → Type → Character (Ctrl+T)를 실행하거나 문자 도구(T)가 선택된 상태로 Control 패널에서 'Character'를 클릭합니다.

TIP
Character 패널에서 오른쪽 상단의 '패널 메뉴' 아이콘(≡)을 클릭한 다음 Show Options를 실행하거나 패널 이름 부분을 더블클릭하면 패널이 확장되면서 문자 커닝, 기준선, 자간, 회전 등 다양한 세부 옵션을 설정할 수 있습니다.

❶ **Touch Type Tool** : 문자를 하나씩 개별 선택하여 편집할 수 있습니다.

❷ **글꼴(Font)** : 시스템에 설치된 글꼴을 지정할 수 있습니다. 또한 글꼴을 직접 입력하여 검색할 수 있습니다.

❸ **글꼴 스타일(Style)** : 스타일이 지원되는 글꼴에서 얇은(Light), 보통(Regular), 이탤릭(Italic), 굵은(Bold) 등의 스타일을 지정할 수 있습니다.

❹ **글꼴 높이 변경(Set font height reference)** : 오브젝트의 크기와 정확하게 글꼴의 크기를 입력하여 조절할 수 있습니다.

❺ **글꼴 크기(Font Size)** : 글꼴 크기를 조절합니다. 단위는 pt이며 글꼴마다 1pt당 크기가 서로 다릅니다.

❻ **행간(Leading)** : 문자 간의 줄 간격인 행간을 조절합니다. 보통 'Auto'로 지정되어 있지만, 직접 수치를 입력하여 조절할 수도 있습니다.

❼ **두 글자 사이 자간(Kerning)** : 두 개의 글자 사이 자간을 조절합니다. 보통 'Auto'로 지정되어 있으며, 조절하고 싶은 글자 사이를 클릭하여 수치를 입력할 수 있습니다. 특히 알파벳은 글자마다 자간이 고르지 않기 때문에 다르게 설정해야 가독성이 떨어지지 않습니다. 수치가 –(음수)면 자간이 가까워지고, +(양수)면 자간이 멀어집니다.

❽ **선택 글자 사이 자간(Tracking)** : 자간을 조절하고 싶은 글자 영역을 드래그해 같은 수치로 자간을 설정할 수 있습니다. –(음수)면 자간이 가까워지고 +(양수)면 자간이 멀어집니다.

❾ **세로 비율(Vertical Scale)** : 문자의 세로 비율을 조절합니다. 100%를 기본으로 수치가 클수록 문자의 세로 길이가 길어지고, 작을수록 세로 길이가 짧아집니다.

❿ **가로 비율(Horizontal Scale)** : 문자의 가로 비율을 조절합니다. 수치가 클수록 문자 폭이 넓어지고, 수치가 작을수록 폭이 좁아집니다.

⑪ **기준선(Baseline Shift)** : 원하는 글자를 드래그하여 선택해서 기준선을 중심으로 가로쓰기일 때 +(양수)면 기준선 위로, -(음수)면 기준선 아래로 글자가 위치합니다. 세로쓰기라면 양쪽으로 이동할 수 있습니다.
⑫ **문자 회전(Character Rotation)** : 원하는 글자를 드래그하여 선택한 다음 각도를 입력하여 문자를 회전할 수 있습니다.
⑬ **All Caps/Small Caps** : 모두 대문자 또는 소문자로 바꿀 수 있습니다.
⑭ **Superscript/Subscript** : 원하는 글자를 위 첨자 또는 아래 첨자로 표시합니다.
⑮ **Underline/Strikethrough** : 문자 아래나 중간에 줄을 그어 밑줄이나 취소선을 표시할 수 있습니다.
⑯ **Language** : 언어를 선택하며 문법이나 철자법 검사를 진행할 때 사전으로 이용할 수 있습니다.
⑰ **글리프에 물리기(Snap to Glyph)** : 문자를 깨뜨리지 않고도 오브젝트를 문자의 'Baseline', 'x-height', 'Glyph Bounds' 위치에 물리게 할 수 있습니다.

실습예제 02 | 문자 스타일을 설정해 메뉴판 만들기

기본 문자에 글꼴 크기, 글꼴, 색, 행간 등을 적용하여 스타일을 변경해서 카페 메뉴판을 완성합니다.

◉ 예제파일 : 04\메뉴.ai   ◉ 완성파일 : 04\메뉴_완성.ai

01 04 폴더에서 '메뉴.ai' 파일을 불러옵니다. 먼저 큰 메뉴에 문자 스타일을 적용하기 위해 선택 도구(▶)로 Shift 를 누른 상태로 검은색 둥근 사각형 안에 흰색 문자 2개를 선택합니다.

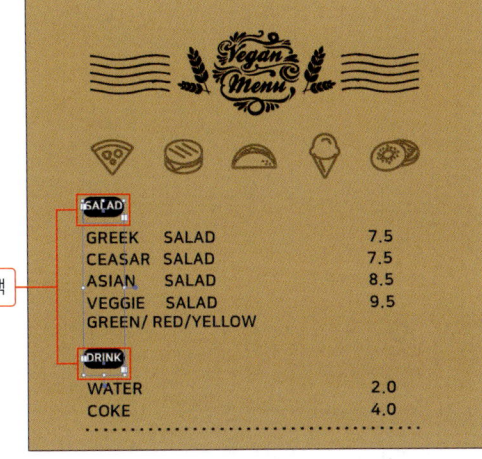

TIP
예제 파일은 문자 스타일 설정을 위해 문자를 패스화하지 않았습니다. 글꼴 유실 경고 메시지 창이 표시되더라도 신경 쓰지 말고 작업하세요.

02 ❶ Character 패널(A)에서 글꼴을 지정한 다음 ❷ 글꼴 크기를 '20pt'로 지정합니다. 예제에서는 글꼴을 'Acumin Variable Concept', 글꼴 스타일을 'ExtraCondensed Bold'로 지정하였습니다. ❸ 면 색을 '갈색'으로 지정하여 수정합니다.

03 이번에는 ❶ 메뉴를 선택하고 ❷ Character 패널(A)에서 글꼴을 지정한 다음 ❸ 글꼴 크기를 '21pt'로 지정합니다. 예제에서는 글꼴을 'Acumin Variable Concept', 글꼴 스타일을 'ExtraCondensed Bold'로 지정하였습니다.

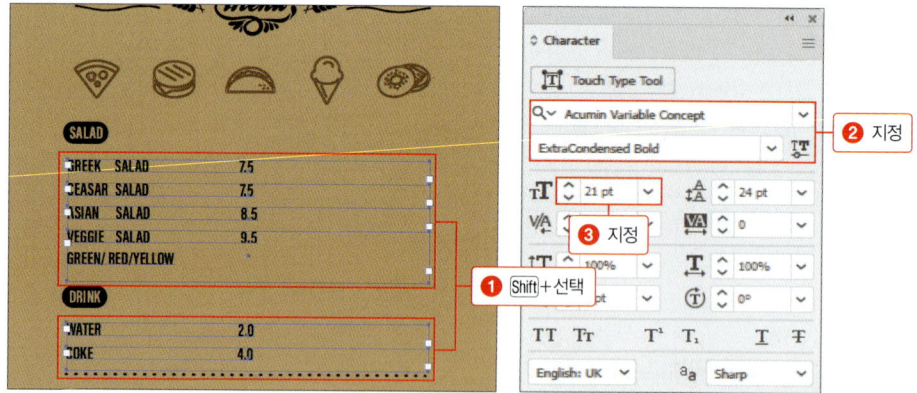

04 문자 도구(T)를 선택한 다음 메뉴와 가격 사이를 클릭하여 커서를 위치시키고 Tab 을 눌러 각각 알맞게 정렬합니다.

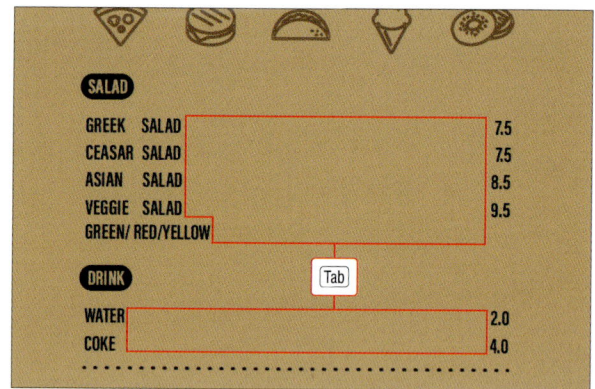

05 ❶ 'GREEN/ RED/YELLOW' 문자를 드래그하여 선택하고 ❷ Character 패널(A)에서 글꼴 크기를 '16pt', 행간을 '25pt'로 지정합니다. 감각적인 메뉴판이 완성됩니다.

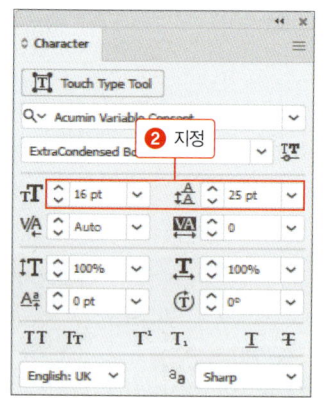
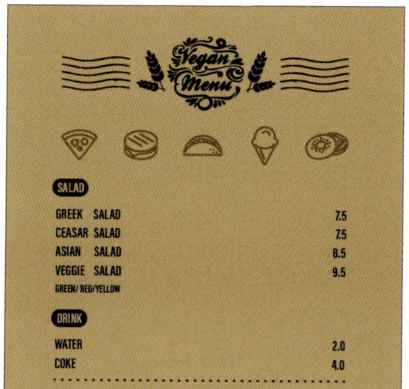

TIP

Type 단위를 변경하기 위해서는 먼저 메뉴에서 (Edit) → Preferences → Units를 실행합니다. Preferences 대화상자가 표시되면 Type을 'Points'로 지정하여 이 책에서 설명하는 'pt'로 변경할 수 있습니다.

필수기능 03 문장을 정렬하는 Paragraph 패널 알아보기 ★★ 중요

글상자를 선택한 다음 Paragraph 패널(¶)을 이용하여 단락 정렬 방식을 설정할 수 있습니다. Paragraph 패널을 표시하려면 메뉴에서 (Window) → Type → Paragraph(Alt+Ctrl+T)를 실행하거나 문자 도구(T)를 선택한 상태로 Control 패널에서 'Paragraph'를 클릭합니다.

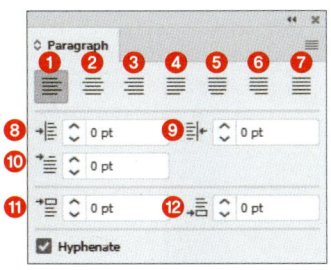

❶ Align left : 문장을 왼쪽으로 정렬합니다.
❷ Align center : 문장을 가운데로 정렬합니다.
❸ Align right : 문장을 오른쪽으로 정렬합니다.

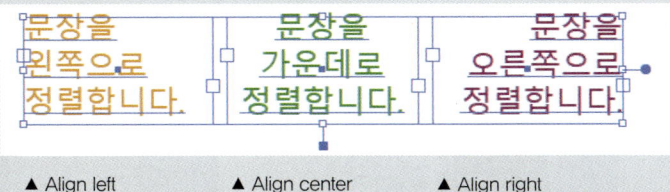

▲ Align left   ▲ Align center   ▲ Align right

❹ Justify with last line aligned left : 문장을 양끝 기준선에 일치하게 정렬합니다. 마지막 줄이 왼쪽으로 정렬되는 양쪽 정렬로, 편집 디자인에서 가장 많이 이용하며 정돈되어 보입니다.
❺ Justify with last line aligned center : 문장을 양끝 기준선에 일치하게 정렬하되 마지막 줄이 가운데로 정렬되는 양쪽 정렬입니다.
❻ Justify with last line aligned right : 문장을 양끝 기준선에 일치하게 정렬하되 마지막 줄이 오른쪽으로 정렬되는 양쪽 정렬입니다.

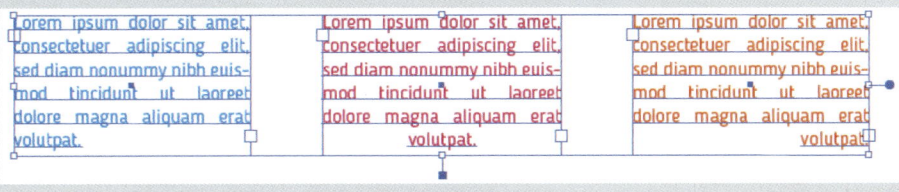

▲ Justify with last line aligned left   ▲ Justify with last line aligned center   ▲ Justify with last line aligned right

❼ Justify all lines : 문장의 모든 줄이 양끝 기준선에 맞게 정렬되지만 자간 변화가 심하고 가독성이 떨어질 수 있습니다.
❽ Left indent : 글상자 외곽으로부터 왼쪽에 여백을 지정합니다.
❾ Right indent : 글상자 외곽으로부터 오른쪽에 여백을 지정합니다.
❿ First-line left indent : 문단이 나눠질 때 처음 시작하는 문장 앞에 여백을 설정하여 들여쓰기를 합니다.
⓫ Space before paragraph : 단락 앞에 일정한 간격을 설정합니다.
⓬ Space after paragraph : 단락 뒤에 일정한 간격을 설정합니다.

실습예제 04 긴 문장을 조절해 편집하기

잡지나 브로슈어와 같은 편집 디자인에서 긴 문장을 자유자재로 다루면 가독성이 높은 타이포그래피를 완성할 수 있습니다. 여기서는 텍스트 파일을 불러들여 원하는 대로 편집하는 방법을 알아봅니다.

◉ 예제파일 : 04\문장.ai, 벚꽃.txt   ◉ 완성파일 : 04\문장_완성.ai

Before

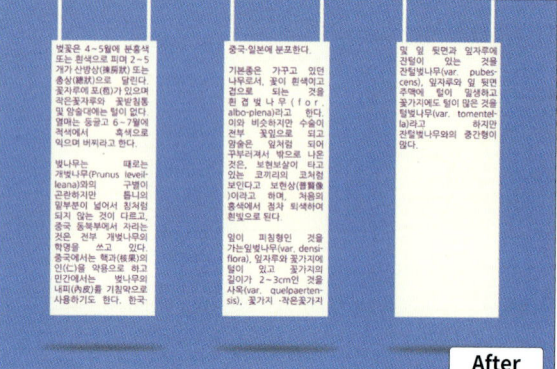
After

01 04 폴더에서 '문장.ai' 파일을 불러옵니다. ❶ 문자 도구(T)를 선택하고 ❷ 왼쪽 배너에 드래그하여 글상자를 만듭니다.

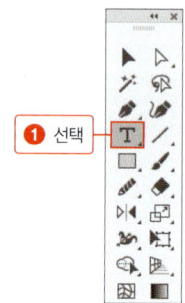
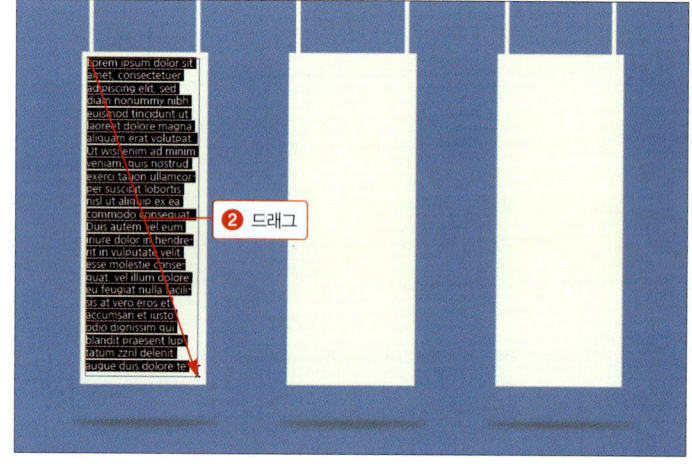

02 ❶ 04 폴더에서 '벚꽃.txt' 파일을 열고 ❷ Ctrl+A를 눌러 전체 선택한 다음 ❸ Ctrl+C를 눌러 복사합니다.

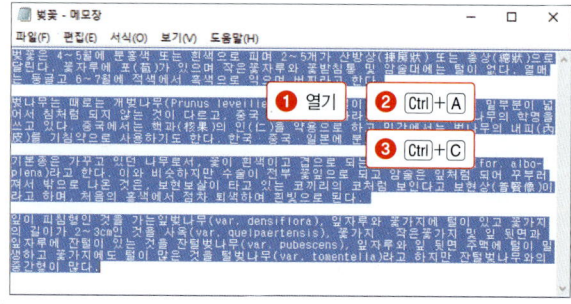

03 일러스트레이터에서 글상자의 기본 입력 문장이 블록으로 지정되면 Ctrl+V를 눌러 붙여 넣습니다.

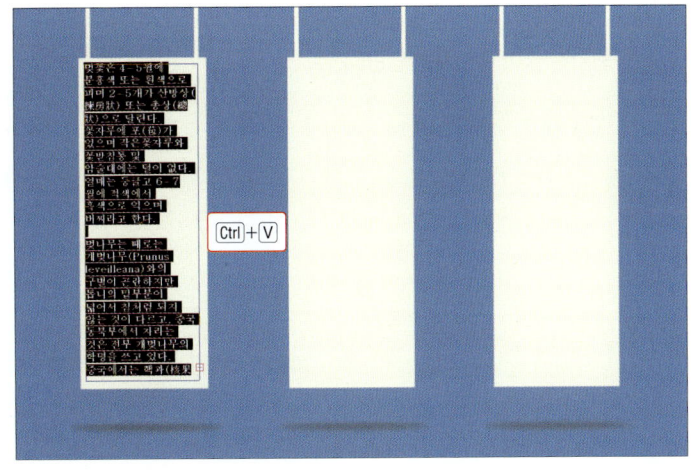

04 ❶ Ctrl+A를 눌러 문장을 전체 선택한 다음 ❷ Character 패널(A)에서 글꼴을 변경합니다. 글꼴을 '나눔고딕', 글꼴 크기를 '12pt'로 지정합니다.

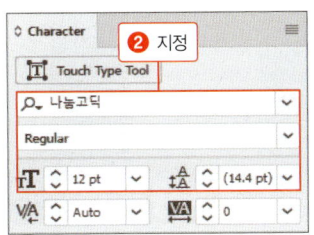

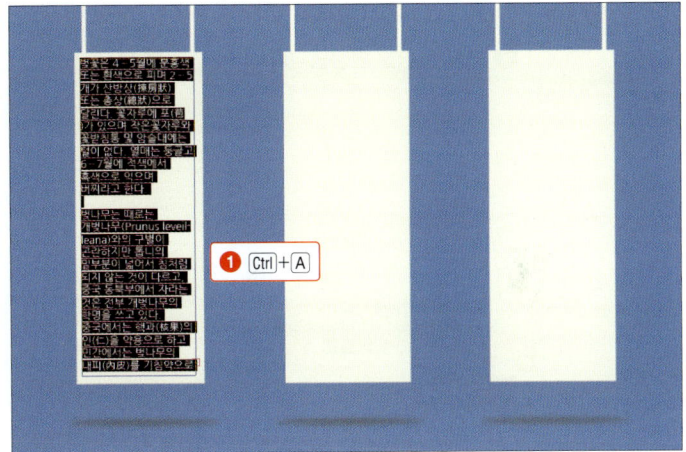

05 ❶ 선택 도구(▶)로 글상자 오른쪽 하단 빨간색 + 표시를 클릭하고 ❷ 오른쪽 배너에 알맞게 드래그하여 글상자를 연결합니다.

TIP
빨간색 + 표시는 글상자 안의 문장이 길어 넘치는 상태를 나타냅니다. 내용이 중간에 끊길 염려가 있으므로 작업할 때 유의합니다.

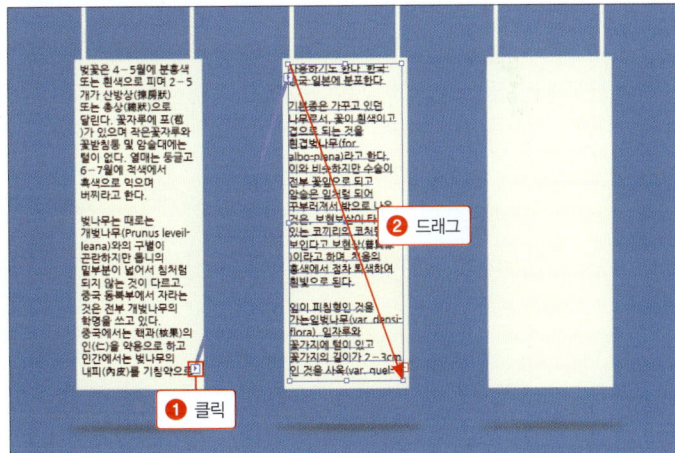

06 다시 한번 글상자를 오른쪽에 연결하여 넘치는 글이 있는지 확인합니다.

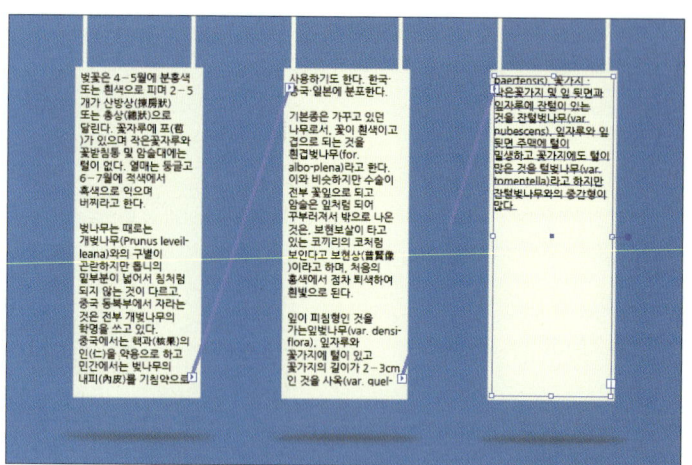

07 ❶ Shift 를 누른 상태로 글상자를 모두 선택하고 ❷ 문자 색상을 변경합니다.

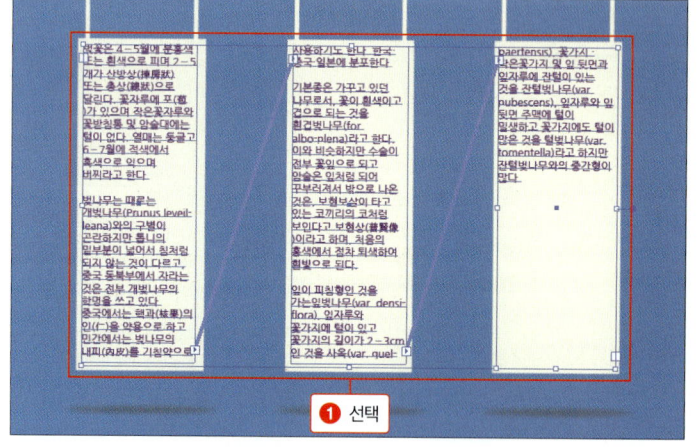

08 Paragraph 패널(¶)에서 'Justify with last line aligned left' 아이콘(≡)을 클릭하여 문장의 양끝을 글상자에 맞춘 다음 마지막 줄만 왼쪽 정렬합니다. 문장이 세 단으로 나뉘진 편집 디자인이 완성됩니다.

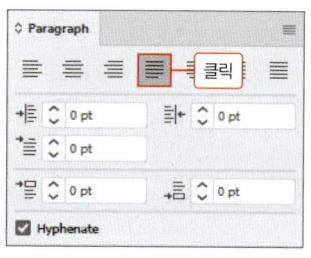

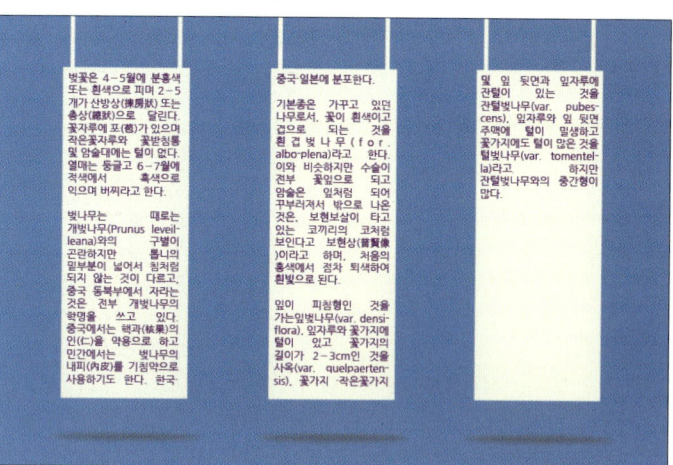

필수기능 05 문장에 스타일 적용하기

Character/Paragraph Styles 패널을 이용하여 문자와 단락 스타일을 지정하면 일관되고 빠르게 문서의 편집 디자인을 완성할 수 있습니다. 문자 스타일 관련 패널은 메뉴에서 (Window) → Type → Character Styles 또는 Paragraph Styles를 실행하여 표시할 수 있습니다.

❶ Character Styles 패널 : 문자 스타일을 만들어 서식을 지정합니다.

❷ Paragraph Styles 패널 : 단락 스타일을 만들어 문단 글꼴을 통일감 있게 지정합니다.

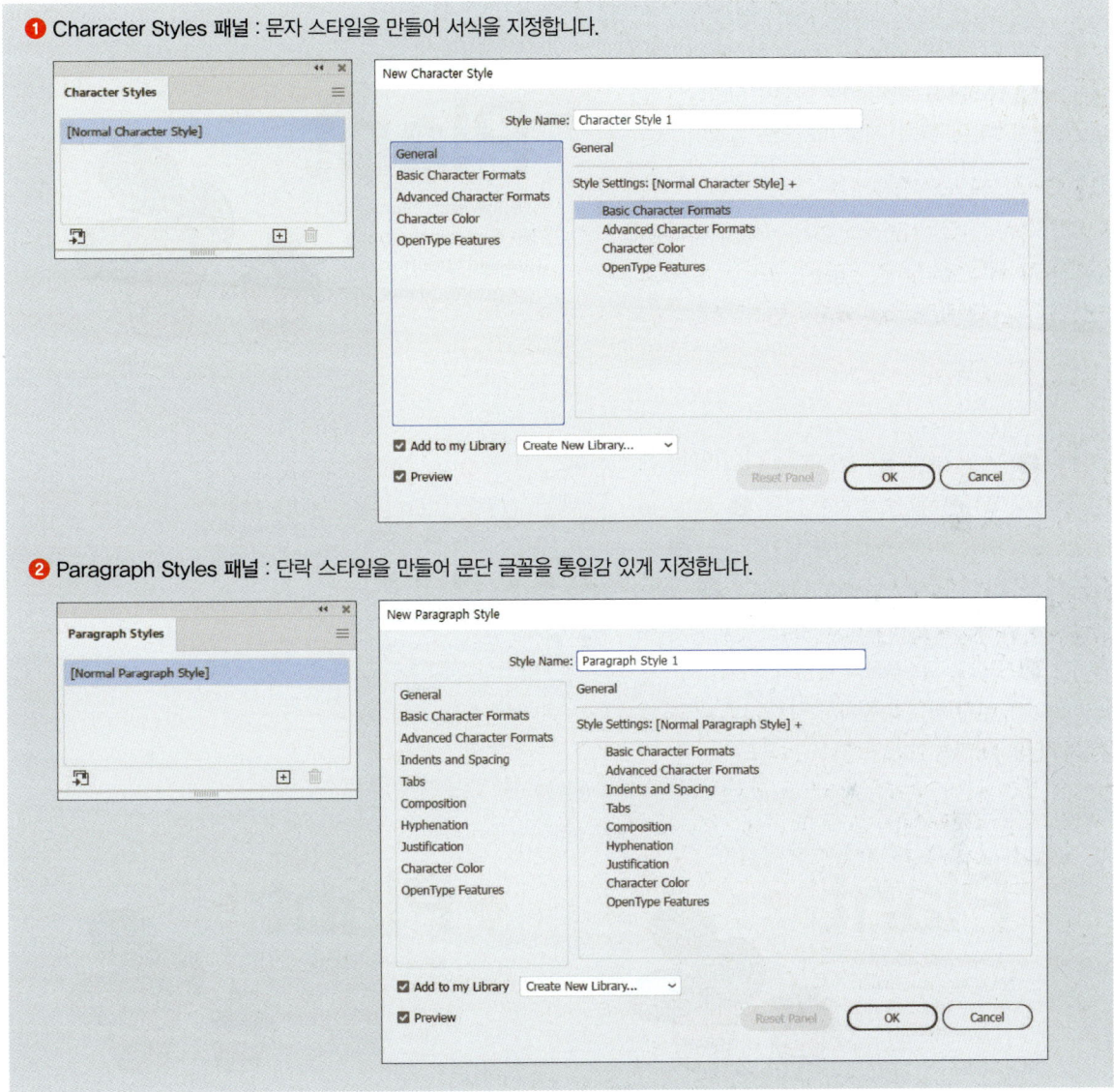

Chapter 02 • 문서 편집하기   289

실습예제 06 향상된 문자 기능 사용하기

문자와 오브젝트를 쉽게 정렬하고 문자의 크기를 오브젝트의 크기와 맞게 조절한 다음 글상자 안에서 텍스트를 원하는 방향으로 정렬합니다.

- 예제파일 : 04\plant.ai
- 완성파일 : 04\plant_완성.ai

01 04 폴더에서 'plant.ai' 파일을 불러옵니다. 불러온 도큐먼트에는 화살표 모양의 오브젝트와 'Plant' 문자, 식물 이미지와 문장이 있습니다.

02 ❶ Align 패널(▦) 오른쪽 상단의 '패널 메뉴' 아이콘(≡)을 클릭한 다음 ❷ Align to Glyph Bounds → Point Text를 실행합니다. ❸ 화살표 오브젝트와 'Plant' 문자를 선택하고, ❹ Align 패널에서 'Vertical Align Bottom' 아이콘(▯)을 클릭합니다. ❺ 화살표 오브젝트가 문자의 바운딩 박스가 아닌 'Plant' 문자 하단과 정확히 일치하여 정렬되는 것을 확인할 수 있습니다.

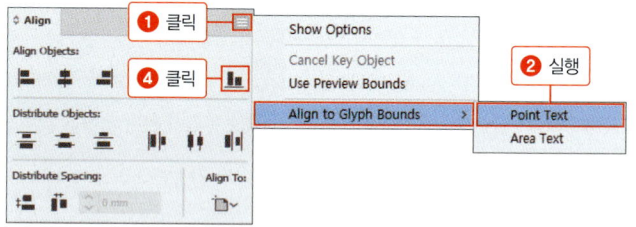

03 화살표 오브젝트를 선택하고 Properties 패널에서 H(Height) 값을 확인하면 오브젝트의 높이 값이 25mm인 것을 알 수 있습니다. 'Plant' 문자를 선택하고 H(Height)를 오브젝트의 높이 값인 '25mm'로 설정합니다.

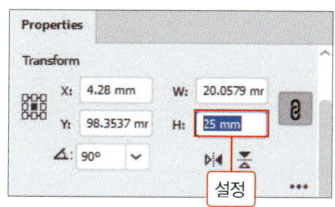

실습예제 09 OpenType SVG 딩벳 글꼴로 티켓 만들기

글리프에 여러 색상 및 그러데이션을 제공하는 OpenType SVG 글꼴 또는 Emoji 글꼴을 이용하여 웃는 얼굴, 깃발, 도로명 게시판, 동물, 사람, 음식, 랜드마크와 같은 여러 가지 화려한 그래픽 캐릭터를 문서에 포함할 수 있습니다. Emoji 글꼴을 이용하여 하우스 파티 티켓을 디자인해 봅니다.

● 예제파일 : 04\이모지.ai
● 완성파일 : 04\이모지_완성.ai

Before

After

01 04 폴더에서 '이모지.ai' 파일을 불러옵니다.

02 ❶ Character 패널(A)에서 글꼴 목록을 클릭한 다음 ❷ OpenType SVG 글꼴인 'EmojiOne Color'를 지정합니다.

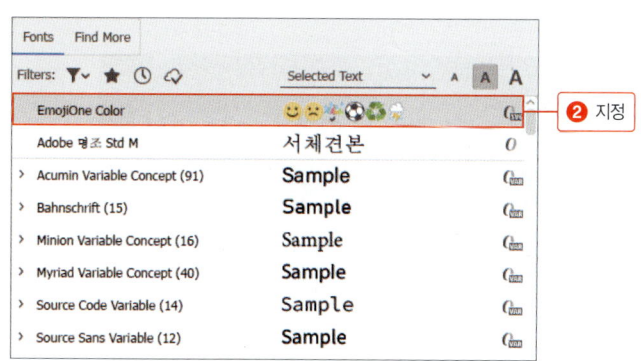

실습예제 08 맞춤법 검사하기

책, 브로슈어, 이력서 등의 작업에서 수동(하나씩) 및 자동(한 번에) 맞춤법 검사를 통해 입력한 문장의 잘못된 단어를 검사 및 교정할 수 있습니다. 단, 현재 동아시아 언어는 지원되지 않습니다.

◉ 예제파일 : 04\맞춤법.ai   ◉ 완성파일 : 04\맞춤법_완성.ai

01 04 폴더에서 '맞춤법.ai' 파일을 불러옵니다. ❶ 메뉴에서 (Edit) → Spelling → Auto Spell Check를 실행합니다.
잘못된 맞춤법의 단어에 빨간색 밑줄이 표시됩니다. ❷ 맞춤법을 검사하기 위해 메뉴에서 (Edit) → Spelling → Check Spelling(Ctrl+I)을 실행합니다.

 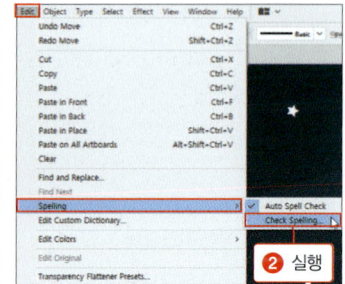

02 Check Spelling 대화상자가 표시되면 〈Start〉 버튼을 클릭하여 잘못된 단어를 확인합니다.

TIP
〈Ignore〉 버튼을 클릭하면 단어를 변경하지 않고 맞춤법 검사를 계속합니다.

03 ❶ Suggestions 항목에서 수정하려는 단어를 선택한 다음 ❷ 〈Change〉 버튼을 클릭합니다. ❸ 〈Done〉 버튼을 클릭해 잘못된 단어를 수정해서 작업을 마칩니다.

 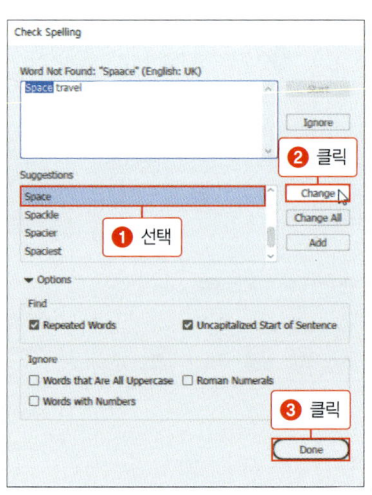

실습예제 07 가변 글꼴을 이용해 아이콘 만들기

타이포그래피 작업 중 문자 도구를 다시 선택하지 않고도 텍스트 오브젝트를 만들거나, 선택하거나, 편집할 수 있습니다. OpenType 가변 글꼴을 이용해 글꼴의 두께, 폭 및 다른 속성을 변경하여 고유한 스타일을 만들 수도 있습니다. 가변 글꼴을 활용하여 간편하게 아이콘에 문자를 추가해 봅니다.

◎ 예제파일 : 04\배지.ai   ◎ 완성파일 : 04\배지_완성.ai

01 04 폴더에서 '배지.ai' 파일을 불러옵니다. 배지 아이콘이 나타나면 ❶ Tools 패널에서 문자 도구(T)를 선택하고 ❷ 배지 안에 그림과 같이 각각 'BIG', 'SALE'을 입력합니다.

02 ❶ 입력한 'BIG' 문자를 선택하고 ❷ Character 패널(A)에서 글꼴 크기를 '50pt'로 지정하여 확대합니다. ❸ Character 패널(A)에서 글꼴 스타일 오른쪽의 'Variable Font' 아이콘(↕T)을 클릭하고 ❹ Weight를 '700', Width를 '100'으로 지정합니다. 문자 색상을 '노란색'으로 지정합니다.

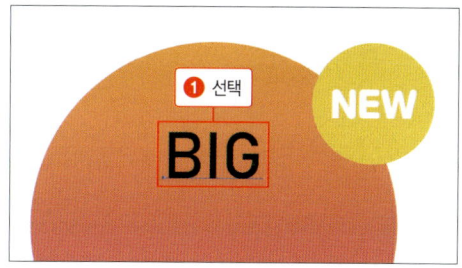
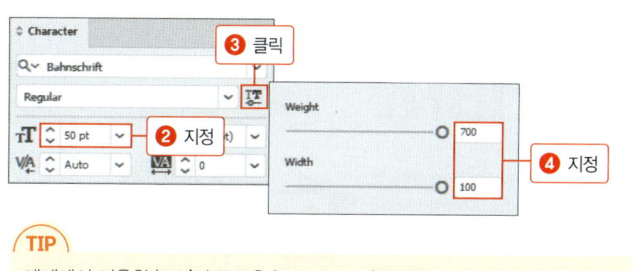

TIP 예제에서 이용한 'BIG'의 글꼴은 'Bahnschrift'입니다.

03 ❶ 'SALE' 문자를 선택하고 ❷ Character 패널(A)에서 글꼴 크기를 '100pt'로 지정하여 확대합니다. ❸ 'Variable Font' 아이콘(↕T)을 클릭하고 ❹ Weight를 '900'으로 지정합니다. 문자의 색상을 '흰색'으로 지정하여 완성합니다.

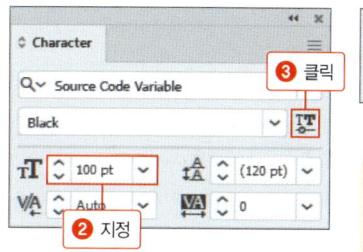

TIP 예제에서 이용한 'SALE'의 글꼴은 'Source Code Variable'입니다.

04

❶ Set font height reference를 'Cap Height'로 지정합니다. ❷ 글꼴 크기를 '25mm'로 지정하면 정확하게 문자의 대문자 높이를 기준으로 25mm로 조절할 수 있습니다.

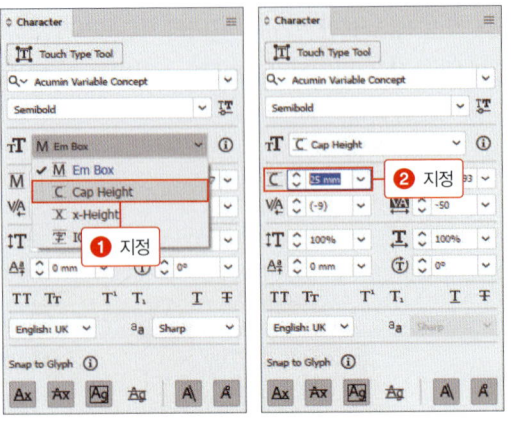

TIP
Set font height reference가 보이지 않을 경우 Character 패널 오른쪽 상단의 '패널 메뉴' 아이콘(≡)을 클릭한 다음 **Show Font Height Options**를 실행합니다.

05

❶ 하단에 문장을 입력한 글상자를 선택합니다. ❷ Properties 패널의 Area Type에서 'Vertically Justify' 아이콘(≡)을 클릭합니다. ❸ 글상자 크기에 맞춰 문자 간격이 벌어지는 것을 확인할 수 있습니다.

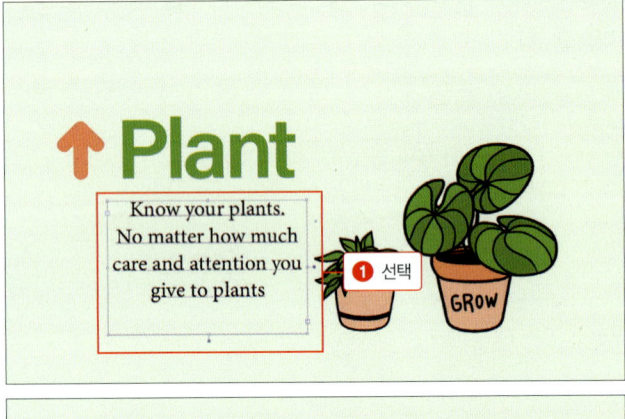
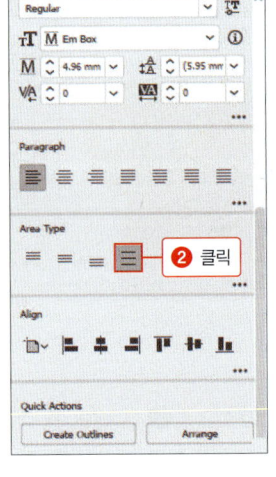

03 ❶ 문자 도구(T)를 선택하고 ❷ 아트보드를 클릭한 다음 ❸ Glyphs 패널의 다양한 딩벳 글리프에서 그림과 같은 '보라색 옷을 입은 여성'을 더블클릭합니다.

04 딩벳 글꼴 크기를 '260pt'로 지정한 다음 6개의 티켓 반원 안에 복제하여 나열합니다.

05 음식을 표시하기 위해 Glyphs 패널에서 '새우튀김'을 선택하고 뾰족한 테두리의 원에 배치합니다. 나머지 5개 티켓에도 음식을 적용하여 하우스 파티 티켓을 완성합니다.

Envelope • Warp Options

문자 변형하기

Envelope Distort 기능을 이용하면 문자나 오브젝트를 쉽게 왜곡 및 변형시킬 수 있습니다. 문자를 변형시켜 독특하고 재미있는 형태를 만들어 타이틀이나 자막에 활용해 보세요.

필수기능 01 문자나 오브젝트 변형하기

Envelope와 Warp는 원하는 대로 오브젝트를 왜곡하여 타이틀 문자나 독특한 효과를 나타낼 때 유용합니다. 오브젝트를 뒤트는 Envelope Options와 Warp Options 대화상자를 살펴봅니다.

Envelope Options 대화상자에서 오브젝트 둘러싸기 설정하기

메뉴에서 (Object) → Envelope Distort → Envelope Options를 실행하여 표시되는 Envelope Options 대화상자에서 둘러싸기 효과를 세부적으로 설정할 수 있습니다.

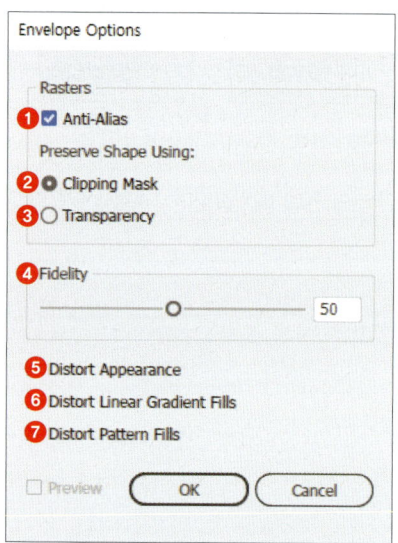

❶ Anti-Alias : 비트맵 이미지를 왜곡할 때 외곽을 부드럽게 만듭니다.
❷ Clipping Mask : 오브젝트 가장자리를 클리핑 마스크 형태로 남깁니다.
❸ Transparency : 오브젝트 가장자리를 투명하게 만듭니다.
❹ Fidelity : 왜곡 효과의 정확도를 조절합니다.
❺ Distort Appearance : 스타일이 적용된 오브젝트를 변형할 때 스타일도 함께 변형합니다.
❻ Distort Linear Gradient Fills : 그러데이션 오브젝트를 변형할 때 그러데이션 형태도 함께 변형합니다.
❼ Distort Pattern Fills : 패턴이 적용된 오브젝트를 변형할 때 패턴 모양도 함께 변형합니다.

Warp Options 대화상자를 이용해 원하는 대로 변형하기

Warp 기능을 이용해 오브젝트, 문자, 이미지 등을 자유롭게 변형할 수 있습니다. Warp Options 대화상자에서는 15가지 변형 스타일을 제공하며 왜곡 정도를 수치로 조절하여 오브젝트 원형이 보존되어 편리하게 수정할 수 있습니다.

메뉴에서 (Object) → Envelope Distort → Make with Warp(Alt+Shift+Ctrl+W)를 실행하거나 메뉴에서 (Effect) → Warp의 하위 메뉴를 실행하면 변형 이펙트를 적용할 수 있는 Warp Options 대화상자가 표시됩니다.

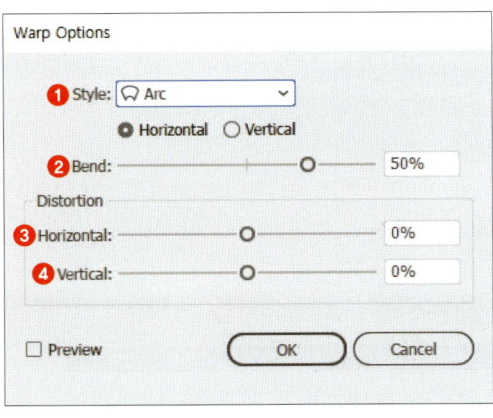

▲ Arch, Flag, Fisheye를 적용한 문자

❶ Style : 오브젝트를 가로 또는 세로의 15가지 형태로 변형할 수 있습니다.

ⓐ Arc : 둥글게 왜곡합니다.
ⓑ Arc Lower : 아래만 둥글게 왜곡합니다.
ⓒ Arc Upper : 위만 둥글게 왜곡합니다.
ⓓ Arch : 아치형으로 왜곡합니다.
ⓔ Bulge : 볼록하게 왜곡합니다.
ⓕ Shell Lower : 아래만 조개 모양으로 왜곡합니다.
ⓖ Shell Upper : 위만 조개 모양으로 왜곡합니다.
ⓗ Flag : 펄럭이는 깃발처럼 왜곡합니다.
ⓘ Wave : 안쪽으로 물결치듯 왜곡합니다.
ⓙ Fish : 물고기 모양으로 왜곡합니다.
ⓚ Rise : 한쪽이 더 위로 올라가게 왜곡합니다.
ⓛ FishEye : 가운데를 크게 왜곡합니다.
ⓜ Inflate : 부풀듯 왜곡합니다.
ⓝ Squeeze : 쥐어짜듯 왜곡합니다.
ⓞ Twist : 비틀어지듯 왜곡합니다.

❷ Bend : 오브젝트를 왜곡할 때 변형 정도를 -100~100%의 수치로 표시하며, 0에 가까울수록 변형 정도가 약합니다.
❸ Horizontal : 선택한 오브젝트를 수평으로 왜곡합니다.
❹ Vertical : 선택한 오브젝트를 수직으로 왜곡합니다.

실습예제 02 Make with Warp 기능으로 문자 왜곡하기

Envelope Distort의 Make with Warp 기능을 이용하여 문자를 다양한 스타일로 왜곡합니다.

◉ 예제파일 : 04\카페.ai ◉ 완성파일 : 04\카페_완성.ai

01 04 폴더의 '카페.ai' 파일을 불러옵니다. 문자 도구(T)를 선택하고 면 색을 '갈색'으로 지정합니다. ❶ 아트보드에 클릭하여 'COFFEE CAFE'를 입력합니다. 문자가 선택된 상태로 ❷ 메뉴에서 (Object) → Envelope Distort → Make with Warp를 실행합니다.

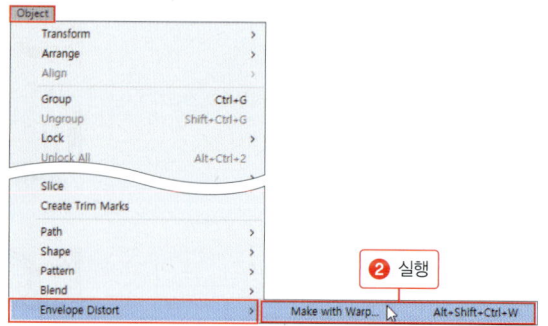

02 Warp Options 대화상자가 표시되면 ❶ Style을 'Arc'로 지정하고 ❷ 'Horizontal'을 선택합니다. ❸ Bend를 '30%'로 설정한 다음 ❹ 〈OK〉 버튼을 클릭합니다.

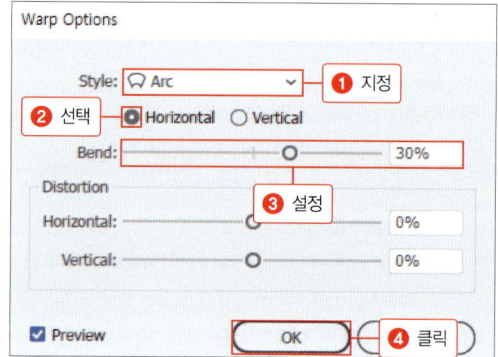

03 일러스트 위쪽으로 둥글게 변형된 문자가 배치되었습니다.

> **TIP**
> 예제에서 이용한 글꼴은 네이버에서 무료로 배포하는 '나눔고딕 ExtraBold'이며, 글꼴 크기는 '100pt'입니다.

실습예제 03. Make with Mesh 기능으로 문자 왜곡하기

Envelope Distort의 Make with Mesh 기능을 이용하여 자유로운 형태로 문자를 왜곡해 봅니다.

● 예제파일 : 04\바라밤.ai   ● 완성파일 : 04\바라밤_완성.ai

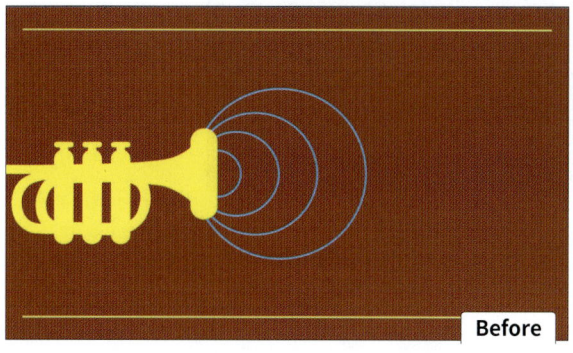
Before

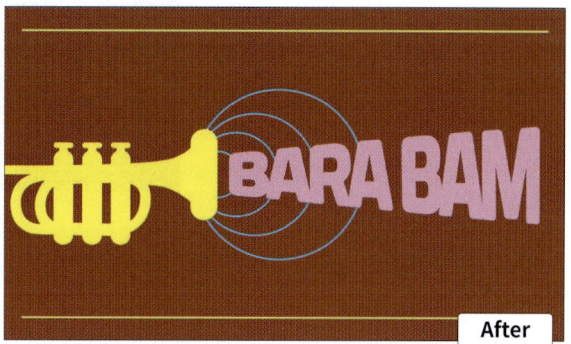
After

01 04 폴더에서 '바라밤.ai' 파일을 불러옵니다. 문자 도구(T)를 선택한 다음 ❶ 트럼펫 소리가 나오는 부분에 클릭하고 'BARA BAM'을 입력합니다. ❷ 면 색과 선 색을 '분홍색'으로 지정하고 ❸ Stroke 패널에서 Weight를 '3pt'로 설정합니다.

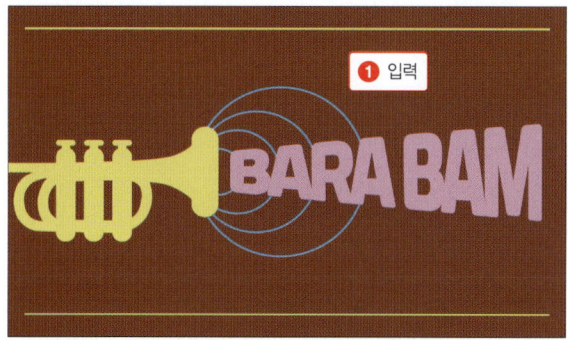
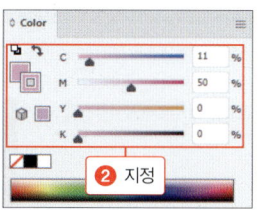
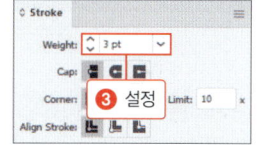

> **TIP**
> 예제에서 이용한 글꼴은 레시피 코리아에서 무료로 배포하는 '레시피코리아 Medium'이며, 글꼴 크기는 '62pt', 자간은 '-100', 세로 비율은 '90%'로 지정하였습니다.

02 문자가 선택된 상태로 메뉴에서 (Object) → Envelope Distort → Make with Mesh를 실행합니다.

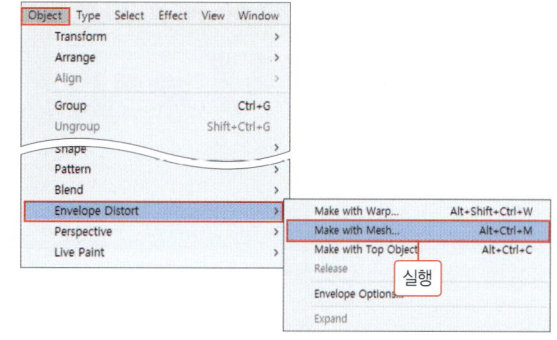

03 Envelope Mesh 대화상자가 표시되면 ❶ Rows를 '2', Columns를 '1'로 설정한 다음 ❷ 〈OK〉 버튼을 클릭합니다.

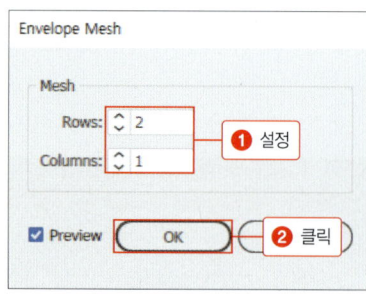 

04 ❶ 직접 선택 도구(▷)로 그림과 같이 조절점을 드래그하여 원근감을 만듭니다. ❷ 핸들을 조절해 곡선 느낌을 줄여 줍니다.

05 여백을 클릭하여 문자 선택을 해제하여 완성합니다.

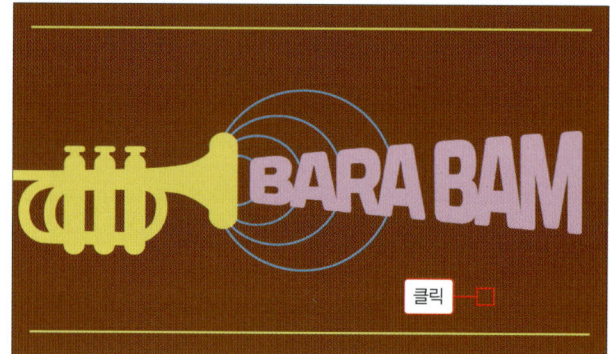

> **TIP**
> 일러스트레이터에서는 이펙트 등의 효과를 적용한 다음에는 **Expand** 명령으로 패스를 처리해야 합니다. 왜곡 효과를 적용한 다음에 오브젝트를 선택하면 패스가 나타나지 않지만, **Expand** 명령을 실행하면 외곽선을 따라 패스가 나타납니다.
>
>

문자 스타일 편집하고 문자 형태 변환하기

278쪽 참고

터치 문자 도구를 이용하여 문자 속성을 유지한 채 문자 스타일을 개별적으로 편집해 보세요.

예제파일 04\happy.ai 완성파일 04\happy_완성.ai
해설 동영상 04\4-1.mp4

Hint 터치 문자 도구 선택하기 → 문자 색상 지정하기 → 문자 크기와 위치 조절하기

273, 280쪽 참고

문자를 입력한 다음 오브젝트로 변환해 보세요.

예제파일 04\space.ai 완성파일 04\space_완성.ai
해설 동영상 04\4-2.mp4

Hint 문자 입력하기 → Create Outlines 명령 실행하기 → 스타일 지정하기

일러스트레이터에서는 만든 일러스트를 왜곡하거나 변형하여 다양한 그래픽 스타일로 디자인할 수 있습니다. 블렌딩 기능, 색 혼합부터 비트맵 이미지 벡터로 변경, 심볼, 인포그래픽 및 그래프 제작, 3D 입체 표현까지 원하는 스타일을 적용해 봅니다.

PART 5.

그래픽 스타일 디자인하기

01 | 오브젝트 재구성하기
02 | 블렌딩 기능으로 중간 단계 만들기
03 | 색을 혼합하거나 일부분만 나타내기
04 | 사진을 일러스트로 만들기
05 | 심볼 등록과 편집하기
06 | 오브젝트 왜곡하기
07 | 정보의 시각화, 인포그래픽 만들기
08 | 그래픽 스타일과 속성 설정하기
09 | 3차원 공간에서 작업하기

우선순위 | TOP 09   Pathfinder 패널 • 도형 구성 도구 • 지우개, 가위, 나이프 도구

오브젝트 재구성하기

Pathfinder 패널과 도형 구성 도구를 이용해서 오브젝트를 합치거나 분리하여 간편하게 원하는 형태의 오브젝트로 재구성하는 방법에 대해 알아봅니다. 가위, 지우개, 나이프 도구를 이용하여 오브젝트를 잘라 나누고 닫힌 패스 또는 열린 패스로 재구성해 보세요.

필수기능 01 Pathfinder 패널을 이용해 오브젝트 더하고 나누기 ★★★ 중요

Pathfinder 패널(□)을 이용하면 두 개 이상의 오브젝트를 간단하게 결합하거나 분리하고 교차 및 삭제할 수 있습니다. 메뉴에서 [Window] → Pathfinder(Shift+Ctrl+F9)를 실행하여 Pathfinder 패널을 표시합니다. Pathfinder 패널에서 '패널 메뉴' 아이콘(≡)을 클릭한 다음 Pathfinder Options를 실행하면 Pathfinder Options 대화상자가 표시되어 패스파인더 기능의 정확도나 불필요한 기준점 삭제 등을 설정할 수 있습니다.

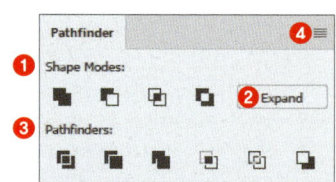

① **Shape Modes** : 여러 개의 오브젝트를 하나로 만듭니다. 재구성된 오브젝트는 맨 앞 오브젝트의 속성을 따릅니다. Alt를 누른 상태로 Shape Modes의 아이콘을 클릭하면 〈Expand〉 버튼이 활성화되며 복합 오브젝트를 만들 수 있습니다.

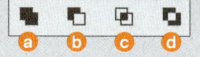

ⓐ **Unite** : 오브젝트 사이 겹친 부분을 합칩니다.
ⓑ **Minus Front** : 오브젝트가 겹치면 앞부분을 삭제합니다.
ⓒ **Intersect** : 오브젝트 사이 겹친 부분을 제외한 나머지 부분을 삭제합니다.
ⓓ **Exclude** : 오브젝트 사이 겹친 부분만 삭제합니다.

▲ 원본   ▲ Unite   ▲ Minus Front   ▲ Intersect   ▲ Exclude

② **Expand** : 패스파인더 기능으로 나눠진 안쪽 패스 속성까지 하나의 완전한 패스로 만듭니다. 버튼을 클릭하면 외곽선이 분리되어 더 이상 수정할 수 없습니다.

③ **Pathfinders** : 선택한 오브젝트를 겹치는 패스를 이용하여 나눕니다. 이후 그룹을 해제하면 오브젝트별로 나눠지며 선은 삭제되어 없어집니다.

ⓐ **Divide** : 겹친 오브젝트 사이 패스를 기준으로 오브젝트를 나눕니다.
ⓑ **Trim** : 뒤쪽 오브젝트에서 앞쪽 오브젝트와 겹치는 부분을 삭제하고 각각의 오브젝트로 나눕니다.
ⓒ **Merge** : 뒤쪽 오브젝트에서 앞쪽 오브젝트와 겹치는 부분만큼 삭제하여 색이 같은 오브젝트는 하나로 합칩니다.
ⓓ **Crop** : 겹치는 오브젝트 부분만 남기고 나머지는 삭제하며, 마스크 기능과 비슷합니다.
ⓔ **Outline** : 겹친 오브젝트를 나누고 각각의 오브젝트를 패스로 만듭니다.
ⓕ **Minus Back** : 앞 오브젝트에서 뒤 오브젝트 영역만큼 삭제합니다.

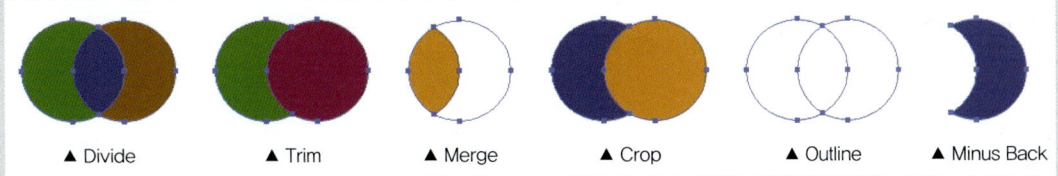

▲ Divide　　▲ Trim　　▲ Merge　　▲ Crop　　▲ Outline　　▲ Minus Back

❹ **패널 메뉴** : 패스파인더 기능으로 더하거나 나눈 오브젝트의 세부적인 옵션을 설정합니다.

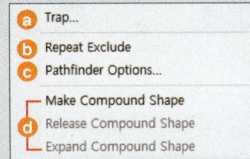

ⓐ **Trap** : 트랩(Trap)은 겹친 부분에 트래핑 효과를 주는 기능입니다. 문서를 출력하면 오브젝트들이 맞닿은 부분에 색이 겹쳐 나타나는 현상이 생길 수 있습니다. 트랩 기능은 오브젝트들이 겹치는 부분에 좀 더 두꺼운 색의 곡선을 넣어 깨끗한 인쇄를 위한 기능으로 실무 인쇄에서 필요합니다.

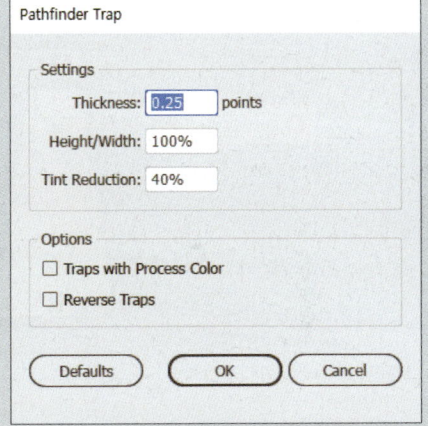

ⓑ **Repeat Select** : 최근에 적용한 패스파인더 명령을 다시 한번 적용합니다.
ⓒ **Pathfinder Options** : Pathfinder Options 대화상자에서 패스파인더 기능의 정확도나 불필요한 기준점 삭제 등을 설정할 수 있습니다.

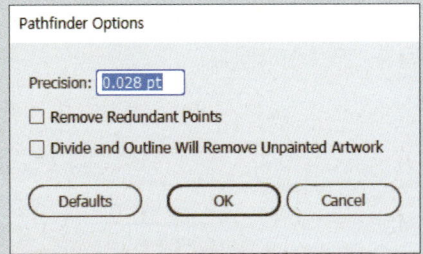

ⓓ **Make/Release/Expand Compound Shape** : Shape Modes 항목에 있는 기능들의 효과를 적용, 해제, 해체합니다.

실습예제 02 | Pathfinder 패널을 이용해 일러스트 재구성하기

Pathfinder 패널을 이용하여 기존 일러스트를 전혀 다른 형태로 구성해 봅니다.

● **예제파일** : 05\등대.ai   ● **완성파일** : 05\등대_완성.ai

01 05 폴더에서 '등대.ai' 파일을 불러옵니다. 오브젝트를 분리하기 위해 먼저 분할 기준선을 만들어 보겠습니다. ❶ 선 도구( )를 선택하고 ❷ 등대 위쪽에 가로로 드래그하여 그림과 같이 선을 그립니다.

02 ❶ 선택 도구( )로 선을 선택한 다음 Shift + Alt 를 누른 상태에서 아래로 드래그하여 이동 및 복제합니다. 줄무늬 패턴처럼 만들기 위해 ❷ Ctrl + D 를 여러 번 눌러 선을 이동 및 복제합니다.

03 ❶ 등대와 선을 선택한 다음 ❷ Pathfinder 패널( )에서 'Divide' 아이콘( )을 클릭해 오브젝트를 선대로 분리합니다.

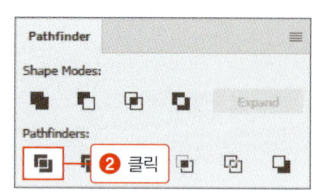

04

분리된 등대를 산 뒤에 배치하기 위해 ❶ 등대가 선택된 상태로 마우스 오른쪽 버튼을 클릭한 다음 ❷ Arrange → Send Backward(Ctrl+[)를 실행합니다. ❸ 한 번 더 Ctrl+[를 눌러 뒤쪽에 배치합니다.

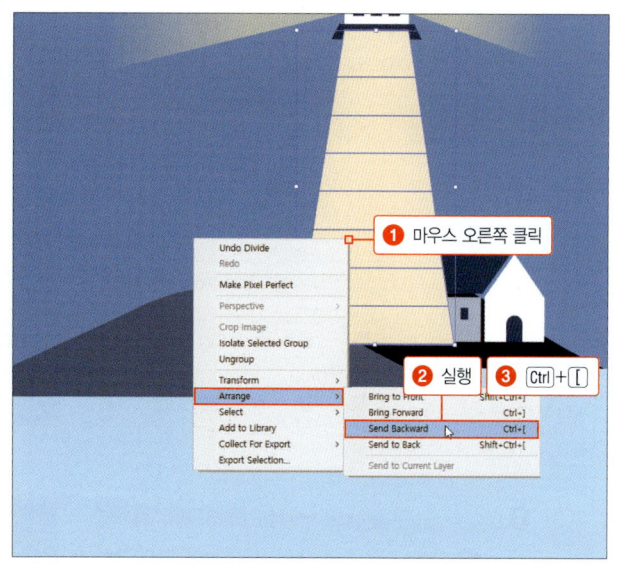

05

❶ 직접 선택 도구( )를 선택한 다음 Shift를 누른 상태로 그림과 같이 색을 적용할 오브젝트를 선택합니다. ❷ Color 패널( )에서 면 색을 'C:0%, M:90%, Y:40%, K:0%'로 지정하여 줄무늬를 만듭니다.

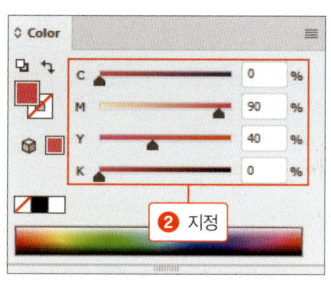

06

이번에는 기본 도형으로 오브젝트를 만들고 합쳐서 구름 모양을 만들겠습니다.
❶ 원 도구( )를 선택하고 Shift를 누른 상태로 하늘에 드래그하여 다양한 크기의 흰색 원을 만듭니다. 사각형 도구( )를 선택하고 아래에 드래그하여 그림과 같이 직사각형을 만듭니다. ❷ 오브젝트를 재구성하기 위해 먼저 선택 도구( )로 원과 사각형을 모두 선택합니다.

> **왜 그럴까?** 원과 사각형 도구를 이용하여 구름을 그리는 것은 펜 도구로 그리는 것보다 더욱 아기자기하고 귀엽게 그릴 수 있습니다.

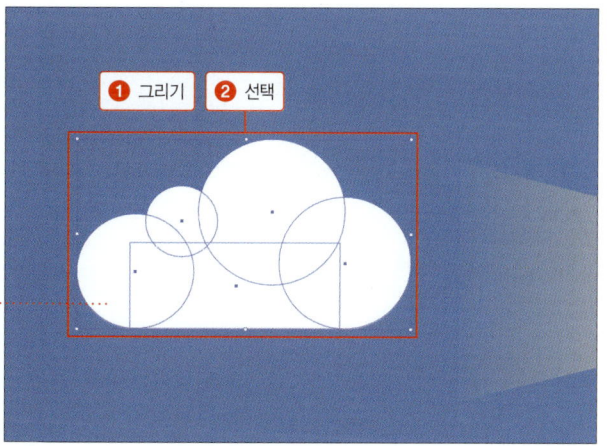

Chapter 01 • 오브젝트 재구성하기 **307**

07 Pathfinder 패널(🔲)에서 'Unite' 아이콘(🔲)을 클릭하여 오브젝트를 합쳐서 구름을 만듭니다.

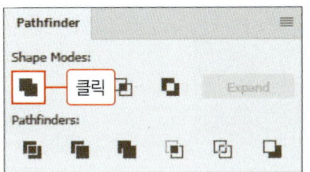

08 ❶ Alt 를 누른 상태로 구름을 드래그해 복제합니다. ❷ Shift 를 누른 상태로 조절점을 드래그하여 구름을 약간 확대합니다.

09 이번에는 여러 개의 오브젝트에서 겹친 부분을 간편하게 삭제해 파도를 만들겠습니다.
❶ 원 도구(⬤)를 선택하고 Shift 를 누른 상태로 드래그하여 정원을 만듭니다. ❷ 선택 도구(▶)를 선택하고 Shift + Alt 를 누른 상태로 원을 위로 드래그하여 복제한 다음 ❸ 두 개의 원을 선택합니다.

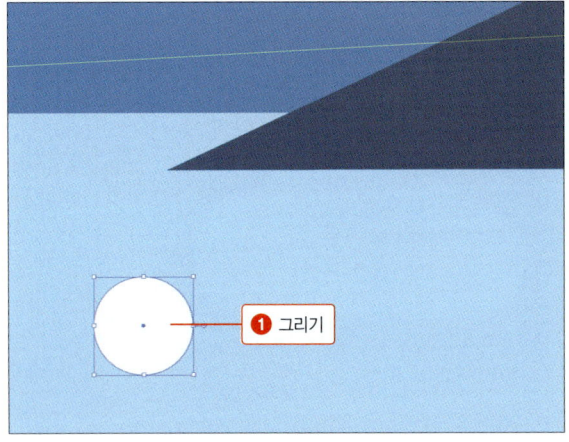
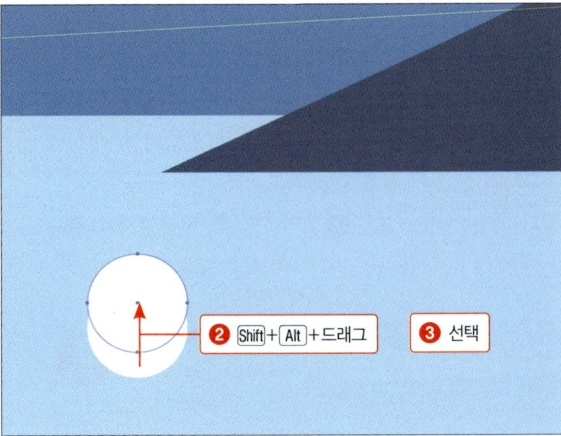

10 Pathfinder 패널(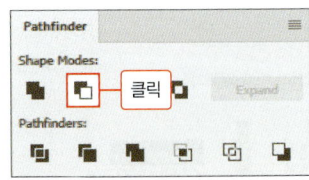)에서 'Minus Front' 아이콘(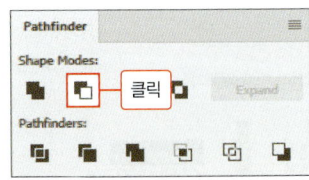)을 클릭하여 겹친 위쪽 오브젝트를 삭제해서 달 모양을 만듭니다.

TIP
도형 구성 도구를 이용하여 Pathfinder 패널의 일부 기능을 클릭 또는 드래그해서 간편하게 적용할 수도 있습니다.

11 ❶ Shift+Alt를 누른 상태로 오른쪽으로 드래그해서 오브젝트를 복제합니다. ❷ 같은 방법으로 오브젝트를 하나 더 복제합니다. 바다에 넘실대는 파도가 만들어졌습니다.

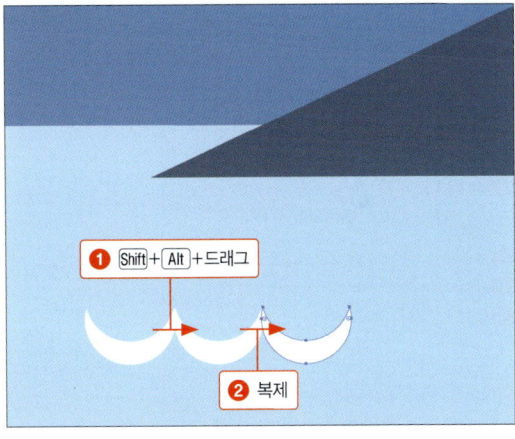

12 물결 오브젝트를 여러 개 복제하여 크기를 조절하고 바다 위에 배치하면 등대가 있는 바다 풍경 일러스트가 완성됩니다.

필수기능 03 오브젝트를 편집하는 도형 구성 도구 알아보기

도형 구성 도구( )는 간단한 오브젝트를 클릭 또는 드래그하여 합치거나 지울 수 있습니다. 도형 구성 도구를 더블클릭하면 표시되는 Shape Builder Tool Options 대화상자에서 색 및 강조 등 다양한 설정을 통해 오브젝트를 재구성할 수 있습니다.

▲ 도형 구성 도구로 합치거나 분리해서 만든 오브젝트

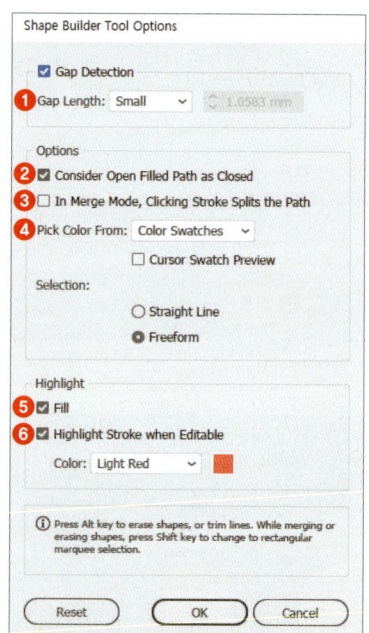

❶ **Gap Length** : 간격을 Small(3pt), Medium(6pt), Large(12pt) 중에서 지정할 수 있습니다.
❷ **Consider Open Filled Path as Closed** : 열린 패스에 표시되지 않는 가장자리가 만들어져 닫힌 패스를 만듭니다. 영역 안을 클릭하면 모양이 만들어집니다.
❸ **In Merge Mode, Clicking Stroke Splits the Path** : 위쪽 패스를 두 가지로 나눌 수 있습니다. 첫 번째 패스는 클릭하는 가장자리에 만들어지고, 두 번째 패스는 첫 번째 패스를 제외한 위쪽 패스의 남아 있는 부분입니다.
❹ **Pick Color From** : 색상 견본 또는 기존 아트보드에서 이용하는 색으로 오브젝트를 선택할 수 있습니다.
❺ **Fill** : 선택한 패스 위에 마우스 커서를 가져가면 병합할 수 있는 패스 또는 영역이 회색으로 강조됩니다. 체크 표시하지 않으면 선택 영역 또는 패스가 그대로 나타납니다.
❻ **Highlight Stroke when Editable** : 편집할 수 있는 선을 지정한 색으로 강조합니다.

실습예제 04 도형 구성 도구로 드래그해 오브젝트 합치기

도형 구성 도구를 선택한 다음 두 개 이상의 오브젝트를 드래그하여 합쳐서 추상 도형을 만들어 봅니다.

◎ 예제파일 : 05\꽃추상.ai   ◎ 완성파일 : 05\꽃추상_완성.ai

01 05 폴더에서 '꽃추상.ai' 파일을 불러옵니다. ❶ 선택 도구(▶)를 선택하여 다음 청록색의 마름모를 선택합니다. ❷ Shift + Alt 를 누른 상태로 아래로 드래그하여 복제합니다.

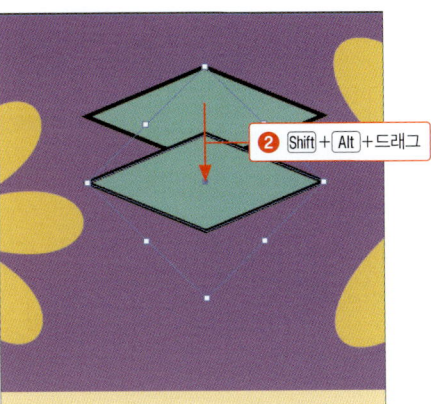

02 Ctrl + D 를 눌러 마름모가 총 8개가 되도록 복제합니다.

03 ❶ 선택 도구(▶)를 선택하여 여덟 개의 마름모를 선택한 다음 ❷ Shift + M 을 눌러 도형 구성 도구(⬚)를 선택합니다. ❸ 그림과 같이 맨 위 마름모를 선택한 상태로 마지막 마름모까지 드래그하면 마름모가 합쳐집니다. 합쳐진 도형의 선 색을 'None'으로 지정하여 완성합니다.

> **TIP**
> 도형 구성 도구가 선택된 상태에서 드래그할 때 Shift 를 누르면 사각형 형태로 영역을 지정할 수 있습니다.

Chapter 01 • 오브젝트 재구성하기

실습예제 05 도형 구성 도구를 이용해 오브젝트 재구성하기

도형 구성 도구를 이용하여 클릭 또는 드래그만으로 오브젝트를 합치거나 지우고, 나누는 등의 변형 기능으로 오브젝트를 새롭게 구성합니다.

◉ 예제파일 : 05\도형구성.ai
◉ 완성파일 : 05\도형구성_완성.ai

Before

After

01 05 폴더에서 '도형구성.ai' 파일을 불러옵니다. 도형 구성 도구를 이용하여 간편하게 오브젝트를 재구성하기 위해 먼저 정리되지 않은 일러스트를 확인해 보고 어떻게 구성하면 좋을지 생각해 봅니다.

02 같은 속성의 오브젝트를 간편하게 선택하기 위해 마술봉 도구()를 더블클릭해서 ❶ Magic Wand 패널()을 표시한 다음 Fill Color의 Tolerance를 '5'로 설정합니다. ❷ 아트보드의 흰색 오브젝트를 클릭하여 같은 속성의 오브젝트들을 한 번에 선택합니다.

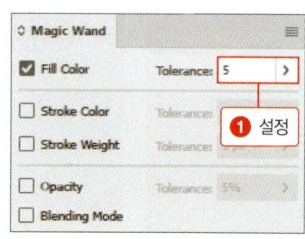

> **TIP**
> 오브젝트를 합칠 때는 Tools 패널의 면 색이 적용되므로 미리 재구성한 오브젝트에 적용하려는 색을 지정한 다음 작업하면 편리합니다.

03 ① Shift+M을 눌러 도형 구성 도구(🔍)를 선택하고 ② 오브젝트가 겹친 부분을 드래그해서 합칩니다.

04 같은 방법으로 각각의 일러스트에서 겹친 부분을 찾아 드래그하여 그림과 같이 오브젝트를 합칩니다.

05 이번에는 오브젝트의 겹친 부분을 지우기 위해 먼저 ① 선택 도구(▶)로 왼쪽 뒤집개 일러스트를 드래그하여 선택합니다. ② 도형 구성 도구(🔍)를 선택한 다음 Alt를 누른 상태로 마우스 커서에 '-'가 표시되면 회색 둥근 사각형 부분을 클릭합니다. 오브젝트의 회색 부분이 뚫립니다.

Chapter 01 · 오브젝트 재구성하기   313

06 같은 방법으로 주방 도구 일러스트들을 각각 선택한 다음 도형 구성 도구( )로 Alt 를 누른 상태에서 회색 오브젝트를 클릭하여 불필요한 부분을 지웁니다.

07 와인 병 아랫부분은 겹친 상태입니다. 두 개의 오브젝트를 분리하기 위해 ❶ 병의 몸체와 아래쪽 오브젝트를 선택한 다음 ❷ 회색 오브젝트를 클릭합니다.

> **TIP**
> 도형 구성 도구를 이용하여 겹친 오브젝트를 분리할 때는 오브젝트를 모두 선택한 상태에서 분리하고자 하는 부분을 클릭합니다.

08 선택 도구( )로 분리된 아래쪽 오브젝트를 선택하고 Alt + Shift 를 누른 상태로 조절점을 안쪽으로 살짝 드래그하여 오브젝트 가운데를 중심으로 축소합니다.

09 같은 방법으로 ❶ 선택 도구(▶)를 이용하여 두 개의 체리를 선택하고 ❷ 도형 구성 도구(⬚)로 왼쪽 체리를 클릭합니다.

TIP
왼쪽 체리만 클릭하면 분리된 체리가 오른쪽 체리 뒤에 가려집니다. 이처럼 불필요한 오브젝트의 경우 도형 구성 도구를 이용하여 편집하는 것이 좋습니다.

10 선택 도구(▶)를 이용해서 왼쪽 체리를 살짝 왼쪽으로 이동하여 오브젝트를 분리합니다.

11 편집된 오브젝트를 채색하여 일러스트를 완성합니다.

필수기능 06 패스를 지우거나 자르기

지우개, 가위, 나이프 도구로 패스를 클릭 또는 드래그하여 원하는 부분을 지우거나 잘라서 오브젝트를 수정할 수 있습니다. 이때 지우개 도구와 나이프 도구를 이용하여 패스를 지우거나 자르면 닫힌 패스가 되고, 가위 도구를 이용하면 열린 패스가 되므로 주의합니다.

지우개 도구로 패스 지우기

지우개 도구(◆)는 포토샵의 지우개 도구처럼 벡터 오브젝트를 지워 닫힌 패스로 재구성합니다. 지우개 도구를 더블클릭하면 표시되는 Eraser Tool Options 대화상자에서 지우개 브러시의 각도와 둥글기, 크기 등을 설정하고 고정할지, 임의의 값을 이용할지를 지정할 수 있습니다.

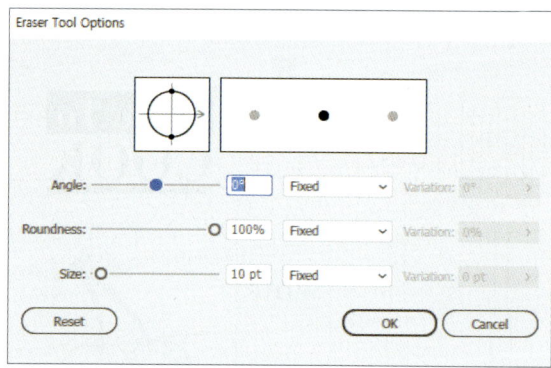
▲ 지우개 도구를 더블클릭하면 표시되는 Eraser Tool Options 대화상자

▲ 지우개 도구

가위 도구로 패스 자르기

가위 도구(✂)는 가위로 자르듯 패스를 분리하고, 잘린 패스는 열린 패스로 재구성합니다. 가위 도구를 이용해 오브젝트를 잘라 열린 패스가 만들어지면 펜 도구(✎)로 추가 작업을 하거나 메뉴에서 [Object] → Path → Join([Ctrl]+[J])을 실행하여 닫힌 패스로 만드는 것이 좋습니다.

가위 도구 ▶

나이프 도구로 패스 자르기

나이프 도구(🔪)로 잘린 패스는 닫힌 패스로 재구성되어 각각의 오브젝트로 나뉩니다. 오브젝트를 선택한 상태에서는 선택한 오브젝트에만 나이프 도구가 적용되고 오브젝트를 선택하지 않은 상태에서 이용하면 전체 적용되며 [Shift]+[Alt]를 누른 상태로 오브젝트를 가로지르면 직선으로 잘립니다.

나이프 도구 ▶

실습예제 07 오브젝트를 잘라 소잉 일러스트 만들기

소잉(Sewing)은 재봉, 바느질이라는 뜻입니다. 오브젝트의 일부분을 지우거나 자르는 다양한 도구를 활용해 아기자기한 소잉 일러스트를 만들어 봅니다.

- 예제파일 : 05\소잉일러스트.ai
- 완성파일 : 05\소잉일러스트_완성.ai

01 05 폴더에서 '소잉일러스트.ai' 파일을 불러옵니다.

먼저 지우개 도구를 설정하기 위해 Tools 패널에서 지우개 도구(◆)를 더블클릭합니다.

> **TIP**
> 패스 지우개 도구(✐)는 오브젝트의 기준점을 삭제하여 패스를 변형해서 닫힌 패스를 열린 패스로 바꿉니다. 지우개 도구(◆)는 자유롭게 클릭 또는 드래그하여 오브젝트의 기준점을 삭제해서 패스를 변형하지만 닫힌 패스를 유지하는 점에서 패스 지우개 도구와 다릅니다.

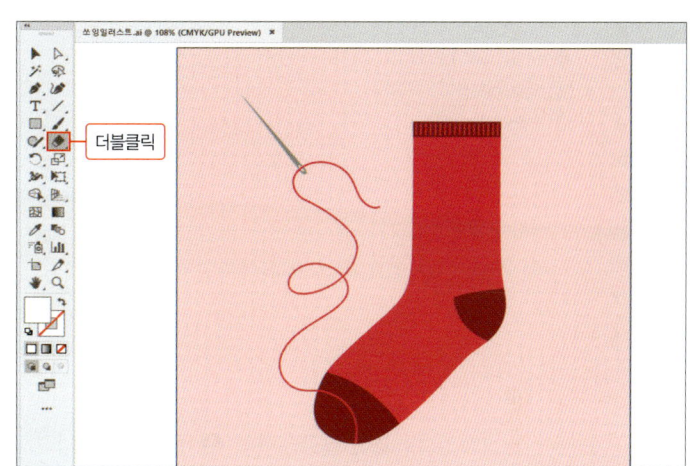

02 Eraser Tool Options 대화상자가 표시되면 ❶ Size를 '40pt'로 설정한 다음 ❷ 〈OK〉 버튼을 클릭합니다.

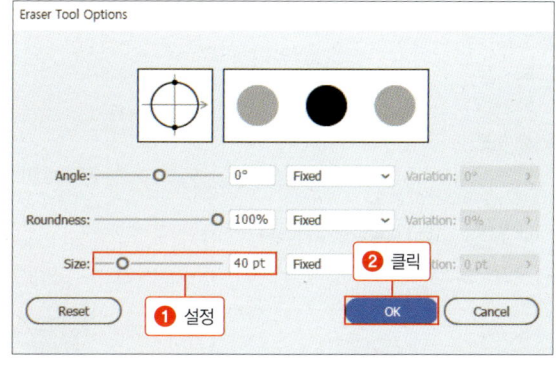

03 ❶ 양말 오브젝트의 앞부분을 드래그하거나 클릭해 지웁니다. ❷ []를 여러 번 눌러 지우개 브러시를 축소한 다음 ❸, ❹ 주변을 드래그하거나 클릭하여 지워서 구멍 난 양말을 만듭니다.

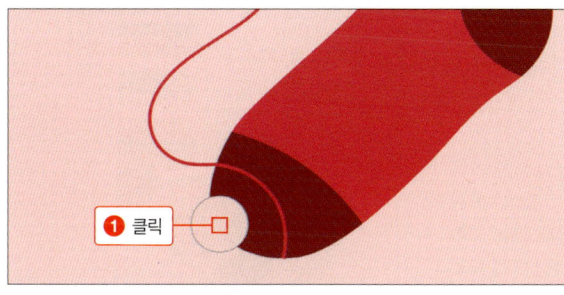
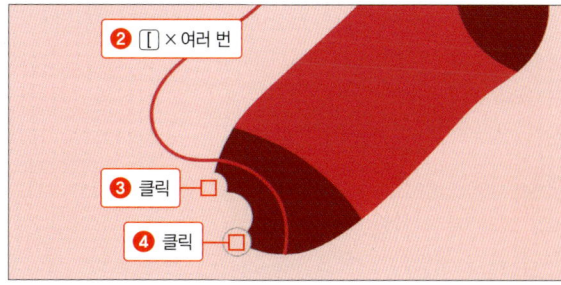

04 이번에는 패스를 분리하여 바느질 형태를 나타내기 위해 ❶ Tools 패널에서 가위 도구(✂)를 선택하고 ❷, ❸ 양말 오브젝트 앞부분의 빨간 선을 그림과 같이 여러 번 클릭합니다. ❹ 선택 도구(▶)를 이용하여 중간 중간 실선을 선택하고 삭제합니다.

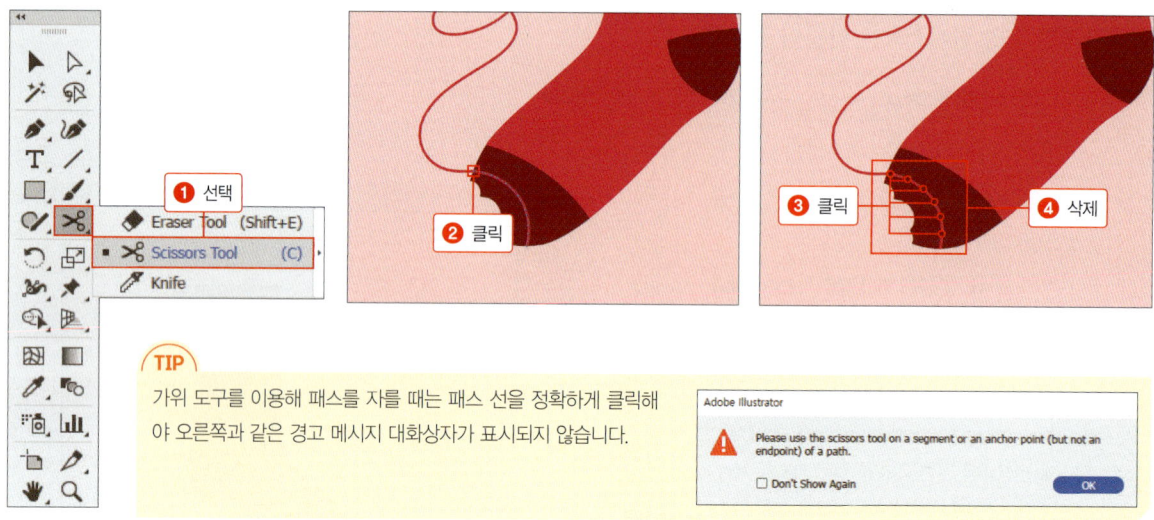

TIP 가위 도구를 이용해 패스를 자를 때는 패스 선을 정확하게 클릭해야 오른쪽과 같은 경고 메시지 대화상자가 표시되지 않습니다.

05 이번에는 양말에 줄무늬를 만들겠습니다. ❶ Tools 패널 나이프 도구(🔪)를 선택하고 ❷ Ctrl을 누른 상태로 양말 중간을 클릭하여 선택합니다. ❸ 그림과 같이 양말을 수평으로 가로지르고 ❹ 여러 번 드래그하면 오브젝트가 여러 개로 나눠집니다.

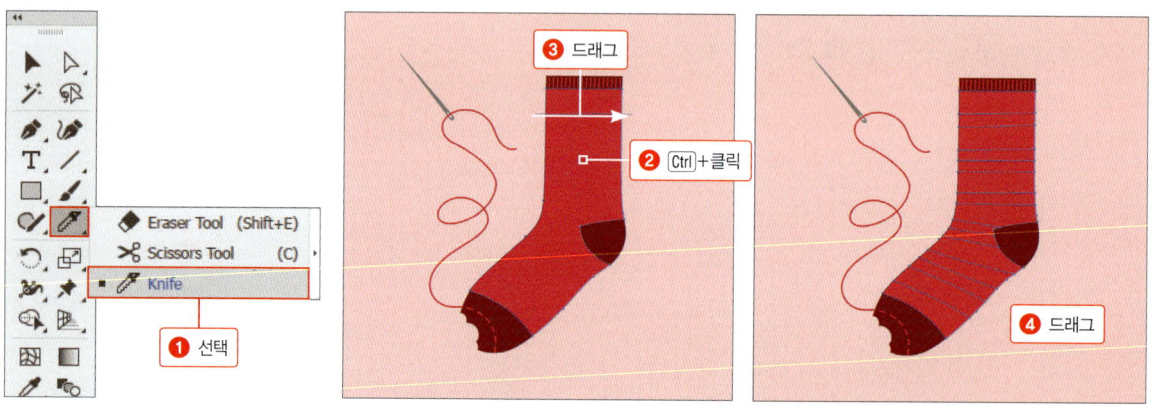

06 직접 선택 도구(▶)로 분리된 오브젝트를 각각 선택한 다음 원하는 색을 적용하여 다양한 색의 줄무늬 양말을 만듭니다.

TIP 가위 도구는 패스의 기준점만 분리하여 열린 패스를 만들지만, 나이프 도구는 오브젝트를 각각 다른 닫힌 패스로 만들어 자릅니다. 나이프 도구로 오브젝트를 자를 때는 그룹 오브젝트도 유지됩니다. Shift를 누른 상태에서 나이프 도구로 드래그하면 직선으로 오브젝트를 나눌 수 있습니다.

CHAPTER 02 블렌딩 기능으로 중간 단계 만들기

블렌드 도구 • Blend Options 대화상자

블렌드 도구와 관련된 Blend Options 대화상자, 메뉴 등을 이용하여 고급 스타일 오브젝트를 완성해 봅니다.

필수기능 01 Blend 기능으로 오브젝트 중간 단계 만들기

Blend 명령으로 블렌드 적용하기

블렌드(Blend)는 '섞다'라는 의미로, 자동으로 두 개 이상 오브젝트의 중간 단계를 색뿐만 아니라 형태까지도 만들며 그러데이션의 일종입니다. 블렌드는 모양이나 색이 다른 오브젝트를 순서대로 클릭하여 모양과 색이 섞여서 그러데이션처럼 연결됩니다.

이때 오브젝트 사이에는 자동으로 계산되어 부드럽게 연결되는 여러 개의 오브젝트가 만들어집니다. 메뉴에서 [Object] → Blend → Make(Alt+Ctrl+B)를 실행하여 블렌드 기능을 적용할 수 있습니다.

메뉴에서 [Object] → Blend 하위 메뉴를 실행하여 블렌드를 만들거나 해제하고 편집할 수 있습니다. 블렌드 형태는 시작과 끝에 해당하는 오브젝트에서 어떤 기준점을 클릭하느냐에 따라 달라집니다.

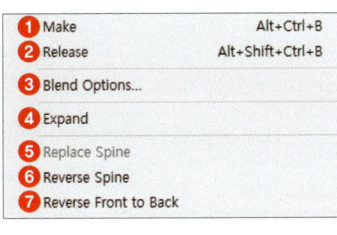 

◀ 블렌드 기능을 적용한 선 오브젝트

❶ **Make**(Alt+Ctrl+B) : 오브젝트의 중간 단계를 만들어 블렌드를 적용합니다.
❷ **Release**(Alt+Shift+Ctrl+B) : 블렌드를 해제합니다.
❸ **Blend Options** : 블렌드의 방향, 단계를 설정할 수 있는 Blend Options 대화상자를 표시합니다.
❹ **Expand** : 블렌드를 적용하여 만들어진 중간 단계의 가상 오브젝트를 각각의 오브젝트로 변환합니다.
❺ **Replace Spine** : 블렌드 패스 방향을 다른 형태나 패스로 만듭니다.

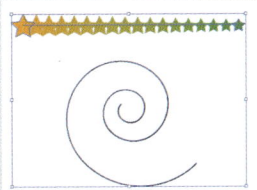 

❻ **Reverse Spine** : 블렌드 오브젝트의 순서를 바꿉니다.
❼ **Reverse Front to Back** : 블렌드가 적용된 상태에서 앞뒤에 위치한 오브젝트 순서를 바꿉니다.

Blend Options 대화상자에서 블렌드 설정하기

블렌드 오브젝트 사이의 오브젝트 수를 변경하려면 오브젝트를 선택한 상태로 Tools 패널에서 블렌드 도구( )를 더블클릭하거나 메뉴에서 (Object) → Blend → Blend Options를 실행하여 표시되는 Blend Options 대화상자에서 블렌드 방향 및 단계를 설정할 수 있습니다.

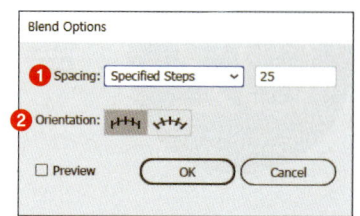

❶ Spacing : 블렌드에서 중간 단계의 간격을 설정합니다.

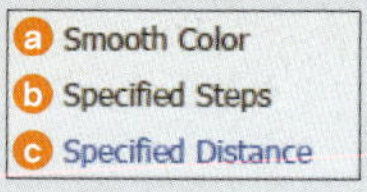

ⓐ Smooth Color
ⓑ Specified Steps
ⓒ Specified Distance

ⓐ Smooth Color : 중간 단계의 색이 자연스럽게 변화합니다. 직접 편집할 수 없으며 255개까지 중간 단계를 만들어 자연스러운 색을 표현합니다.

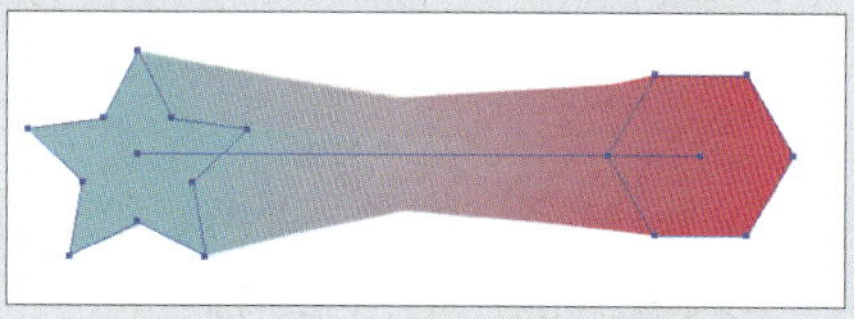

ⓑ Specified Steps : 오브젝트의 중간 단계에서 수치를 설정합니다.

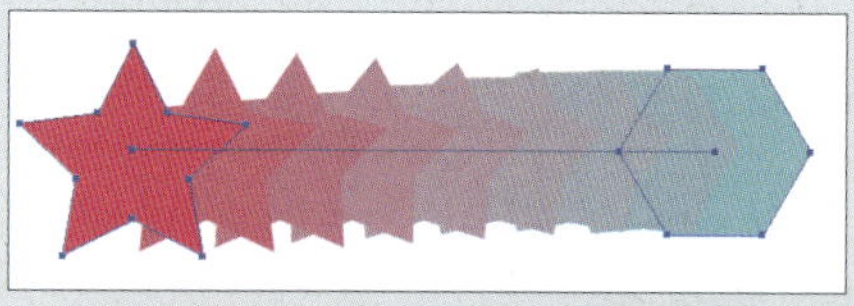

ⓒ Specified Distance : 오브젝트의 중간 단계에서 거리를 설정합니다.

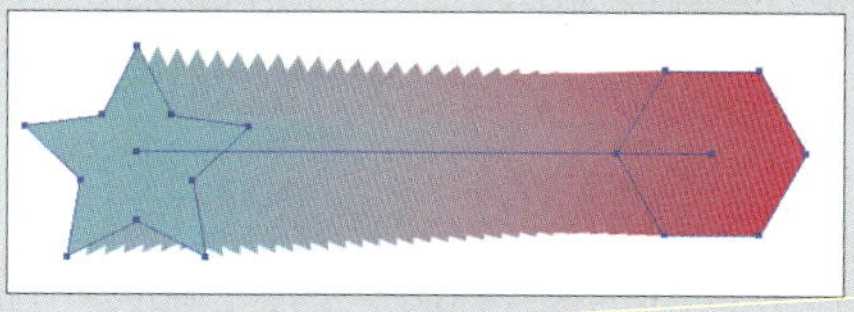

❷ Orientation : 오브젝트의 중간 단계에서 방향을 지정합니다.

Expand 명령으로 블렌드 편집을 위한 패스 변환하기

블렌드 축은 직접 선택 도구( )로 패스 선의 기준점을 드래그해 편집할 수 있습니다. 펜 도구( )나 기준점 추가 도구( )로 기준점, 패스를 편집하여 블렌드 모양을 바꿀 수도 있습니다.

블렌드를 적용한 중간 오브젝트를 각각 편집하려면 블렌드 오브젝트를 선택한 다음 메뉴에서 (Object) → Blend → Expand를 실행합니다. 연결된 수많은 오브젝트가 각각 나뉘어 개별 수정할 수 있습니다.

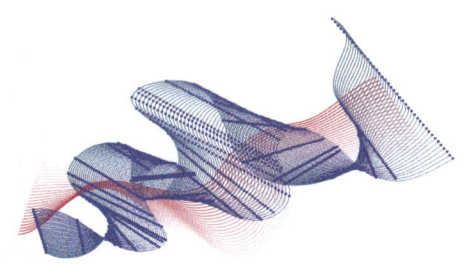

▲ 블렌드 오브젝트를 개별적으로 나눈 모습

실습예제 02 Smooth Color 블렌드로 캐릭터 명암 만들기

Smooth Color 블렌드 기능을 적용해 서로 다른 오브젝트 색을 부드럽게 이어 자연스러운 그러데이션 효과를 만들어 봅니다.

- 예제파일 : 05\체리.ai
- 완성파일 : 05\체리_완성.ai

Before

After

01 05 폴더에서 '체리.ai' 파일을 불러옵니다.

02 ① 선택 도구(▶)를 선택하고 ② 그룹으로 묶인 체리 캐릭터 몸통을 더블클릭한 다음 ③ 그룹 안으로 들어가 그룹 창에서 각각 다른 색의 몸통 오브젝트를 선택합니다.

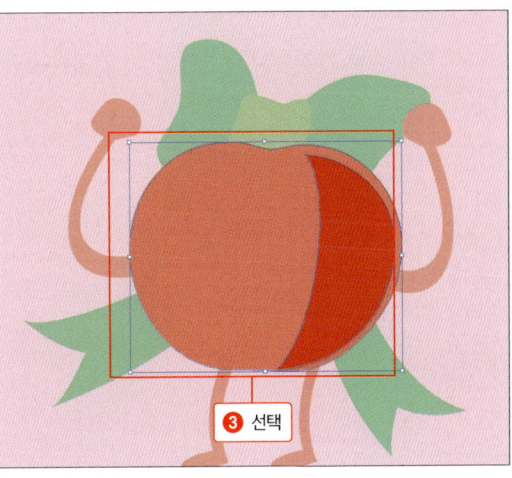

03 ❶ 블렌드 도구(🔳)를 더블클릭하여 Blend Options 대화상자가 표시되면 ❷ Spacing을 'Smooth Color'로 지정한 다음 ❸ 〈OK〉 버튼을 클릭합니다.

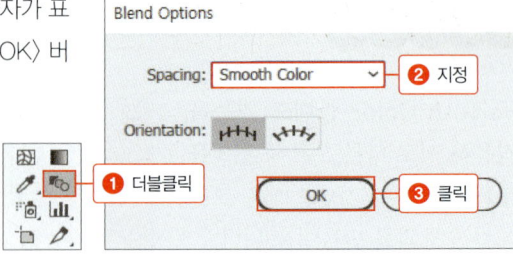

04 메뉴에서 (Object) → Blend → Make를 실행하면 오브젝트 색이 부드럽게 이어져 자연스러운 체리 캐릭터 명암이 완성됩니다.

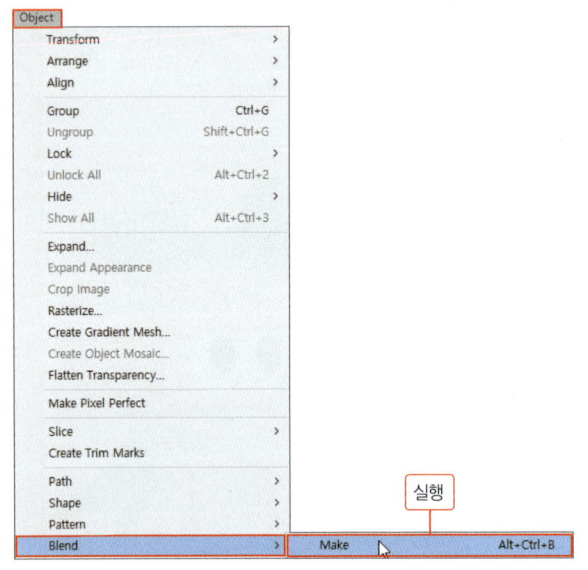

> **TIP**
> 블렌드 제작 단축키는 Alt + Ctrl + B 입니다.

05 선택 도구(▶)를 선택하고 캔버스의 빈 곳을 더블클릭하여 그룹 창에서 빠져나와 그림을 완성합니다.

실습예제 03 Specified Steps 블렌드로 패스를 따라 오브젝트 연결하기

두 개 이상의 오브젝트 뒤에 투명한 패스 선을 배치한 다음 블렌드를 적용하면 패스 선을 따라 블렌드가 적용됩니다. 이러한 기능을 이용하여 좀 더 다양하고 역동적인 블렌드 형태를 만들 수 있습니다.

◎ 완성파일 : 05\애벌레_완성.ai

01 메뉴에서 (File) → New((Ctrl)+(N))를 실행하여 New Document 대화상자가 표시되면 'A4'로 선택한 다음 〈OK〉 버튼을 클릭해서 새 문서를 만듭니다. ❶ 펜 도구( )를 이용하여 ❷ 기어가는 애벌레 형태를 생각하면서 구불구불한 곡선을 그립니다.

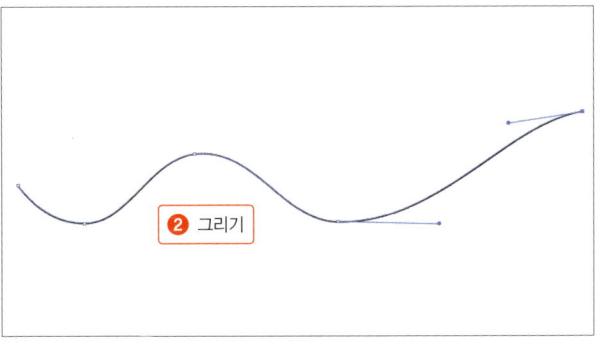

02 면 색을 '초록색'으로 지정하고 ❶ 원 도구( )를 이용하여 패스 선의 양끝과 볼록하게 튀어나온 부분에 ❷ 크기와 색이 다른 여러 개의 원을 그립니다. ❸ 색이 이어질 부분을 염두에 두고 초록색 명암 단계를 조절하여 그림과 같이 배치합니다.

> **TIP**
> 색은 Color 패널( )에서 원하는 색을 지정하거나 Swatches 패널 또는 Color Guide 패널에서 선택하면 편리합니다.

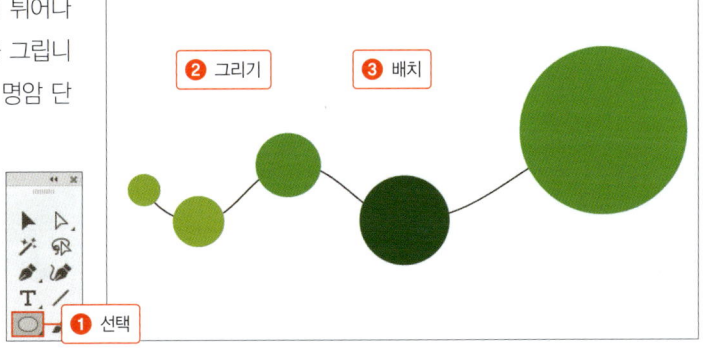

03 ❶ 선택 도구( )를 이용하여 ❷ 선을 선택하고 선 색을 'None'으로 지정합니다. ❸ 드래그하여 선과 원을 모두 선택합니다.

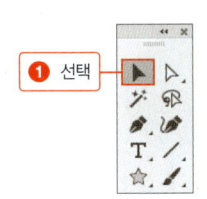
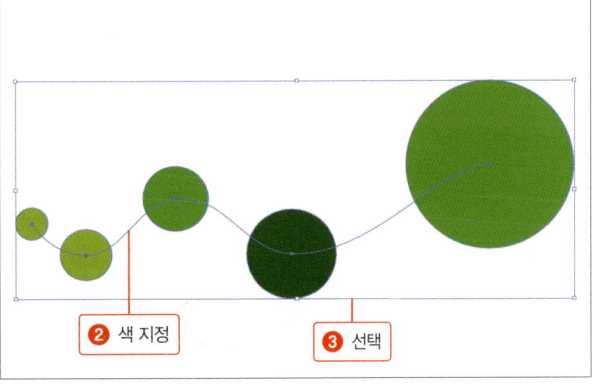

04 ❶ 블렌드 도구()를 더블클릭하여 Blend Options 대화상자가 표시되면 ❷ Spacing을 'Specified Steps'로 지정하고 ❸ 수치를 '5'로 설정한 다음 ❹ 〈OK〉 버튼을 클릭합니다.

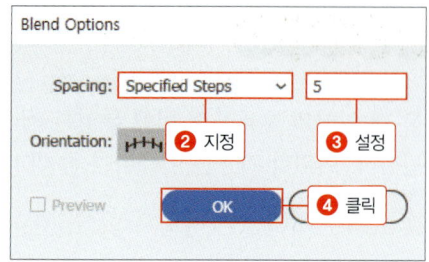

05 Ctrl+Alt+B를 누릅니다. 블렌드 기능이 적용되어 투명한 패스 선대로 원이 이어져 꾸물꾸물 기어가는 애벌레 형태가 됩니다.

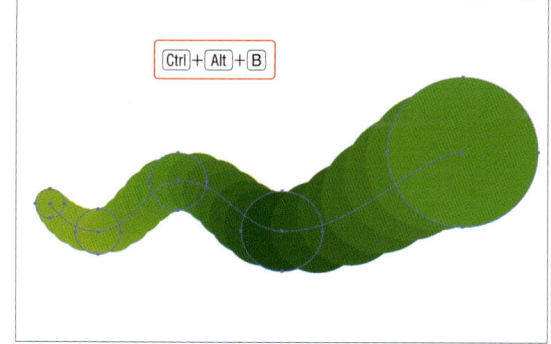

TIP
블렌드 제작 단축키는 Alt+Ctrl+B입니다.

06 다양한 도형 도구를 이용하여 애벌레 캐릭터의 눈, 코, 입과 더듬이, 다리 등을 그리면 귀여운 애벌레가 완성됩니다.

TIP
선택 도구(▶)로 블렌드 오브젝트를 선택하고 메뉴에서 (Object) → Blend → Expand를 실행하면 블렌드 기능이 사라지고 일반 오브젝트로 변환됩니다. 블렌드 하나로 연결된 오브젝트들은 그룹으로 묶입니다.

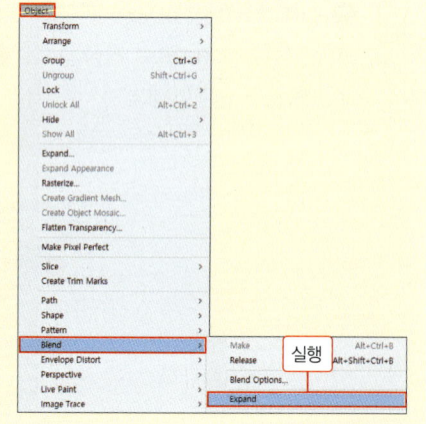

실습예제 04 | 블렌드 기능으로 감각적인 배경 디자인하기

블렌드 도구로 곡선 패스에 그러데이션을 적용하여 신비롭고 감각적인 배경 일러스트를 연출합니다.

● 완성파일 : 05\블렌드배경_완성.ai

01 메뉴에서 (File) → New(Ctrl+N)를 실행합니다. New Document 대화상자가 표시되면 ❶ Width와 Height를 각각 '20 Centimeters'로 설정한 다음 ❷ 〈Create〉 버튼을 클릭하여 새 문서를 만듭니다.

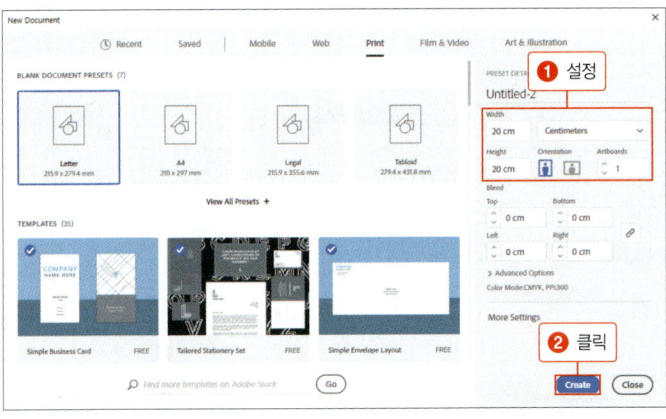

02 사각형 도구(▭)를 선택하고 아트보드에 드래그하여 임의로 사각형을 만듭니다. ❶ Transform 패널(⊞)에서 기준점을 왼쪽 상단으로 지정하고 ❷ X/Y를 각각 '0cm', W/H를 각각 '20cm'로 설정해 사각형 오브젝트를 문서 크기에 맞게 배치합니다.

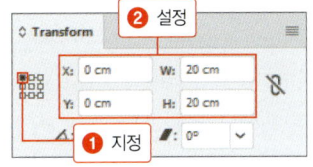

03 ❶ Gradient 패널(▭)에서 그러데이션 색상 상자를 클릭하여 사각형의 면 색을 그림과 같이 흑백 그러데이션으로 지정합니다. ❷ 그러데이션 도구(▭)를 선택하고 ❸ 사각형의 왼쪽에서 오른쪽으로 드래그하여 그러데이션을 가로 방향으로 변경합니다.

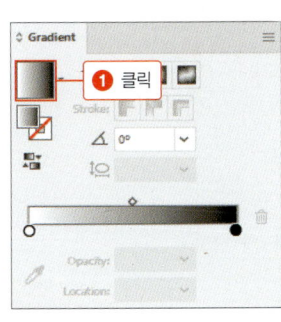
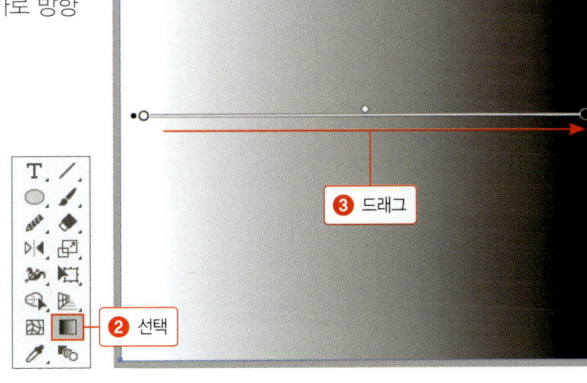

TIP Gradient 패널에서 그러데이션 각도를 '90°'로 설정하면 세로 방향 그러데이션을 적용할 수 있습니다.

Chapter 02 · 블렌딩 기능으로 중간 단계 만들기

04 그레데이션 색을 수정하기 위해 ❶ Gradient 패널(▣)에서 그레이디언트 스펙트럼 왼쪽 하단의 '흰색' 조절점을 더블클릭하고 ❷ Color 패널(🎨)이 표시되면 색을 'C:49%, M:35%, Y:0%, K:0%'로 지정합니다.
❸ 오른쪽 하단의 '검은색' 조절점을 더블클릭하고 ❹ Color 패널에서 색을 'C:17%, M:0%, Y:39%, K:0%'로 지정합니다.

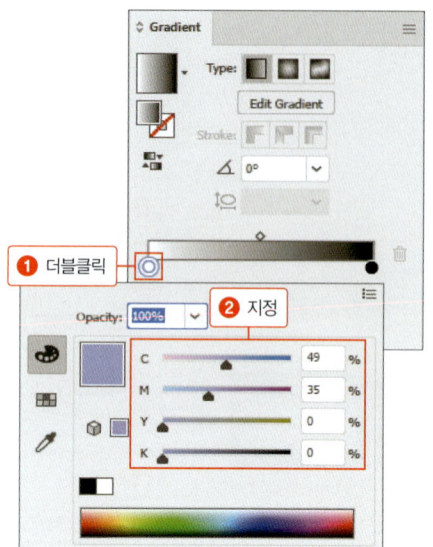 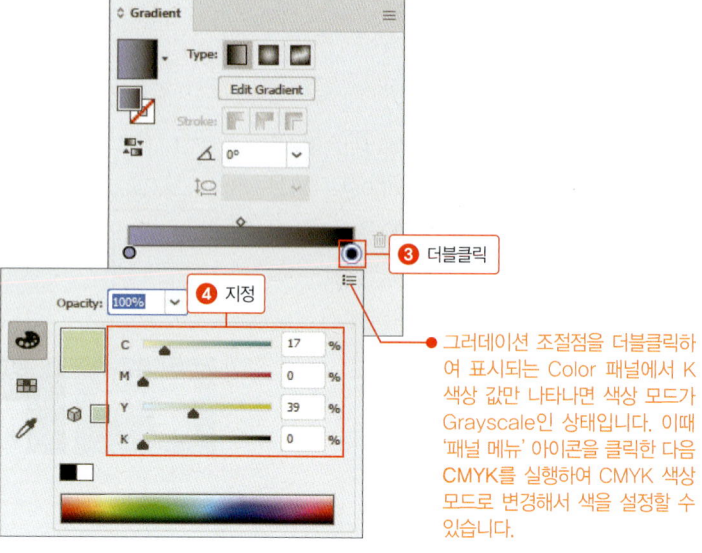

그레이디언트 조절점을 더블클릭하여 표시되는 Color 패널에서 K 색상 값만 나타나면 색상 모드가 Grayscale인 상태입니다. 이때 '패널 메뉴' 아이콘을 클릭한 다음 CMYK를 실행하여 CMYK 색상 모드로 변경해서 색을 설정할 수 있습니다.

05 부드럽고 세련된 그레이디언트 배경이 만들어졌습니다. ❶ 배경이 선택된 상태에서 선 색을 'None'으로 지정합니다. 이후 작업에 방해되지 않도록 ❷ Ctrl+2를 눌러 배경을 고정합니다.

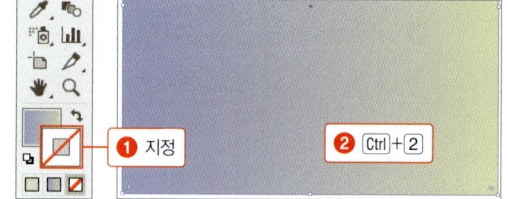

06 ❶ 원 도구(⬭)를 선택하고 아트보드 밖에 드래그하여 임의로 원을 만듭니다. ❷ Transform 패널(▦)에서 기준점을 '가운데'로 지정하고 ❸ W와 H를 각각 '4cm'로 설정합니다.

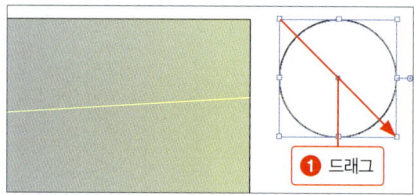 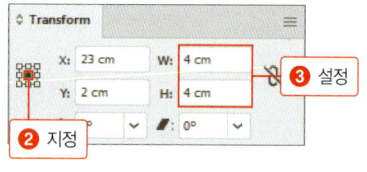

07 그레이디언트 도구(▣)를 선택하고 원형의 왼쪽에서 오른쪽으로 드래그하여 그레이디언션을 가로 방향으로 적용합니다.

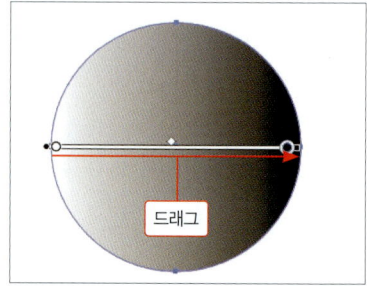

08 ❶ Gradient 패널(■)에서 그레이디언트 스펙트럼 왼쪽 하단의 조절점을 더블클릭하고, ❷ Color 패널(■)이 표시되면 색을 'C:24%, M:0%, Y:44%, K:0%'로 지정합니다. ❸ 그레이디언트 스펙트럼 하단을 클릭하여 조절점을 추가합니다.

❹ 추가한 조절점을 더블클릭하여 Color 패널이 표시되면 ❺ 색을 'C:0%, M:52%, Y:36%, K:0%'로 지정합니다. ❻, ❼ 같은 방법으로 조절점을 추가하고 ❽ 색을 'C:41%, M:44%, Y:6%, K:0%'로 지정합니다. ❾ 오른쪽 끝의 '검은색' 조절점을 더블클릭하여 ❿ 색을 'C:49%, M:42%, Y:0%, K:0%'로 지정합니다.

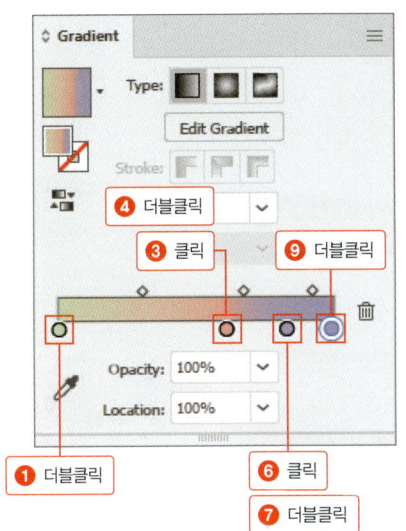
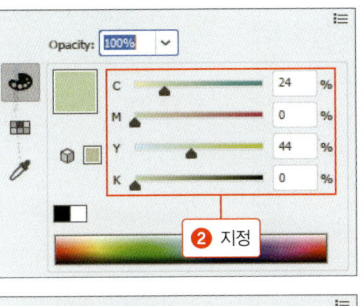
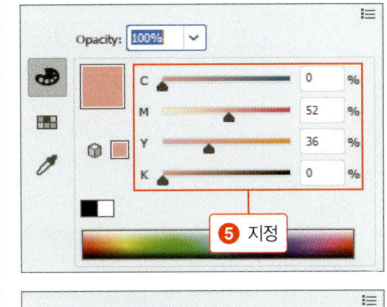
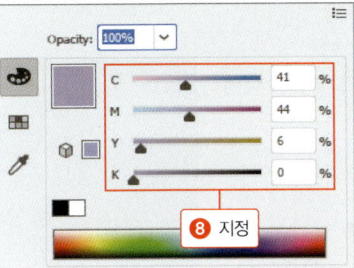
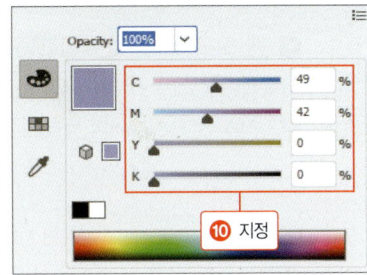

09 선택 도구(▶)로 Alt 를 누른 상태에서 원을 옆으로 드래그해 복제합니다. 복제한 원의 Gradient 패널(■)에서 그레이디언트 스펙트럼을 그림과 같이 수정합니다.

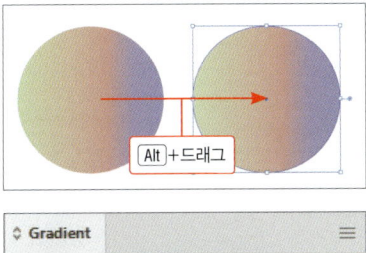
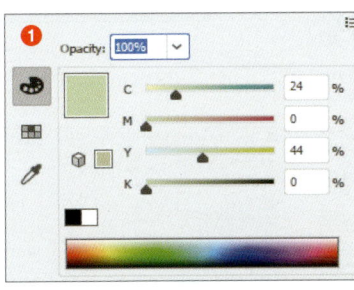
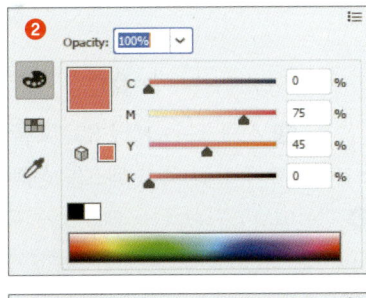
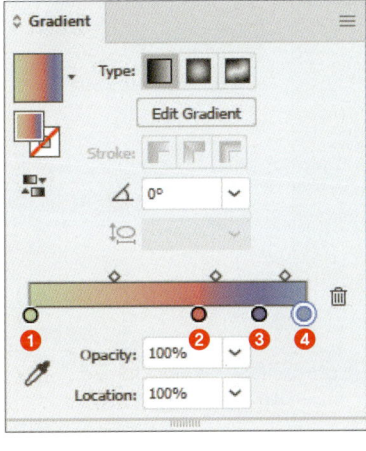
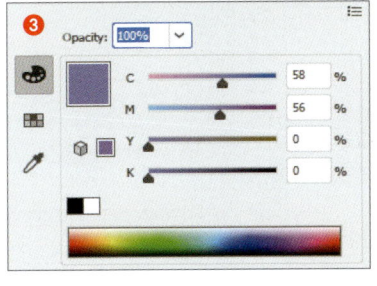
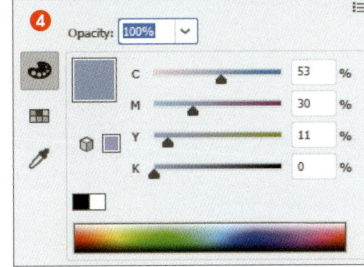

10 두 개의 원에 블렌드를 적용하기 위해 ❶ 블렌드 도구( )를 더블클릭합니다. Blend Options 대화상자가 표시되면 ❷ Spacing을 'Specified Steps'로 지정하고 ❸ '800'으로 설정한 다음 ❹ 〈OK〉 버튼을 클릭합니다. ❺ 블렌드 도구로 왼쪽 원을 클릭하고 ❻ 오른쪽 원을 클릭하면 두 원 사이에 800단계로 이어지는 직선이 만들어집니다.

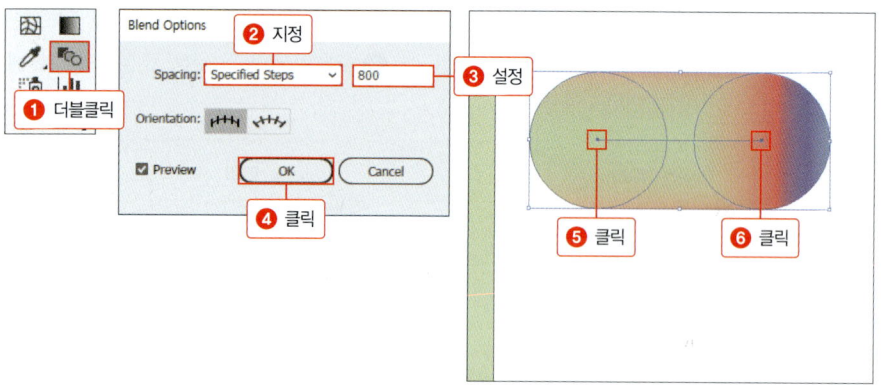

11 ❶ 펜 도구( )를 선택하고 오른쪽을 시작점으로 그림과 같이 ❷ 하트가 연상되는 자유로운 형태의 곡선을 그립니다.

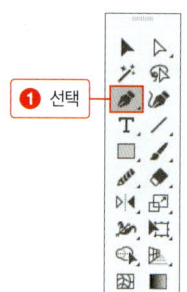

12 ❶ 선택 도구( )로 블렌드를 적용한 오브젝트와 곡선 패스를 선택한 다음 ❷ 메뉴에서 [Object] → Blend → Replace Spine을 실행하면 그러데이션 블렌드가 패스에 적용됩니다.

> **TIP**
> 패스를 만들 때 먼저 그린 선이 제일 앞에 위치하고 이후 그린 선이 뒤에 위치합니다.

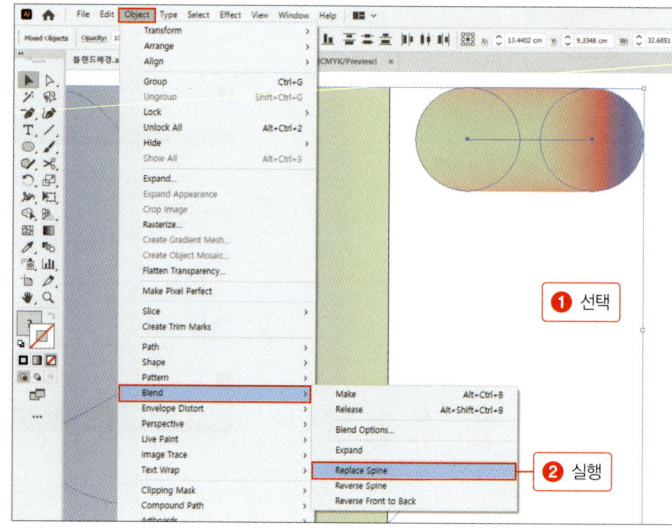

13 ❶ 직접 선택 도구( )로 패스의 시작점인 가장 오른쪽 원을 선택합니다. ❷ 원을 선택한 상태로 마우스 오른쪽 버튼을 클릭한 다음 ❸ Transform → Rotate를 실행합니다. ❹ Rotate 대화상자가 표시되면 Angle을 '180°'로 설정한 다음 ❺ 〈OK〉 버튼을 클릭합니다.

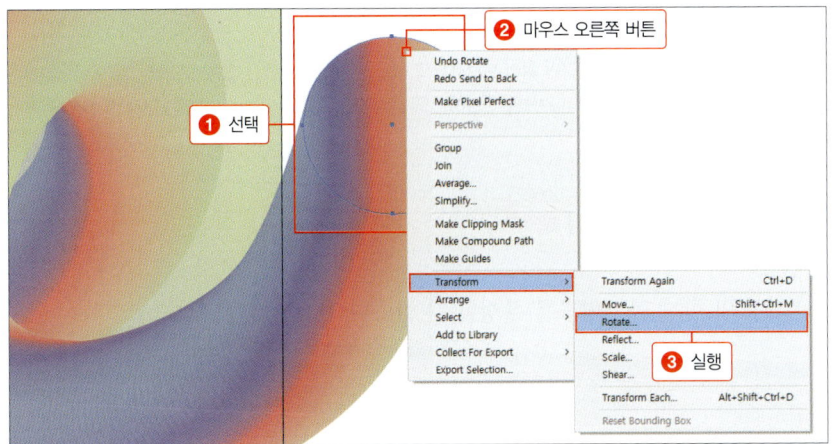

14 직접 선택 도구( )로 패스의 끝점인 가장 왼쪽 원을 선택합니다. 원을 선택한 상태로 마우스 오른쪽 버튼을 클릭한 다음 메뉴에서 Transform → Rotate를 실행합니다. ❶ Rotate 대화상자가 표시되면 Angle을 '102°'로 설정한 다음 ❷ 〈OK〉 버튼을 클릭합니다.

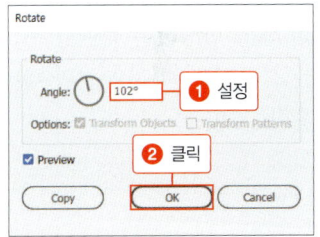

15 마지막으로 선과 하트, 문자를 이용하여 감각적인 배경 디자인을 완성합니다.

TIP
예제에서는 글꼴을 '함초롱바탕', 글꼴 스타일을 'Bold', 글꼴 크기를 '15pt'로 지정하였습니다.

Transparency 패널 • 블렌딩 모드 • 마스크

색을 혼합하거나 일부분만 나타내기

블렌딩 기능을 이용하면 여러 오브젝트의 색을 혼합하여 독특한 합성 효과를 얻을 수 있습니다. 클리핑/불투명 마스크를 이용하면 특정 부분을 숨겨서 원하는 부분만 나타낼 수 있습니다.

필수기능 01 Transparency 패널 살펴보기 _{중요}

Transparency 패널에서는 블렌딩 모드와 함께 불투명도를 설정할 수 있습니다.

Transparency 패널 이해하기

메뉴에서 (Window) → Transparency(Shift+Ctrl+F10)를 실행해 표시되는 Transparency 패널(◉)에서는 오브젝트에 두 가지 이상의 색을 합성하는 블렌딩 모드와 오브젝트를 투명하게 나타낼 수 있는 불투명도, 특정 부분만 나타낼 수 있는 클리핑/불투명 마스크를 적용할 수 있습니다.

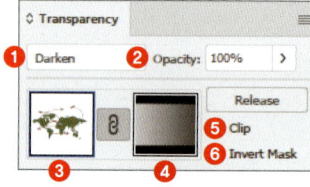

▲ 블렌딩 모드를 적용한 일러스트

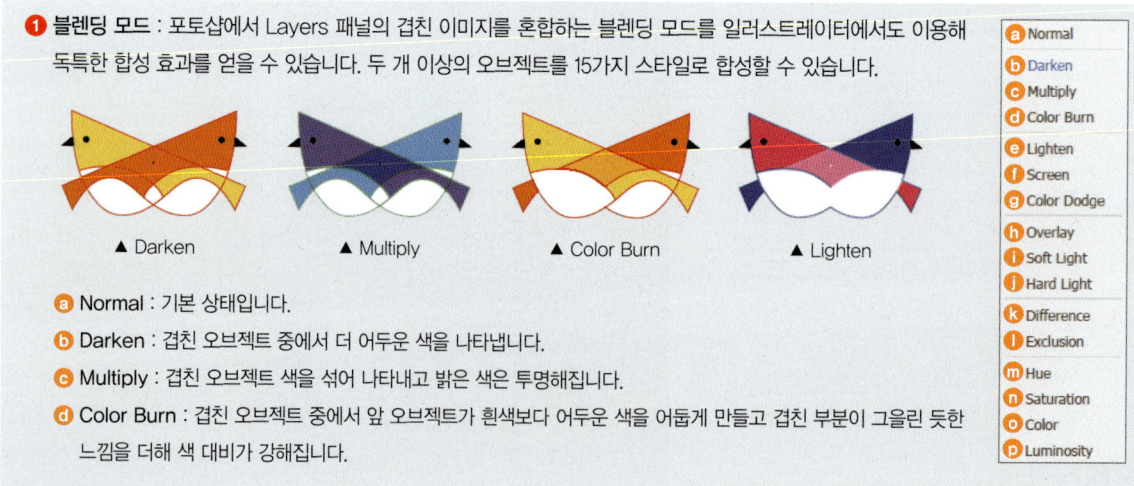

❶ 블렌딩 모드 : 포토샵에서 Layers 패널의 겹친 이미지를 혼합하는 블렌딩 모드를 일러스트레이터에서도 이용해 독특한 합성 효과를 얻을 수 있습니다. 두 개 이상의 오브젝트를 15가지 스타일로 합성할 수 있습니다.

▲ Darken ▲ Multiply ▲ Color Burn ▲ Lighten

ⓐ Normal : 기본 상태입니다.
ⓑ Darken : 겹친 오브젝트 중에서 더 어두운 색을 나타냅니다.
ⓒ Multiply : 겹친 오브젝트 색을 섞어 나타내고 밝은 색은 투명해집니다.
ⓓ Color Burn : 겹친 오브젝트 중에서 앞 오브젝트가 흰색보다 어두운 색을 어둡게 만들고 겹친 부분이 그을린 듯한 느낌을 더해 색 대비가 강해집니다.

- ⓔ **Lighten** : 겹친 오브젝트가 밝으면 더 밝아지고 어두운 부분은 투명해집니다.
- ⓕ **Screen** : 겹친 오브젝트의 반전 색을 곱해 전체 이미지가 밝아집니다.
- ⓖ **Color Dodge** : Color Burn과 반대로 색 대비를 감소시켜 오브젝트 색을 전반적으로 밝게 합니다.
- ⓗ **Overlay** : 겹친 오브젝트의 색, 명도, 채도를 섞어 나타내며 밝은 색은 더 밝아지고, 어두운 색은 더 어두워져 전반적으로 대비가 강해집니다.
- ⓘ **Soft Light** : 겹친 오브젝트에서 앞 오브젝트 명도가 50% 이상이면 밝아지고, 50% 이하이면 어두워지며 부드러운 조명을 비추는 것처럼 색을 부드럽게 만듭니다.
- ⓙ **Hard Light** : 강한 조명을 비추는 것처럼 색이 강하게 섞입니다.
- ⓚ **Difference** : 밝은 색은 보색으로, 어두운 색은 반전시킵니다.
- ⓛ **Exclusion** : Difference와 비슷하지만 좀 더 부드럽고 밝게 표현합니다.
- ⓜ **Hue** : 뒤 오브젝트의 명도, 채도에 앞 오브젝트 색이 합쳐집니다.
- ⓝ **Saturation** : 뒤 오브젝트의 색, 명도에 앞 오브젝트 채도가 합쳐집니다.
- ⓞ **Color** : 뒤 오브젝트 명도에 앞 오브젝트 색과 채도가 합쳐집니다.
- ⓟ **Luminosity** : 뒤 오브젝트의 색과 채도에 앞 오브젝트 명도가 합쳐집니다.
- ❷ **Opacity** : 선택한 오브젝트의 불투명도를 설정할 수 있으며 기본 값은 100%입니다.
- ❸ **원본 미리 보기 창** : 작업 중인 오브젝트, 그룹, 레이어를 표시합니다.
- ❹ **마스크 미리 보기 창** : 적용 중인 불투명 마스크 형태를 표시합니다.
- ❺ **Clip** : 오브젝트와 마스크 사이 링크 여부를 표시합니다. 체크 표시하면 오브젝트와 마스크가 함께 이동하고 체크 표시를 해제하면 각각 이동합니다.
- ❻ **Invert Mask** : 불투명 마스크를 반대로 적용합니다.

Transparency 패널 메뉴 알아보기

Transparency 패널의 '패널 메뉴' 아이콘(≡)을 클릭하고 메뉴를 실행하여 세부적으로 설정할 수 있습니다.

❶ Hide Thumbnails
❷ Show Options
❸ Make Opacity Mask / Release Opacity Mask
❹ Disable Opacity Mask
❺ Unlink Opacity Mask
❻ New Opacity Masks Are Clipping / New Opacity Masks Are Inverted
❼ Page Isolated Blending
❽ Page Knockout Group

- ❶ **Show/Hide Thumbnails** : 원본 미리 보기 창을 표시하거나 숨깁니다.
- ❷ **Show/Hide Options** : 블렌드와 색에 관한 옵션을 표시하거나 숨깁니다.
- ❸ **Make/Release Opacity Mask** : 불투명 마스크를 만들거나 해제합니다.
- ❹ **Enable/Disable Opacity Mask** : 불투명 마스크를 표시하거나 숨깁니다.
- ❺ **Link/Unlink Opacity Mask** : 선택된 오브젝트와 마스크를 연결하거나 연결을 해제합니다.
- ❻ **New Opacity Masks Are Clipping/Inverted** : Clip이나 Invert를 이용한 것처럼 오브젝트와 마스크를 묶거나 반대로 적용합니다.
- ❼ **Page Isolated Blending** : 오브젝트에 적용되는 블렌딩 모드의 범위를 지정합니다.
- ❽ **Page Knockout Group** : 오브젝트에 그룹으로 속한 작업을 숨깁니다.

실습예제 02 | 블렌딩 모드를 이용해 오브젝트 합성하기 중요

15가지 블렌딩 모드 중에서 몇 가지를 오브젝트에 적용하고, 불투명도를 조절하여 다양하게 표현해 봅니다.

● 예제파일 : 05\샐러드.ai
● 완성파일 : 05\샐러드_완성.ai

Before / After

01 05 폴더에서 '샐러드.ai' 파일을 불러옵니다.

02 ❶ 선택 도구(▶)로 배를 선택한 다음 ❷ Transparency 패널(◉)에서 블렌딩 모드를 클릭하고 ❸ 'Multiply'로 지정합니다. 셀로판지를 겹친 것처럼 오브젝트 색과 바탕색을 섞어 나타냅니다.

TIP 블렌딩 모드는 오브젝트 색 혼합뿐만 아니라 앞, 뒤 오브젝트의 명도나 색, 채도 등에 따라서도 달라집니다. 오브젝트를 합성할 때는 색에 따른 변화도 주의하여 작업합니다.

03 ❶ 샐러드 볼을 선택하고 ❷ Transparency 패널( )에서 블렌딩 모드를 클릭한 다음 ❸ 'Color Burn'으로 지정합니다. 겹친 오브젝트 중 앞 오브젝트가 흰색보다 어두운 색을 어둡게 만들고 겹친 부분에 그을린 듯한 느낌을 더해 색 대비가 강해집니다.

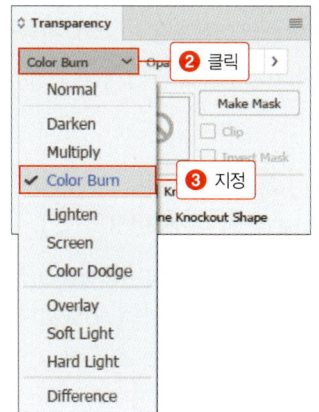

04 이번에는 ❶ 채소를 선택하고 ❷ Transparency 패널( )에서 블렌딩 모드를 클릭한 다음 ❸ 'Hard Light'로 지정합니다. 강한 조명을 비추는 것처럼 강하게 표현됩니다.

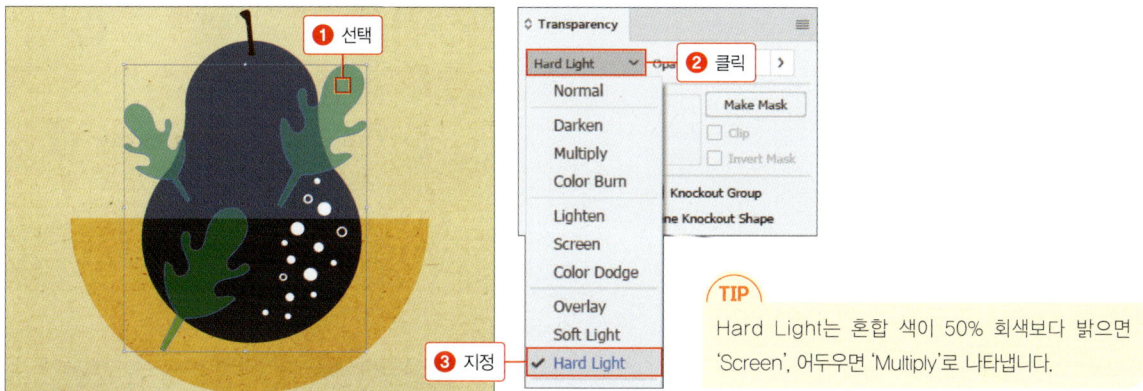

TIP
Hard Light는 혼합 색이 50% 회색보다 밝으면 'Screen', 어두우면 'Multiply'로 나타냅니다.

05 ❶ 배경과 점 무늬를 선택하고 ❷ Transparency 패널( )에서 Opacity를 '70%'로 설정하여 작업을 마칩니다. 배경색이 비쳐 개성 있는 색감을 나타냅니다.

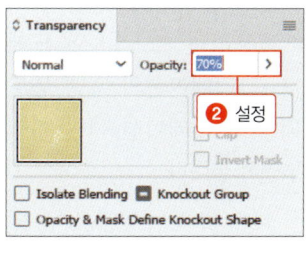

필수기능 03 마스크 기능으로 불필요한 부분 감추기 우선순위 | TOP 07

마스크는 이미지에서 감춰야 할 부분과 드러나야 할 부분을 구분할 때 이용하는 기능입니다. 일러스트레이터에서는 클리핑 마스크와 레이어 마스크, 불투명 마스크 기능을 제공합니다. 기본으로 작업 화면에서 나타내고 싶지 않은 부분을 가리는 기능이지만, 다양한 이미지 표현에 활용하므로 충분히 배워둡니다.

클리핑 마스크로 특정 부분만 나타내기

마스크는 여러 개의 오브젝트 중에서 맨 앞에 위치한 오브젝트에 마스크 효과를 적용해 다른 오브젝트 일부를 가리는 기능입니다. 클리핑 마스크(Clipping Mask)는 두 개 이상의 오브젝트에서 맨 앞에 배열된 오브젝트에 마스크를 적용하며, 일정한 형태 안에 원하는 모양이나 색을 적용할 수 있습니다. 메뉴에서 (Object) → Clipping Mask → Make를 실행하여 마스크를 적용하고, Release를 실행하여 마스크를 해제합니다. Layers 패널(◆)에서 '패널 메뉴' 아이콘(≡)을 클릭한 다음 Make Clipping Mask를 실행하면 레이어 마스크를 적용할 수도 있습니다. 이때 같은 레이어에서 맨 앞의 오브젝트로 다른 오브젝트에 마스크를 적용하여 원하는 부분만 나타냅니다. 마스크가 적용된 오브젝트에 마우스 커서를 위치시키면 원본 오브젝트 일부가 표시됩니다.

▲ 코끼리에 적용된 패턴 형태의 클리핑 마스크

불투명 마스크로 점점 흐리게 만들기

불투명 마스크는 마스크 외곽이 잘리는 부분을 보완하여 자연스럽게 불투명도를 나타냅니다. 주로 물에 비친 이미지 등을 나타낼 때 이용합니다.

작업 과정은 Transparency 패널(◉)에서 마스크를 지정한 다음 불투명도를 적용한 오브젝트를 만듭니다. 마스크가 적용된 오브젝트에 흑백 그러데이션을 적용하면 오브젝트에 드래그할 때마다 불투명도가 달라집니다. 그러데이션의 흑백 농도에 따라서 마스크 불투명도가 조절되며, 그러데이션 색이 흰색일수록 투명하고, 검은색일수록 불투명해집니다.

▲ 불투명 마스크가 적용된 유령

실습예제 04 클리핑 마스크를 이용해 CI 디자인하기 중요

원하는 부분만 나타내는 클리핑 마스크 기능을 이용하여 깔끔하게 CI를 디자인합니다.

- 예제파일 : 05\핸드메이드.ai
- 완성파일 : 05\핸드메이드_완성.ai

Before

After

01 05 폴더에서 '핸드메이드.ai' 파일을 불러옵니다. 옷이 그려진 로고와 두 개의 패턴 이미지가 나타납니다.

02 옷 형태대로 패턴을 나타내기 위해 먼저 ❶ 사각형 도구(▭)를 이용해 옷보다 큰 사각형을 그립니다. ❷ 스포이트 도구(🖉)를 이용해 아트보드 오른쪽 위 패턴을 클릭해서 적용하고 ❸ 마우스 오른쪽 버튼을 클릭한 다음 ❹ Arrange → Send to Back(Shift+Ctrl+[)을 실행하여 옷 뒤에 배치합니다.

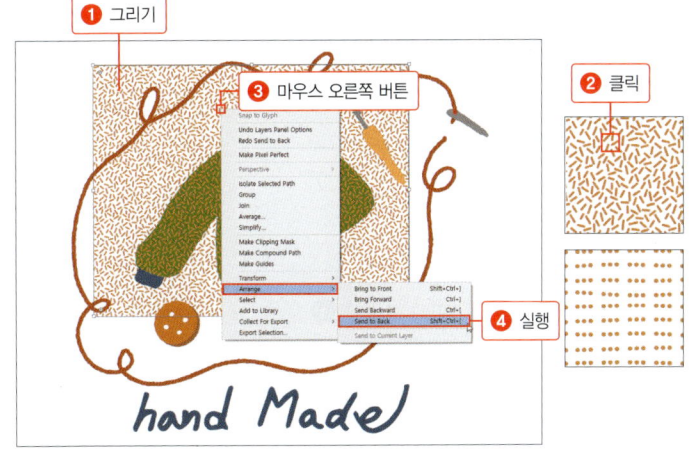

> **TIP**
> 포토샵처럼 비트맵 이미지를 잘라내어 불필요한 부분을 없애고 파일 크기를 줄이며 성능을 향상시킬 수 있습니다. 비트맵 이미지를 클리핑 마스크 기능처럼 자르기 위해서는 이미지를 불러온 다음 Control 패널에서 〈Embed〉 버튼을 클릭합니다. 이미지에서 마우스 오른쪽 버튼을 클릭한 다음 **Crop Image**를 실행하거나 Control 패널에서 〈Crop Image〉 버튼을 클릭합니다. 자르기 영역을 조절한 다음 Control 패널에서 〈Apply〉 버튼을 클릭합니다.

Chapter 03 • 색을 혼합하거나 일부분만 나타내기

03 마스크 기능을 적용하기 위해 ❶ 선택 도구(▶)로 옷의 초록색 부분을 선택한 다음 ❷ Ctrl+C를 누르고 ❸ Ctrl+F를 누릅니다. ❹ 선택 도구(▶)로 Shift를 누른 상태에서 패턴이 적용된 사각형과 옷 오브젝트를 선택합니다. ❺ 메뉴에서 (Object) → Clipping Mask → Make(Ctrl+7)를 실행합니다.

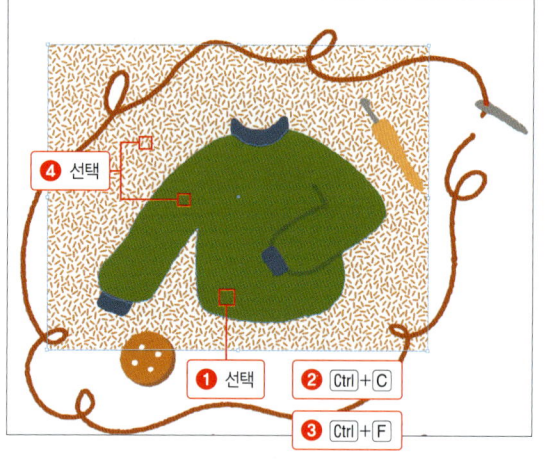
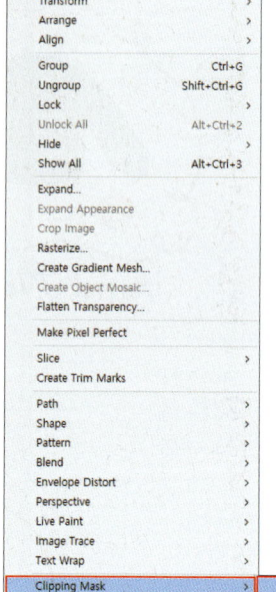

TIP
클리핑 마스크를 적용하려는 오브젝트들을 선택한 상태에서 마우스 오른쪽 버튼을 클릭하고 Make Clipping Mask를 실행해도 됩니다.

04 클리핑 마스크가 적용되어 옷 모양대로 패턴이 나타납니다.

TIP
클리핑 마스크는 오브젝트를 자르거나 지우는 것이 아니라 숨기므로 언제든지 전체를 표시하여 수정할 수 있어 편리합니다.

05 이번에는 클리핑 마스크를 편집하기 위해 옷이 선택된 상태로 ❶ 마우스 오른쪽 버튼을 클릭한 다음 ❷ Isolate Selected Clipping Mask를 실행합니다.

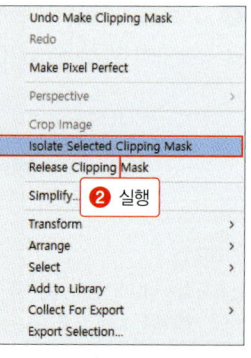

TIP
화면에 나타나지 않는 부분은 크기와 속성이 바뀌지 않고 지워지지 않은 상태로 숨겨져 보이지 않습니다.

06 편집 모드가 실행되면 ① 선택 도구(▶)를 선택한 다음 ② 숨겨진 사각형 오브젝트를 선택합니다.

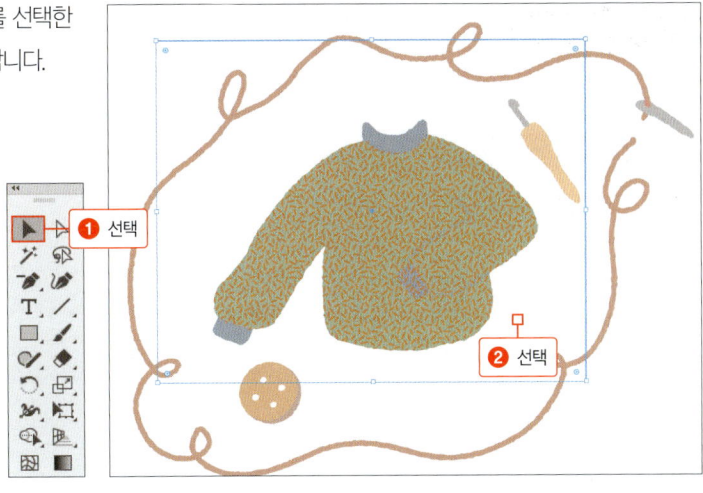

07 ① 스포이트 도구(✐)로 ② 아트보드 여백에 있는 두 번째 패턴을 클릭해 적용합니다. ③ 선택 도구(▶)를 선택하고 ④ 아트보드 여백을 더블클릭해 편집 모드를 해제합니다.

08 핸드메이드 옷 CI가 완성되었습니다.

> **TIP**
> 클리핑 마스크를 해제하려면 마우스 오른쪽 버튼을 클릭한 다음 Release Clipping Mask를 실행합니다.

실습예제 05 불투명 마스크로 비치는 글씨 만들기

Transparency 패널과 그레이디언트 도구를 이용하여 불투명 마스크를 적용하면 바닥에 비친 글씨나 물에 비친 그림자처럼 점점 흐려지는 이미지를 만들 수 있습니다.

◉ 예제파일 : 05\비친글씨.ai   ◉ 완성파일 : 05\비친글씨_완성.ai

01 05 폴더에서 '비친글씨.ai' 파일을 불러옵니다.

02 ❶ 사각형 도구(▭)를 선택하고 그림과 같이 아래 거꾸로 뒤집힌 글씨 크기에 맞게 드래그해 사각형을 그립니다. ❷ Gradient 패널(▭)에서 그레이디언트 색상 상자를 클릭해 흑백 그러데이션을 적용합니다.

TIP
다른 색의 그러데이션도 좋지만 흑백 그러데이션을 지정하면 불투명 마스크의 밝고 어두운 부분을 명확하게 표현할 수 있어 편리합니다.

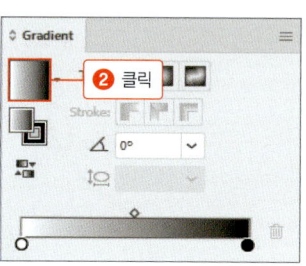

03 불투명 마스크를 적용하기 위해 선택 도구(▶)로 그러데이션이 적용된 직사각형과 글씨 오브젝트를 선택합니다.

04 Transparency 패널(◉)에서 〈Make Mask〉 버튼을 클릭합니다. 그러데이션 방향에 따라 점점 투명해지는 불투명 마스크가 적용되었습니다.

TIP
Transparency 패널에서 '패널 메뉴' 아이콘(≡)을 클릭한 다음 **Make Opacity Mask**를 실행해도 불투명 마스크를 적용할 수 있습니다.

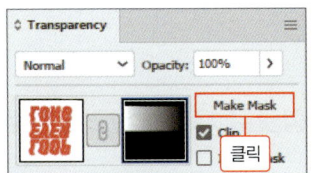

05 이번에는 불투명 마스크를 수정하기 위해 Transparency 패널(◉)에서 두 개의 미리 보기 화면 중 ❶ 오른쪽 마스크 미리 보기 창을 클릭하여 마스크 편집 상태로 전환합니다. ❷ 그레이디언트 도구(▣)를 선택한 다음 사각형 오브젝트에 적용된 그러데이션 방향과 적용 범위를 드래그해 수정합니다.

TIP
'Invert Mask'를 체크 표시하면 흰색 영역이 투명하게 처리되고, 체크 표시를 해제하면 검은색 영역이 투명한 마스크로 적용됩니다.

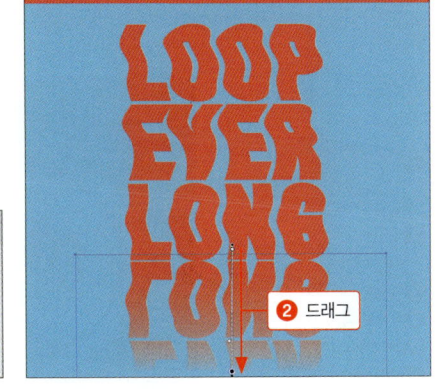

TIP
불투명 마스크를 해제하기 위해서는 Transparency 패널에서 〈Release〉 버튼을 클릭합니다.
Transparency 패널에서 '패널 메뉴' 아이콘(≡)을 클릭한 다음 **Release Opacity Mask**를 실행해도 불투명 마스크를 해제할 수 있습니다.

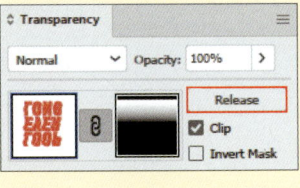

우선순위 | TOP 08 Image Trace

사진을 일러스트로 만들기

벡터 이미지는 해상도 설정이 필요 없어서 확대 또는 축소해도 깨끗이 출력되어 인쇄용으로도 많이 이용합니다. 비트맵 이미지인 사진을 벡터 일러스트로 변환해서 자유롭게 편집해 봅니다.

필수기능 01 Image Trace 명령으로 사진을 일러스트로 바꾸기

메뉴에서 (File) → Place 또는 Open을 실행하여 비트맵 이미지를 불러온 다음 Image Trace 기능으로 간단하게 벡터 이미지로 전환할 수 있습니다. 비트맵 이미지를 선택한 다음 Control 패널의 〈Image Trace〉 버튼 오른쪽 팝업 아이콘(▼)을 클릭해도 Image Trace 명령이 표시됩니다.

▲ High Fidelity Photo

▲ 16 Colors

❶ **High/Low Fidelity Photo** : 저품질과 고품질 이미지로 표현합니다.
❷ **3/6/16 Colors** : 3단계, 6단계, 16단계 색으로 나눠 표현합니다.
❸ **Shades of Gray** : 이미지를 흑백 명암으로 구분합니다.
❹ **Black and White Logo** : 검은색과 흰색 로고 스타일로 표현합니다.
❺ **Sketched Art** : 스케치 형태로 표현합니다.
❻ **Silhouettes** : 실루엣 형태로 표현합니다.
❼ **Line Art** : 명암의 경계를 선으로 표현합니다.
❽ **Technical Drawing** : 명암의 경계를 둘러싼 선으로 표현합니다.

> **TIP**
> 일러스트레이터에서 Image Trace 기능을 이용하여 비트맵 이미지를 벡터로 변환할 수 있지만 자연스러운 느낌은 훼손될 수밖에 없습니다. 하지만 벡터 이미지로 변환하게 되면 이미지의 색상, 형태 등을 자유롭게 변형하여 일러스트 또는 팝아트와 같이 독특한 느낌의 이미지를 제작할 수 있습니다.

필수기능 02 Image Trace 패널에서 세부적으로 이미지 바꾸기

메뉴에서 (Window) → Image Trace를 실행하면 Image Trace에 관한 세부 옵션을 설정할 수 있는 Image Trace 패널이 표시됩니다.

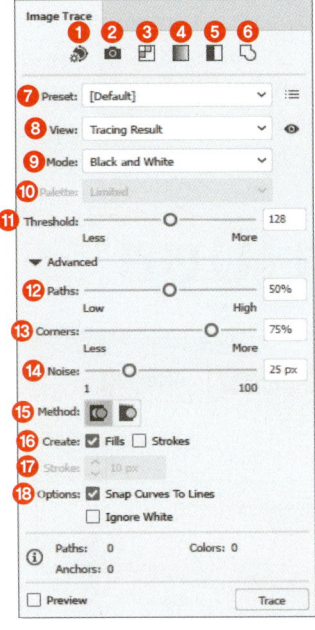

▲ Colors, Paths, Corners, Noise를 각각 최대로 설정한 모습

❶ Auto-Color : 자동으로 색을 추출하여 이미지를 변환합니다.
❷ High Color : 원본 이미지처럼 최적의 색을 추출하여 변환합니다.
❸ Low Color : 비교적 낮은 품질의 색으로 변환합니다.
❹ Grayscale : 회색 계열로 이뤄진 흑백으로 변환합니다.
❺ Black and White : 검은색과 흰색으로 이뤄진 판화처럼 변환합니다.
❻ Outline : 이미지를 외곽선만으로 변환합니다.
❼ Preset : 이미지 상태에 따라 다양한 설정을 가져옵니다.
❽ View : 이미지 보기 형식을 지정합니다. '눈' 아이콘(👁)을 클릭하여 활성화하면 원본 이미지를 표시합니다.
❾ Mode : 색상 모드를 지정합니다.
❿ Palette : 색을 자동으로 만들거나 팔레트를 지정합니다.
⓫ Threshold : 벡터 이미지로 변환할 때 한계치를 설정합니다.
⓬ Paths : 원본 이미지와 변환된 이미지 사이의 거리를 조절합니다.
⓭ Corners : 선명도를 설정하여 곡선이나 회전 각도를 이미지에 반영합니다.
⓮ Noise : 잡티를 조절합니다.
⓯ Method : Image Trace 형식을 지정합니다.
⓰ Create : 선 또는 면을 만듭니다.
⓱ Stroke : 선 두께를 설정합니다.
⓲ Options : Image Trace 옵션을 지정합니다.

실습예제 03 이미지를 일러스트로 바꿔 카드 뉴스 광고 만들기

일러스트레이터에서 작업할 수 있도록 손 그림이나 비트맵 이미지를 벡터 이미지로 변경해서 편집해 봅니다.

● 예제파일 : 05\필라테스.ai, 필라테스.jpg   ● 완성파일 : 05\필라테스_완성.ai

Before

Before

After

01 05 폴더에서 '필라테스.ai' 파일을 불러옵니다. 아트보드 여백에 05 폴더에서 '필라테스.jpg' 이미지도 불러옵니다.

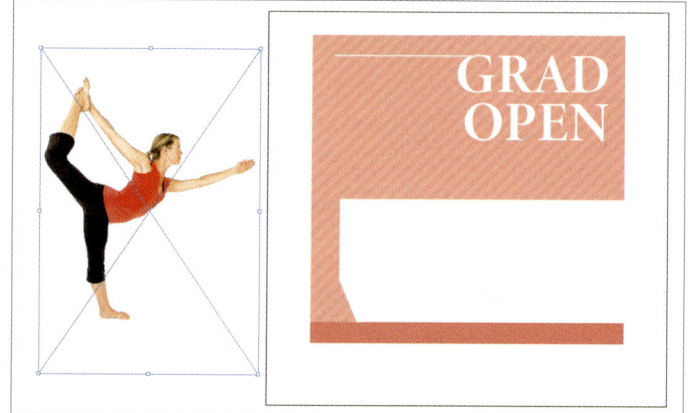

02 이미지가 선택된 상태에서 ❶ Control 패널의 〈Image Trace〉 버튼 오른쪽 팝업 아이콘(☑)을 클릭한 다음 ❷ 'Silhouettes'로 지정합니다.

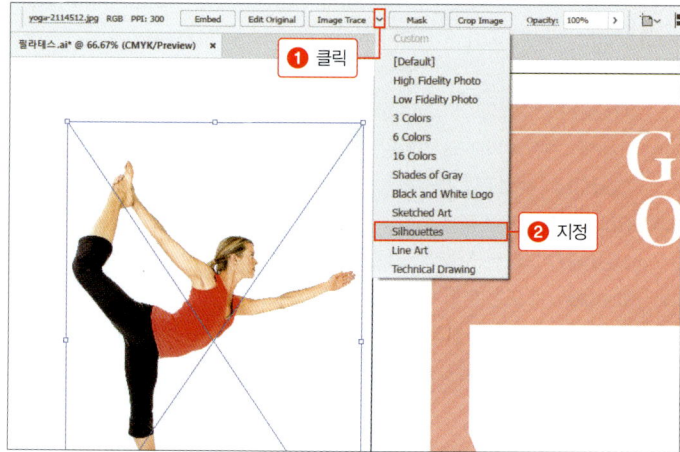

03 ❶ Control 패널에서 〈Expand〉 버튼을 클릭해 비트맵 이미지를 벡터 이미지로 변경합니다. ❷ 직접 선택 도구(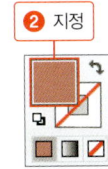)로 ❸ 이미지 주변에 불필요한 요소가 있다면 Delete 를 눌러 삭제합니다.

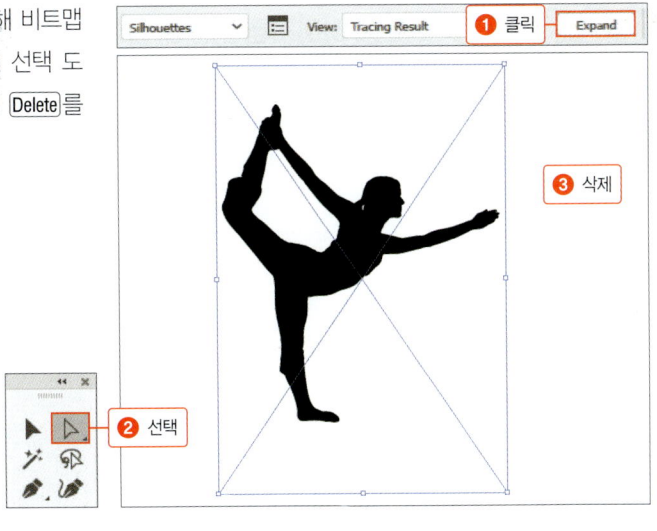

04 ❶ 실루엣 오브젝트를 왼쪽에 배치한 다음 ❷ 면 색을 '#EE706A'로 지정합니다.

05 필라테스에 관한 내용을 입력하여 카드 뉴스 광고를 완성합니다.

TIP
예제에서는 'GRAD OPEN' 문자에 'Minion Variable Concept', '이벤트 기간' 문자에 '나눔스퀘어', '월 10만원' 문자에 '카페24 단정해', 이벤트 내용에 '카페24 단정해' 폰트를 사용했습니다.

실 습 예 제 04 : 비트맵 이미지를 변환해 팝아트 만들기

Image Trace의 강력한 변환 기능을 이용하여 쉽고 빠르게 비트맵 이미지를 벡터 이미지로 바꿀 수 있습니다. Image Trace 명령을 이용하여 비트맵 이미지의 한계를 뛰어넘어 다양한 스타일의 일러스트레이션을 완성해 봅니다.

◎ 예제파일 : 05\라디오.jpg   ◎ 완성파일 : 05\라디오_완성.ai

01 시작 화면에서 〈New file〉 버튼을 클릭합니다. New Document 대화상자가 표시되면 ❶ Width와 Height를 각각 '20Centimeters'로 설정한 다음 ❷ 〈Create〉 버튼을 클릭하여 새 문서를 만듭니다.

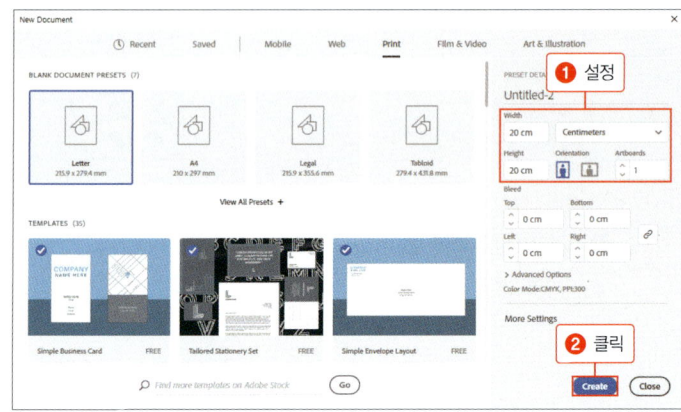

02 ❶ 메뉴에서 (File) → Place를 실행하여 05 폴더에서 '라디오.jpg' 파일을 불러옵니다. ❷ 마우스 커서에 미리 보기 이미지가 표시되면 아트보드를 클릭하여 표시합니다.

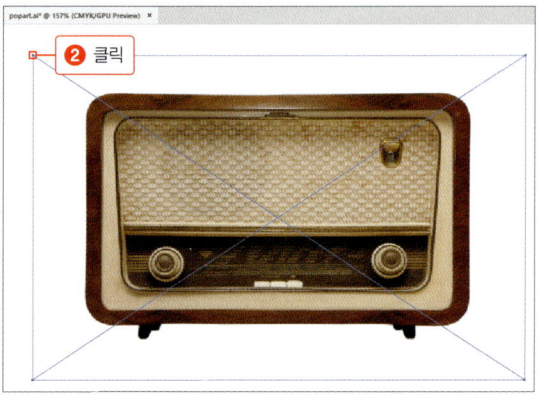

03 ❶ Control 패널에서 〈Image Trace〉 버튼 오른쪽 팝업 아이콘(▼)을 클릭합니다. ❷ 흑백으로 단순화된 벡터 이미지를 표현하기 위해 'Black and White Logo'로 지정합니다.

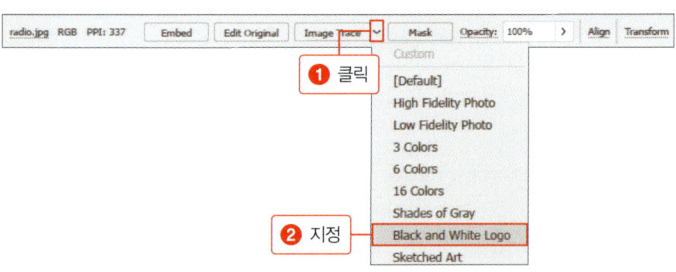

04 ❶ Control 패널에서 'Image Trace Panel' 아이콘(▤)을 클릭합니다. ❷ Image Trace 패널(◉)이 표시되면 Threshold를 세밀하게 설정합니다. ❸ Control 패널에서 〈Expand〉 버튼을 클릭하여 벡터 이미지로 만듭니다.

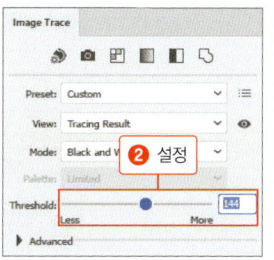

05 ❶ 마술봉 도구(✨)를 선택하고 ❷ 오브젝트의 흰색 부분을 선택한 다음 검은색 부분만 남기기 위해 ❸ Delete 를 눌러 삭제합니다.

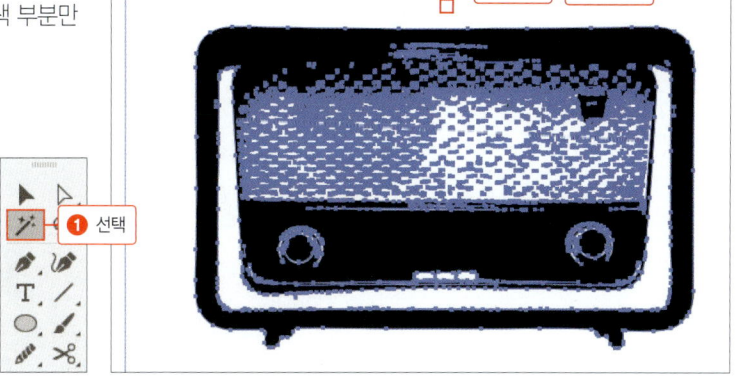

06 라디오 오브젝트를 선택하고 면 색을 'C:0%, M:100%, Y:0%, K:0%'로 지정합니다. 마지막으로 단순한 형태의 오브젝트를 이용하여 라디오 배경을 꾸미고 문자를 입력해서 팝아트 일러스트를 완성합니다.

TIP

Black and White Logo로 지정된 이미지는 Grayscale 색상 모드이므로 Color 패널에서 색을 지정할 때 K 색상 값만 나타나면 '패널 메뉴' 아이콘(≡)을 클릭하고 **CMYK**를 실행하여 색상 모드를 변경한 다음 색상을 지정합니다.

우선순위 | TOP 18　Symbols 패널 • 심볼 도구

심볼 등록과 편집하기

심볼 형태를 직접 만들거나 불러온 다음 등록하면 일러스트에 심볼 오브젝트를 많이 이용하더라도 파일 크기가 늘어나지 않아 편리합니다. 적용된 심볼은 Tools 패널의 8가지 심볼 도구를 이용하여 수정할 수 있습니다.

필수기능 01 Symbols 패널 살펴보기 (중요)

오브젝트를 심볼로 등록하면 많이 이용하더라도 파일 크기가 늘어나지 않아 쉽고 빠른 작업이 가능합니다. 일러스트레이터에서 작업한 모든 오브젝트는 Symbols 패널(♣)로 드래그하여 심볼로 저장할 수 있습니다.

Symbols 패널은 메뉴에서 (Window) → Symbols(Shift+Ctrl+F11)를 실행하여 표시하거나 숨길 수 있습니다. 또한 메뉴에서 (Window) → Symbol Libraries를 실행하여 일러스트레이터에서 제공하는 다양한 심볼들을 이용할 수 있습니다.

▲ 심볼 라이브러리를 이용해 만든 포스터 디자인　▲ 직접 심볼을 등록하여 적용한 일러스트

❶ **Symbol Libraries Menu** : 일러스트레이터에서 제공하는 다양한 심볼 라이브러리를 표시합니다.

❷ **Place Symbol Instance** : Symbols 패널에 저장된 심볼을 화면에 표시합니다.
❸ **Break Link to Symbol** : 아트보드에 적용한 심볼 인스턴스 속성을 해제합니다.
❹ **Symbol Options** : Symbol Options 대화상자를 표시합니다.

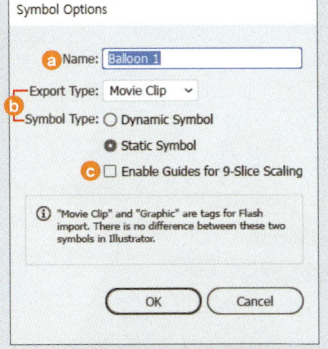 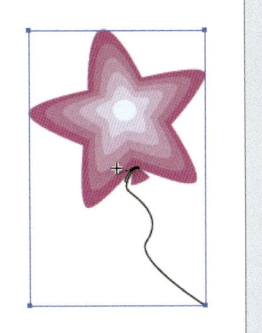

ⓐ **Name** : 심볼 이름을 입력합니다.
ⓑ **Export/Symbol Type** : 그래픽 또는 무비클립 심볼 중에서 선택하여 내보내거나 저장합니다.
ⓒ **Enable Guides for 9-Slice Scaling** : 무비클립 심볼에 관한 복합 스타일 비율을 지정합니다.

❺ **New Symbol** : 아트보드에서 선택한 오브젝트를 새로운 심볼로 등록합니다.
❻ **Delete Symbol** : Symbols 패널에서 선택한 심볼을 삭제합니다.

필수기능 02 심볼 도구 알아보기

8가지 심볼 도구들을 이용하여 심볼의 크기, 간격, 각도, 색상, 불투명도, 스타일을 조절합니다.

❶ **심볼 스프레이어 도구**( ) : Symbols 패널에 등록된 심볼을 아트보드에 드래그하여 나타냅니다.

❷ **심볼 이동 도구**( ) : 심볼을 드래그하여 이동합니다.

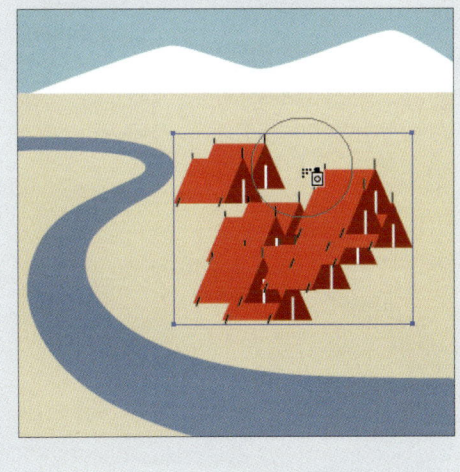 

❸ **심볼 스크런처 도구(**）: 심볼을 드래그하여 안쪽으로 모읍니다. Alt 를 누른 상태로 드래그하면 바깥쪽으로 흩어집니다.

❹ **심볼 크기 조절 도구(**）: 심볼을 드래그하여 확대합니다. Alt 를 누른 상태로 드래그하면 축소됩니다.

❺ **심볼 회전 도구(**）: 심볼을 드래그하여 회전합니다.

❻ **심볼 색조 도구(**）: 심볼을 드래그하여 색을 변경합니다.

❼ **심볼 불투명도 도구(**）: 심볼을 드래그하여 불투명도를 조절합니다.

❽ **심볼 스타일 도구(**）: 심볼을 드래그하여 Graphic Styles 패널( )에 등록된 그래픽 스타일을 적용합니다.

필수기능 03 Symbolism Tools Options 대화상자에서 심볼 설정하기

Tools 패널에서 심볼 관련 도구를 더블클릭하면 Symbolism Tools Options 대화상자가 표시되어 심볼에 관한 다양한 옵션을 설정할 수 있습니다.

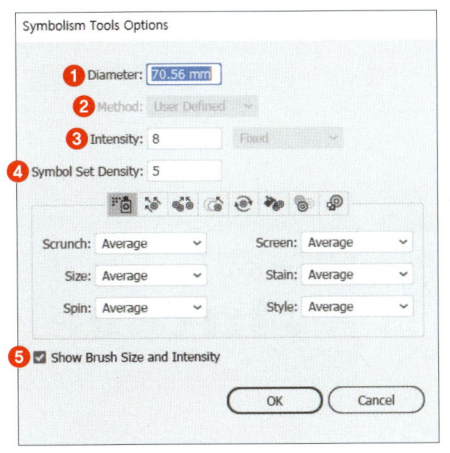

❶ Diameter : 심볼 관련 도구를 이용할 때 브러시 크기를 설정합니다.
❷ Method : 심볼 관련 도구를 이용할 때 Average(평균), User Defined(사용자 지정), Random(불규칙) 중에서 선택합니다.
❸ Intensity : 뿌려지는 심볼의 양을 조절합니다.
❹ Symbol Set Density : 심볼의 밀도를 조절합니다.
❺ Show Brush Size and Intensity : 심볼 관련 도구를 이용할 때 적용되는 브러시 범위를 화면에 표시합니다.

실습예제 04 심볼을 이용하여 빈티지 포스터 디자인하기

일러스트레이터에서 제공하는 다양한 심볼은 등록된 이미지를 이용하므로 용량이 매우 작습니다. 여기서는 기본 심볼을 편집하여 빈티지 포스터 디자인을 만들어 봅니다.

○ 예제파일 : 05\심볼포스터.ai
○ 완성파일 : 05\심볼포스터_완성.ai

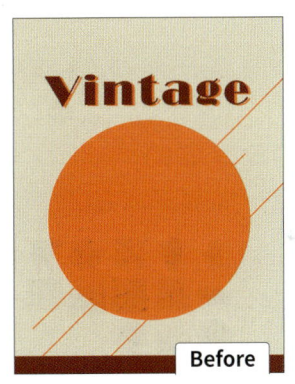
Before

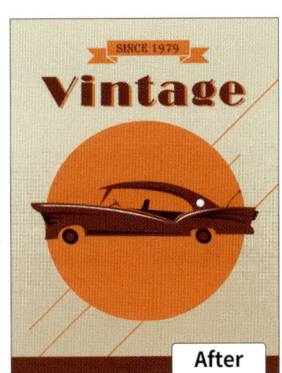
After

01 05 폴더에서 '심볼포스터.ai' 파일을 불러옵니다. 빈티지 포스터를 만들기 위해 메뉴에서 (Window) → Symbols를 실행하여 Symbols 패널(♣)을 표시합니다. 일러스트레이터에서 제공하는 심볼 라이브러리를 불러오기 위해 Symbols 패널 왼쪽 하단의 ❶ 'Symbol Libraries Menu' 아이콘(📚.)을 클릭한 다음 ❷ Tiki를 실행합니다.

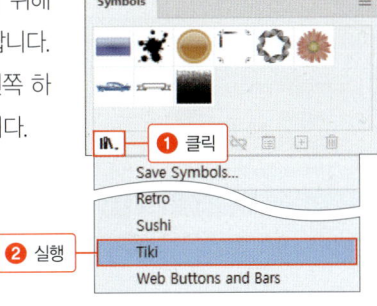

Chapter 05 • 심볼 등록과 편집하기 **349**

02 ❶ 다시 'Symbol Libraries Menu' 아이콘( )을 클릭한 다음 ❷ Regal Vector Pack을 실행합니다.

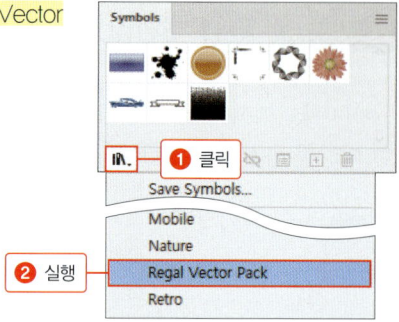

03 ❶ Regal Vector Pack 라이브러리에서 'Regal Vector Pack 04'를 선택하고 아트보드로 드래그한 다음 크기를 조절해서 배치합니다.
❷ Tiki 라이브러리에서 'Automobile'을 선택하고 아트보드로 드래그한 다음 그림과 같이 가운데에 배치하고 ❸ 확대합니다.

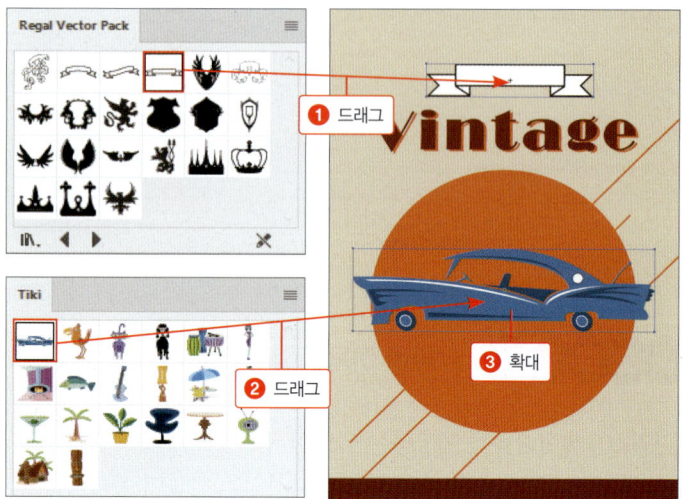

04 심볼 배경을 불러오기 위해 Symbols 패널( )에서 ❶ 'Symbol Libraries Menu' 아이콘( )을 클릭한 다음 ❷ Dot Pattern Vector Pack을 실행합니다. ❸ Dot Pattern Vector Pack 라이브러리에서 'Dot Pattern Vector Pack 10'을 선택하고 아트보드로 드래그합니다.

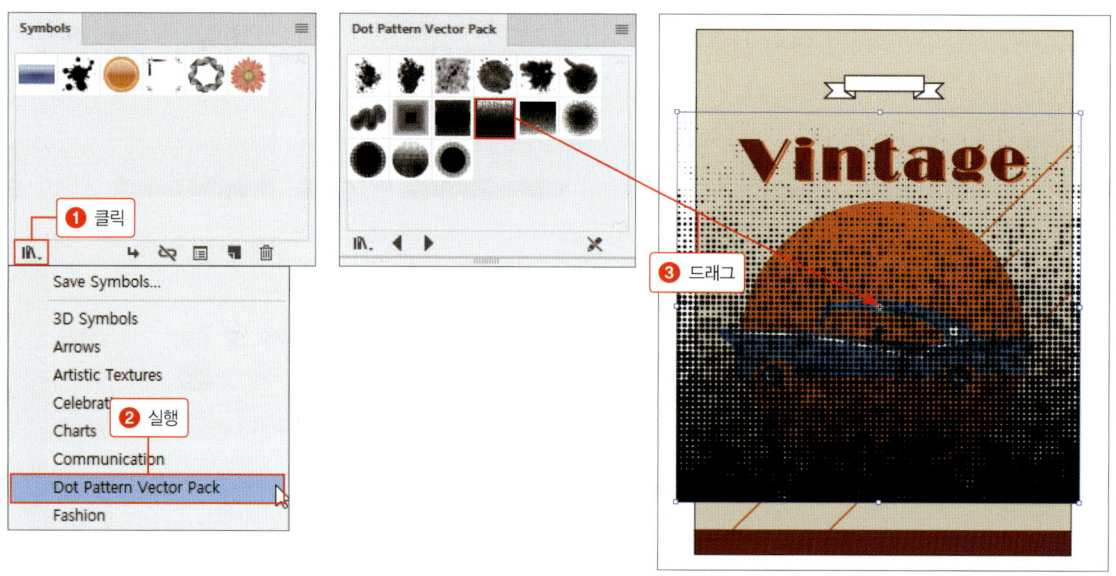

05 ❶ 포스터 너비에 맞게 배경 심볼 크기를 조절합니다. ❷ 선택 도구(▶)로 배경의 미색 사각형 오브젝트와 배경 심볼을 선택하고 ❸ 마우스 오른쪽 버튼을 클릭한 다음 ❹ Arrange → Send to Back(Shift+Ctrl+[)을 실행해 뒤쪽에 배치합니다.

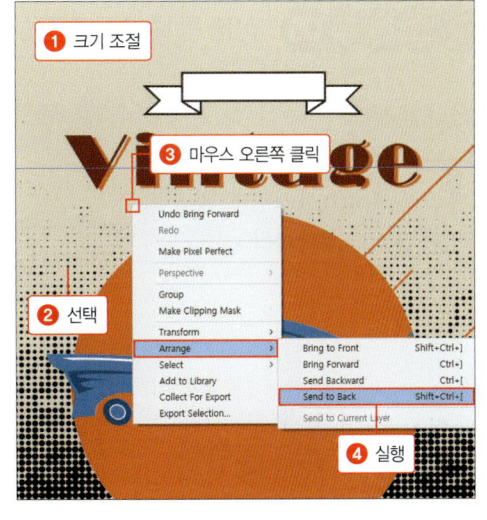

06 심볼을 편집하기 위해 ❶ Shift를 누른 상태로 세 개의 심볼을 선택합니다. ❷ Symbols 패널(▣) 하단의 'Break Link to Symbol' 아이콘(⛓)을 클릭하면 심볼 속성이 해제되고 오브젝트로 변환됩니다.

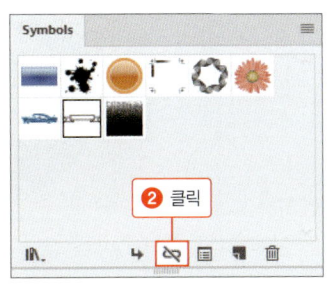

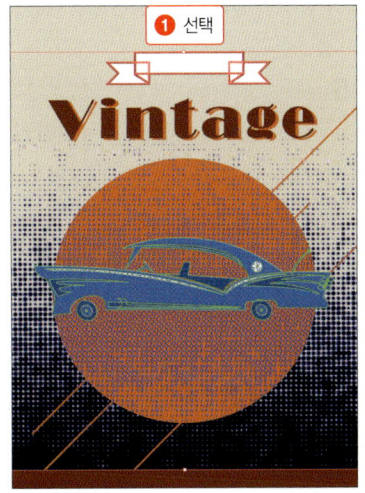

07 ❶ 마술봉 도구(✨)를 이용하여 ❷ 각기 다른 면 색의 오브젝트를 차례로 선택한 다음 각각 포스터에 어울리는 색으로 변경합니다.
❸ 마지막으로 위쪽 리본에는 문자 도구(T)를 이용해서 'Since 1979'를 입력하여 마무리합니다.

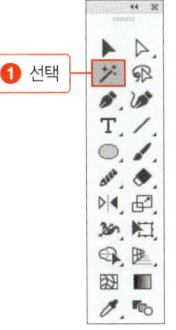

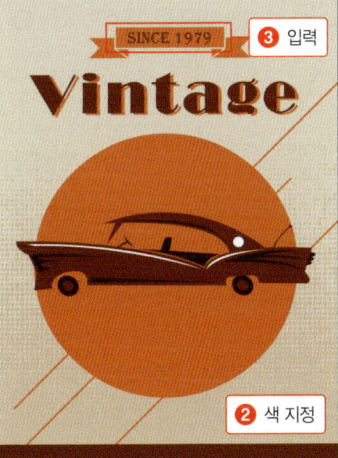

실습예제 05 심볼 등록하고 편집하기 중요 ★★

하나의 문서에서 반복하여 이용하는 오브젝트를 심볼로 등록해서 적용하는 효율적인 그래픽 작업 방법을 살펴봅니다.

- 예제파일 : 05\캠핑장.ai
- 완성파일 : 05\캠핑장_완성.ai

01 05 폴더에서 '캠핑장.ai' 파일을 불러옵니다.

❶ 선택 도구(▶)를 선택한 다음 ❷ 왼쪽 나무를 선택하고 심볼로 등록하기 위해 ❸ Symbols 패널(♣)로 드래그합니다.

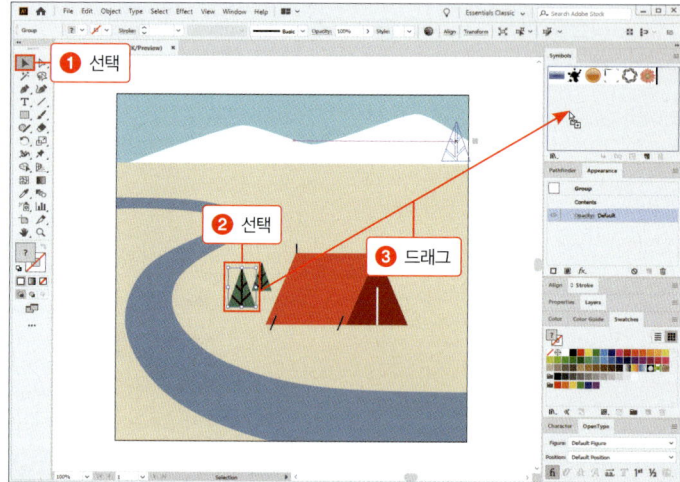

> **TIP**
> Symbols 패널이 안 보이면 메뉴에서 (Window) → **Symbols**를 실행하여 표시합니다.

02 Symbol Options 대화상자가 표시되면 ❶ Name에 'Tree'를 입력하여 심볼 이름을 지정한 다음 ❷ 〈OK〉 버튼을 클릭합니다.

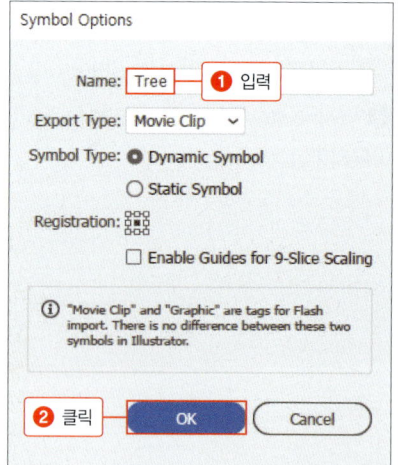

> **TIP**
> Dynamic Symbol을 이용하면 아트보드에 적용한 심볼 인스턴스의 모양이나 속성을 변경해도 Symbols 패널에 등록된 마스터 심볼과 그대로 연결되므로 다양한 마스터 심볼 인스턴스를 만들 수 있습니다. 각각의 심볼 인스턴스에 적용한 수정 사항을 취소하지 않고도 마스터 심볼을 변경하면 자동으로 적용할 수 있어 유용합니다.

03 ❶ Tools 패널에서 심볼 스프레이어 도구( )를 선택한 다음 ❷ 배경에 드래그하여 나무들을 배치합니다.

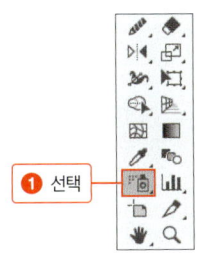

> **TIP**
> 심볼을 개별 편집하기 위해서는 먼저 심볼 오브젝트를 선택하고 메뉴에서 (Object) → Expand를 실행한 다음 그룹 설정을 해제합니다.

04 원하는 위치에 배치되지 않은 심볼은 Alt 를 누른 상태로 클릭해 삭제할 수 있습니다.

05 심볼을 분산하기 위해 ❶ Tools 패널에서 심볼 이동 도구( )를 선택합니다. ❷ 나무를 드래그하여 이동하고 싶은 위치에 배치합니다.

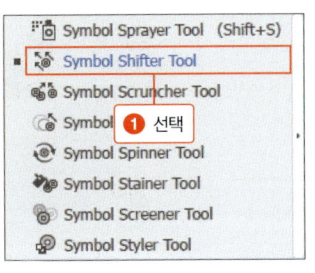

06

이번에는 심볼 크기를 조절하기 위해 ❶ 심볼 크기 조절 도구(　)를 선택합니다. ❷ 확대하고 싶은 나무를 클릭 또는 드래그합니다. 축소하고 싶은 나무는 Alt 를 누른 상태로 클릭 또는 드래그합니다.

07

이번에는 심볼 색을 간편하게 바꾸기 위해 먼저 ❶ 심볼 색조 도구(　)를 선택합니다. ❷ Swatches 패널(　)에서 원하는 색을 지정하고 나무 심볼을 클릭합니다. ❸ 클릭한 부분만 색이 변경됩니다.

08

❶ 심볼 불투명도 도구(　)를 선택한 다음 ❷ 심볼에 클릭하여 불투명도를 적용해서 심볼 디자인을 마무리합니다.

> **TIP**
> 이외에도 심볼을 회전하거나 모으고, 그래픽 스타일을 적용할 수 있는 심볼 도구를 이용해 다양한 형태로 변형할 수 있습니다.

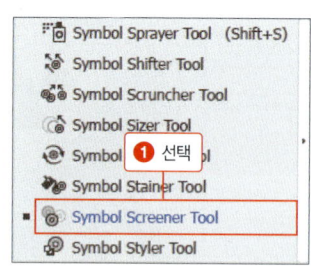

CHAPTER 06

오브젝트 왜곡하기

왜곡 도구를 이용해 오브젝트를 비틀거나 팽창, 구김 등의 다양한 방법으로 변형할 수 있습니다. 이때 문자, 그래프, 심볼 속성은 변형할 수 없으므로 유의합니다. 퍼펫 뒤틀기 도구를 이용해서 애니메이션을 위해 오브젝트를 변형할 수도 있습니다.

필수기능 01 오브젝트를 왜곡하는 왜곡 도구 알아보기

7가지 왜곡 도구를 이용하여 오브젝트를 간단하게 변형할 수 있습니다. 왜곡 도구를 선택한 다음 오브젝트에 드래그하면 해당 부분이 변형됩니다.

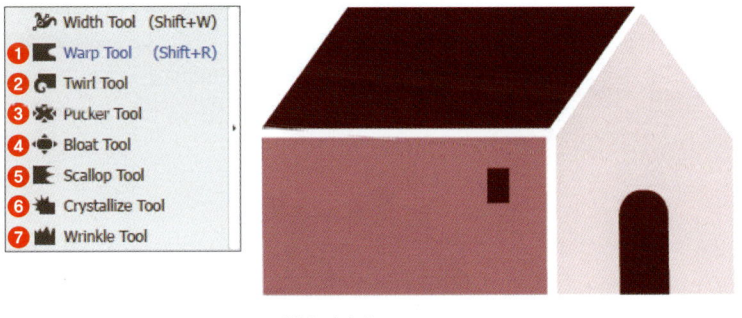

▲ 원본 이미지

> **TIP**
> 왜곡 도구 모음의 첫 번째 도구인 폭 도구는 173쪽에서 자세하게 설명합니다.

❶ 왜곡 도구(▨)로 드래그한 방향대로 변형하기

왜곡 도구(Warp Tool)를 선택한 다음 오브젝트에 드래그하면 드래그한 방향에 따라 오브젝트가 왜곡됩니다. 왜곡 도구를 더블클릭하면 표시되는 Warp Tool Options 대화상자의 Simplify에서 불필요한 기준점을 제거할 수 있습니다. 0.2~100의 수치를 조절하며 수치가 클수록 기준점이 단순해집니다.

❷ 비틀기 도구(▨)로 소용돌이 형태로 변형하기

비틀기 도구(Twirl Tool)를 선택한 다음 오브젝트에 드래그하면 드래그한 방향에 따라 둥글게 소용돌이 형태로 비틀어집니다. 비틀기 도구를 더블클릭하면 표시되는 Twirl Tool Options 대화상자의 Twirl Rate에서 이미지가 비틀어지는 방향을 설정합니다. -180~180°의 수치를 설정할 수 있고, 0°에 가까울수록 비틀어지지 않습니다.

Chapter 06 • 오브젝트 왜곡하기 **355**

❸ 구김 도구(▣)로 구부러진 형태로 변형하기
구김 도구(Pucker Tool)를 선택한 다음 오브젝트에 드래그하면 드래그한 방향에 따라 오브젝트가 구겨진 형태로 축소 및 변형됩니다.

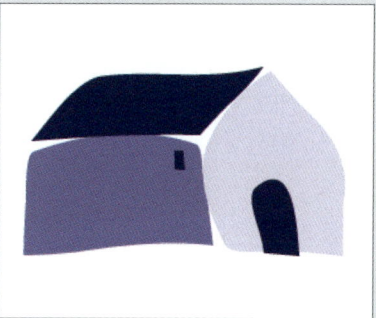

❹ 팽창 도구(▣)로 부풀어진 형태로 변형하기
팽창 도구(Bloat Tool)를 선택한 다음 오브젝트에 드래그하면 드래그한 방향에 따라 오브젝트가 부풀어진 모양으로 팽창됩니다.

❺ 부채꼴 도구(▣)로 안쪽으로 퍼지는 주름 형태로 변형하기
부채꼴 도구(Scallop Tool)를 선택한 다음 오브젝트에 드래그하면 드래그한 방향에 따라 부채꼴 모양의 주름이 만들어집니다.

❻ 크리스털 도구(▣)로 바깥으로 퍼지는 주름 형태로 변형하기
크리스털 도구(Crystallize Tool)를 선택한 다음 오브젝트에 드래그하면 드래그한 방향에 따라 바깥으로 퍼지는 주름이 만들어집니다.

❼ 주름 도구(▣)로 수평/수직 주름 형태로 변형하기
주름 도구(Wrinkle Tool)를 선택한 다음 오브젝트에 드래그하면 드래그한 방향에 따라 수평 또는 수직의 주름이 만들어집니다. 주름 도구를 더블클릭하면 Wrinkle Tool Options 대화상자가 표시되어 세부적으로 설정할 수 있습니다.

필수기능 02 Wrinkle Tool Options 대화상자에서 세밀하게 왜곡 설정하기

왜곡 도구를 더블클릭하면 관련 대화상자가 표시되어 세밀하게 오브젝트를 변형할 수 있습니다. 여기서는 Wrinkle Tool Options 대화상자를 살펴보면서 세부 설정에 대해 알아봅니다.

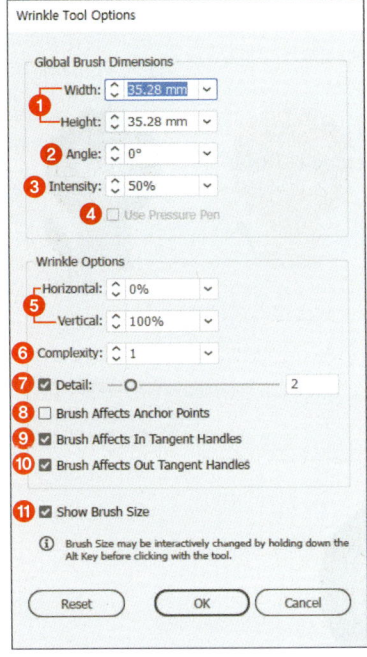

▲ 원본 선인장과 크리스털 도구의 Detail을 '3'으로 설정한 다음 왜곡한 선인장

❶ **Width/Height** : 브러시 크기를 설정합니다.
❷ **Angle** : 브러시 각도를 설정합니다.
❸ **Intensity** : 브러시 강도를 설정합니다.
❹ **Use Pressure Pen** : 태블릿 펜을 이용할 때만 활성화됩니다.
❺ **Horizontal/Vertical** : 조절점으로부터 수평/수직으로 얼마만큼의 간격으로 위치할 것인지 설정합니다. 수치가 클수록 간격이 멀어집니다.
❻ **Complexity** : 브러시 세부 항목을 조절하여 오브젝트 외곽의 간격을 설정합니다. 수치가 클수록 주름 형태가 더욱 세밀해집니다.
❼ **Detail** : 오브젝트 바깥 기준점 사이 간격을 조절합니다. 수치가 클수록 기준점 사이가 가까워집니다.
❽ **Brush Affects Anchor Points** : 브러시가 기준점에 영향을 줍니다. 체크 표시하면 기준점을 중심으로 주름이 모여듭니다.
❾ **Brush Affects In Tangent Handles** : 브러시가 기준점의 방향선 접선 안으로 영향을 줍니다. 체크 표시하면 'Brush Affects Anchor Points'를 적용할 수 없습니다.
❿ **Brush Affects Out Tangent Handles** : 브러시가 기준점의 방향선 접선 바깥으로 영향을 줍니다.
⓫ **Show Brush Size** : 문서에 브러시 크기가 표시됩니다.

> **TIP**
> Wrinkle Tool Options 대화상자는 주름 도구(🔲)를 더블클릭하면 표시됩니다. 대화상자에서 수치를 입력하여 왜곡 정도를 조절할 수 있으며, 오브젝트를 길게 클릭하여 왜곡을 적용합니다.

실습예제 03 왜곡 도구로 다양하게 오브젝트 왜곡하기

왜곡 도구는 이용 방법에 따라 일곱 가지 도구로 나뉘며, 오브젝트를 비틀거나 구겨서 불규칙한 재미를 나타낼 수 있습니다. 여기서는 기본 도형을 이용한 캐릭터를 자유롭게 왜곡하여 다양한 헤어스타일을 만들어 봅니다.

◉ 예제파일 : 05\삼총사.ai   ◉ 완성파일 : 05\삼총사_완성.ai

Before

After

01 05 폴더에서 '삼총사.ai' 파일을 불러옵니다.

02 ❶ Tools 패널에서 비틀기 도구(🌀)를 선택하고 ❷ 더블클릭합니다. Twirl Tool Options 대화상자가 표시되면 Global Brush Dimensions에서 ❸, ❹, ❺ Width와 Height를 각각 '30pt'로 설정한 다음 ❻ 〈OK〉 버튼을 클릭해 브러시 크기를 조절합니다.

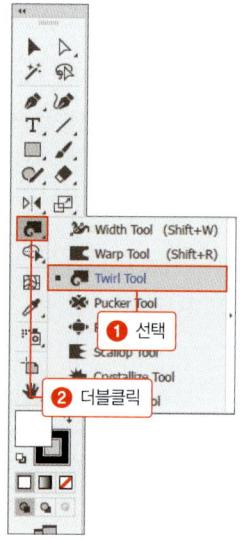
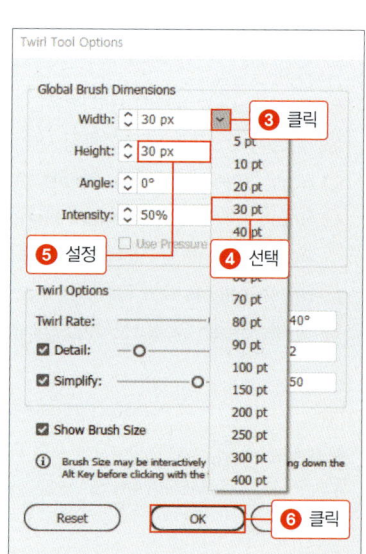

03 선택 도구(▶)로 첫 번째 캐릭터의 머리 부분을 선택한 다음 ❶ 비틀기 도구(⟲)를 선택하고 ❷ 오브젝트를 클릭합니다. 클릭한 부분을 중심으로 양 캐릭터의 헤어스타일이 소용돌이 모양으로 왜곡됩니다.

04 화면을 확대하고 이번에는 ❶ 왜곡 도구(◧)를 선택한 다음 ❷ 양의 꼬리 끝부분을 원하는 방향으로 드래그합니다. 흔들리듯 왜곡됩니다.

05 ❶ Tools 패널에서 크리스털 도구(✸)를 선택하고 ❷ 더블클릭합니다.
Crystallize Tool Options 대화상자가 표시되면 Global Brush Dimensions에서 ❸, ❹, ❺ Width와 Height를 각각 '150pt'로 설정한 다음 ❻ 〈OK〉 버튼을 클릭하여 브러시 크기를 조절합니다.

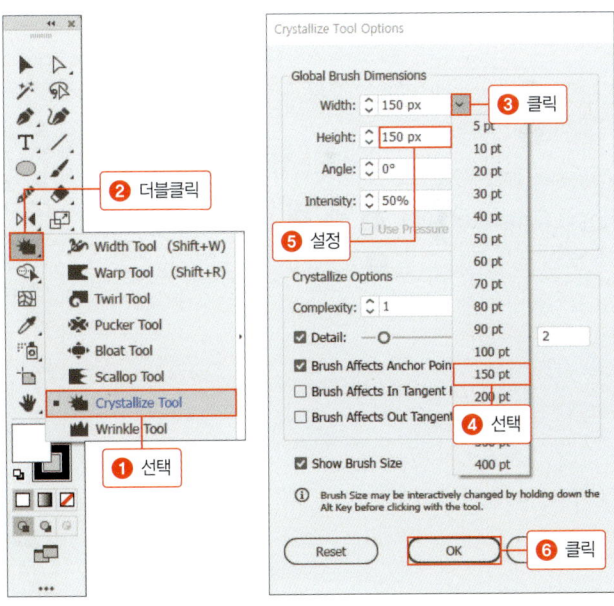

Chapter 06 · 오브젝트 왜곡하기 359

06 두 번째 사자 캐릭터의 머리 부분을 선택한 다음 ❶ 크리스털 도구(📋)로 ❷ 원의 중심에 맞춰 잠시 클릭하면 외곽선이 마우스 커서를 중심으로 바깥쪽으로 퍼지면서 뾰족한 곡선이 추가됩니다.

07 ❶ 폭 도구(📋)를 선택한 다음 ❷ 사자의 꼬리 끝 갈색 선 중간 지점을 클릭하고 바깥쪽으로 살짝 드래그하여 폭을 늘립니다. 끝이 뭉툭한 사자 꼬리가 만들어집니다.

08 ❶ Tools 패널에서 주름 도구(📋)를 선택하고 ❷ 더블클릭합니다.
Wrinkle Tool Options 대화상자가 표시되면 Global Brush Dimensions에서 ❸, ❹, ❺ Width, Height를 각각 '50pt'로 설정한 다음 ❻ 〈OK〉 버튼을 클릭하여 브러시 크기를 조절합니다.

 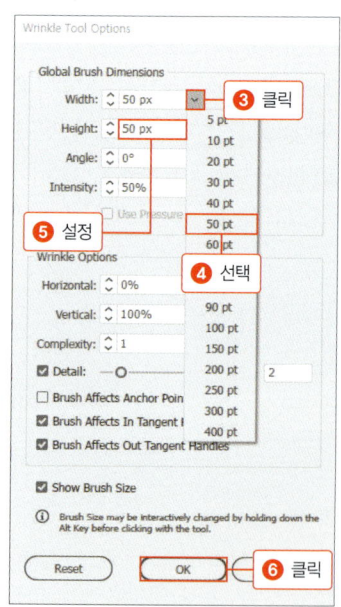

09 세 번째 고양이 캐릭터의 머리 부분을 선택한 다음 ❶ 주름 도구(📛)를 이용하여 ❷ 클릭하거나 드래그하면 외곽선에 주름과 같은 작은 곡선이 추가됩니다. 꼬리도 드래그하여 주름을 추가합니다.

10 작업 화면을 축소하여 여러 가지 왜곡 도구들을 이용해서 각각 다르게 변형된 캐릭터들의 재미있는 헤어스타일을 확인합니다.

실습예제 04 퍼펫 뒤틀기 도구를 이용해 캐릭터 움직이기

퍼펫 뒤틀기 도구를 이용하면 오브젝트를 비틀고 왜곡 및 변형할 수 있습니다. 퍼펫 뒤틀기 도구를 선택한 다음 일러스트에 핀을 추가하고 이동 및 회전하여 원하는 대로 동작이나 변형된 형태를 매끄럽게 나타내 봅니다.

- 예제파일 : 05\퍼펫.ai
- 완성파일 : 05\퍼펫_완성.ai

01 05 폴더에서 '퍼펫.ai' 파일을 불러옵니다. ❶ 선택 도구(▶)로 ❷ 변형할 일러스트를 선택합니다.

02 ❶ Tools 패널에서 퍼펫 뒤틀기 도구(★)를 선택합니다. ❷ 고정할 영역을 클릭하여 핀을 생성하고 ❸ 이어서 변형할 영역을 클릭하여 핀을 추가합니다. ❹ 계속해서 핀을 추가할 부분을 클릭합니다.

자연스러운 동작을 만들기 위해서는 핀을 세 개 이상 만듭니다.

TIP
오브젝트를 선택한 다음 퍼펫 뒤틀기 도구를 선택하면 자동으로 퍼펫 기준점이 추가됩니다.

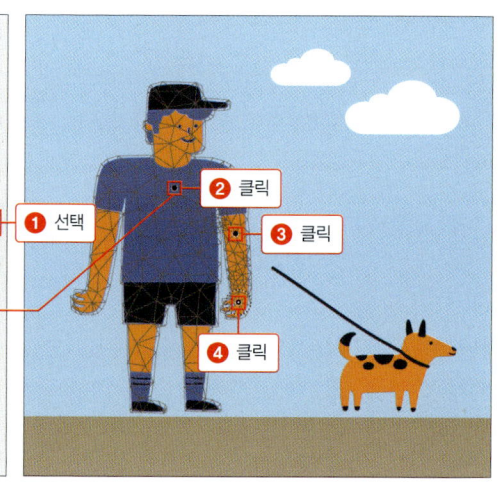

03 변형할 영역의 핀을 드래그하여 그림과 같이 이동합니다. 인접한 핀 영역은 그대로 유지합니다.

드래그

TIP

일러스트가 자연스럽게 변형되는 그물망 형태인 메시는 불필요한 경우 비활성화할 수 있습니다. Properties 패널이나 Control 패널에서 'Show Mesh'의 체크 표시를 해제합니다. Expand Mesh를 설정하여 영향을 받는 영역을 늘리거나 줄일 수 있습니다.

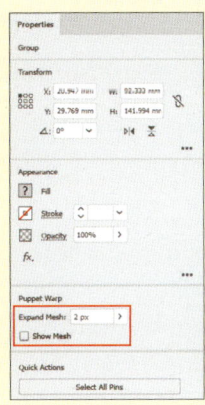 

04 캐릭터의 팔다리를 이동하기 위해 관절 위치에 핀을 추가하고 고정 영역을 만듭니다. 움직이는 부분에 핀을 추가한 다음 드래그하여 캐릭터 포즈를 변형합니다.

TIP

여러 개의 핀을 선택하려면 Shift 를 누른 상태로 해당 핀을 클릭하거나 Control 패널에서 〈Select All Pins〉 버튼을 클릭합니다. 선택한 핀을 제거하려면 Delete 를 누릅니다. 선택한 핀 주위로 일러스트 변경을 제한하려면 Alt 를 누른 상태로 드래그합니다.

• 그래프 도구

정보의 시각화, 인포그래픽 만들기

데이터를 효과적으로 정확하게 전달하는 그래프를 만들기 위해 일러스트레이터의 정밀한 그래프 제작 도구를 이용하면 작업 시간을 단축시킬 수 있습니다.

필수기능 01 인포그래픽을 위한 그래프 도구 알아보기

그래프 도구 관련 대화상자를 이용하여 복잡한 자료와 데이터를 바탕으로 그래프를 만들어 봅니다.

그래프 도구로 다양한 그래프 만들기

9가지 그래프 도구로 다양한 형태의 그래프를 만들어 인포그래픽을 디자인할 수 있습니다.

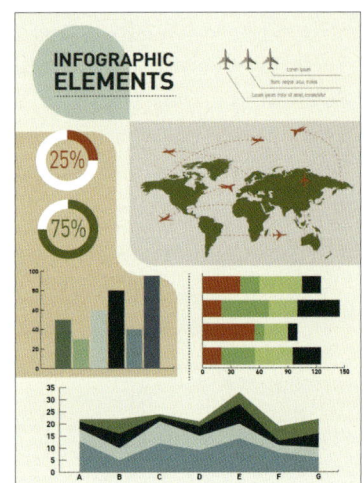

▶ 다양한 그래프를 이용하여 완성한 인포그래픽

❶ 세로 막대 그래프 도구(　)
세로 막대 그래프 도구(Column Graph Tool)를 이용하면 일반적인 세로 형태 막대 그래프를 만들 수 있습니다.

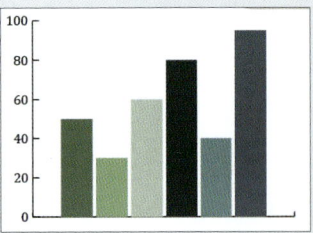

❷ 분할 세로 막대 그래프 도구(　)
분할 세로 막대 그래프 도구(Stacked Column Graph Tool)를 이용하면 두 가지 이상의 정보가 하나의 세로 막대에 누적되어 표시되는 분할 세로 막대 그래프를 만들 수 있습니다.

❸ 가로 막대 그래프 도구( )
가로 막대 그래프 도구(Bar Graph Tool)를 이용하면 가로 막대로 구성되는 그래프를 만들 수 있습니다.

❹ 분할 가로 막대 그래프 도구( )
분할 가로 막대 그래프 도구(Stacked Bar Graph Tool)를 이용하면 두 가지 이상의 정보가 하나의 가로 막대에 누적되어 표시되는 분할 가로 막대 그래프를 만들 수 있습니다.

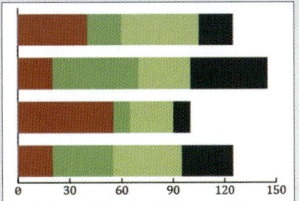

❺ 선 그래프 도구( )
선 그래프 도구(Line Graph Tool)를 이용하면 데이터가 점으로 표시되어 이어지는 선 그래프를 만들 수 있습니다. 점과 점을 직선으로 연결하므로 데이터 변화를 쉽게 알아볼 수 있습니다.

❻ 영역 그래프 도구( )
영역 그래프 도구(Area Graph Tool)를 이용하면 서로 다른 정보의 종합과 변화를 쉽게 파악하기 위한 영역 그래프를 만들 수 있습니다.

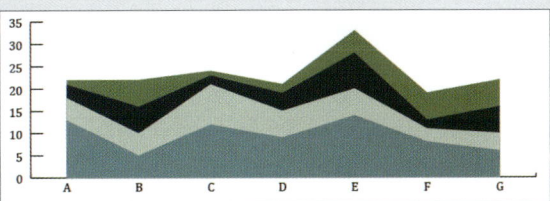

❼ 분산 그래프 도구( )
분산 그래프 도구(Scatter Graph Tool)를 이용하면 데이터를 X, Y 좌표 위에 점 위치로 나타내는 분산 그래프를 만들 수 있습니다.

❽ 파이 그래프 도구( )
파이 그래프 도구(Pie Graph Tool)를 이용하면 전체 데이터에서 하나의 데이터가 차지하는 비율을 확인하는 파이 그래프를 만들 수 있습니다.

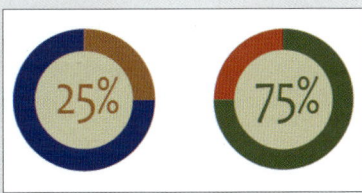

❾ 레이더 그래프 도구( )
레이더 그래프 도구(Radar Graph Tool)를 이용하면 방사형으로 분할되어 점 위치로 데이터 변화를 쉽게 확인하는 레이더 그래프를 만들 수 있습니다.

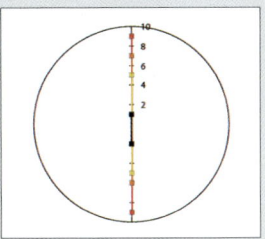

Graph Type 대화상자를 이용해 그래프 설정하기

메뉴에서 (Object) → Graph → Type을 실행하면 그래프 형태를 선택하거나 옵션을 설정할 수 있는 Graph Type 대화상자가 표시됩니다.

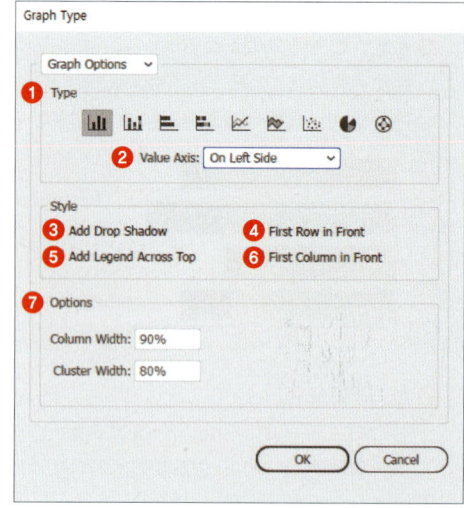

❶ **Type** : 9가지 그래프 중에서 형태를 선택합니다.
❷ **Value Axis** : 축의 위치를 지정하며, 만들어진 그래프의 왼쪽, 오른쪽, 양쪽에 축이 위치합니다.
❸ **Add Drop Shadow** : 그래프에 그림자를 만듭니다.
❹ **First Row in Front** : 그래프 범위가 겹치는 방식을 조절합니다. 세로 막대 그래프 및 가로 막대 그래프에 유용합니다.
❺ **Add Legend Across Top** : 그래프 종류가 표시되는 위치를 위로 정합니다.
❻ **First Column in Front** : 데이터 입력 창에 입력한 첫 번째 열을 맨 위로 가져옵니다. 이 옵션에 따라 Column Width가 100%보다 큰 세로 막대 그래프와 분할 세로 막대 그래프 또는 Bar Width가 100%보다 큰 가로 막대 그래프와 분할 가로 막대 그래프에서 맨 위에 표시되는 열이 결정됩니다.
❼ **Options** : 그래프 옵션을 설정하며, 그래프 형식에 따라 다른 옵션이 표시됩니다.

데이터 입력 창에서 데이터 입력하기

메뉴에서 (Object) → Graph → Data를 실행하면 데이터 입력 창이 표시되어 수치를 입력해서 정확한 데이터 그래프를 만들 수 있습니다.

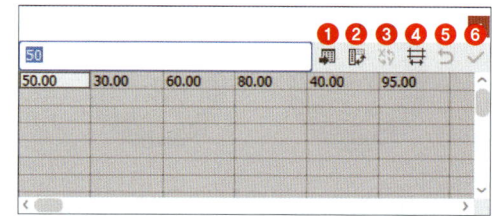

❶ **Import data** : 문자 형식의 데이터 파일을 불러올 수 있습니다.
❷ **Transpose row/column** : 입력된 표의 가로와 세로 배열을 교체합니다.
❸ **Switch x/y** : 분산 그래프일 때 이용할 수 있으며, X/Y 좌표를 서로 교체합니다.
❹ **Cell style** : 셀에 넘치는 문자는 가려지므로 셀 크기를 확대할 때 이용합니다.
❺ **Revert** : 데이터를 초기 값으로 되돌립니다.
❻ **Apply** : 그래프에 설정 값이 적용됩니다.

실습예제 02 | 인포그래픽을 위한 그래프 디자인하기

정보, 자료 또는 지식의 시각적 표현을 위해 여러 가지 그래프 도구 관련 대화상자를 이용하여 인포그래픽을 디자인해 봅니다.

◎ 예제파일 : 05\인포그래픽.ai   ◎ 완성파일 : 05\인포그래픽_완성.ai

01 05 폴더에서 '인포그래픽.ai' 파일을 불러옵니다.
먼저 세로 막대 그래프를 만들기 위해 ❶ 세로 막대 그래프 도구(📊)를 선택한 다음 ❷ 그림과 같이 아트보드 왼쪽에 드래그합니다.

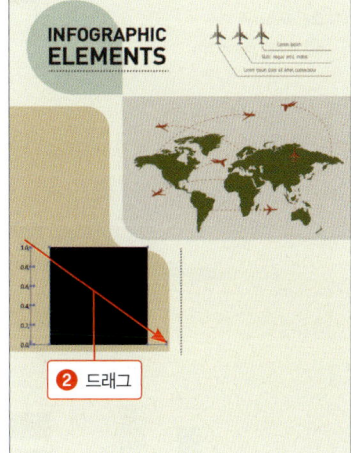

TIP
인포그래픽(Infographics)은 복잡한 정보를 빠르고 명확하게 설명해야 하는 기호, 지도, 기술 문서 등에서 이용합니다. 일러스트레이터의 깔끔하고 선명한 벡터 그래픽 및 다양한 그래프 도구를 이용하여 데이터 시각화를 높일 수 있습니다.

02 데이터 입력 창이 표시되면 ❶ 오른쪽의 데이터를 기준으로 수치를 입력한 다음 ❷ 'Apply' 아이콘(✓)을 클릭하고 ❸ 창을 닫습니다.

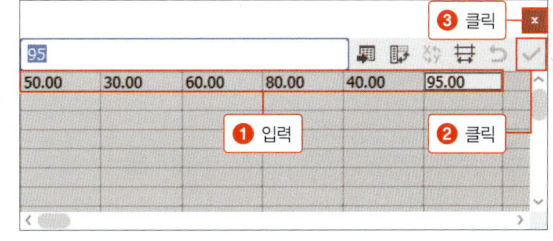

03 그래프 색을 변경하기 위해 먼저 ❶ 직접 선택 도구(▷)를 선택합니다. ❷ 그래프의 막대를 선택한 다음 ❸ 면과 선 색을 지정하여 색을 바꿉니다.

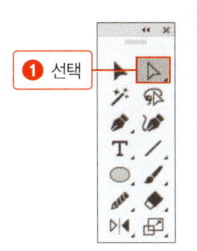
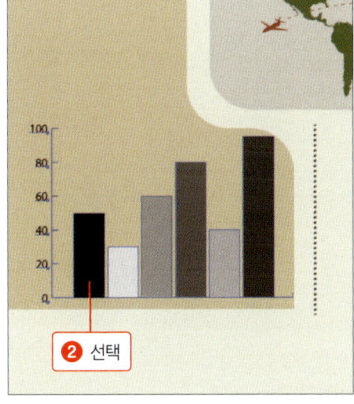
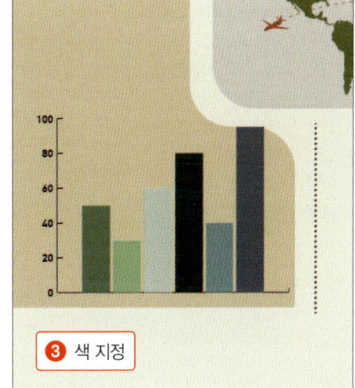

04 이번에는 가로 형태의 누적 막대 그래프를 만들기 위해 ❶ Tools 패널에서 분할 가로 막대 그래프 도구(圖)를 선택한 다음 ❷ 아트보드 오른쪽 여백에 맞춰 드래그합니다. 데이터 입력 창이 표시되면 ❸ 다음의 데이터를 기준으로 수치를 입력한 다음 ❹ 'Apply' 아이콘(✔)을 클릭하고 ❺ 창을 닫습니다.

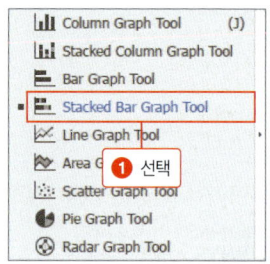
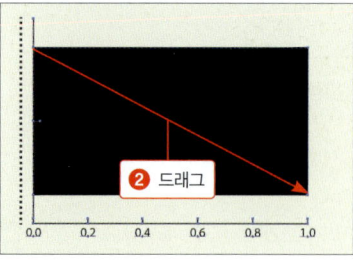
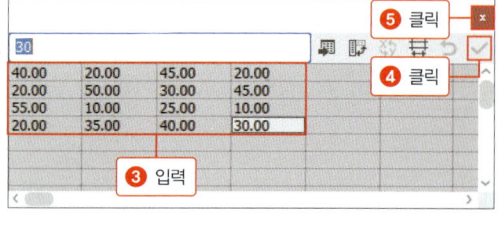

05 분할 가로 막대 그래프를 편집하기 위해 직접 선택 도구(▷)를 이용하여 그래프의 각 영역을 선택한 다음 면과 선 색을 지정하여 색을 바꿉니다.

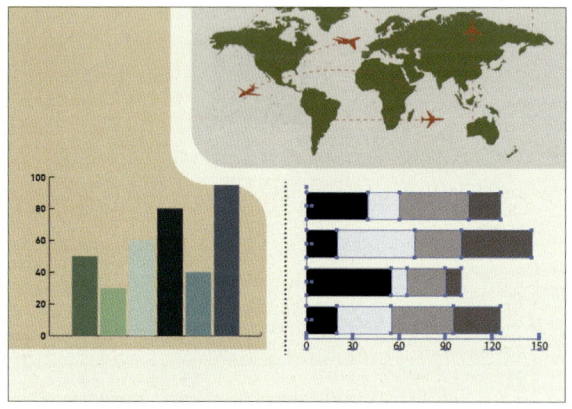
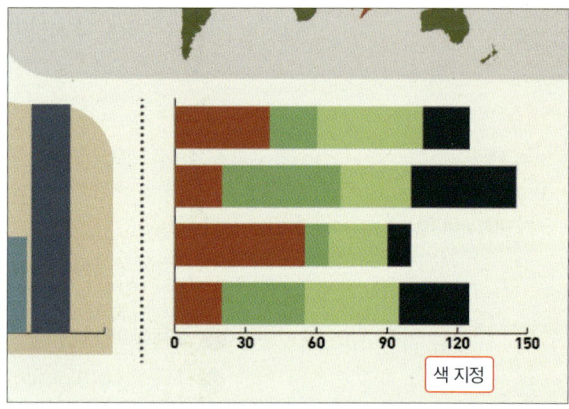

06 추가로 영역 그래프를 만들기 위해 ❶ Tools 패널에서 영역 그래프 도구(◪)를 선택한 다음 ❷ 아트보드 아래에 드래그합니다. 데이터 입력 창이 표시되면 ❸ 다음과 같이 데이터를 입력한 다음 ❹ 'Apply' 아이콘(✔)을 클릭하고 ❺ 창을 닫습니다.

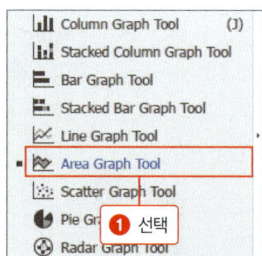
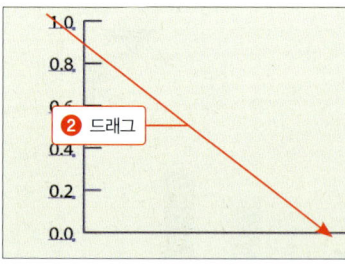

07 그래프를 편집하기 위해 ❶ 선택 도구( )로 그래프 위치를 알맞게 이동합니다. ❷ 직접 선택 도구( )로 Y축 수치를 드래그하여 선택하고 ❸ Character 패널( )에서 글꼴 크기를 '12pt'로 지정합니다. ❹ 같은 방법으로 X축 수치를 드래그하여 선택한 다음 스포이트 도구( )로 Y축 문자를 클릭해서 같은 속성을 지정합니다.

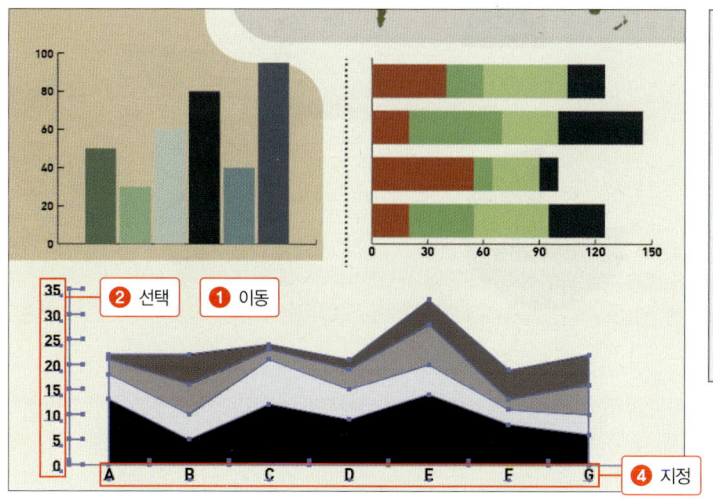
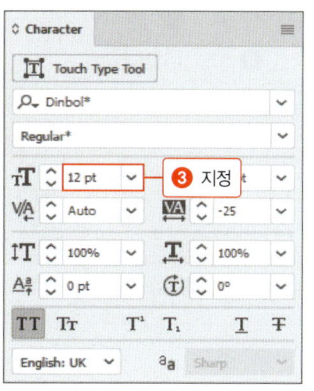

08 직접 선택 도구( )를 이용해 영역 그래프의 각 영역을 선택하고 면과 선 색을 지정해서 색을 바꿉니다.

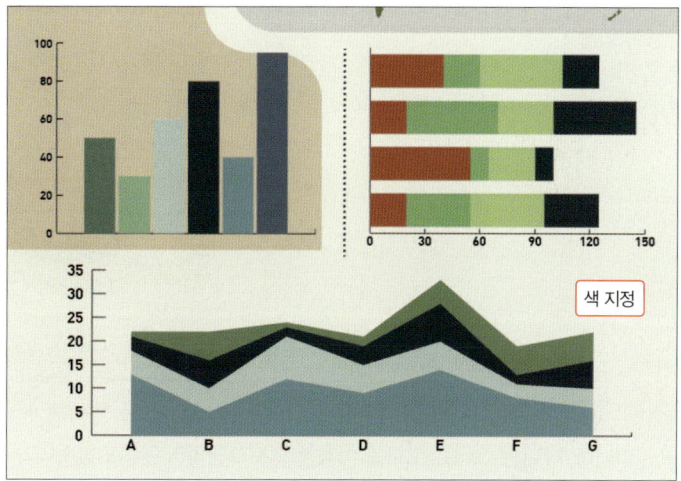

09 이번에는 원형 그래프를 그리기 위해 ❶ 파이 그래프 도구( )를 선택하고 ❷ 왼쪽 상단 여백에 맞춰 드래그합니다. 데이터 입력 창이 표시되면 ❸ 다음과 같이 데이터를 입력한 다음 ❹ 'Apply' 아이콘( )을 클릭하고 ❺ 창을 닫습니다.

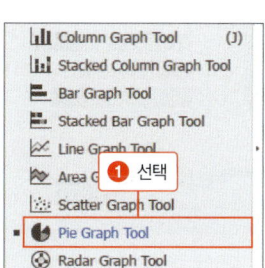
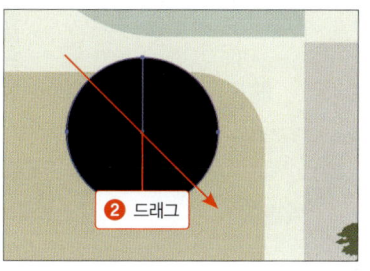
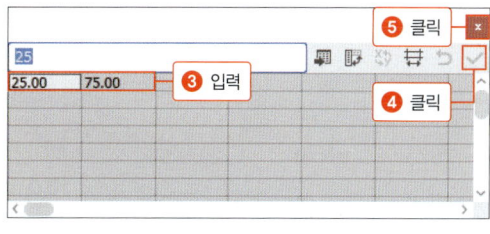

Chapter 07 • 정보의 시각화, 인포그래픽 만들기   369

10 파이 그래프를 복제하기 위해 ❶ 선택 도구(▶)로 그래프를 선택하고 Alt + Shift 를 누른 상태로 드래그합니다. 데이터 입력 창에 ❷ 데이터를 입력하고 ❸ 'Apply' 아이콘(✓)을 클릭한 다음 ❹ 창을 닫습니다.

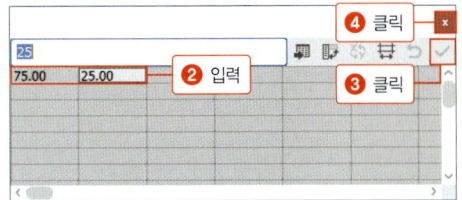

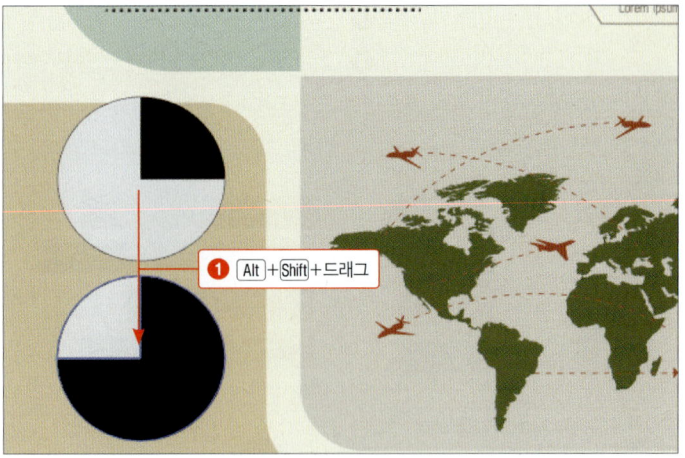

11 면 색을 오른쪽 지도와 같은 색으로 지정하여 그래프 색을 수정합니다.

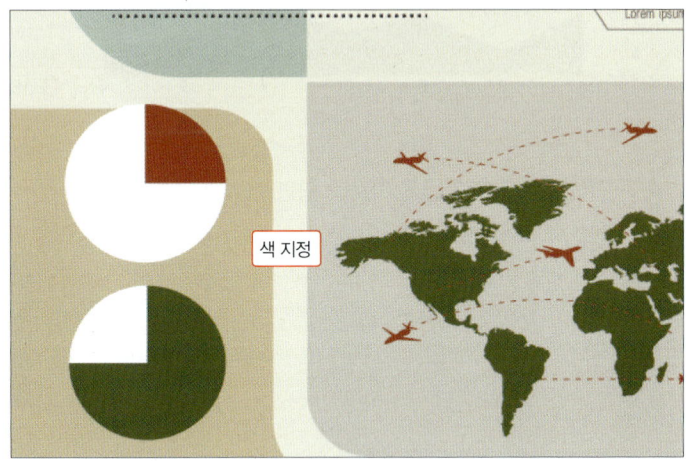

12 원 도구(◯)를 이용하여 파이 그래프 가운데 원형 오브젝트를 만듭니다. 문자 도구(T)로 원 안에 그래프 수치를 따로 입력해 정보를 표시합니다. 다양한 그래프 도구를 이용한 인포그래픽이 완성되었습니다.

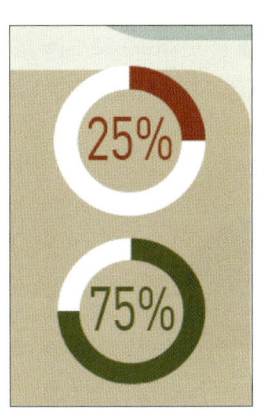

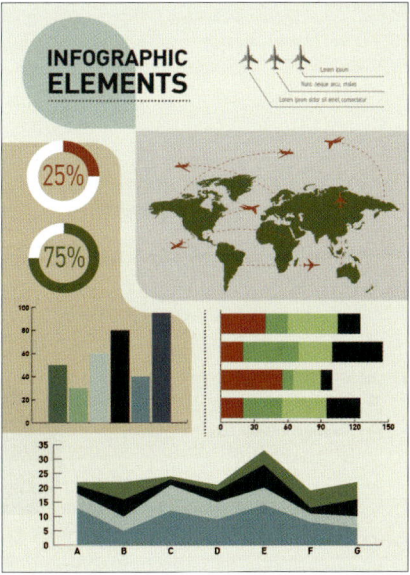

필수기능 03 그래프에 디자인 적용하기

시각적 효과를 높이기 위해 오브젝트를 그래프 디자인으로 등록하여 감각적인 그래프를 디자인합니다.

그래프 디자인 등록하기 – Graph Design 대화상자

데이터를 바탕으로 그래프를 만든 다음 메뉴에서 (Object) → Graph → Design을 실행합니다. Graph Design 대화상자가 표시되면 원하는 이미지를 등록하여 그래프에 적용할 수 있습니다.

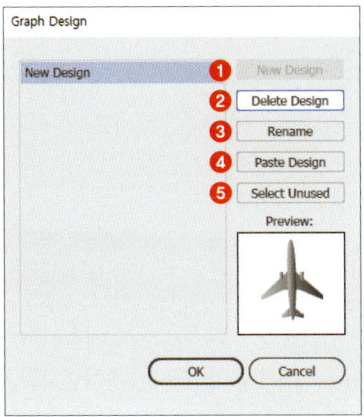

❶ New Design : 오브젝트를 선택하여 새로운 디자인으로 등록합니다.
❷ Delete Design : 만든 그래프 디자인을 삭제합니다.
❸ Rename : 선택된 그래프 디자인 이름을 바꿉니다.
❹ Paste Design : 선택된 디자인을 변형하여 다시 등록할 때 이용합니다.
❺ Select Unused : 문서에서 이용하지 않은 그래픽 디자인을 선택합니다.

그래프에 일러스트 적용하기 – Graph Column 대화상자

일러스트를 그래프 디자인으로 등록한 다음 막대 그래프와 오브젝트를 함께 선택합니다. 메뉴에서 (Object) → Graph → Column을 실행하면 표시되는 Graph Column 대화상자에서 세로/가로 막대 그래프에 이미지를 적용할 수 있습니다. 네 가지 스타일을 알맞게 지정하여 다양한 그래프를 만들어 봅니다.

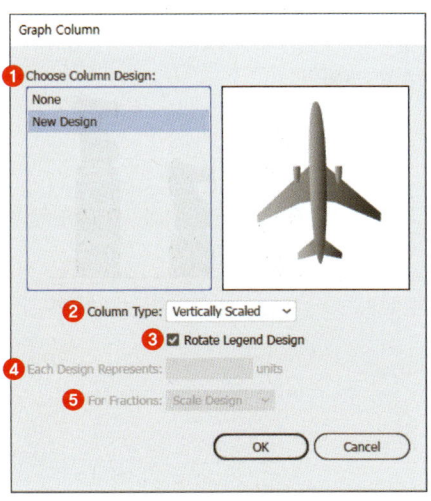

❶ Choose Column Design : 그래프에 적용할 디자인을 지정합니다.
❷ Column Type : 막대에 표시할 그래프 디자인을 지정합니다. Vertically Scaled(늘리기), Uniformly Scaled(크기 조절하기), Repeating(반복하기), Sliding(중간 부분 늘리기) 중에서 지정할 수 있습니다.
❸ Rotate Legend Design : 범례를 회전하여 표시합니다.
❹ Each Design Represents : Column Type이 'Repeating'으로 지정되면 활성화되며, 적용할 그래프 크기를 조절합니다.
❺ For Fractions : 부족한 부분의 디자인을 잘라서 표시할지, 크기를 조절해 표시할지 지정합니다.

마커 디자인 적용하기 – Graph Marker 대화상자

Marker(마커)는 그래프에 삽입되는 사각형의 점을 의미합니다. 메뉴에서 (Object) → Graph → Marker를 실행하면 표시되는 Graph Marker 대화상자에서 선 그래프나 분산 그래프, 레이더 그래프에 원하는 이미지를 적용할 수 있습니다.

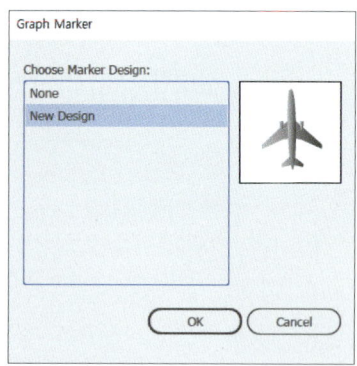

실습예제 04 그래프 요소 수정하여 디자인하기

실무에서 그래프 활용도가 높아지고 있는 가운데 메뉴에서 (Object) → Graph → Design을 실행하면 독창적인 형태의 그래프도 얼마든지 만들 수 있습니다. 일러스트를 이용한 그래프를 만들어 봅니다.

- 예제파일 : 05\비숍.ai
- 완성파일 : 05\비숍_완성.ai

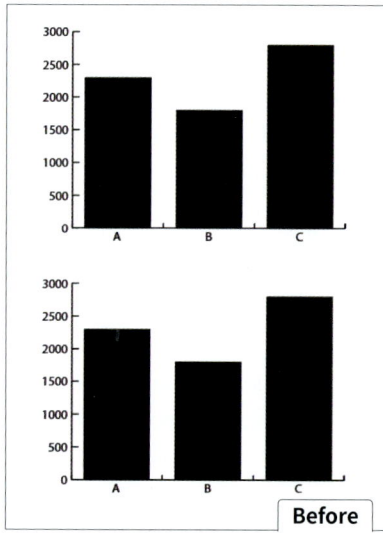

Before

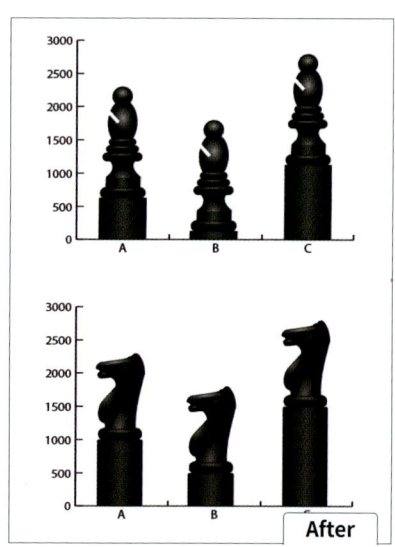

After

01 05 폴더에서 '비숍.ai' 파일을 불러옵니다.

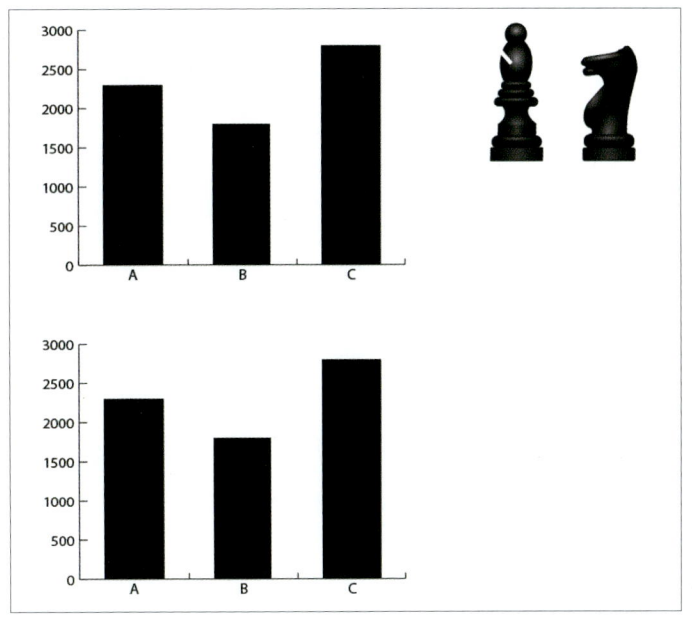

02 ❶ 선 도구(/)를 이용해 ❷ 비숍 중간에 수평선을 그립니다.

03 ❶ 메뉴에서 (View) → Guides → Make Guides 를 실행하여 선을 안내선으로 바꿉니다. ❷ 선택 도구(▶)로 비숍을 드래그하여 선택합니다.

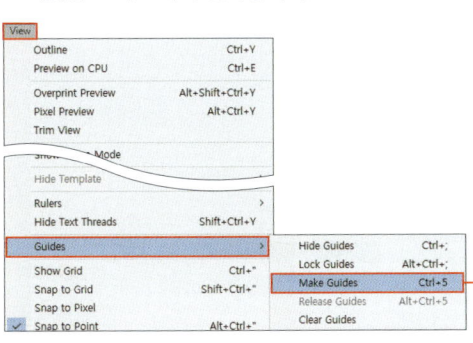
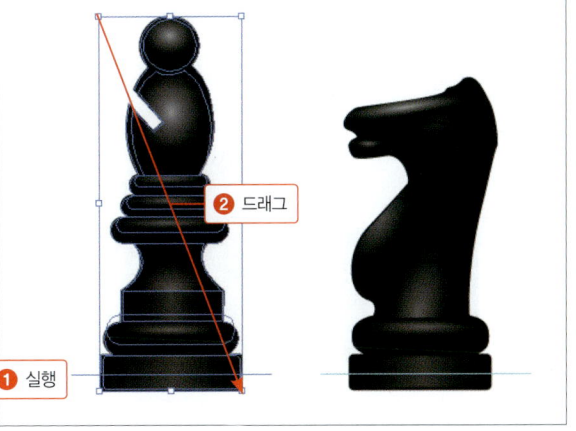

Chapter 07 • 정보의 시각화, 인포그래픽 만들기 373

04 ❶ 메뉴에서 (Object) → Graph → Design을 실행합니다. Graph Design 대화상자가 표시되면 ❷ 〈New Design〉 버튼을 클릭하여 선택한 이미지를 그래프 디자인으로 등록하고 ❸ 〈OK〉 버튼을 클릭합니다.

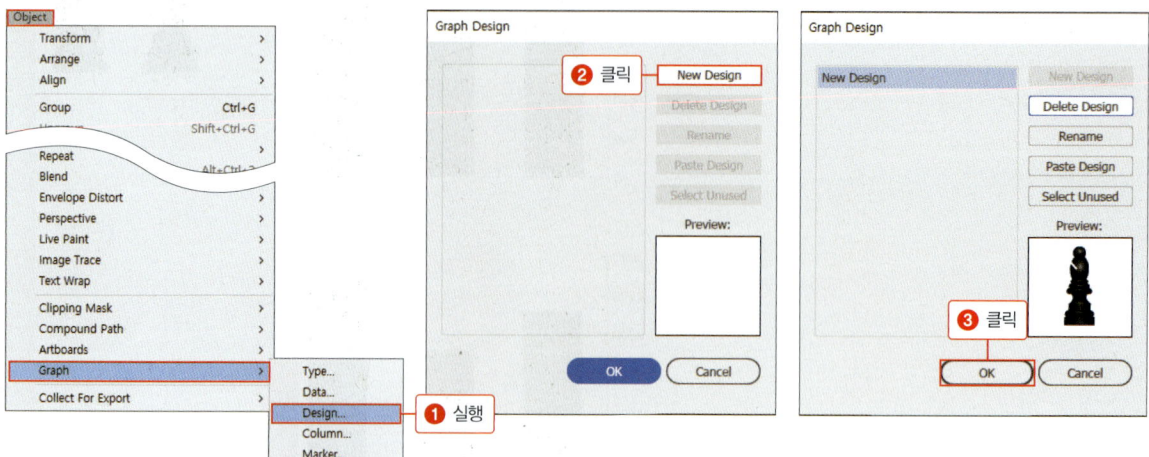

05 ❶ 나이트를 선택하고 메뉴에서 (Object) → Graph → Design을 실행합니다. Graph Design 대화상자가 표시되면 ❷ 〈New Design〉 버튼을 클릭하여 선택한 이미지를 그래프 디자인으로 등록하고 ❸ 〈OK〉 버튼을 클릭합니다.

 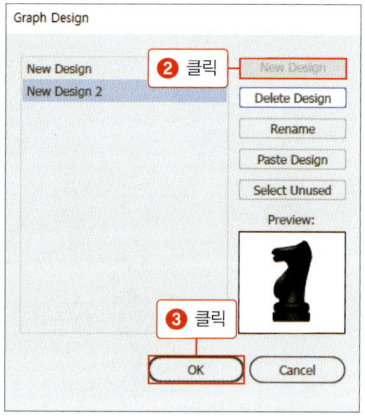

06 ❶ 선택 도구(▶)를 이용하여 위에 그래프를 선택한 다음 ❷ 메뉴에서 (Object) → Graph → Column을 실행합니다.

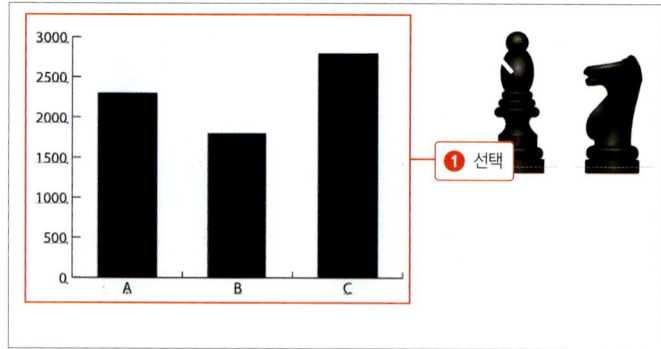 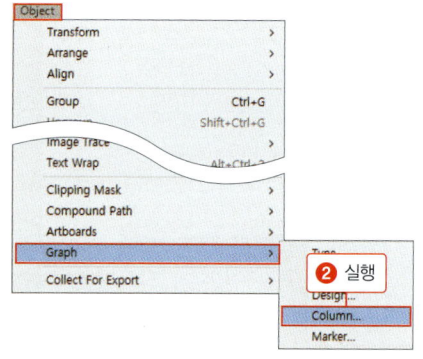

07 Graph Column 대화상자가 표시되면 ① Choose Column Design에서 'New Design'을 선택합니다. ② Column Type을 클릭하고 ③ 'Sliding'으로 지정한 다음 ④ 〈OK〉 버튼을 클릭합니다.
흑백 막대 그래프가 체스 비숍 디자인으로 바뀝니다.

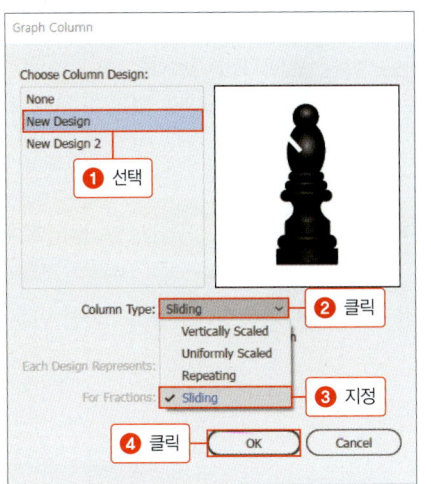
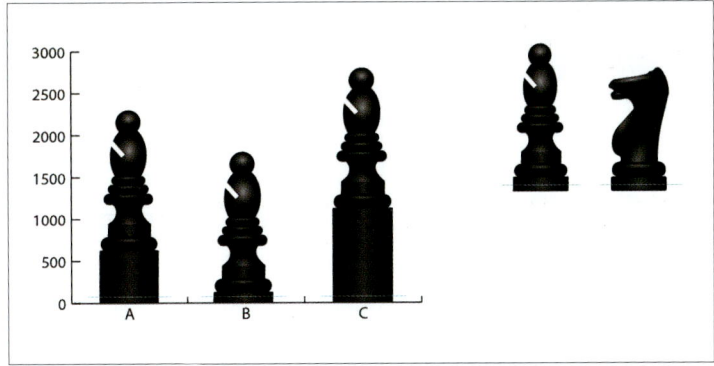

08 아래 그래프도 같은 방법으로 막대 모양을 체스 나이트로 수정합니다.

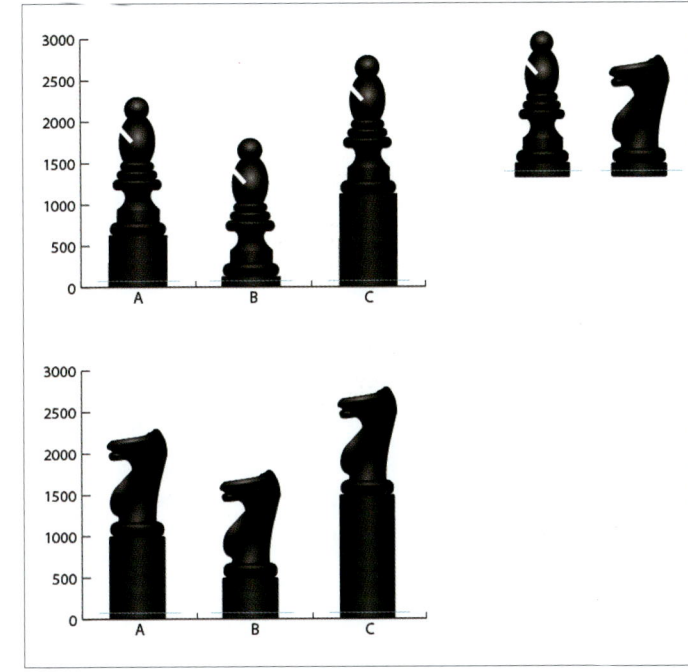

그래픽 스타일 • Graphic Styles 패널 • Appearance 패널

그래픽 스타일과 속성 설정하기

오브젝트를 선택하고 Graphic Styles 패널의 다양한 스타일을 선택해 초보자도 간단하게 멋진 효과를 적용할 수 있습니다.

필수기능 01 Graphic Styles 패널과 Appearance 패널 살펴보기

그래픽 스타일과 모양 속성을 이용하면 클릭 한 번으로 오브젝트에 멋진 스타일을 적용할 수 있고, 직접 만든 스타일을 그래픽 스타일로 등록하여 이용할 수도 있습니다.

Graphic Styles 패널에서 그래픽 스타일 적용하기

메뉴에서 (Window) → Graphic Styles(Shift+F5)를 실행하면 그래픽 스타일을 지정할 수 있는 Graphic Styles 패널(▣)이 표시됩니다.

❶ Graphic Styles Libraries Menu : 그래픽 스타일 라이브러리의 다양한 스타일을 적용합니다. 메뉴에서 (Window) → Graphic Style Libraries를 실행하여 그래픽 스타일 라이브러리를 표시할 수도 있습니다.

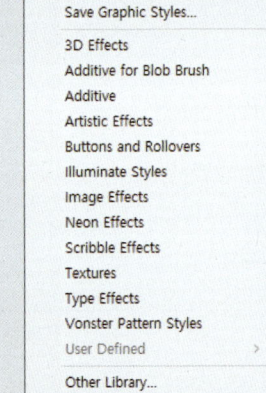

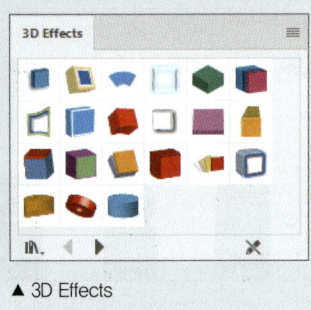

▲ 3D Effects

▲ Illuminate Styles

❷ Break Link to Graphic Style : 그래픽 스타일을 적용한 오브젝트 연결을 해제합니다.
❸ New Graphic Style : 선택된 오브젝트를 새로운 스타일로 등록합니다.
❹ Delete Graphic Style : 선택된 스타일을 삭제합니다.

Graphic Styles 메뉴를 이용하여 그래픽 스타일 설정하기

Graphic Styles 패널의 '패널 메뉴' 아이콘(≡)을 클릭하여 표시되는 메뉴에서는 다음과 같은 기능을 제공합니다.

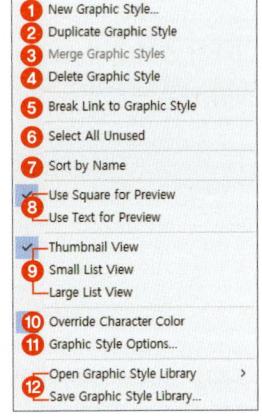

❶ **New Graphic Style** : 새로운 스타일을 만듭니다.
❷ **Duplicate Graphic Style** : 등록된 스타일을 복제합니다.
❸ **Merge Graphic Styles** : 등록된 여러 스타일을 합쳐 새로운 스타일을 만듭니다.
❹ **Delete Graphic Style** : 스타일을 삭제합니다.
❺ **Break Link to Graphic Style** : 그래픽 스타일 속성을 해제합니다.
❻ **Select All Unused** : 적용되지 않은 스타일을 선택합니다.
❼ **Sort by Name** : 스타일을 이름순으로 표시합니다.
❽ **Use Square/Text for Preview** : 미리 보기 방식을 지정합니다.
❾ **Thumbnail/Small List/Large List View** : 스타일 표시 형식을 지정합니다.
❿ **Override Character Color** : 오브젝트 원본 색과 상관없이 스타일 색을 적용합니다.
⓫ **Graphic Style Options** : 스타일 이름을 바꿀 때 이용합니다.
⓬ **Open/Save Graphic Style Library** : 그래픽 스타일 라이브러리를 열거나 저장합니다.

Appearance 패널에서 오브젝트 속성 설정하기

Appearance 패널(◉)에서는 오브젝트, 그룹, 레이어에 적용된 면/선 색, 불투명도, 스타일 등의 속성을 설정합니다. 메뉴에서 [Window] → Appearance ([Shift]+[F6])를 실행하여 Appearance 패널을 표시할 수 있습니다.

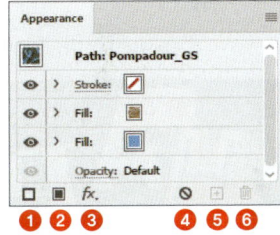

❶ **Add New Stroke** : 선 속성을 추가합니다.
❷ **Add New Fill** : 면 속성을 추가합니다.
❸ **Add New Effect** : 스타일 속성을 추가합니다.
❹ **Clear Appearance** : 적용된 모든 속성을 삭제합니다.
❺ **Duplicate Selected Item** : 선택한 속성을 복제합니다.
❻ **Delete Selected Item** : 선택한 속성을 삭제합니다.

실습예제 02 오브젝트에 그래픽 스타일과 질감 적용하기

그래픽 스타일과 모양 속성을 이용하면 초보자도 클릭 한 번으로 오브젝트에 멋진 스타일을 적용할 수 있고, 직접 만든 스타일을 그래픽 스타일로 등록하여 이용할 수도 있습니다.

- 예제파일 : 05\그래픽타이포.ai
- 완성파일 : 05\그래픽타이포_완성.ai

01 05 폴더에서 '그래픽타이포.ai' 파일을 불러옵니다.
메뉴에서 (Window) → Graphic Style Libraries → 3D Effects를 실행하여 그래픽 스타일 라이브러리를 불러옵니다.

TIP
Graphic Styles 패널은 메뉴에서 (Window) → Graphic Styles(Shift+F5)를 실행하여 표시합니다.

02 ① 'H' 문자를 선택합니다. ② 3D Effects 라이브러리에서 '3D Effect 2'를 선택하여 적용합니다. 선택한 문자에 해당 스타일이 적용됩니다. ③ Appearance 패널(◉)에서 그래픽 스타일에 적용된 다양한 효과를 확인할 수 있습니다.

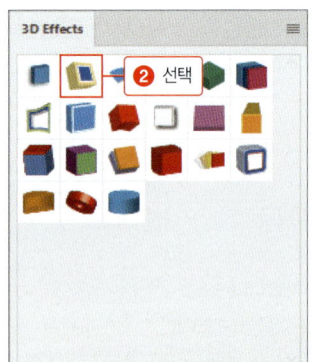
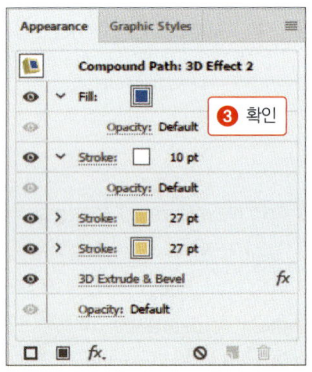

TIP
'Break Link to Graphic Style' 아이콘(◈)을 클릭하면 오브젝트에 적용된 그래픽 스타일을 분리하여 원하는 대로 수정할 수 있습니다.

03 나머지 'APPY' 문자에 다른 3D Effects 스타일을 다양하게 적용합니다.
다양한 그래픽 스타일 적용을 위해 ❶ 'Graphic Styles Libraries Menu' 아이콘(🔖)을 클릭한 다음 ❷ Vonster Pattern Styles를 실행하여 라이브러리를 불러옵니다.

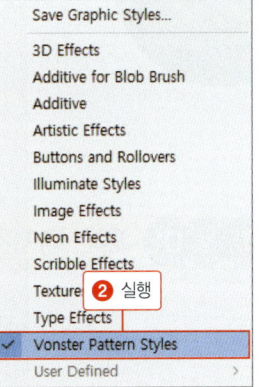

04 ❶ 'T' 문자를 선택합니다. ❷ Vonster Pattern Styles 라이브러리에서 'Foliage 1'을 선택하여 적용합니다.

05 나머지 'IME' 문자에 Vonster Pattern 라이브러리의 다른 스타일을 다양하게 적용하여 마무리합니다.

TIP

Graphic Styles 패널의 '패널 메뉴' 아이콘(≡)을 클릭한 다음 **Merge Graphic Styles**를 실행하면 여러 그래픽 스타일을 합쳐 새로운 스타일을 만들 수도 있습니다.

3차원 공간에서 작업하기

원근 격자 도구 • 원근 선택 도구

원근 격자 기능을 이용하여 3D 프로그램 없이도 3차원 원근 격자에 오브젝트를 배치하여 입체적인 오브젝트를 작성할 수 있습니다.

필수기능 01 원근 격자를 이용해 3차원 공간 만들기

원근 격자는 Tools 패널에서 원근 격자 도구( )를 선택하거나, 메뉴에서 (View) → Perspective Grid → Show Grid를 실행하여 숨기거나 나타낼 수 있습니다.

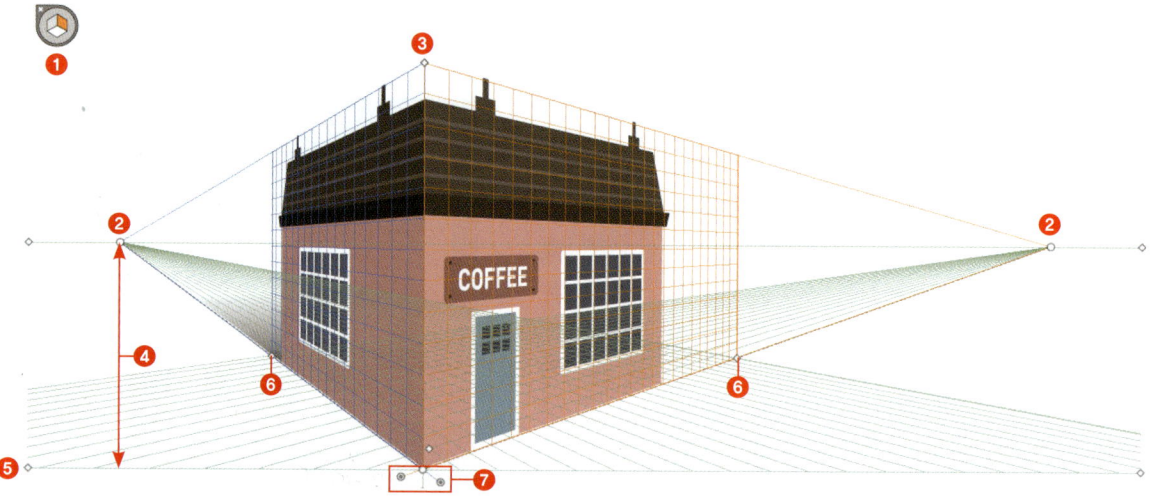

❶ **선택 면 위젯** : 원근 격자와 함께 표시되는 위젯으로 활성화할 격자 면을 선택합니다.
  ⓐ 왼쪽 면
  ⓑ 수평 면
  ⓒ 오른쪽 면
❷ **소실점** : 양쪽 소실점을 조절하려면 왼쪽, 오른쪽 소실점 위젯을 이용합니다.
❸ **수직 격자 범위** : 격자 범위를 조절합니다.
❹ **가로 높이** : 지표부터 가로 레벨까지 높이를 지정합니다.
❺ **지표 높이** : 격자를 이동하여 필요한 위치에 지정합니다.
❻ **격자 범위** : 평면에 있는 격자 범위를 정의합니다.
❼ **격자 면 제어** : 격자 면 제어 위젯을 이용하여 왼쪽, 오른쪽 및 수평 격자 면을 조절합니다.

필수기능 02 원근 격자 메뉴에서 원근 격자 설정하기

메뉴에서 [View] → Perspective Grid 하위 메뉴를 실행해 원근 격자를 세부적으로 관리할 수 있습니다.

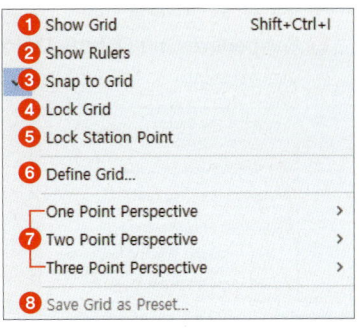

① **Show/Hide Grid**(Shift+Ctrl+I) : 원근 격자를 나타내거나 숨깁니다.
② **Show/Hide Rulers** : 실제 선 높이를 따라서 눈금자를 표시합니다.
③ **Snap to Grid** : 오브젝트를 그리거나 이동 및 변형할 때 격자에 맞춰집니다.
④ **Lock Grid** : 원근 격자 도구를 이용하는 격자 이동이나 편집을 제한하여 가시성과 면 위치만 바꿀 수 있습니다.
⑤ **Lock Station Point** : 기준점이 잠겨 소실점 하나를 이동하면 다른 소실점도 이동합니다. 비활성화하면 각각 이동할 수 있습니다.
⑥ **Define Grid** : 격자 이름, 형태, 단위 등을 지정합니다.
⑦ **One/Two/Three Point Perspective** : 1, 2, 3점 원근 격자를 표시합니다.

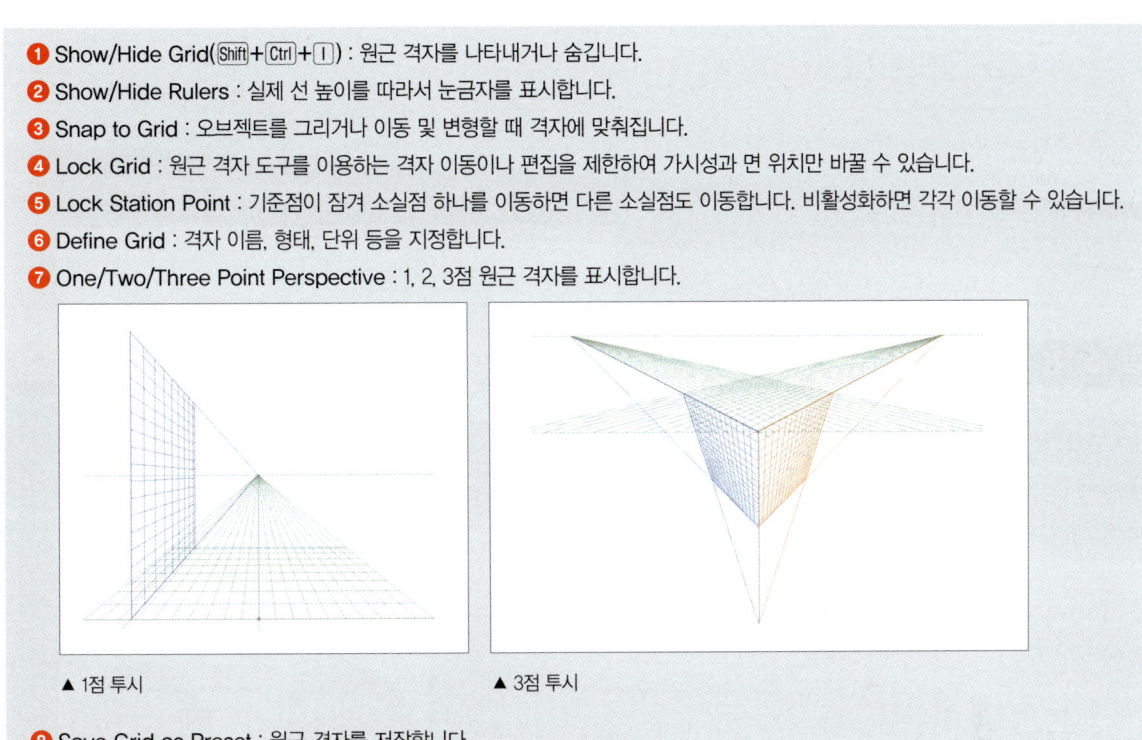

▲ 1점 투시   ▲ 3점 투시

⑧ **Save Grid as Preset** : 원근 격자를 저장합니다.

필수기능 03 원근 격자 도구로 원근감 지정하기

원근 격자, 원근 선택 도구로 원근감 있는 일러스트를 만들고 더블클릭하여 옵션을 설정할 수 있습니다.

① **원근 격자 도구(Perspective Grid Tool)**
Tools 패널에서 원근 격자 도구( )를 선택하면 아트보드에 선택 면 위젯과 원근 격자가 표시됩니다. 선택 면 위젯을 선택하여 관찰자 시점 오브젝트를 그리기 위한 격자 면을 선택할 수 있습니다.

❷ 원근 선택 도구(Perspective Selection Tool)
원근 선택 도구( )를 선택하면 왼쪽, 오른쪽 및 수평 면이 표시됩니다. 오브젝트를 선택하거나 가져올 수 있으며 원근 격자에서 오브젝트를 자유롭게 이동하거나 편집할 수 있습니다. 드래그하면 표준 선택 윤곽과 원근 선택 윤곽 사이에 전환할 수 있습니다.

❸ Perspective Grid Options 대화상자
원근 격자 도구( )나 원근 선택 도구( )를 더블클릭하면 Perspective Grid Options 대화상자가 표시됩니다.

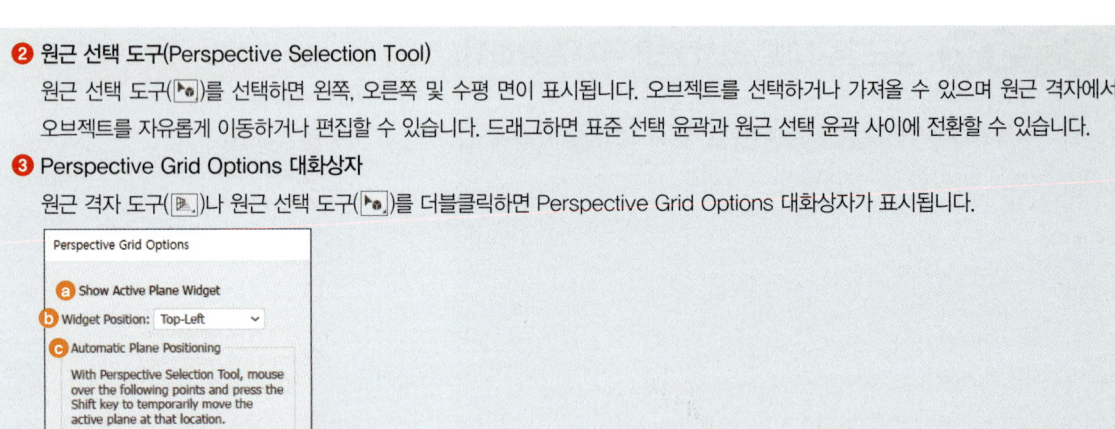

ⓐ Show Active Plane Widget : 원근 격자와 함께 위젯을 표시합니다.
ⓑ Widget Position : 위젯 위치를 지정합니다.
ⓒ Automatic Plane Positioning : 오브젝트 높이 또는 너비를 추정하여 수평 격자 면을 자동으로 조절해서 오브젝트를 만듭니다.

필수기능 04 Define Perspective Grid 대화상자에서 원근 격자 설정하기

메뉴에서 [View] → Perspective Grid → Define Grid를 실행하면 Define Perspective Grid 대화상자가 표시되어 원근 격자에 대한 세부 설정을 할 수 있습니다.

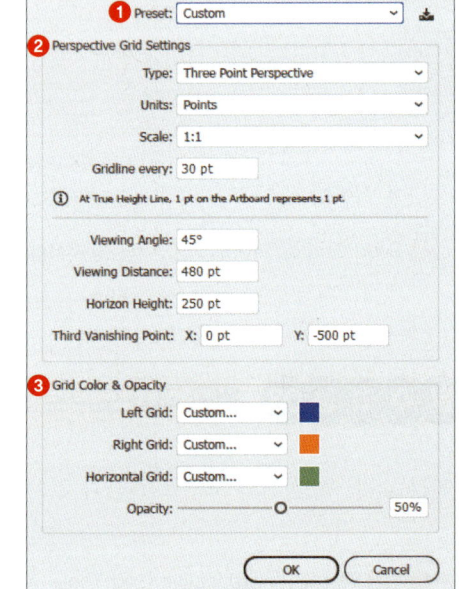

❶ Preset : 원근법(1, 2, 3점 투시)의 기본 표시 설정을 선택할 수 있습니다.
❷ Perspective Grid Settings : 원근 격자 유형, 단위, 각도, 크기 비율, 간격을 설정합니다. 또한 시점의 양쪽 각도, 거리, 눈높이 등을 설정합니다.
❸ Grid Color & Opacity : 격자 색상(선택 면 위젯)과 전체적인 불투명도를 설정합니다.

실습예제 05 원근 격자 도구를 이용해 3차원 공간 만들기

원근 격자 관련 메뉴나 도구를 이용하여
3차원 공간을 만듭니다.

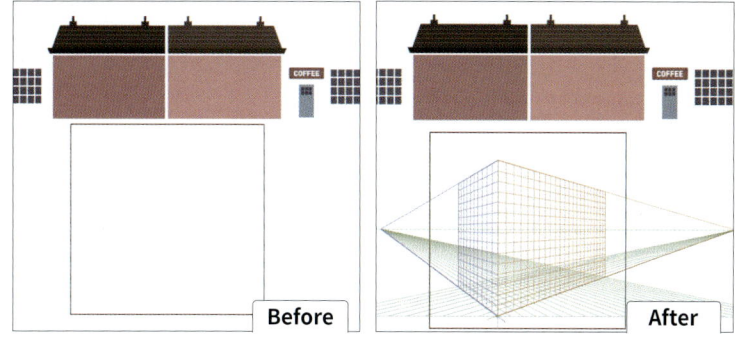

● **예제파일** : 05\원근감.ai

● **완성파일** : 05\원근감_완성.ai

01 05 폴더에서 '원근감.ai' 파일을 불러옵니다. 아트보드 위 오브젝트들을 3차원 공간에 배치하기 위해 먼저 3차원 공간을 만들겠습니다.

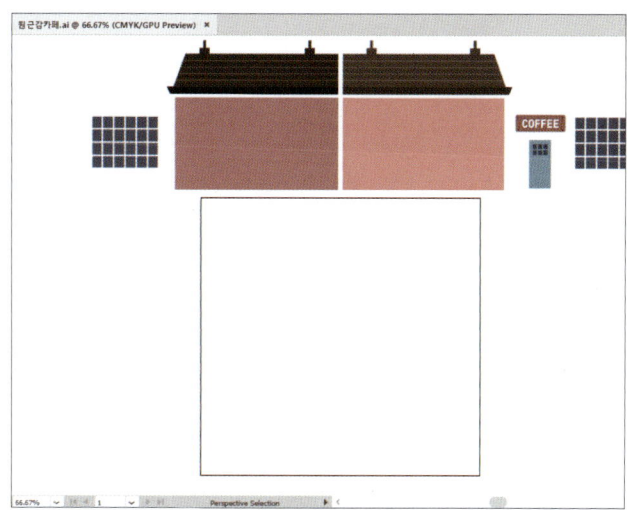

02 Tools 패널에서 원근 격자 도구( )를 선택해 원근 격자를 실행하면 아트보드에 2점 투시 격자가 나타납니다.

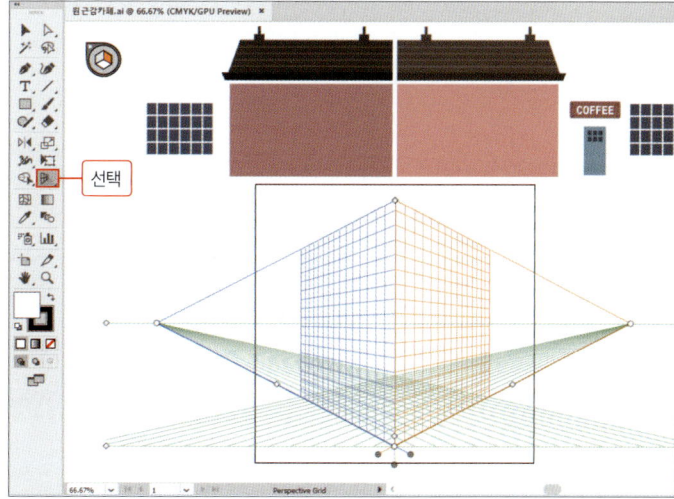

> **TIP**
> 메뉴에서 (View) → Perspective Grid → Show Grid(Shift+Ctrl+I)를 실행해 원근 격자를 나타낼 수도 있습니다.

Chapter 09 • 3차원 공간에서 작업하기

03 원근 격자를 조절하기 위해 ❶ 메뉴에서 (View) → Perspective Grid → Define Grid를 실행합니다. Define Perspective Grid 대화상자가 표시되면 ❷ Viewing Angle을 '35°'로 설정하고 ❸ 〈OK〉 버튼을 클릭합니다.

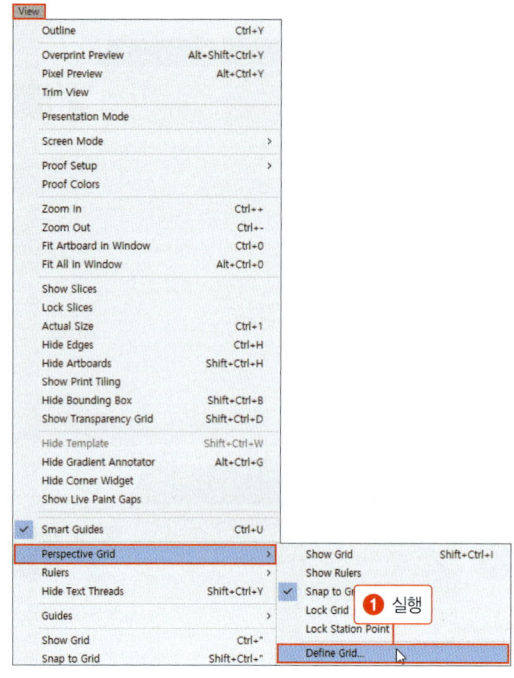
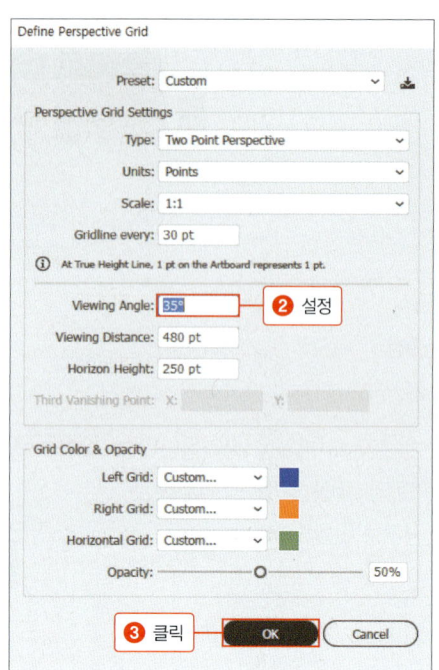

04 오른쪽 면이 더 많이 보이는 시선으로 격자의 각도가 조절됩니다.

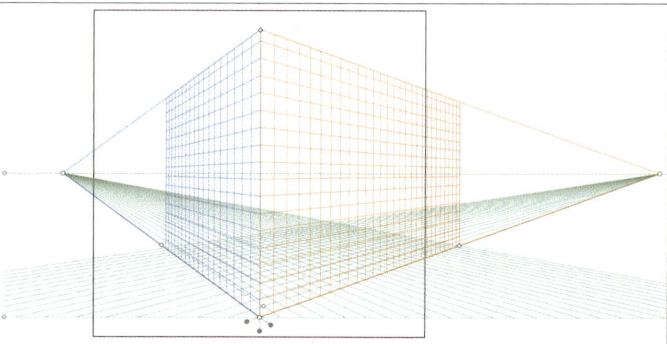

TIP
왼쪽 면이 더 많이 보이는 시선으로 격자를 바꾸려면 Viewing Angle을 '45°' 이상으로 설정합니다.

05 ❶ 맨 위의 조절점을 아래로 드래그하여 격자를 줄입니다. ❷ 왼쪽 하단의 조절점을 드래그하여 전체 격자를 화면에 맞게 이동해서 카페를 만들기 위한 3차원 공간을 완성합니다.

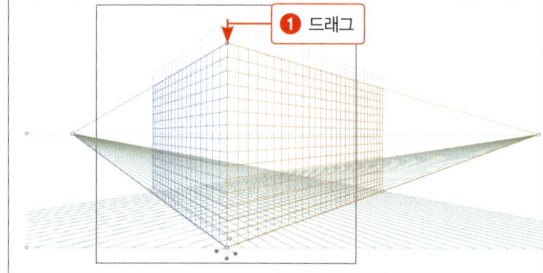
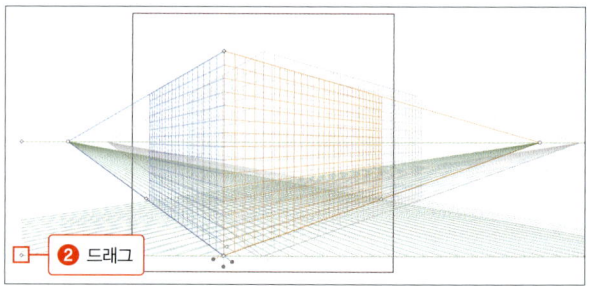

실습예제 06 원근 격자에 맞춰 입체 건물 만들기

원근 격자에 맞춰 오브젝트를 배치하여 입체적인 카페 건물을 만들어 봅니다.

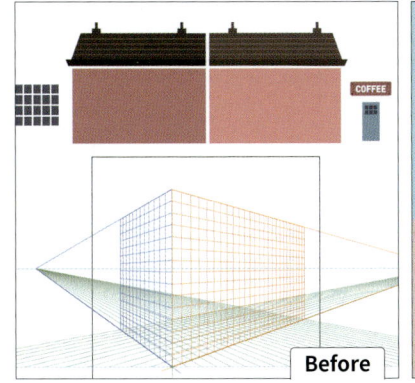

● 예제파일 : 05\원근감카페.ai
● 완성파일 : 05\원근감카페_완성.ai

01 05 폴더에서 '원근감카페.ai' 파일을 불러옵니다. ❶ 원근 선택 도구(▶)를 선택하고 아트보드 왼쪽 상단 위젯의 오른쪽 면을 선택합니다.

❷ 건물의 오른쪽 벽면 오브젝트를 선택하고 격자로 드래그합니다. 평면이었던 오브젝트가 소실점에 맞춰 3차원으로 변형되는 것을 확인할 수 있습니다.

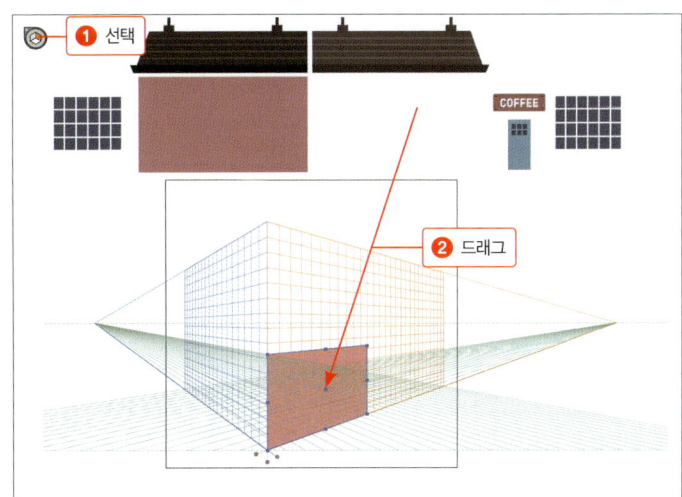

02 같은 방법으로 원근 선택 도구를 이용해서 카페 오른쪽 면 구성 요소를 격자에 드래그하여 모두 배치합니다.

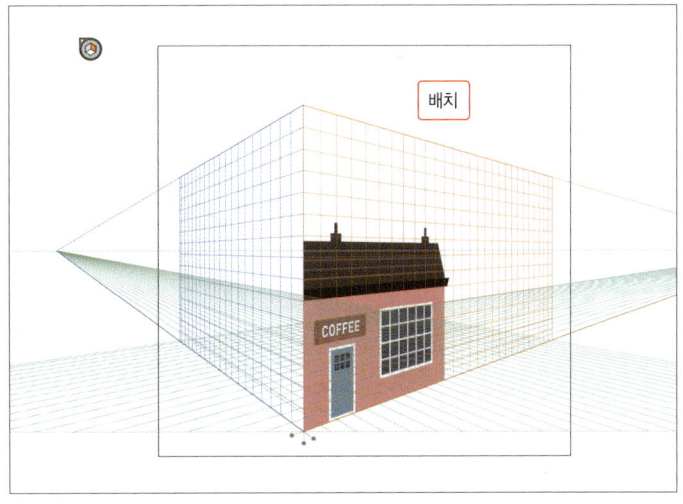

> **TIP**
> 원근 격자의 각도를 오브젝트에 적용하기 위해서는 반드시 원근 선택 도구를 이용하여 오브젝트를 선택해야 합니다. 만약 선택 도구를 이용하여 오브젝트를 선택 또는 이동하면 원근감을 적용할 수 없습니다.

03 이번에는 카페의 왼쪽 면을 만들겠습니다. ❶ 원근 선택 도구가 선택된 상태에서 위젯의 왼쪽 면을 선택합니다. ❷ 왼쪽 벽면 오브젝트들을 선택하고 격자로 드래그해 배치합니다.

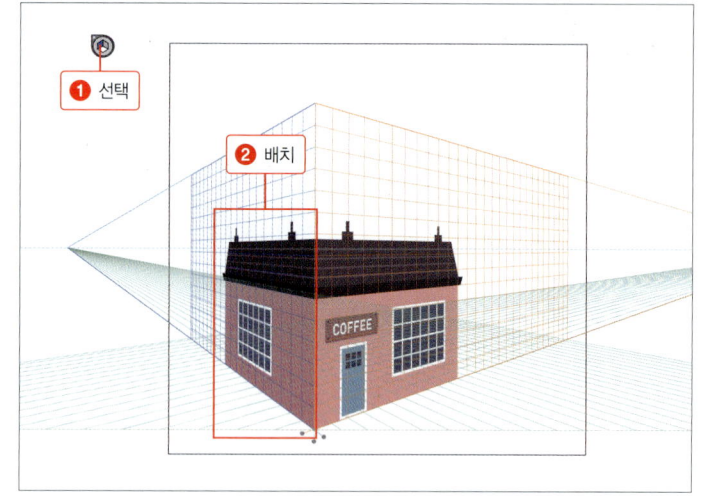

04 카페 건물 오브젝트를 선택하고 격자 높이에 맞춰 확대합니다. 이때 카페 왼쪽과 오른쪽 면을 따로 작업합니다. 크기만 달라지는 것이 아니라 소실점에 따라 모양도 달라지는 것을 확인할 수 있습니다.

05 건물에 그림자를 추가하겠습니다. 그림자는 바닥에 표현되므로 ❶ 원근 선택 도구로 위젯의 아래쪽 수평 면을 선택합니다. ❷ 사각형 도구(▣)를 이용해서 격자에 드래그해 그림자를 그립니다.

06 그림자를 자연스럽게 나타내기 위해 그러데이션을 적용합니다. 그레이디언트 도구(■)를 선택하고 사각형의 위에서 아래로 드래그하여 그러데이션 방향을 지정합니다.

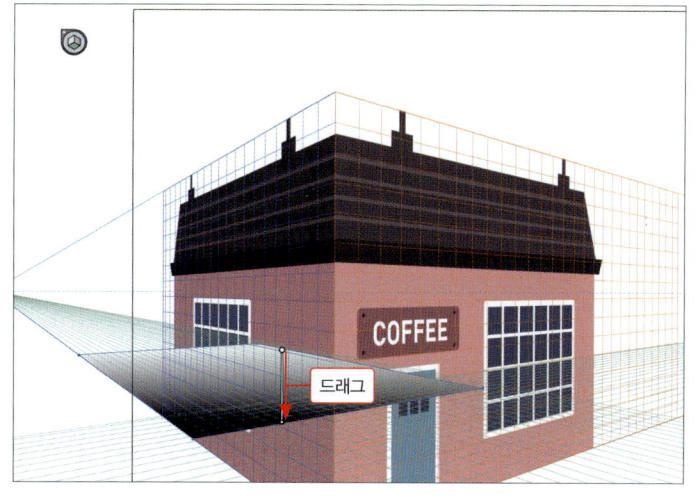

07 그림자를 카페 건물 뒤에 배치하기 위해 그림자가 선택된 상태에서 ❶ 마우스 오른쪽 버튼을 클릭한 다음 ❷ Arrange → Send to Back을 실행합니다.

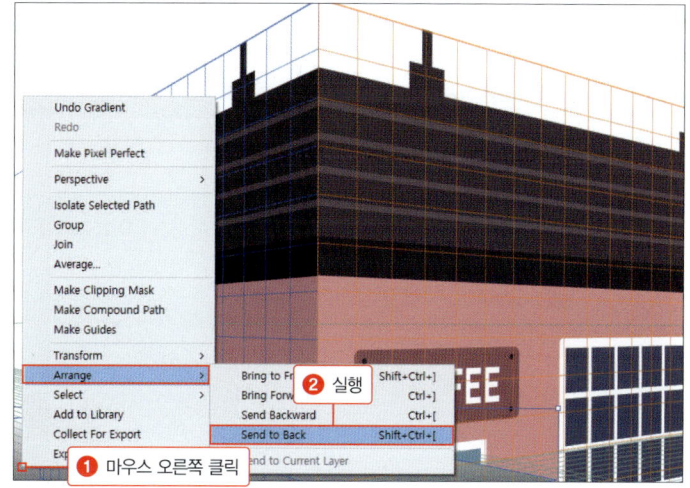

08 원근감이 느껴지는 구도의 카페 일러스트가 완성되면 격자를 숨기기 위해 원근 선택 도구로 위젯의 닫기 아이콘을 클릭하거나 메뉴에서 (View) → Perspective Grid → Hide Grid를 실행합니다.

09 ❶ 카페 일러스트 배경을 만든 다음 카페 그림자를 자연스럽게 조정하기 위해 ❷ Transparency 패널()에서 Opacity를 '60%'로 설정합니다.

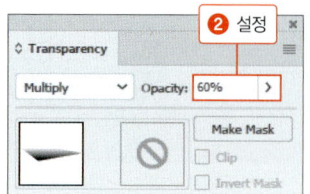

TIP
예제에서는 그림자 형태를 좀 더 명확히 보여 주기 위해 카페 건물 일러스트를 잠시 숨기고 작업했습니다.

10 사실적인 3차원 카페 일러스트가 완성되었습니다.

혼자 해 보기

오브젝트 분리하고 왜곡하기

1 306쪽 참고

Pathfinder 패널을 이용하여 파라솔을 줄무늬로 디자인해 보세요.

예제파일 05\beach.ai 완성파일 05\beach_완성.ai
해설 동영상 05\5-1.mp4

Hint 곡선 만들기 → Divide 아이콘을 클릭하여 분리하기 → 분리된 영역을 클릭하여 색상 변경하기

---

2 358쪽 참고

크리스털 도구를 이용하여 사자 갈기를 변형해 보세요.

예제파일 05\lion.ai 완성파일 05\lion_완성.ai
해설 동영상 05\5-2.mp4

Hint 크리스털 도구 선택하기 → 사자 갈기 부분에 클릭 또는 드래그하여 변형하기

일러스트에 독특한 그래픽 효과를 표현할 때 사용하는 이펙트와 3D 기능을 적용하여 그래픽 효과의 완성도를 높일 수 있습니다. 과하면 부담스러울 수 있으니 알맞게 적용하여 작업 시간을 줄여 보세요.

PART 6.

완성도를 높이는
고급 효과 알아보기

01 | 오브젝트를 입체적으로 표현하기
02 | 오브젝트를 독특하게 변형하기
03 | 오브젝트에 스타일 적용하기
04 | 클릭 한 번에 반복 작업 실행하기

우선순위 | TOP 17   3D and Materials • 3D Extrude & Bevel • 3D Revolve • Map Art

오브젝트를 입체적으로 표현하기

CHAPTER 01 · ILLUSTRATOR CC

3D 기능을 이용해 2D 오브젝트를 입체적인 3차원으로 표현할 수 있습니다. 다양한 시점으로 변경할 수 있는 기능들을 살펴봅니다.

필수기능 01 입체 오브젝트 만들고 질감과 조명 적용하기

일러스트레이터 CC에서는 간단하게 오브젝트로 입체를 만들 수 있을 뿐만 아니라 다양한 질감과 조명을 쉽게 적용할 수 있습니다. 메뉴에서 [Effect] → 3D and Materials에서 하위 명령을 실행하여 설정할 수 있습니다.

3D and Materials 패널

메뉴에서 [Effect] → 3D and Materials → Extrude & Bevel, Revolve, Inflate, Rotate, Materials를 실행하면 3D and Materials 패널을 표시할 수 있습니다.

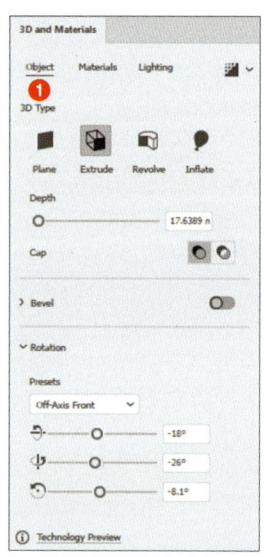 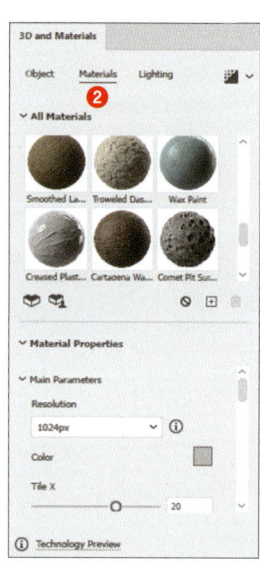 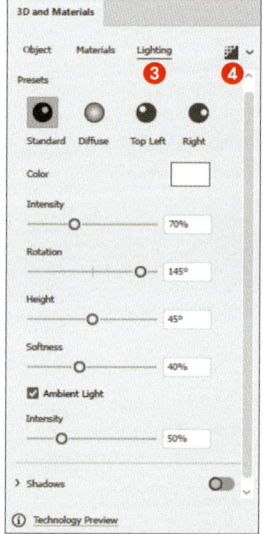

❶ **Object** : 원하는 오브젝트를 간단하게 입체로 만들고, 입체 정도나 회전 등을 설정할 수 있습니다.
❷ **Materials** : 나무, 모래, 페인트, 자연 질감 등 원하는 질감을 선택하여 적용하고, 색상 등을 설정할 수 있습니다.
❸ **Lighting** : 상단 왼쪽, 오른쪽 등 원하는 방향으로 조명을 적용하고, 강도 등을 설정할 수 있습니다.
❹ **Render with Ray Tracing** : 3D 효과를 적용한 다음 아이콘을 클릭하고 원하는 퀄리티를 선택하여 더 사실적인 그래픽으로 렌더링할 수 있습니다.

> **TIP**
> 3D and Materials 패널에서는 간단하고 쉽게 입체를 적용하거나 질감 및 조명을 적용할 수 있습니다. 좀 더 세부적으로 입체를 설정하거나 이전 버전의 3D 적용 대화상자를 표시하려면 메뉴에서 [Effect] → 3D and Materials → 3D (Classic)에서 원하는 하위 명령을 실행합니다.

필수기능 02 일반 오브젝트를 입체로 만들기 ★★

Extrude & Bevel (Classic) 명령을 실행하여 2D 오브젝트에 시점과 입체감의 깊이, 원근감을 조절하여 다양한 형태의 3D 그래픽으로 표현할 수 있습니다.

3D 입체 만들기 – 3D Extrude & Bevel Options (Classic) 대화상자

메뉴에서 (Effect) → 3D and Materials → 3D (Classic) → Extrude & Bevel (Classic)을 실행하면 오브젝트를 세밀하게 입체적으로 설정할 수 있는 3D Extrude & Bevel Options (Classic) 대화상자가 표시됩니다.

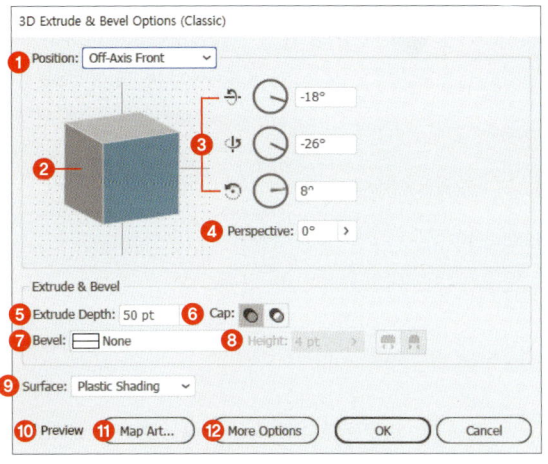

◀ 3D Extrude & Bevel 기능이 적용된 롤 케이크

❶ **Position** : 3D 오브젝트의 시점, 위치를 지정합니다.
❷ **정육면체** : 정육면체를 드래그하면 선택 부분이 파란색으로 표시되면서 3D 오브젝트의 시점, 위치를 자유롭고 간편하게 수정할 수 있습니다.
❸ **X/Y/Z axis** : X(깊이)/Y(세로)/Z(가로)축을 기준으로 3D 오브젝트 위치를 설정합니다.
❹ **Perspective** : 0~160°의 각도를 설정하여 3D 오브젝트를 원근법으로 화면에 표시합니다.
❺ **Extrude Depth** : Z축(깊이)으로 오브젝트를 돌출시키는 정도를 설정합니다.
❻ **Cap** : 3D 오브젝트 내부를 채워서 렌더링할 것인지, 비워서 렌더링할 것인지를 결정합니다.
❼ **Bevel** : 모서리 형태를 다양하게 지정할 수 있습니다.
❽ **Height** : 모서리 형태의 크기를 설정합니다.
❾ **Surface** : 3D 오브젝트의 질감과 조명을 설정합니다.
❿ **Preview** : 설정에 따라 오브젝트 변화를 미리 표시합니다.
⓫ **Map Art** : 3D 오브젝트 외부에 다른 이미지를 매핑합니다.
⓬ **More Options** : Surface 옵션을 추가로 표시합니다.

3D 조명 설정하기 – Surface 항목

3D Extrude&Bevel Options (Classic) 대화상자 아래의 〈More Options〉 버튼을 클릭하면 Surface 항목이 표시되어 3D 오브젝트 조명을 설정할 수 있습니다.

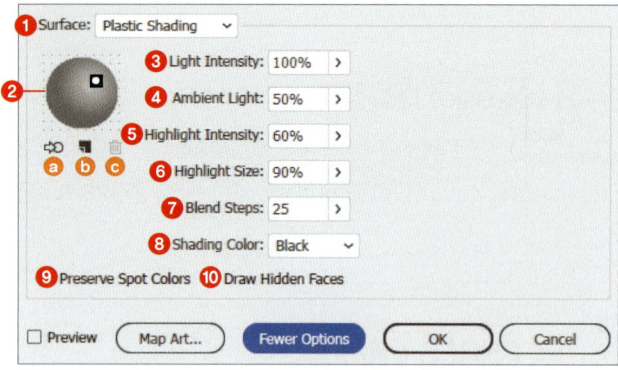 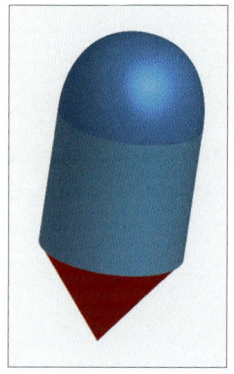

◀ 3D Revolve 기능이 적용된 형태

❶ **Surface** : 3D 오브젝트 렌더링 옵션을 지정합니다.
❷ **조명 미리 보기** : 조명을 배치하고 추가하며 삭제합니다.
   ⓐ **Move selected light to back of object** : 선택한 조명을 뒤에 배치합니다.
   ⓑ **New Light** : 새로운 조명을 30개까지 추가할 수 있습니다.
   ⓒ **Delete Light** : 선택한 조명을 삭제합니다.
❸ **Light Intensity** : 조명의 강도를 설정합니다.
❹ **Ambient Light** : 주변의 광량을 설정합니다.
❺ **Highlight Intensity** : 가장 밝은 부분의 강도를 설정합니다.
❻ **Highlight Size** : 가장 밝은 부분의 크기를 설정합니다.
❼ **Blend Steps** : 렌더링 단계를 설정합니다. 수치가 클수록 렌더링 품질이 뛰어납니다.
❽ **Shading Color** : 어두운 부분의 색을 설정합니다.
❾ **Preserve Spot Colors** : 오브젝트 색을 보존합니다.
❿ **Draw Hidden Faces** : 화면에 보이지 않는 부분도 렌더링합니다.

> **TIP**
> 〈More Options〉 버튼을 클릭하여 표시되는 Surface 항목은 3D Extrude&Bevel (Classic), Revolve (Classic), Rotate (Classic) 기능에 모두 포함되어 있습니다.

실습예제 03 문자에 3D 기능을 적용하고 수정하기

문자에 3D 기능을 적용하여 입체 문자를 만든 다음 필요한 부분을 남겨 마치 옴폭 파인 듯한 문자를 완성해 봅니다.

Before

After

● 예제파일 : 06\apple.ai
● 완성파일 : 06\apple_완성.ai

01 06 폴더에서 'apple.ai' 파일을 불러옵니다. ❶ 선택 도구(▶)로 문자를 선택합니다. ❷ I를 눌러 스포이트 도구(✐)로 ❸ 배경을 클릭하여 문자를 배경색과 같게 변경합니다.

02 입체적으로 만들기 위해 메뉴에서 (Effect) → 3D and Materials → 3D (Classic) → Extrude & Bevel (Classic)을 실행합니다. 3D Extrude & Bevel Options (Classic) 대화상자가 표시되면 그림과 같이 ❶ Position을 'Isometric Top'으로 지정하고 ❷ 하단의 〈More Options〉 버튼을 클릭하여 Surface 항목을 표시합니다. ❸ 'Draw Hidden Faces'를 체크 표시하고 ❹ 〈OK〉 버튼을 클릭합니다.

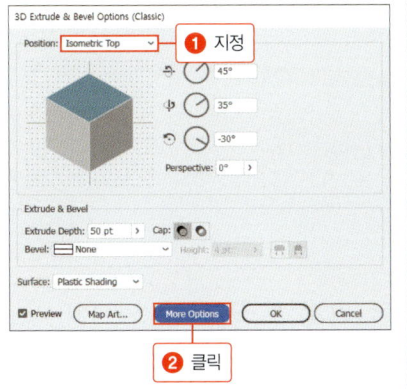
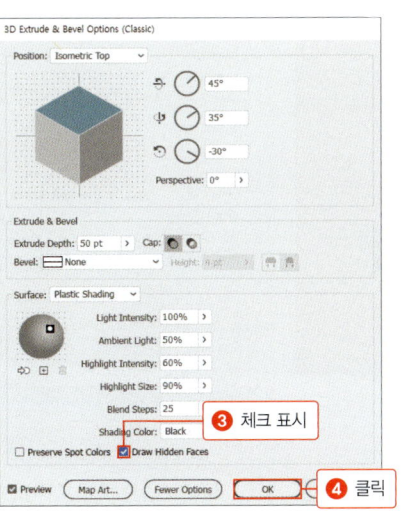

Chapter 01 • 오브젝트를 입체적으로 표현하기　395

03 입체를 면대로 나누기 위해 메뉴에서 (Object) → Expand Appearance를 실행합니다.

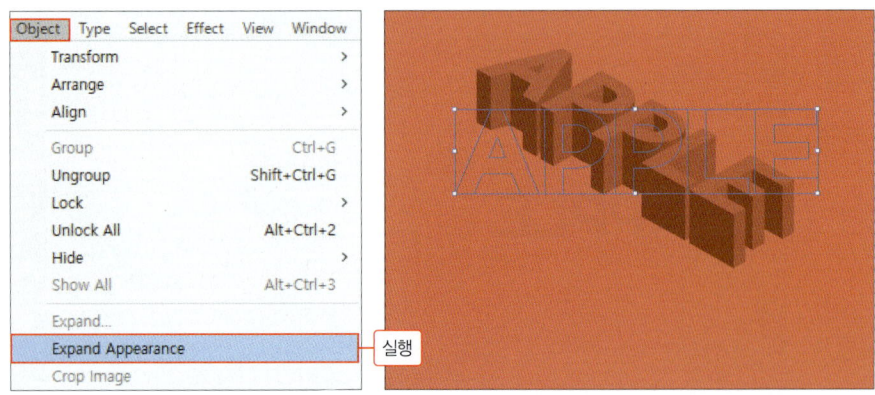

04 ❶ A를 눌러 직접 선택 도구(▷)로 ❷ Apple 문자의 윗면을 선택합니다. 면들이 선택되면 ❸ Ctrl+C를 눌러 복사한 다음 ❹ Delete를 눌러 삭제합니다. ❺ 남은 면을 전체 선택하고 ❻ Ctrl+G를 눌러 그룹으로 지정합니다.

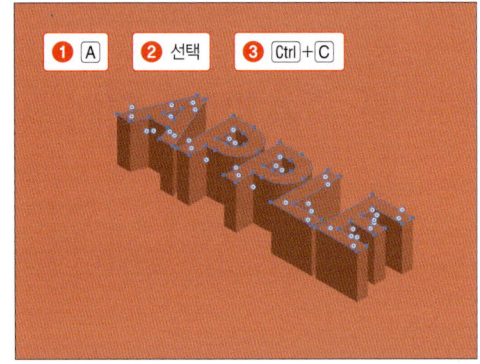 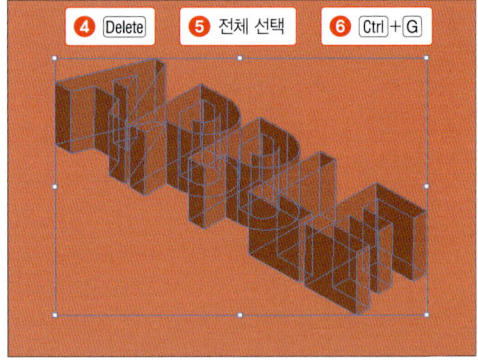

05 ❶ Ctrl+Shift+V를 눌러 삭제했던 윗면을 같은 위치에 붙여 넣고 윗면이 선택된 상태에서 ❷ 메뉴에서 (Object) → Compound Path → Make를 실행합니다.

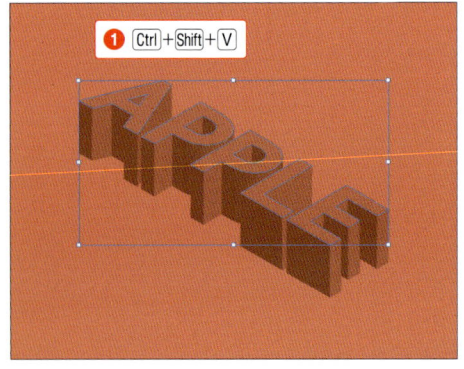 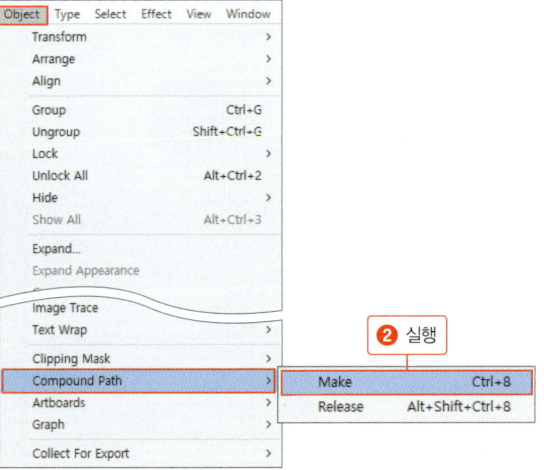

06 V를 눌러 선택 도구(▶)로 전체 선택하고 마우스 오른쪽 버튼을 클릭한 다음 Make Clipping Mask를 실행합니다. 완성된 입체 글자를 가운데 배치하여 완성합니다.

실행

TIP
이펙트를 수정하기 위해서는 Appearance 패널에서 이펙트를 클릭하고 수정합니다.

필수기능 04 3D Revolve (Classic) 기능으로 입체 기둥 표현하기

Revolve (Classic) 명령으로 간편하게 오브젝트의 중심축을 기준으로 회전해서 입체화하고 시점, 조명 등을 조절할 수 있습니다. 3D 오브젝트를 세부적으로 설정하는 3D Revolve Options (Classic) 대화상자는 메뉴에서 [Effect] → 3D and Materials → 3D (Classic) → Revolve (Classic)을 실행하여 표시할 수 있습니다.

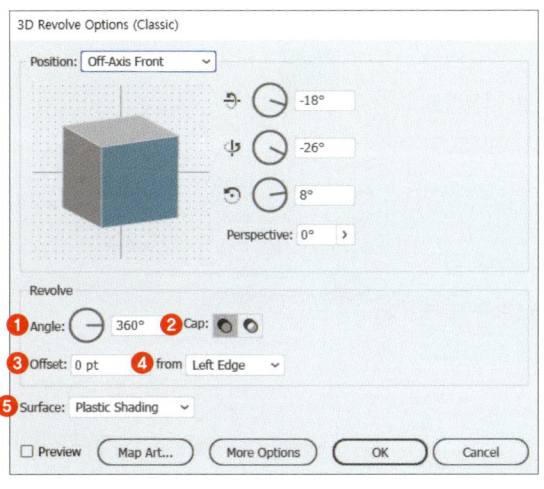

❶ **Angle** : 회전하여 렌더링하는 각도를 설정합니다.
❷ **Cap** : 3D 오브젝트 내부를 채워서 렌더링할 것인지, 비워서 렌더링할 것인지를 결정합니다.
❸ **Offset** : 중심축으로부터 떨어진 부분에 렌더링합니다.
❹ **from** : 선택한 패스의 왼쪽 또는 오른쪽을 중심축으로 지정합니다.
❺ **Surface** : 3D 오브젝트의 질감과 조명을 조절합니다.

TIP
Revolve 항목에서 Offset 수치를 설정하면 3D 입체 오브젝트 가운데에 Y축을 기준으로 공간이 생깁니다.

실습예제 05 360° 회전해서 입체 오브젝트 만들기

일반 오브젝트에 Revolve (Classic) 명령을 이용하여 360° 회전해서 입체 오브젝트를 만듭니다.

- **예제파일** : 06\하트봉.ai
- **완성파일** : 06\하트봉_완성.ai

01 06 폴더에서 '하트봉.ai' 파일을 불러옵니다. 선택 도구(▶)로 하트봉 손잡이 부분 오브젝트를 선택합니다.

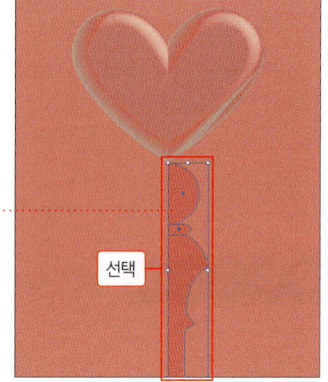

선택

3D Revolve (Classic) 기능은 2D 이미지 중심축을 기준으로 360° 회전하여 입체화하기 때문에 3D 오브젝트를 표현할 때 2D 이미지의 절반 정도 형태를 사용합니다.

02 메뉴에서 (Effect) → 3D and Materials → 3D (Classic) → Revolve (Classic)를 실행하여 3D Revolve Options (Classic) 대화상자가 표시되면 ❶ Position을 'Front'로 지정하고 하단의 〈More Options〉 버튼을 클릭하여 Surface 항목을 표시합니다. ❷ Shading Color를 'Custom'으로 지정하고 ❸ 옆의 색상 상자를 더블클릭합니다. ❹ Color Picker 대화상자가 표시되면 색상을 '96D2DA'로 지정한 다음 ❺ 〈OK〉 버튼을 클릭합니다. ❻ 3D Revolve Options (Classic) 대화상자로 돌아오면 〈OK〉 버튼을 클릭합니다.

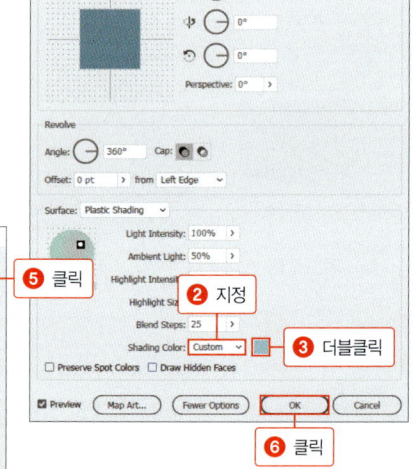

03 하트봉 손잡이가 360° 회전되어 입체적으로 변경되었습니다.

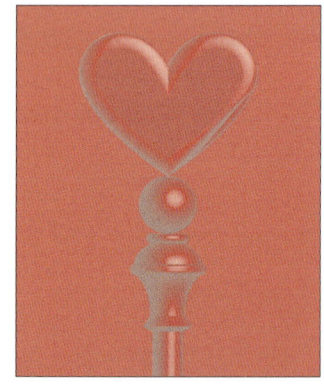

필수기능 06 Map Art 대화상자를 이용해 3D 오브젝트에 매핑하기

3D 관련 대화상자 아래의 〈Map Art〉 버튼을 클릭하면 3D 오브젝트 표면에 다른 이미지를 매핑할 수 있는 Map Art 대화상자가 표시됩니다.

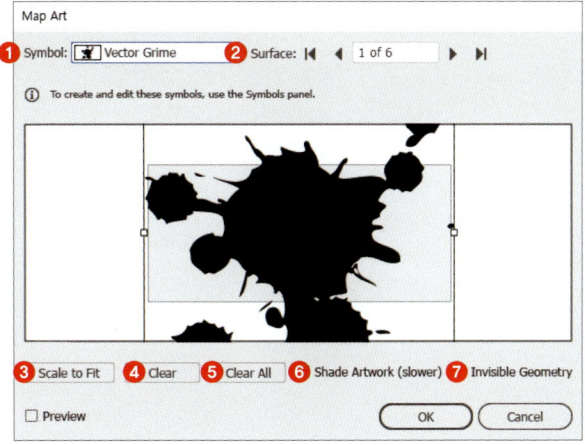

TIP
Map Art 대화상자의 관련 기능은 3D Extrude&Bevel (Classic), Revolve 기능에 포함되어 있습니다.

① **Symbol** : Symbols 패널에 등록된 심볼을 표시합니다.
② **Surface** : 3D 오브젝트 면을 차례대로 표시합니다.
③ **Scale to Fit** : 매핑 이미지 크기를 화면에 맞도록 재설정합니다.
④ **Clear** : Surface 옵션으로 매핑 이미지를 삭제합니다.
⑤ **Clear All** : 매핑 이미지를 모두 삭제합니다.
⑥ **Shade Artwork (slower)** : 매핑 이미지에 명암을 적용합니다.
⑦ **Invisible Geometry** : 3D 오브젝트 내부를 확인합니다.

실습예제 07 3D 회전과 매핑으로 입체적인 글씨 만들기 ★★중요

원하는 오브젝트를 심볼로 등록하고 2D 오브젝트를 입체화한 다음 심볼로 등록한 오브젝트를 입체 오브젝트에 매핑해 봅니다.

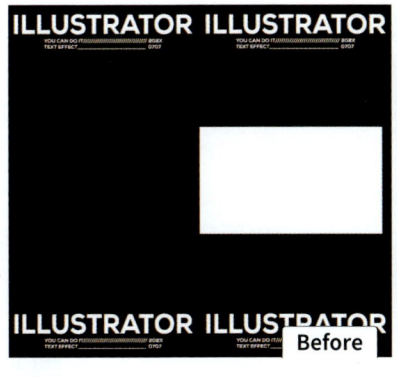
Before

After

◎ 예제파일 : 06\매핑.ai
◎ 완성파일 : 06\매핑_완성.ai

01 06 폴더에서 '매핑.ai' 파일을 불러옵니다. 검은 배경에 3D 원기둥을 만들어 문자 오브젝트를 매핑하겠습니다.

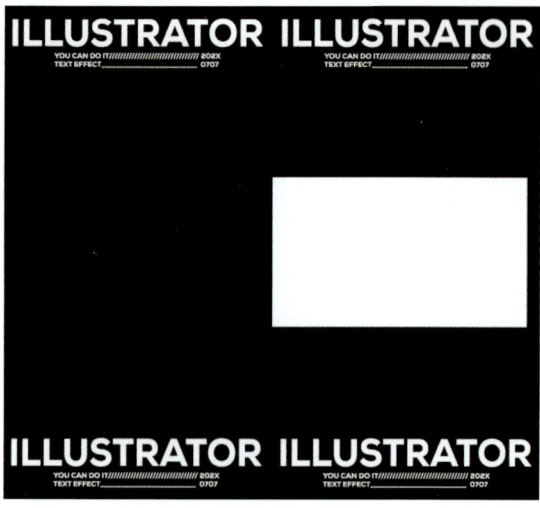

02 먼저 문자 오브젝트를 심볼로 등록하겠습니다. 그림과 같이 ❶ 문자 오브젝트를 선택한 다음 ❷ Symbols 패널(♣)로 드래그합니다.

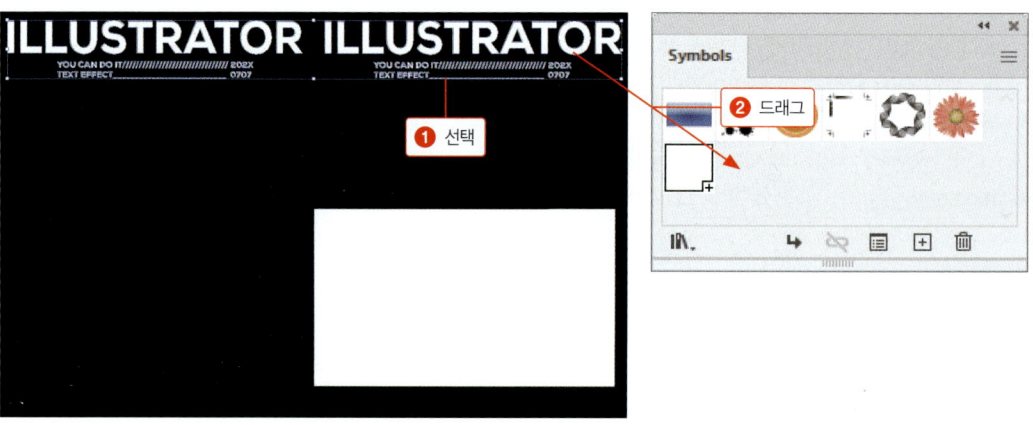

03 ❶ 선택 도구(▶)로 흰색 사각형을 선택합니다. 3D로 회전하기 위해 ❷ 메뉴에서 (Effect) → 3D and Materials → 3D (Classic) → Revolve (Classic)를 실행합니다.

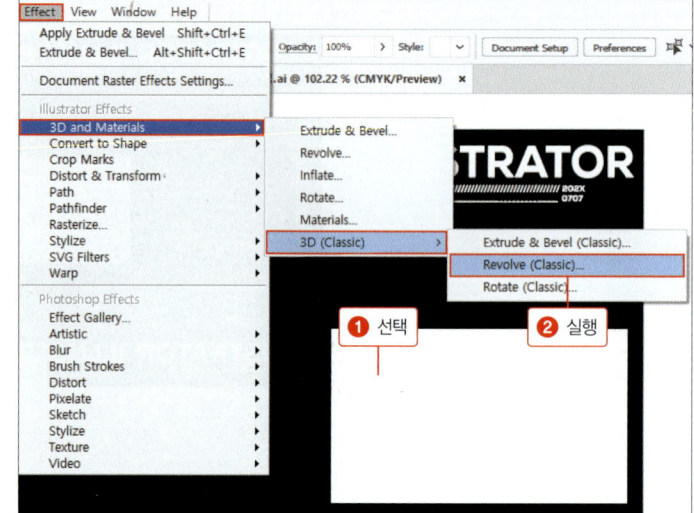

04 3D Revolve Options (Classic) 대화상자가 표시되면 ❶ X축을 '–17°', Y축과 Z축을 '0°'로 설정하고 ❷ 'Preview'를 체크 표시한 다음 ❸ 〈Map Art〉 버튼을 클릭합니다.

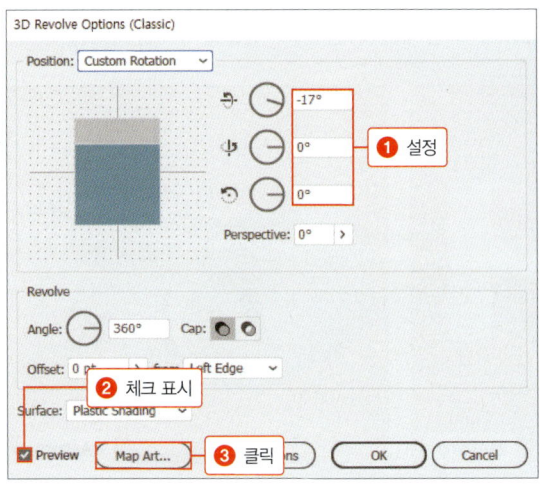
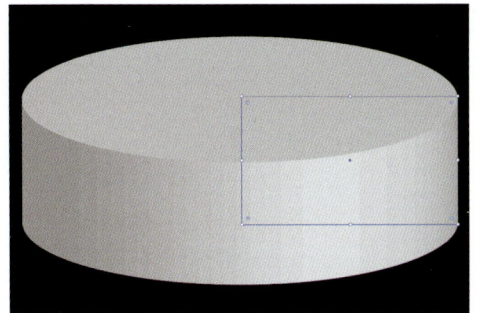

05 Map Art 대화상자가 표시되면 ❶ Surface의 ▶ 아이콘을 여러 번 클릭해 다음과 같이 지정합니다. ❷ Symbol을 'New Symbol'로 지정한 다음 ❸ 미리 보기 화면의 심볼 크기를 조절해 매핑하고 ❹ 하단의 'Invisible Geometry'를 체크 표시하여 ❺ 〈OK〉 버튼을 클릭합니다.
3D Revolve Options (Classic) 대화상자에서도 〈OK〉 버튼을 클릭합니다.

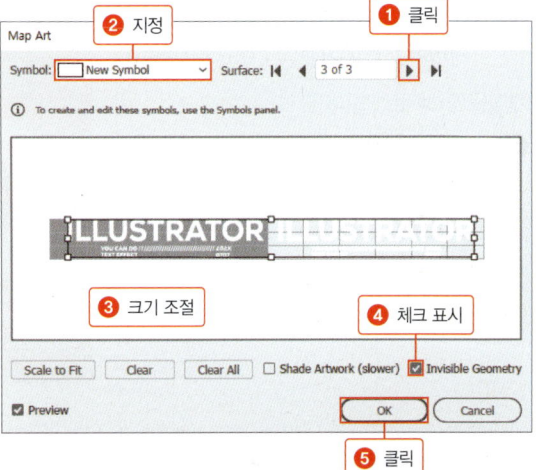

06 원기둥 모양을 따라 문자 오브젝트가 완성되었습니다.

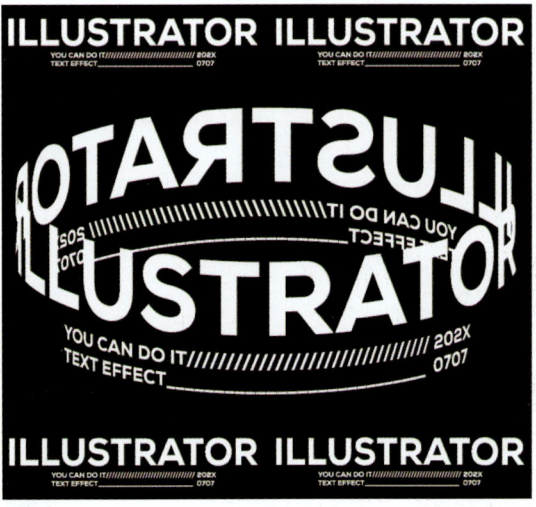

실습예제 08 Materials와 Lighting 기능으로 재질 있는 입체 글씨 만들기

일러스트레이터 CC 버전에서 새롭게 제공하는 3D 기능을 이용하여 입체물을 만들고 재질을 입혀봅니다.

● 예제파일 : 06\NEW3D.ai
● 완성파일 : 06\NEW3D_완성.ai

Before

After

01 06 폴더에서 'NEW3D.ai' 파일을 불러옵니다. 배경에 3D 문자를 만들어 재질을 입혀 보겠습니다.
❶ 문자 도구(T.)로 'OH'를 입력한 다음 ❷ 그림과 같이 지정합니다. ❸ Paragraph에서 'Align Center' 아이콘(≡)을 클릭하여 문자를 가운데 정렬한 다음 ❹ 면 색을 '흰색'으로 지정하여 문자의 색상을 변경합니다.

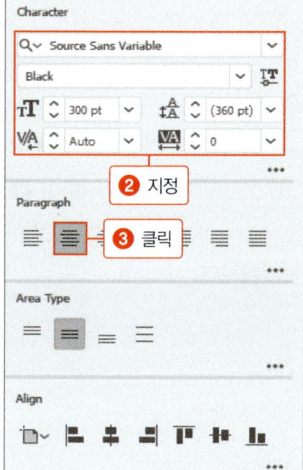

TIP 예제에서 사용한 글꼴은 'Source Sans Variable'로, 어도비를 구독하면 무료로 사용할 수 있는 글꼴입니다.

02 ❶ 'OH' 문자를 선택한 다음 ❷ 메뉴에서 (Effect) → 3D and Materials → Extrude & Bevel을 실행합니다.

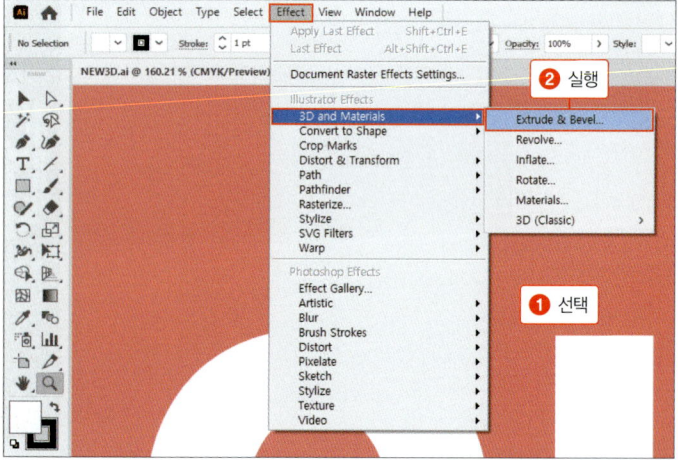

402 Part 6 • 완성도를 높이는 고급 효과 알아보기

03 3D and Materials 패널이 표시되면 ❶ (Object) 탭에서 ❷ Depth를 '70mm'로 설정합니다.

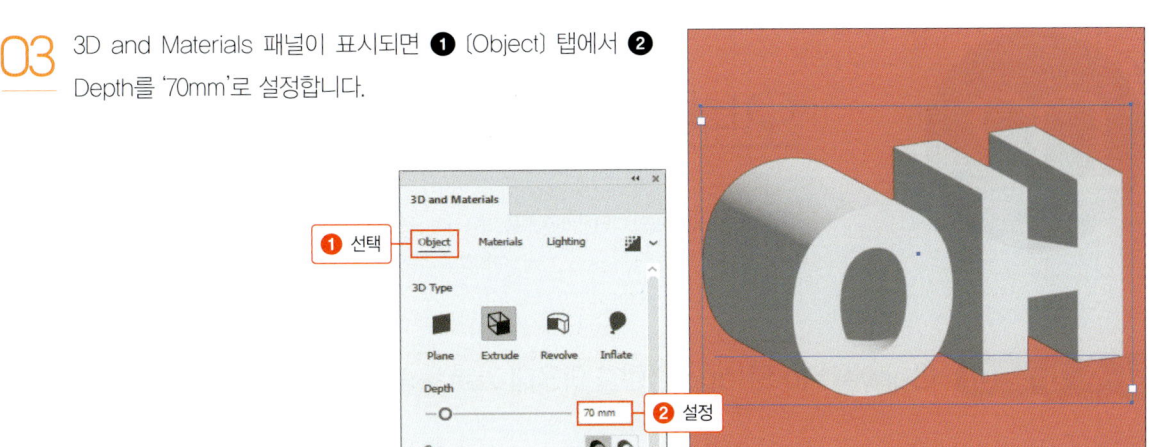

04 ❶ (Materials) 탭을 선택하고 ❷ All Materials에서 Calacatta Marble 재질을 선택합니다. ❸ Material Properties에서 Grain Intensity를 '0.38'로 설정합니다.

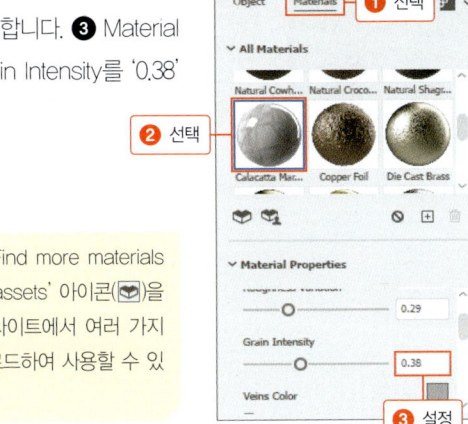

TIP
(Materials) 탭에서 'Find more materials on Substance 3D assets' 아이콘(🅢)을 클릭하면 연결되는 사이트에서 여러 가지 재질을 추가로 다운로드하여 사용할 수 있습니다.

05 ❶ (Lighting) 탭을 선택하고 ❷ Presets에서 'Top Left'를 선택합니다. 오른쪽 상단에서 'Render with Ray Tracing' 아이콘(🅡)을 클릭하여 렌더링을 진행해 완성합니다.

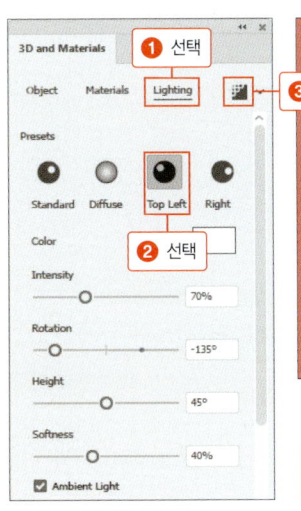

TIP
렌더링을 사용하면 더 사실적으로 3D 그래픽이 구현됩니다.

Chapter 01 · 오브젝트를 입체적으로 표현하기   403

Convert to Shape • Distort & Transform

오브젝트를 독특하게 변형하기

일러스트레이터의 다양한 이펙트를 이용하여 오브젝트를 독특하고 효과적으로 재구성할 수 있습니다.
적용한 효과의 속성은 Appearance 패널에서 간편하게 설정합니다.

필수기능 01 | Convert to Shape 명령을 이용해 기본 도형으로 바꾸기

메뉴에서 [Effect] → Convert to Shape의 하위 메뉴를 실행하면 표시되는 Shape Options 대화상자에서 오브젝트 모양을 변경하여 사각형, 모서리가 둥근 사각형, 원형 또는 타원형을 만들 수 있습니다.

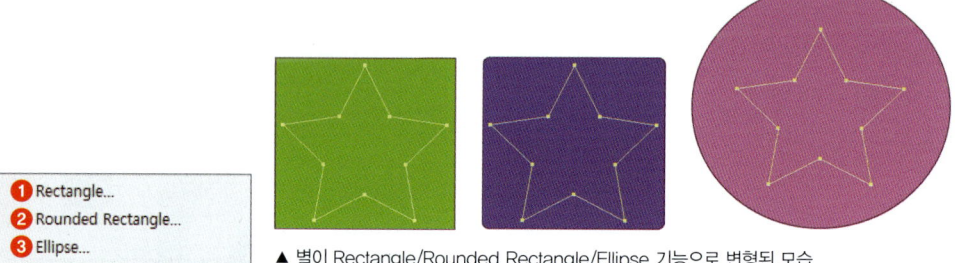

▲ 별이 Rectangle/Rounded Rectangle/Ellipse 기능으로 변형된 모습

① **Rectangle** : 사각형을 만듭니다.
② **Rounded Rectangle** : 모서리가 둥근 사각형을 만듭니다.

ⓐ **Shape** : 사각형, 둥근 사각형, 원형으로 변형할 수 있습니다.
ⓑ **Size** : 크기를 절대적이거나 상대적인 수치로 변경합니다.
ⓒ **Extra Width/Height** : 추가되는 가로/세로 수치를 설정합니다.
ⓓ **Corner Radius** : 둥근 사각형에서 모서리의 둥근 정도를 설정합니다.

③ **Ellipse** : 원형 또는 타원형을 만듭니다.

필수기능 02 Distort & Transform 명령으로 다양하게 왜곡하기

메뉴에서 (Effect) → Distort & Transform의 하위 메뉴를 실행하면 오브젝트를 왜곡하여 새로운 형태를 만들 수 있습니다. 이 기능은 벡터 오브젝트뿐만 아니라 비트맵 오브젝트에도 적용할 수 있습니다.

① Free Distort...
② Pucker & Bloat...
③ Roughen...
④ Transform...
⑤ Tweak...
⑥ Twist...
⑦ Zig Zag...

① **Free Distort** : Free Distort 대화상자에서 4개의 조절점을 조절해 오브젝트를 변형할 수 있습니다.

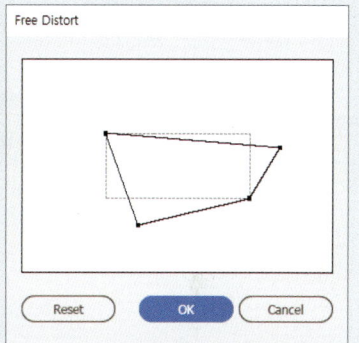

② **Pucker & Bloat** : 오브젝트 중심을 기준으로 팽창하거나 수축합니다. Pucker & Bloat 대화상자에서 슬라이더를 왼쪽의 Pucker로 이동하면 수축되고, 오른쪽의 Bloat으로 이동하면 팽창되어 다양한 형태로 변형할 수 있습니다.

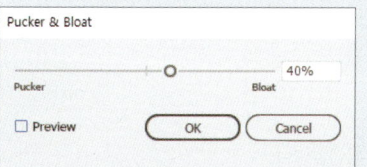

▶ 원을 변형하여 꽃 모양으로 만든 모습

③ **Roughen** : 오브젝트 외곽을 거칠게 변형할 수 있습니다.

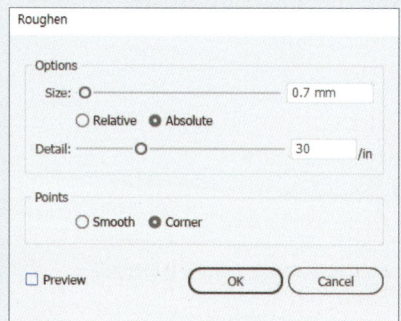

▲ 문자와 선을 거칠게 변형한 모습

④ **Transform** : 오브젝트의 크기, 위치, 각도를 조절할 수 있으며 개수를 지정하여 복사합니다.

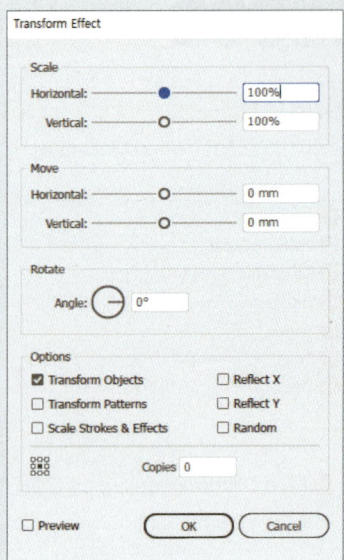

⑤ **Tweak** : 오브젝트의 가로와 세로를 비틀어 왜곡된 형태를 만들 수 있습니다.

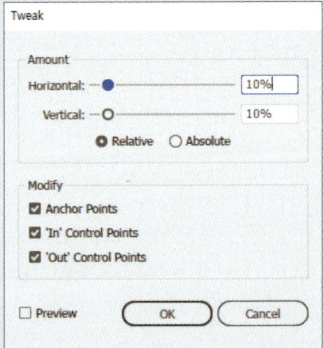

⑥ **Twist** : 오브젝트를 비틀어서 회전합니다.

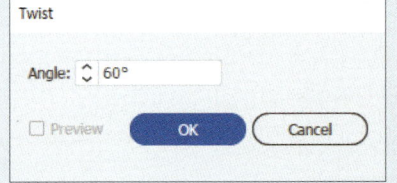 

▲ 세로로 긴 원을 비틀어 변형한 모습

⑦ **Zig Zag** : 오브젝트 테두리를 지그재그 형태의 톱니바퀴나 물결 모양으로 변형해 다양하게 응용할 수 있습니다.

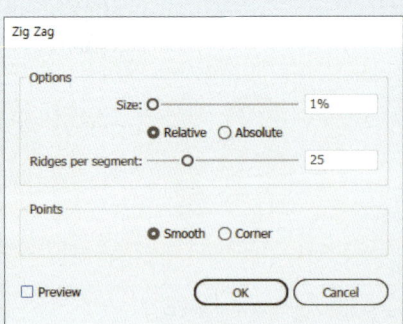 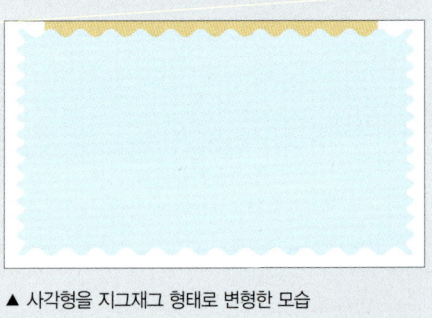

▲ 사각형을 지그재그 형태로 변형한 모습

실습예제 03 Pucker & Bloat 명령으로 기본 도형을 변형해 다양한 형태 만들기

도형의 기준점을 중심으로 팽창 또는 수축하여 다양한 형태를 만들어봅니다.

● 예제파일 : 06\기하학.ai
● 완성파일 : 06\기하학_완성.ai

Before

After

01 06 폴더에서 '기하학.ai' 파일을 불러옵니다.
면 색을 'C:50%, M:26%, Y:0%, K:0%', 선 색을 'None'으로 지정합니다.

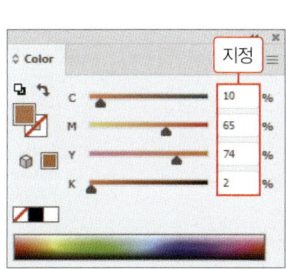

02 ❶ Tools 패널에서 다각형 도구(◯)를 선택한 다음 ❷ 아트보드를 클릭하여 Polygon 대화상자가 표시되면 Radius를 '25mm', Sides를 '8'로 설정한 다음 ❸ 〈OK〉 버튼을 클릭합니다. ❹ 선택 도구(▶)로 왼쪽 상단에 배치합니다.

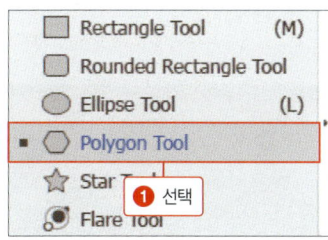

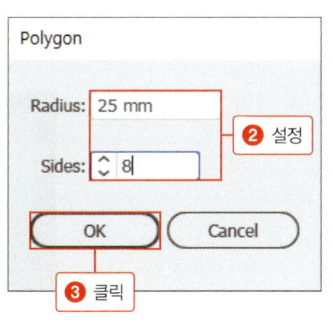

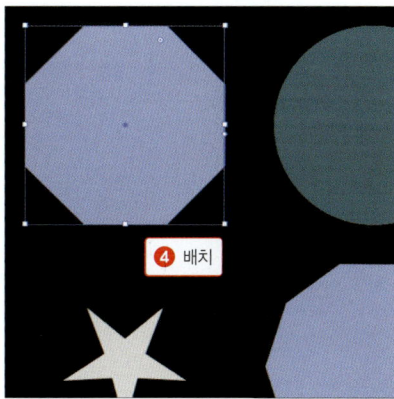

03 도형을 선택한 상태로 메뉴에서 (Effect) → Distort & Transform → Pucker & Bloat을 실행합니다.

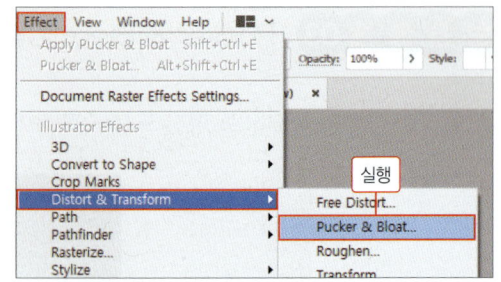

04 Pucker&Bloat 대화상자가 표시되면 ❶ 슬라이더를 오른쪽으로 약간 드래그하거나 수치를 '32%'로 설정한 다음 ❷ 〈OK〉 버튼을 클릭합니다.

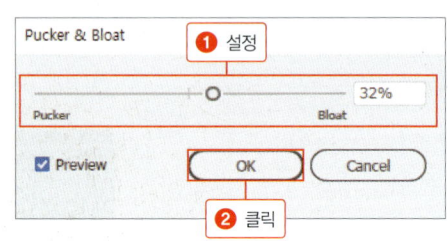
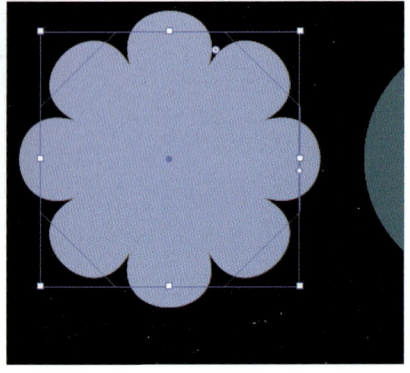

05 주황색 도형을 선택하고 ❶ Pucker&Bloat 효과를 다음과 같이 설정한 다음 ❷ 〈OK〉 버튼을 클릭합니다.

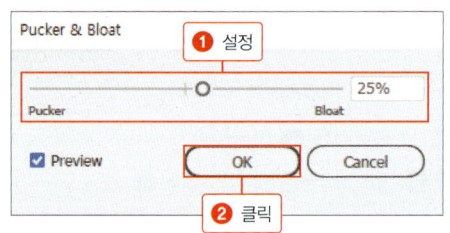
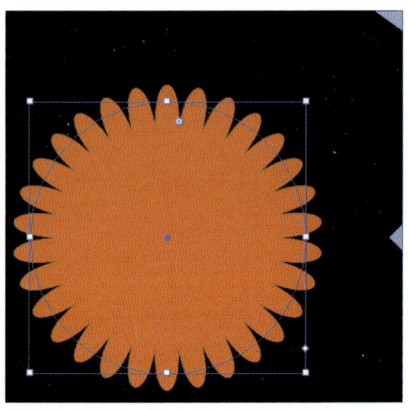

06 다른 도형에도 Pucker&Bloat 명령을 실행하여 다양한 형태로 변경하여 완성합니다.

> **TIP**
> 이펙트를 취소하거나 삭제하려면 Appearance 패널에서 이펙트를 선택하고 삭제 아이콘을 클릭하거나 삭제 아이콘으로 드래그합니다.

실습예제 04 Twist 명령으로 비틀어 회전하는 오브젝트 만들기

Twist 기능으로 비틀어 회전하는 오브젝트를 만들어 봅니다.

● 예제파일 : 06\트위스트.ai
● 완성파일 : 06\트위스트_완성.ai

Before

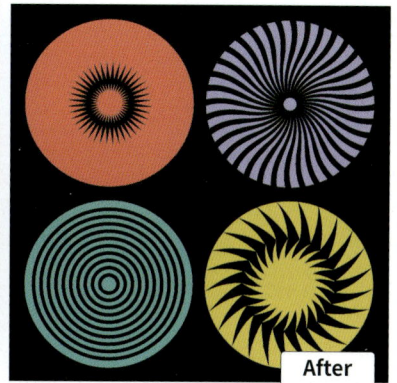
After

01 06 폴더에서 '트위스트.ai' 파일을 불러옵니다. 오른쪽 상단에 있는 기다란 검은색 오브젝트를 선택 도구(▶)로 선택합니다.

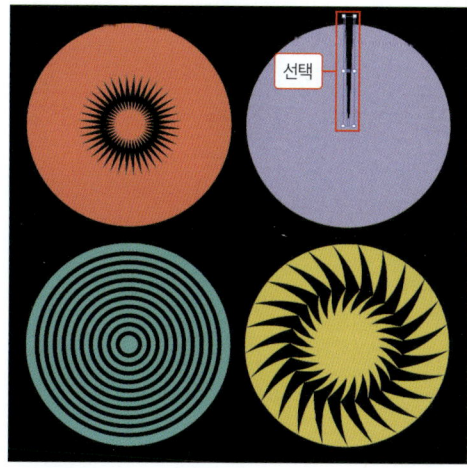

02 메뉴에서 (Effect) → Distort & Transform → Transform을 실행합니다. ❶ Transform Effect 대화상자가 표시되면 Angle을 '110°'로 설정하고 ❷ 회전 중심축을 가운데 하단으로 지정한 다음 ❸ Copies를 '40'으로 설정하고 ❹ 〈OK〉 버튼을 클릭합니다.

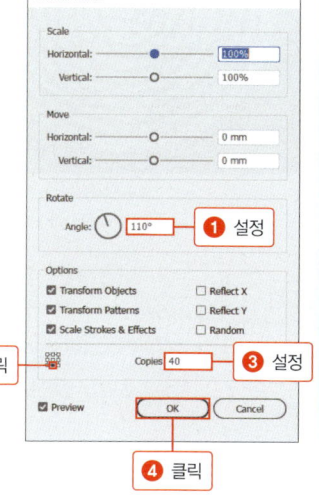
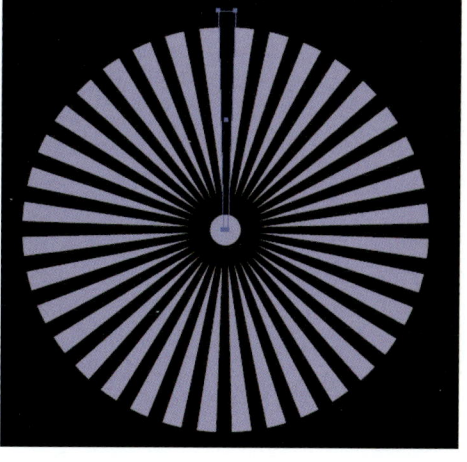

Chapter 02 · 오브젝트를 독특하게 변형하기   409

03

오브젝트를 비틀고 회전하기 위해 메뉴에서 **(Effect) → Distort & Transform → Twist**를 실행합니다. Twist 대화상자가 표시되면 ❶ Angle을 '20°'로 설정한 다음 ❷ 〈OK〉 버튼을 클릭합니다.

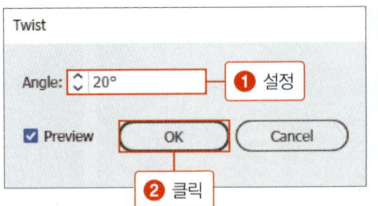

> **TIP**
> 일러스트레이터는 해당 파일에 관한 정보를 담아 둘 수 있습니다. 이것은 크리에이티브 클라우드를 이용하더라도 다른 작업자와의 원활한 커뮤니케이션을 위해 파일 정보를 담아 두는 것입니다. 메뉴에서 **(File) → File Info**를 실행하면 다양한 파일 정보를 담을 수 있습니다.

04

오브젝트를 비틀고 회전하여 완성되었습니다.

> **TIP**
> 변형한 오브젝트는 Expand Appearance 명령을 실행하여 패스로 만드는 습관을 들입니다. 확대 또는 축소하면 변형 정도가 왜곡되거나 다른 컴퓨터에서 작업할 때 오류가 발생할 수도 있기 때문입니다.

실습예제 05 Zig Zag 명령으로 용암 만들기

Zig Zag 기능을 적용하여 흐르는 듯한 용암을 만들어 봅니다.

● 예제파일 : 06\공룡.ai
● 완성파일 : 06\공룡_완성.ai

Before

After

01 06 폴더에서 '공룡.ai' 파일을 불러옵니다. ❶ 선택 도구(▶)를 이용해 ❷ 빨간색 사각형을 선택합니다.

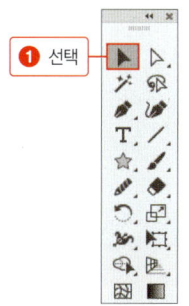

02 사각형이 선택된 상태로 메뉴에서 (Effect) → Distort & Transform → Zig Zag를 실행합니다.
Zig Zag 대화상자가 표시되면 ❶ Size를 '1mm'로 설정하고 ❷ 'Absolute'를 선택합니다. ❸ Ridges per segment를 '11'로 설정하고 ❹ 'Smooth'를 선택한 다음 ❺ 〈OK〉 버튼을 클릭합니다.

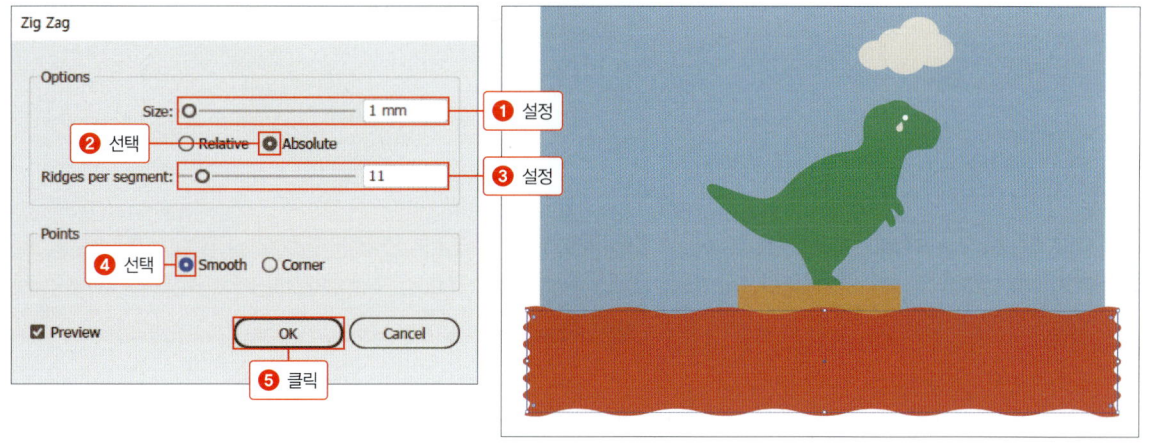

03 ❶ 선택 도구(▶)를 선택하고 Alt+Shift를 누른 상태로 아래로 두 번 드래그해 복제합니다. ❷ 복제된 두 번째 사각형을 선택하고 그림과 같이 면 색을 '주황색'으로 지정합니다.

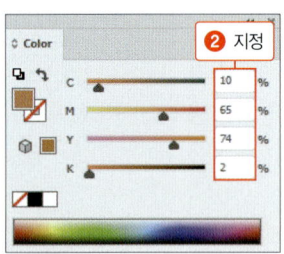

04 ❶ 하늘 배경을 선택하고 ❷ Ctrl+C를 누른 다음 ❸ Ctrl+Shift+V를 눌러 맨 앞에 붙여 넣습니다.

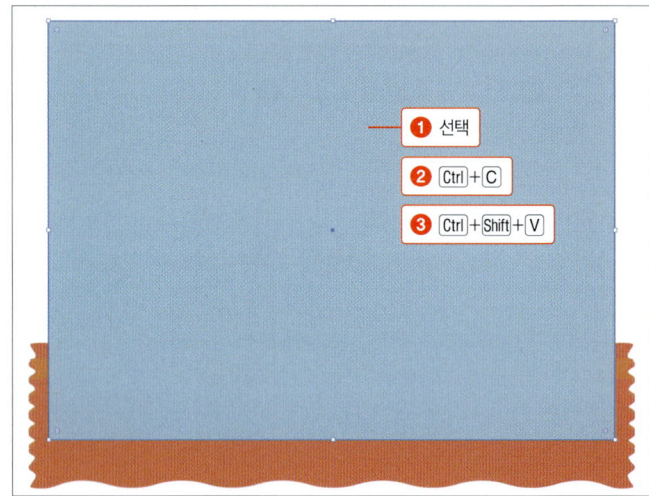

> **TIP**
> 오브젝트를 선택하고 Ctrl+C를 누른 다음 Ctrl+Shift+V를 누르면 오브젝트 중에서 맨 앞에 복제 및 배치됩니다.

05 복제된 하늘 배경과 세 개의 용암을 선택하고 Ctrl+7을 눌러 마스크를 적용합니다.

> **TIP**
> Ctrl+7은 클리핑 마스크의 단축키로, 여러 개의 오브젝트 중에서 맨 앞에 위치한 오브젝트에 마스크 효과를 적용해 다른 오브젝트 일부를 가릴 수 있습니다.

우선순위 | TOP 19　　Stylize

오브젝트에 스타일 적용하기

일러스트레이터도 포토샵처럼 오브젝트에 다양한 스타일을 적용해 개성 있는 디자인을 연출할 수 있습니다. 다양한 스타일 기능을 이해하고 자유자재로 적용해 보도록 합니다.

필수기능 01 스타일 변경하기 중요

오브젝트에 그림자, 모서리 모양, 가장자리, 광선, 비틀기 등 스타일을 추가합니다. 벡터 오브젝트뿐만 아니라 비트맵 오브젝트에도 적용할 수 있습니다.

① Drop Shadow…
② Feather…
③ Inner Glow…
④ Outer Glow…
⑤ Round Corners…
⑥ Scribble…

① **Drop Shadow** : 그림자 효과를 적용하여 간편하게 오브젝트에 원근감과 생동감을 표현할 수 있습니다. 그림자 위치, 진하기 정도 등을 설정하여 원하는 그림자 효과를 나타냅니다.

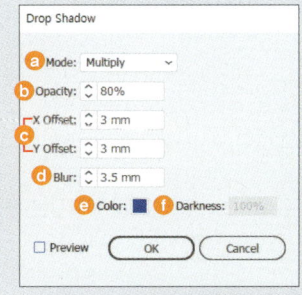 

◀ 비행기에 그림자를 적용한 모습

ⓐ **Mode** : 그림자의 블렌딩 모드를 지정할 수 있습니다.
ⓑ **Opacity** : 그림자의 불투명도를 조절할 수 있습니다.
ⓒ **X/Y Offset** : 원본과의 X/Y축 거리를 조절합니다.
ⓓ **Blur** : 그림자가 부드럽게 퍼지는 정도를 조절합니다.
ⓔ **Color** : 그림자 색을 지정합니다.
ⓕ **Darkness** : 그림자가 원본 오브젝트보다 어두워지는 정도를 조절합니다.

② **Feather** : 오브젝트 외곽을 포토샵의 Blur 기능처럼 부드럽게 만들며 비트맵 방식으로 처리됩니다.

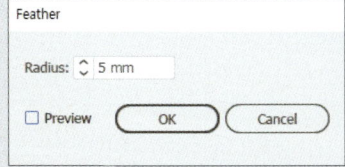 

◀ 산에 Feather 기능을 적용하여 흐릿하게 원근감을 표현한 모습

❸ **Inner Glow** : 오브젝트 내부에 빛이 퍼지는 효과를 나타내어 일러스트를 돋보입니다. 빛이 퍼지는 정도, 색상, 강도 등을 조절할 수 있습니다.

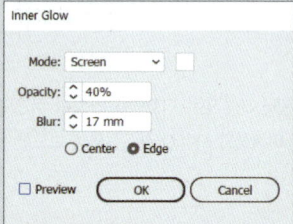 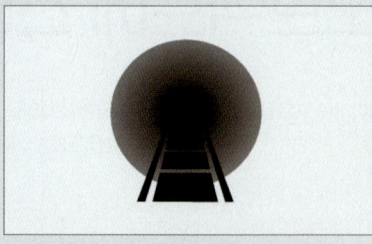

◀ 원에 Inner Glow 기능을 적용하여 빛이 퍼지는 모습

❹ **Outer Glow** : Inner Glow와 반대로 오브젝트 바깥으로 빛이 퍼지는 효과를 나타냅니다.

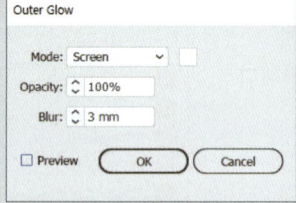 

◀ 자동차 헤드라이트에 Outer Glow 기능을 적용하여 빛나는 모습

❺ **Round Corners** : Round Corners 대화상자에서 수치를 설정하여 오브젝트 모서리를 둥글고 부드럽게 표현할 수 있습니다.

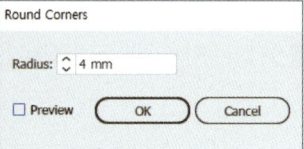 

◀ 빵 가운데 네모난 버터에 Round Corners 기능을 적용하여 둥근 사각형으로 변형한 모습

> **TIP**
> 라이브 코너 기능으로 직접 선택 도구를 이용하여 자동으로 생성되는 조절점을 드래그해서 간편하게 둥근 모서리를 만들 수 있습니다.

❻ **Scribble** : 손그림의 스크래치 형태와 같은 벡터 이미지로 표현할 수 있습니다. 스케치와 같은 일러스트를 만들고, 구불구불 생동감 있는 움직이는 선을 그릴 때 유용합니다.

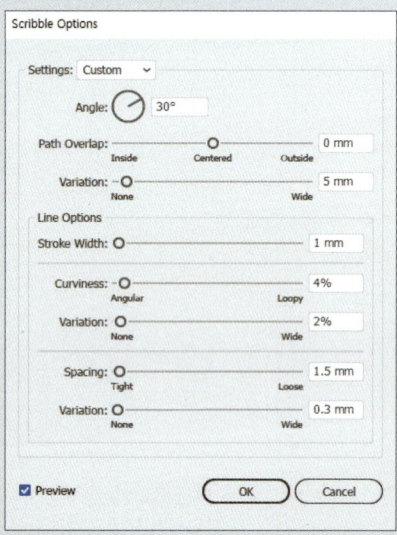 

▲ 사각형을 변형하여 만든 스크래치 복권

실습예제 02 | Drop Shadow 명령으로 그림자 적용하기

Drop Shadow 기능을 이용하여 원에 자연스럽게 그림자 효과를 적용해 봅니다.

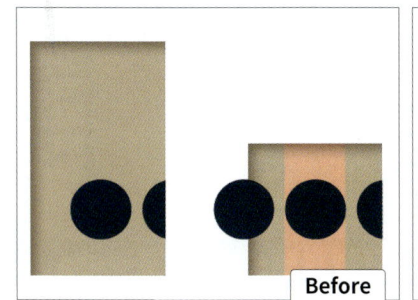
Before

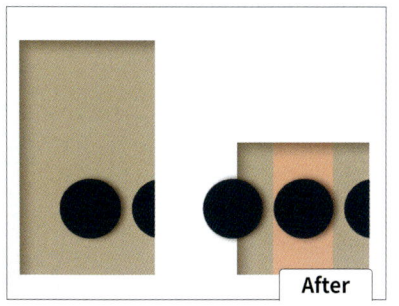
After

● 예제파일 : 06\추상도형.ai
● 완성파일 : 06\추상도형_완성.ai

01 06 폴더에서 '추상도형.ai' 파일을 불러옵니다. 그룹으로 설정한 원을 선택한 다음 메뉴에서 (Effect) → Stylize → Drop Shadow를 실행합니다.

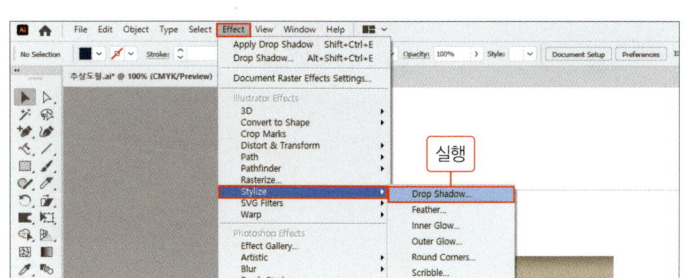

02 Drop Shadow 대화상자가 표시되면 ❶ Mode를 'Multiply', Opacity를 '40%', X/Y Offset을 각각 '1.5mm'와 '0mm', Blur를 '1mm'로 설정하고 ❷ Color를 '검은색'으로 지정한 다음 ❸ 〈OK〉 버튼을 클릭합니다.

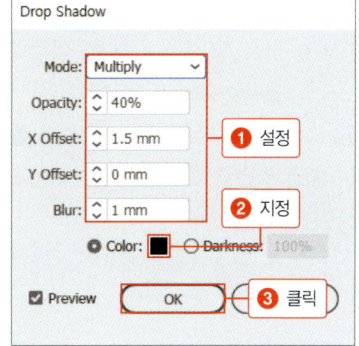

03 배경과 잘 어울리게 원에도 그림자 효과가 적용되었습니다.

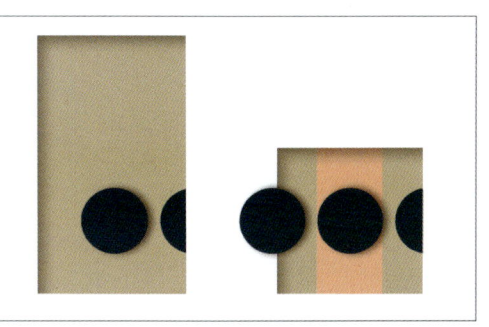

실습예제 03 Feather 명령으로 캐릭터 이미지 표현하기

Feather 기능을 이용해 오브젝트 외곽을 부드럽고 뿌옇게 처리해서 구름 캐릭터 이미지를 만들어 봅니다.

◉ 예제파일 : 06\구름캐릭터.ai
◉ 완성파일 : 06\구름캐릭터_완성.ai

Before

After

01 06 폴더에서 '구름캐릭터.ai' 파일을 불러옵니다.
❶ 선택 도구(▶)로 ❷ 구름 모양과 원 모양을 선택합니다.

02 구름 모양을 선택한 상태로 메뉴에서 (Effect) → Stylize → Feather를 실행합니다. Feather 대화상자가 표시되면 ❶ Radius를 '12mm'로 설정하고 ❷ 〈OK〉 버튼을 클릭합니다. 구름이 뿌옇게 변경되어 실제 구름처럼 표현됩니다.

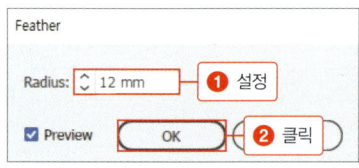

03 ❶ 원 도구(○)를 이용하여 ❷ 캐릭터 볼의 주근깨를 표현합니다. 익살스러운 표정의 구름 캐릭터가 완성되었습니다.

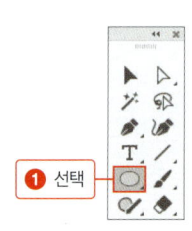

실습예제 04 Inner Glow 명령으로 체리 음영 만들기

Inner Glow 기능으로 체리에 빛이 퍼지는 효과를 적용하여 음영을 만들어 봅니다.

● 예제파일 : 06\체리.ai   ● 완성파일 : 06\체리_완성.ai

01 06 폴더에서 '체리.ai' 파일을 불러옵니다. 선택 도구(▶)로 체리 3개의 몸통 부분을 선택하고 메뉴에서 (Effect) → Stylize → Inner Glow를 실행합니다.

02 Inner Glow 대화상자가 표시되면 ❶ Mode를 'Soft Light', Color를 'C:0%, M:24%, Y:0%, K:0%', Opacity를 '97%', Blur를 '11mm'로 설정한 다음 ❷ 'Edge'를 선택하고 ❸ 〈OK〉 버튼을 클릭합니다.

03 체리 안쪽에 밝게 음영이 적용되었습니다.

실습예제 05 Outer Glow 명령으로 네온사인 만들기

Inner Glow와 반대로 오브젝트 바깥으로 빛이 퍼지는 Outer Glow 기능을 이용해 네온사인의 빛 효과를 표현해 봅니다.

◎ 예제파일 : 06\네온사인.ai   ◎ 완성파일 : 06\네온사인_완성.ai

01 06 폴더에서 '네온사인.ai' 파일을 불러옵니다. 'NEON' 오브젝트를 선택합니다.

02 메뉴에서 (Effect) → Stylize → Outer Glow를 실행합니다.
Outer Glow 대화상자가 표시되면 ❶ Mode를 'Hard Light', Color를 'C:15%, M:55%, Y:0%, K:0%', Opacity를 '100%', Blur를 '3mm'로 설정한 다음 ❷ 〈OK〉 버튼을 클릭합니다.

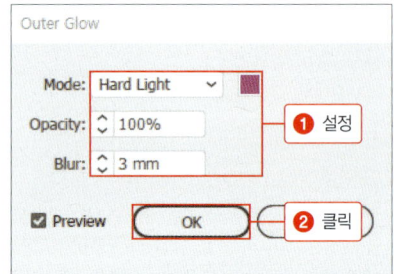

03 'NEON' 오브젝트에 불이 켜진 듯 환하게 빛나는 것을 확인할 수 있습니다.

Actions 패널 • New Action 대화상자

클릭 한 번에 반복 작업 실행하기

빠른 시간 내에 많은 양의 작업을 완성도 있게 제작할 때 액션의 자동 실행 기능을 이용하여 간편하게 작업할 수 있습니다.

필수기능 01 액션을 이용해 반복 작업하기

작업 과정을 기록하여 저장하고 기록한 작업을 재생하거나 버튼 모드와 단축키를 이용하여 손쉽게 작업합니다.

Actions 패널에서 액션 실행하기

기록된 데이터를 이용해 Actions 패널에서 해당 아이콘을 클릭하여 액션을 실행합니다. 일괄적으로 다양한 명령을 저장하거나 실행해 작업 효율을 높일 수 있습니다.

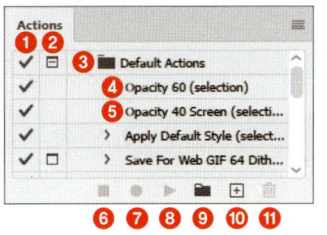

❶ 실행 표시 : 체크 표시를 해제하면 액션 작업에서 제외됩니다.
❷ 대화상자 표시 : 대화상자에서 설정한 옵션 조절 작업 기록입니다.
❸ Set : 액션을 종류별로 나눕니다.
❹ Action : 작업 과정의 단위입니다.
❺ Command : 작업 순서에 따라 하나의 작업 과정으로 배열합니다.
❻ Stop Playing/Recording : 액션을 기록하는 과정에서 아이콘을 클릭하면 기록이 중단되며 실행 중인 액션을 정지합니다.
❼ Begin Recording : 작업을 액션으로 기록합니다.
❽ Play Current Selection : 선택된 액션을 실행합니다.
❾ Create New Set : 새로운 액션 세트를 만듭니다.
❿ Create New Action : 새로운 액션을 만듭니다.
⓫ Delete Selection : 액션 세트, 액션, 작업 과정을 삭제합니다.

> **TIP**
> 기본으로 Default Actions 세트가 있으며 다양한 액션 세트를 만들 수 있습니다.

New Action 대화상자에서 액션 설정하기

Actions 패널에서 'Create New Action' 아이콘(□)을 클릭하면 New Action 대화상자를 표시할 수 있습니다. 기본 정보를 입력하고 〈Record〉 버튼을 클릭하여 기록을 시작합니다.

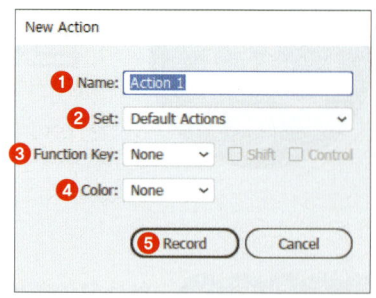

① **Name** : 액션 이름을 입력합니다.
② **Set** : Actions 패널에 만든 액션 세트를 지정합니다.
③ **Function Key** : 액션을 편리하게 실행하기 위한 단축키를 지정합니다.
④ **Color** : 액션 색상을 지정합니다.
⑤ **Record** : 액션을 기록합니다.

실습예제 02 반복 작업 기록해 이용하기

여러 번 반복해야 하는 작업에서 Actions 패널을 이용하여 작업 순서를 기록하고 오브젝트에 적용해서 효율적으로 작업해 봅니다.

Before

After

● 예제파일 : 06\FUN.ai
● 완성파일 : 06\FUN_완성.ai

01 06 폴더에서 'FUN.ai' 파일을 불러옵니다. 메뉴에서 (Window) → Actions를 실행하여 ① Actions 패널의 'Create New Action' 아이콘(□)을 클릭합니다. New Action 대화상자가 표시되면 ② Name에 '바둑판'을 입력한 다음 ③ 〈Record〉 버튼을 클릭합니다.

TIP
Set에는 입력한 액션 이름이 지정됩니다. Function Key에서는 직접 단축키를 지정할 수 있고, Color에서는 액션 세트의 색을 지정할 수 있습니다.

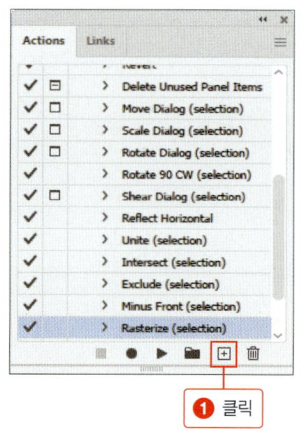

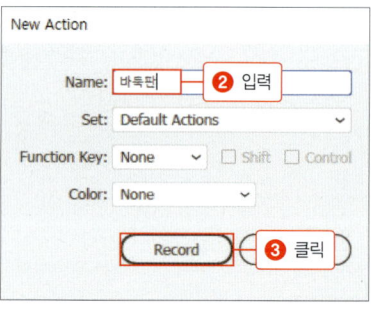

02 Actions 패널이 작업을 기록하기 시작하면 ❶ 선택 도구( )를 이용하여 첫 번째 사각 패턴을 선택합니다. 패턴을 조절하기 위해 메뉴에서 (Window) → Swatch Libraries → Patterns → Decorative → Decorative Legacy를 실행합니다. ❷ Decorative Legacy 라이브러리에서 'Checkers' 패턴을 선택합니다.

03 ❶ 크기 조절 도구( )를 더블클릭해 Scale 대화상자가 표시되면 Uniform을 '174%'로 설정하고 ❷ 'Transform Patterns'만 체크 표시한 다음 ❸ 〈OK〉 버튼을 클릭합니다. 선택한 패턴 이미지에 크기 조절이 적용되었고 Actions 패널에 기록되었습니다.

❹ Actions 패널에서 'Stop Playing/ Recording' 아이콘( )을 클릭하여 액션 기록을 마칩니다.

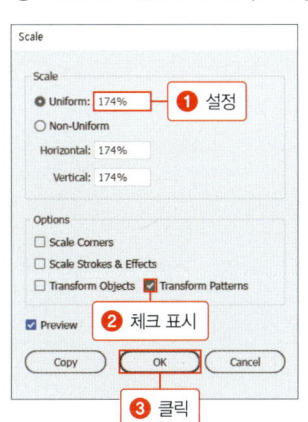
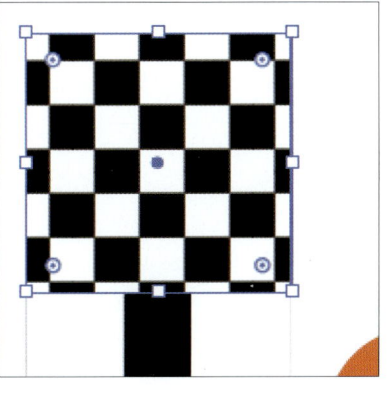

04 ❶ 나머지 두 사각 패턴에도 같은 패턴을 적용하기 위해 선택 도구( )를 이용하여 Shift를 누른 상태로 두 사각형을 선택합니다. ❷ Actions 패널에서 미리 만든 '바둑판' 액션을 선택한 다음 'Play Current Selection' 아이콘( )을 클릭해 기록된 액션을 실행해 완성합니다.

> **TIP**
> 액션 기능은 여러 개의 파일에 같은 작업을 반복할 때나 다양한 디자인 실무에 매우 유용하게 활용할 수 있습니다.

3D 입체 오브젝트 만들고 그림자 효과 적용하기

1 402쪽 참고

문자에 Extrude&Bevel 명령을 실행하여 3D 입체 오브젝트로 변환하고 질감을 적용해 보세요.

- 예제파일: 06\3D.ai
- 완성파일: 06\3D_완성.ai
- 해설 동영상: 06\6-1.mp4

Hint 문자 오브젝트 선택하기 → Extrude & Bevel 명령 실행하기 → Materials에서 질감 적용하기

---

2 415쪽 참고

오브젝트에 그림자 효과를 적용하여 입체적으로 나타내 보세요.

- 예제파일: 06\shadow.ai
- 완성파일: 06\shadow_완성.ai
- 해설 동영상: 06\6-2.mp4

Hint 선택 도구로 오브젝트 선택하기 → Drop Shadow 명령 실행하기

찾아보기

A

Absolute	411
Actions 패널	419
Activate Fonts	76
Active Colors	216
Add Anchor Point Tool	121
Add Color tool	216
Add Selected Colors	202
Arc	297
Arch	297
Arc Lower	297
Arc Segment Tool Options	137
Arc Upper	297
Area Graph Tool	365
Area Type Objects	105
Arrowheads	131
Artboard Options	70
Artboards	68
Art Brush Options	189
Artistic	190
Aspect Ratio	219
Asset Export	87
Assign	215
Auto-Color	341

B

Bar Graph Tool	365
Begin Recording	419
Bend	297
Bevel	393
Borders	184
Break Link to Graphic Style	376, 377
Break Link to Symbol	347
Brick Offset	209
Brightness	201
Bring Forward	246
Bring to Front	246
Bristle Brush Strokes	105
Browse in Bridge	79
Brush Affects Anchor Points	357
Brushes 패널	175
Brush Libraries	176
Brush Strokes	105
Bulge	297

C

Calacatta Marble	403
Calligraphic Brush Options	177
Cap	130, 393, 397
Cap Height	291
Cell style	366
Change to Artboard Rulers	231
Character	273
Character 패널	59
Character Styles 패널	60, 289
Check Spelling	293, 9
Choose Column Design	371
Clear	113, 399
Complexity	357
Content	79
Control 패널	122
Creative Cloud	28
Crop	305
Crop Image	335
Crystallize Tool	356
Cut	113

D

Darken	330
Darkness	413
Dashed Line	131, 170
Data	366
Decay	142
Decorative	183
Decorative Legacy	421
Detail	357
Diameter	349
Difference	331
Dim Copes to	209
Direction Handles	105
Display color bars	216
Display segmented color wheel	216
Down	70
DPI	38
Draw Hidden Faces	394
Drop Shadow	413
Duplicate Selected Item	377
Duplicate Selection	243
Duplicate Swatch	202
Dynamic Symbol	352

E

Each Design Represents	371
Edit	216
Edit Artboards	263
Edit Colors	217
Edit or Apply Colors	212, 215
Edit Selection	105
Eraser Tool Options	317
Essentials	66
Exclude	304
Exclusion	331
Exit	89
Expand	208, 236, 304, 319
Export	36
Export As	85
Export for Screens	36, 85
Export/Symbol Type	347
Extra Width/Height	404
Extrude & Bevel	392, 402

F

Feather	413
Fidelity	162, 296
File	75
File Info	410
Fill	310
Fill Color	103, 105
Fill & Stroke	105
Filter	79
First Column in Front	366
First-line left indent	285
First Row in Front	366
Flatten Layers to a Single Image	36
Folders	79
For Fractions	371
Free Distort	405
Freeform Gradient	225
from	397
Function Key	420

G

Gap Length	310
Gaussian Blur	281
General	69
GIF	39
Global Brush Dimensions	358
Glyphs	276, 295
Gradient(그레이디언트)	197
Gradient 패널	219, 58
Grain Intensity	403
Grid	211
Grid Color & Opacity	382
Group	236, 242

H

Hard Light	331
Harmony Rules	216
Height	68, 393
Hide	236
Hide Others	243
Horizontal	254, 259, 297
Horizontal Align Center	147, 248
Horizontal Align Left	248
HSB 모드	196
Hue	201, 331
H/V Spacing	209

I

Illustrator EPS	82
Illustrator Template	82
Image Trace	35
Image Trace Panel	345
Import data	366
Intensity	349, 357
Intersect	304
Inverse	104
Invert Mask	331
Invisible Geometry	399
Isolate Selected Clipping Mask	336
Isometric Top	395

J

Join	316
JPG	39
Justify all lines	285

L

Landscape	70
Language	283
Layer	241
Layers 패널	58
Layout	66
Line Art	340
Line Segment Tool Options	134
Link	37, 78
Link Block Series	105
Live Paint Bucket Options	208
Load previous Swatch Library	204
Locate Object	242, 243
Location	219
Lock	138, 236
Lock Grid	381
Lock Guides	232
Lock Station Point	381
Lock/Unlock All Layers	243
Low Color	341
Luminosity	331

M

Magic Wand	103
Magic Wand 패널	103
Make	319
Make Guides	232
Make Mask	339
Minus Front	304
Missing Fonts	76
Mode	341, 413
More Options	393
More Settings	68
Move	70, 251
Move Tile with Art	209
Move Up	70
Multiply	192, 330

N

Navigator 패널	110
New	72
New Action	420
Noise	341
None	148
None(색상 없음)	197
Non-Uniform	257
Normal	330

O

Object	236, 105
Offset	397
Opacity	103, 105, 219, 331, 413
Open	36, 67, 78, 92
Options for Selection	243
Orientation	68, 320
Original	85
Other Layers	236
Outer Glow	414
Outline	110, 305, 341
Outline/Preview Others	243
Overlap	209
Overlay	331
Overprint Preview	110
Override Character Color	377

P

Package	88
Painting	66
Pentagram	214
Pen Tool	121
Perspective	393
Point Text	290
Point Type Objects	105
Polar Grid Tool Options	149
Polygon	153, 407
Portrait	70
Position	393
PPI	38
Preferences	47, 69
Presen-tation Mode	116
Preserve Spot Colors	394
Preset	215, 341, 382
Presets	70
Pressure	177
Preview	79, 251, 254, 259, 393
Preview Mode	68
Print	73
Prominent Colors	218

R

Radar Graph Tool	365
Radial	219
Radius	407
Resolution	236
Reverse Front to Back	319
Reverse Order	243
Revolve (Classic)	398
RGB	196
Ridges per segment	411
Right indent	285
Rise	297
Rotate	251, 257
Rotate Legend Design	371
Roughen	405
Round Cap	142
Round Corners	414
Rounded Rectangle	152, 157, 404
Rows	227
Rulers	231

S

Same	105
Saturation	201, 331
Save	82
Save a Copy	82
Scale	184
Scale Corners	257
Scale Strokes & Effects	257
Separate colors into different rows	215
Set	419, 420
Set font height reference	291
Sewing	317
Shade Artwork (slower)	399
Shades of Gray	340
Shading Color	394
Shape	404
Shape Builder Tool Options	310
Shape Modes	304
Shear	257
Shear Angle	259

Swatches 패널	186, 57
Swatch Libraries menu	202
Swatch Options	202
Switch x/y	366
Symbol Libraries Menu	346
Symbol Options	347
Symbols	346
Symbols 패널	346
Symbol Set Density	349

T

Technical Drawing	340
Template	78, 243
Template Layer	242
Templates	68
Threshold	341
Tiki	349
Tile Type	209
Toggles Lock	242
Toggles Visibility(눈 아이콘)	242
Toolbars	63
Tools 패널	49
Touch Type Tool	282
Tracing	66
Transparent	236
Transpose row/column	366
Trap	305
Trim	305
Trim View	115
Tweak	406
Twirl Tool	355
Twist	297, 406
Type	219, 366
Typography	66

V

Value Axis	366
Variable Font	292
View	110, 341
Vonster Pattern Styles	379

W

Warp	296
Warp Options	297
Warp Tool	355
Wave	297
Web	66
Web Safe RGB 모드	197
Weight	130

일러스트레이터 단축키 모음

일러스트레이터의 다양한 기능을 빠르게 실행할 수 있는 단축키 모음입니다. 단축키를 외워 두면 빠르고 효율적으로 작업할 수 있습니다.
※ 일러스트레이터 CC 2022를 기준으로 작성되었습니다. 버전에 따라 차이가 있을 수 있습니다.

파일에 관한 단축키

기능	단축키
새로 만들기	Ctrl+N
열기	Ctrl+O
저장, 다른 이름으로 저장하기	Ctrl+S, Shift+Ctrl+S
가져오기	Shift+Ctrl+P
인쇄하기	Ctrl+P
종료하기	Ctrl+Q

편집에 관한 단축키

기능	단축키
실행 취소하기	Ctrl+Z
재실행하기	Shift+Ctrl+Z
오리기	Ctrl+X
복사하기	Ctrl+C
붙이기, 앞에 붙이기	Ctrl+V, Ctrl+F
뒤에 붙이기, 제자리에 붙이기	Ctrl+B, Shift+Ctrl+V
키보드 단축키 지정하기	Alt+Shift+Ctrl+K
환경 설정하기	Ctrl+K

오브젝트에 관한 단축키

기능	단축키
변형 반복하기	Ctrl+D
맨 앞으로 가져오기	Shift+Ctrl+]
앞으로 가져오기	Ctrl+]
뒤로 보내기	Ctrl+[
맨 뒤로 보내기	Shift+Ctrl+[
그룹 설정하기	Ctrl+G
그룹 풀기	Shift+Ctrl+G
잠금 설정하기	Ctrl+2
모든 잠금 풀기	Alt+Ctrl+2
숨기기	Ctrl+3
모두 표시하기	Alt+Ctrl+3
패스 연결하기	Ctrl+J
클리핑 마스크 만들기	Ctrl+7
클리핑 마스크 풀기	Alt+Ctrl+7

선택, 이동에 관한 단축키

기능	단축키
모두 선택하기	Ctrl+A
활성 대지 모두 선택하기	Alt+Ctrl+A
선택 취소하기	Shift+Ctrl+A
재선택하기	Ctrl+6
다음 오브젝트 위로 이동하기	Alt+Ctrl+]
다음 오브젝트 아래로 이동하기	Alt+Ctrl+[

보기에 관한 단축키

기능	단축키
확대, 축소하기	Ctrl + +, Ctrl + −
윈도우에 대지 맞추기	Ctrl + 0
윈도우 모두 맞추기	Alt + Ctrl + 0
실제 크기로 보기	Ctrl + 1
가장자리 표시/숨기기	Ctrl + H
대지 표시/숨기기	Shift + Ctrl + H
템플릿 숨기기	Shift + Ctrl + W
눈금자 표시/숨기기	Ctrl + R
전체 눈금자로 변경하기	Alt + Ctrl + R
바운딩 박스 표시/숨기기	Shift + Ctrl + B
투명 격자 표시하기	Shift + Ctrl + D
안내선 숨기기	Ctrl + ;
안내선 잠그기	Alt + Ctrl + ;
안내선 만들기	Ctrl + 5
안내선 잠금 해제하기	Alt + Ctrl + 5
격자에 물리기	Shift + Ctrl + "
점에 물리기	Alt + Ctrl + "
Stroke 패널 표시/숨기기	Ctrl + F10
Symbols 패널 표시/숨기기	Shift + Ctrl + F11
Transform 패널 표시/숨기기	Shift + F8
Transparency 패널 표시/숨기기	Shift + Ctrl + F10
Character 패널 표시/숨기기	Ctrl + T
Paragraph 패널 표시/숨기기	Alt + Ctrl + T

패널 표시에 관한 단축키

기능	단축키
Align 패널 표시/숨기기	Shift + F7
Brushes 패널 표시/숨기기	F5
Color 패널 표시/숨기기	F6
Color Guide 패널 표시/숨기기	Shift + F3
Gradient 패널 표시/숨기기	Shift + F9
Layers 패널 표시/숨기기	F7
Pathfinder 패널 표시/숨기기	Shift + Ctrl + F9

고객센터

책을 읽다가 막히는 부분이 있나요?

책을 읽다가 막히는 부분이 있으면, 길벗출판사 홈페이지의 '1:1 문의' 게시판에 질문을 올려보세요. 길벗출판사 직원들과 〈무작정 따라하기〉 시리즈 저자들이 친절하게 답변해 드립니다.

1단계 길벗출판사 홈페이지(www.gilbut.co.kr)로 찾아오세요.

2단계 내용 문의 요청하기 기능을 이용하려면, 길벗출판사 홈페이지의 회원으로 가입해야 합니다. '회원가입'을 클릭해 무료 회원으로 가입한 후 가입 시 입력한 이메일 주소와 비밀번호를 입력해 로그인하세요.

3단계 '고객센터' 메뉴를 클릭한 후 FAQ 게시판에서 자주 묻는 질문에 관한 답변을 확인합니다. 그래도 해결되지 않는 부분이 있다면 '1:1 문의' 메뉴를 클릭하고 질문을 등록하세요. 답변을 얻을 수 있습니다.

베타테스터가 되고 싶어요

여러분도 길벗의 베타테스트에 참여해 보세요!

길벗출판사는 독자의 소리와 평가를 바탕으로 더 나은 책을 만들려고 합니다. 원고를 미리 따라 해보면서 잘못된 부분은 없는지, 더 쉬운 방법은 없는지 길벗과 함께 책을 만들어 보면서 여러분의 소중한 의견을 전달해 주세요.

1단계 길벗출판사 홈페이지(www.gilbut.co.kr)로 찾아오세요.

2단계 '고객센터 → 이벤트, 설문, 모집' 게시판을 이용하려면, 길벗출판사 홈페이지의 회원으로 가입해야 합니다. '회원가입'을 클릭해 무료 회원으로 가입한 후 가입 시 입력한 이메일 주소와 비밀번호를 입력해 로그인하세요.

3단계 '고객센터 → 이벤트, 설문, 모집' 메뉴를 클릭하여 게시판을 열고, 모집 중인 베타테스터를 선택한 후 신청하세요.